Kolonialreiche bis 1830

der USA
en der USA

MEXIKO Unabhängige Staaten in Amerika
1821 (Jahreszahl = Jahr der Unabhängigkeit)

Großmächte und Staaten mit Kolonien in Flächenfarben.
Unerschlossene und in lockerer Abhängigkeit befindliche Gebiete in hellerem Farbton der Kolonialmächte.

Geschichte Real 2

Nordrhein-Westfalen

Herausgegeben und bearbeitet von:
Peter Brokemper
Dr. Elisabeth Köster
Dr. Dieter Potente

Cornelsen

Projektleitung: Dr. Uwe Andrae

Redaktion: Dr. Barbara Hammerschmitt

Umschlaggestaltung: Klein & Halm Grafikdesign, Berlin

Layout und technische Umsetzung: Buchgestaltung +, Berlin

www.cornelsen.de

1. Auflage, 1. Druck 2012

Alle Drucke dieser Auflage sind inhaltlich unverändert
und können im Unterricht nebeneinander verwendet werden.

Druck: Stürtz GmbH, Würzburg

ISBN 978-3-06-064904-4

Inhalt gedruckt auf säurefreiem Papier aus nachhaltiger Forstwirtschaft.

Über die Arbeit mit dem Buch

Jedes Kapitel eures Buches beginnt mit einer **Doppelseite**, die euch einen historischen Schauplatz, etwas Typisches zum jeweiligen Zeitabschnitt oder zum Thema zeigt. Diese und die folgende **Schauplatzseite** möchte euch neugierig machen auf die neuen Inhalte. Zur **Orientierung** erfahrt ihr anhand von Zeitleisten und Landkarten, in welche Zeit und welche Region (Gegend) das Thema einzuordnen ist und worum es in der Hauptsache geht. Der Eingangsteil endet mit einer Zusammenfassung des Kapitelthemas. Hier findet ihr auch eine Übersicht über die **Kompetenzen**, die ihr im jeweiligen Kapitel besonders trainieren solltet.

Die **Themenseiten** enthalten verschiedene Arbeitsmaterialien. Passende Arbeitsaufträge helfen bei der Auswertung. Auf den Seiten **Methode** könnt ihr schrittweise lernen, wie ihr die verschiedenen Quellenmaterialien (Text, Bild usw.) verarbeitet und Informationen beschafft und präsentiert. Im Anhang sind alle Methoden noch einmal zusammengefasst.

In jedem Kapitel gibt es sechs **Wahlseiten** zur selbstständigen Arbeit. Sie heißen so, weil ihr euch eine dieser Seiten auswählen und versuchen könnt, einzelne Aspekte des Themas alleine, in Partner- oder Gruppenarbeit zu erschließen. Dabei ist es wichtig, dass ihr der Klasse eure Ergebnisse vorstellt.

Jedes Kapitel endet mit einer kurzen Wiederholung bzw. einem **Kompetenz-Check** („Das kann ich!"). Dies soll euch helfen, euer Wissen zu überprüfen und die neu erworbenen Kompetenzen anzuwenden.

Vielleicht möchtet ihr ja auch mit der ganzen Klasse ein größeres Projekt durchführen. Weil das oft mehr Zeit kostet, als in der „normalen" Unterrichtsstunde vorhanden ist, könnt ihr Anregungen auch zusätzlich bearbeiten. Ideen und Tipps findet ihr in jedem Kapitel auf der Seite **Geschichte aktiv**.

Eigene Arbeiten, die ihr besonders schön findet und gern aufbewahren wollt (Bilder, selbst geschriebene Texte, Fotos von historischen Bauwerken aus eurer Stadt usw.) könnt ihr in einem **Portfolio** sammeln. Hierhin gehören auch Berichte über eure Lernfortschritte oder Kommentare zum Unterrichtsthema.

Mit den **Webcodes** könnt ihr im Internet weiterarbeiten. Unter www.cornelsen.de/webcode findet ihr ein Feld, in das ihr den Webcode eintragen könnt, zum Beispiel GR649044-021. Klickt dann auf „Los" und schon bekommt ihr passend zum Thema viele zusätzliche Informationen.

Das Team der Autorinnen und Autoren wünscht euch nun viel Freude am neuen Fach und gutes Gelingen!

Juden, Christen, Muslime
In den Gassen von Cordoba

Freiheit – Gleichheit – Brüderlichkeit
Methode Karikaturen deuten

Wahlseite Eine Adlige
Wahlseite Eine Bäuerin

Inhaltsverzeichnis

Juden, Christen, Muslime

Neue Welten – neue Horizonte

Reformation und Bauernkrieg

Die Französische Revolution

Um Einheit und Freiheit

Industrielle Revolution

Imperialismus

Anhang

Juden, Christen, Muslime

In den Gassen von Cordoba

Im 8. Jahrhundert hatten islamische Herrscher von Nordafrika kommend große Teile Spaniens überrannt. Sie waren nicht die ersten Eroberer. Die iberische Urbevölkerung hatte schon unter der Herrschaft der Karthager, der Römer und der christlichen Westgoten gelebt. Das nun Al-Andalus genannte Gebiet wurde ab 756 n. Chr. von Abd-ar-Rahman I., dem „Emir von Cordoba“, regiert. Die neuen Herrscher – Berber und Araber – brachten nun den Islam nach Europa. Zeitweise waren sie den anderen Religionen gegenüber tolerant: Als „Kinder Abrahams“ konnten Juden und Christen ihrer Religion treu bleiben. Cordoba war von 711 bis 1236 Mittelpunkt des muslimischen Spaniens.

1. Beschreibt die Abbildungen in ihren Einzelheiten.
2. Notiert in einer stichwortartigen Gegenüberstellung Schwierigkeiten und Chancen für die Menschen vor Ort, wenn fremde Eroberer plötzlich ihr Land beherrschen.

Vor einer Synagoge

Christliche Mönche

In der Moschee

Schauplatz In den Gassen von Cordoba

Cordoba, die Hauptstadt des Emirs* Abd-ar-Rahman, war ein Zentrum von Wirtschaft, Gelehrsamkeit und Kunst. Viele Errungenschaften waren hier Alltag – die im übrigen Europa noch unbekannt waren.

1. Betrachtet die Bilder, als ob ihr in den Gassen Cordobas spazieren ginget. Notiert, welche Dinge, Situationen und Berufsgruppen zu sehen sind.

[1] Im Badehaus. *Illustration.*

[2] Privater Schreiber. *Illustration.*

[3] Mathematiker, Architekt und Geograf. *Illustration.*

[4] Auf dem Basar. *Illustration.*

[5] In der Moschee. *Illustration.*

*
Emir
Arabischer Fürstentitel.

[6] Arzt mit Helfer, der aus Pflanzen Medikamente herstellt. *Illustration.*

Arabische „Mitbringsel“
Kaffee, Karaffe, Orangen, Sofa, Matratze, Kittel, Zucker, Alkohol, Spinat, Zimt, Jacke, Limonade, Kandis, Konditor, Mokka, Diwan, Schach, Koffer, Zwetschge, Gaze, Watte, Damast, Mohair, Lila, Safrangelb, Drogen, Muskat, Ingwer, Kümmel, Benzin, Natron, Soda, Lack, Talkum Karmesin, Taft, Atlas, Gamaschen, Chiffon, Estragon, Kampfer, Sacharin, Ambra, Pfeffer, Gewürznelken, Pantoffeln, Gitarre, Laute, Giraffe, Massage, Marzipan, Risiko, Algebra, Monsun, Harem, Kamin, Admiral, Karat, Magazin, Safari, Ziffer (und ca. 450 Begriffe/Produkte mehr).

2. Seht die Begriffe (Kasten) durch, die aus der arabischen Sprache ins Deutsche übernommen wurden. Findet heraus, welche ihr kennt und zu welchem Bereich sie gehören (Lebensmittel, Gewürz, Gebrauchsgegenstand, Chemikalie, Instrument usw.)

Das Wissen des Altertums wird bewahrt

Durch die Begegnung unterschiedlicher Kulturen wurde vielfältiges orientalisches Wissen in das Abendland transportiert. Die Araber hatten ihrerseits viele Anregungen aus Indien, Ägypten und Griechenland aufgenommen und zu einer eigenen reichen Kultur entwickelt. So kamen die Menschen im christlichen Europa wieder in Kontakt mit dem ursprünglich als „heidnisch“ abgelehnten Wissen des Altertums.
Die Kirche hatte nämlich viele Schriften, z. B. der antiken Philosophen und Mathematiker, verboten und zahlreiche ihrer Bücher vernichten lassen. Aus diesem Grund sehen Historiker in der Eroberung durch die muslimischen Herrscher nicht nur Probleme (Unterdrückung, Fremdherrschaft). Viele finden, dass die dadurch mögliche Bewahrung des antiken Wissens ein Glücksfall für Europa war.

Rückeroberung

1492 endete diese fruchtbare Zeit mit der Rückeroberung (= Reconquista) von Granada durch die spanischen „katholischen Könige“ Ferdinand II. und Isabella I. Juden und Muslime wurden zur Taufe gezwungen oder vertrieben. In Erinnerung an diese bedeutende Begegnung feiern die Spanier heute noch ihr buntes Fest „Moros y Christianos“ (Mauren und Christen), bei dem der Kampf der beiden Kulturen spielerisch nachgestellt wird – natürlich siegen hier immer die Christen …

3. Fasst mit eigenen Worten zusammen, worin die Kulturleistung der muslimischen Eroberer Spaniens lag.
4. Vergleicht das Verhalten der spanischen Könige (ab 1492) mit dem Abd-ar-Rahmans in Al-Andalus.

Wählt einen der folgenden Arbeitsaufträge aus:

- Schreibt einen fiktiven Erlebnisbericht über einen Besuch im mittelalterlichen Cordoba.
- Zwei Berater Abd-ar-Rahmans streiten über die Frage, ob man Juden und Christen ihren Glauben lassen oder ob man sie mit Zwang zum Islam bekehren soll. Notiert Argumente für ein Streitgespräch.

Orientierung

Die drei großen Buchreligionen
Die Religionen, mit denen sich dieses Kapitel näher beschäftigt, haben gemeinsame Wurzeln sowie gemeinsame Grundwerte und Merkmale.

Abraham. *Ausschnitt aus dem Fresko einer griechischen Klosterkirche, 1500.*

Name: Abraham/Ibrahim
Geboren: etwa 1900 v. Chr. (geschätzt)
Wohnhaft: erst Stadt Ur in Chaldäa (Irak), dann Haran; verlässt auf Gottes Weisung seine Heimat, Umzug nach Palästina
Beruf: Chef einer Großfamilie von Kleinvieh-Nomaden
Kinder: Isaak und Jakob (Stammväter Israels und Jesu Christi), Ismael und andere
Glaube: Es existiert nur ein Gott; Menschen sind für ihr Tun verantwortlich.
Gestorben: etwa 1800 v. Chr., begraben in Hebron/Kiryat Arba
Grab: „Drei-Religionen-Bau": Über dem Grab steht eine Festung des jüdischen Königs Herodes. Darüber steht eine Moschee.
Im Mittelalter wurde eine Kreuzfahrer-Kirche hineingebaut. Heute gibt es ständig Probleme beim Zugang für Pilger wegen Streitigkeiten der Religionen untereinander.
Grund für seine Verehrung: unbedingter Gehorsam vor Gott (Bereitschaft, eigenen Sohn zu opfern; Beschneidung als Zeichen des Bundes mit Gott)
Nachwirkung: Stammvater der drei großen *abrahamischen* Religionen; jede der drei Religionen vereinnahmt ihn allerdings für sich:
Juden = Abraham sei Stammvater allein des jüdischen Volkes; der ihm verheißene Segen liege nur auf dem Volk Israel; er habe schon alle 613 Gebote der Thora gekannt und gehalten.
Christen = Alle Abraham von Gott gegebenen Verheißungen seien nur in Jesus Christus erfüllt.
Muslime = Abraham gilt als vorbildlicher Muslim; der Islam sei durch ihn im Grunde die älteste Religion.

[1] Abraham.

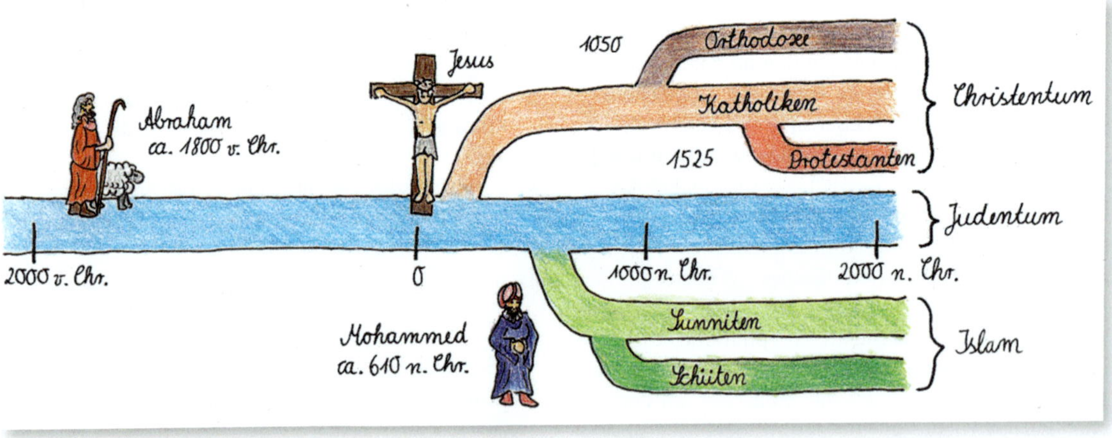

[2] Schülerzeichnung: Entwicklung von Judentum, Christentum und Islam.

1. Wertet Text 1 aus und erläutert mit eigenen Worten die Bedeutung Abrahams.
2. Untersucht Abbildung 2: Inwiefern haben die genannten Religionen miteinander zu tun?

2000 v. Chr.
1900 v. Chr.: Abraham

1000 v. Chr.
David errichtet das Königreich Judäa.

586 v. Chr.: Babylonier erobern Jerusalem.

63 v. Chr.: Römer besetzen Judäa.
Geburt Christi
70 n. Chr. Vertreibung der Juden aus Judäa

391: Das Christentum wird Staatsreligion im Römischen Reich.

500

610: Geburt Mohammeds
680: Trennung von Sunniten und Schiiten
711: Muslime erobern die Iberische Halbinsel

1000
1045: Trennung von Ost- und Westkirchen
1096: Kreuzzug, Judenverfolgungen in Deutschland

1349: Judenverfolgungen in Deutschland

1492: Abschluss der Reconquista in Spanien
1500
1525: Protestantismus

[3] Zeittafel der drei Religionen.

Religionen prägen die Geschichte

Seit Menschen denken können, beschäftigt sie die Frage nach dem Sinn des Lebens und dem möglichen Einfluss höherer Mächte auf das eigene Schicksal. Zu wichtigen Fragen des Lebens wollen die Religionen Antworten geben, z. B.: Woher kommen wir (Entwicklung oder Schöpfung)? Wozu sind wir auf der Welt (Sinn des Lebens)? Wie ist man ein guter Mensch (Moral und Gebote)? Was kommt nach dem Tod?
Oft prägt die Religion das Leben und den Alltag der Menschen. Die Begegnung der drei großen Religionen Judentum, Christentum und Islam hat dabei häufig zu Konflikten geführt. Das war nicht nur in der Vergangenheit so, sondern heute noch haben viele politische Probleme auch einen religiösen Hintergrund.

Wichtige Kompetenzen in diesem Kapitel

Sachkompetenz

- Die Begegnung von Kulturen im maurischen Spanien als Beispiel für ein gelungenes Miteinander von Christen und Muslimen beschreiben
- Grundzüge des Judentums, Christentums und des Islam erläutern und die Geschichte der drei Religionen mit einfachen Worten beschreiben
- Den Anspruch der Religionen, jeweils „allein gültig zu sein", am Beispiel der Kreuzzüge beschreiben

Methodenkompetenz

- Bet- und Gotteshäuser erkunden

Urteilskompetenz

- Die Kreuzzüge aus unterschiedlichen Perspektiven bewerten
- Beurteilen, welche Chancen die Begegnung der Kulturen heute eröffnet

Handlungskompetenz

- Eigene Positionen in angemessener Form vertreten
- Eine Projektarbeit organisieren und die Ergebnisse präsentieren
- Arbeitsergebnisse in einem Portfolio sammeln und den Lernprozess überprüfen

Wahlseite Grundzüge des Judentums (1)

Hier kommen wieder sechs Wahlseiten!

Wie ihr damit umgeht, könnt ihr auf S. 239 noch mal nachlesen.

1. Die Informationen dieser Seite könnt ihr selbstständig erarbeiten und dann der Klasse vortragen. Benutzt die Zwischenüberschriften zur Gliederung des Vortrags.

Grundlagen des Glaubens

Glaubensbekenntnis
Es gibt nur einen Gott (Jahwe). Das Glaubensbekenntnis lautet: „Höre Israel (Sche'ma Israel), der Ewige, unser Gott, der Ewige ist einzig!"

Der Bund mit Gott
Gott hat mit dem Stammvater Jakob einen Bund geschlossen und die Israeliten zum „auserwählten Volk" bestimmt. Durch die Übergabe der Zehn Gebote an Moses wurde dieser Bund nochmals bekräftigt. Alle Juden sind den drei Bundeszeichen – Beschneidung der Männer, Tragen des Gebetsriemens und Einhaltung des Sabbats – verpflichtet.

Die Thora
Die Grundlagen des Judentums sind in den fünf Büchern Moses festgelegt, die auf einer Pergamentrolle aufgeschrieben sind, der Thora. Im Mittelpunkt stehen dabei die Zehn Gebote als oberste Richtlinie.

Der Talmud
Im Talmud sind die mündlich und schriftlich überlieferten Religionsgesetze aufgeschrieben (z. B. über die Einhaltung der Festtage). Hier finden sich auch Geschichten, Gleichnisse oder Moralregeln.

Thorarolle. *Foto.*

Glaubenspraxis

Sabbat
Der Sabbat erinnert daran, dass sich Gott am 7. Schöpfungstag von der Erschaffung der Erde ausruhte. Deshalb ist jede Arbeit verboten. Der Sabbat geht von Freitag- bis Samstagabend. Die Gestaltung vermittelt Gemeinsamkeit, Besinnung und Freude in der Familie.

Bar-Mizwa
Am ersten Sabbat nach ihrem 13. Geburtstag werden die Jungen als vollwertige Mitglieder in die Gemeinde aufgenommen und dürfen zum ersten Mal aus der Thora vorlesen. Mädchen feiern Bat-Mizwa.

Bar-Mizwa-Feier. Der Junge trägt einen Tallit (Gebetsmantel). In der Lederkapsel vor der Stirn befinden sich Gebetstexte. *Foto.*

Synagoge
In den jüdischen Gotteshäusern werden die Thorarollen in einem Schrein aufbewahrt und von einem Lesepult aus im Gottesdienst vorgelesen. Das geistliche Oberhaupt der Gemeinde ist der Rabbiner oder die Rabbinerin.

Innenraum der Synagoge von Amsterdam. *Foto.*

Wahlseite Grundzüge des Judentums (2)

1. Die Informationen dieser Seite könnt ihr selbstständig erarbeiten und dann der Klasse vortragen. Benutzt die Zwischenüberschriften zur Gliederung des Vortrags.

Feste und Feiern

Jüdische Familie bei der Vorbereitung für das Laubhüttenfest. *Foto.*

Kalender und Festtage

Die jüdische Zeitrechnung beginnt mit der nach dem Glauben angenommenen Erschaffung der Erde im Jahr 3761 v. Chr. Der Kalender richtet sich nach dem Mondzyklus. Der Monat beginnt mit dem Neumondtag. Der Sonntag ist der erste Tag der Woche. Die wichtigsten jüdischen Feiertage erinnern an traurige oder glückliche Ereignisse der Geschichte oder sind durch den Naturkreislauf bestimmt.

Auffallend ist, dass manche christlichen und jüdischen Feiertage nahe beieinander liegen. So liegt beispielsweise das christliche Osterfest um die Zeit des jüdischen Pessachfestes. Die christliche Sitte, Kerzen in der Adventszeit anzuzünden, erinnert an den Brauch des Lichterfestes (Chanukka) bei den Juden.

Chanukka-Leuchter. *Foto.*

Wichtige jüdische Feiertage

Pessach: Gedenken an die Befreiung aus der ägyptischen Gefangenschaft

Schawuot: zur Erinnerung an die Offenbarung der Zehn Gebote

Sukkot: Laubhüttenfest zum Gedenken an die 40-jährige Wanderschaft durch die Wüste

Rosch Haschana: Neujahrstag

Jom Kippur: Versöhnungstag, höchster jüdischer Feiertag

Chanukka: Lichterfest, erinnert an die Wiedereinweihung des Jerusalemer Tempels

Purim: Freudenfest zur Erinnerung an den Sieg über einen Feind des Judentums in Persien

Koschere Küche

Von großer Bedeutung für das jüdische Alltagsleben ist die Einhaltung strenger Speisegesetze. Die Speisen müssen koscher (tauglich, passend) sein. Viele Speisegesetze gehen auf Hygienevorschriften zurück, die mit dem heißen Klima in Israel zusammenhängen. Andere Vorschriften haben ursprünglich damit zu tun, dass man sich von anderen Religionen unterscheiden wollte.

Als koscher gilt das Fleisch von Rindern oder Schafen. Die meisten Geflügelsorten gelten als rein. Schweine dagegen werden als unrein abgelehnt. Streng untersagt ist der Genuss von Blut. Deshalb müssen Tiere nach genauen Vorschriften geschlachtet und verarbeitet werden. Ein Grundprinzip der jüdischen Küche ist die Trennung von Fleisch- und Milchprodukten. Man benutzt auch getrenntes Geschirr und Besteck. Nach dem Fleischverzehr muss erst gewartet werden, bis das Fleisch verdaut ist. Erst dann dürfen Milchprodukte (z. B. Käse) gegessen werden.

Glaubensrichtungen

Das Judentum war die erste Religion, die nur an einen einzigen Gott glaubte (Monotheismus). Obwohl die jüdische Religion im Laufe von Jahrtausenden ihren Grundlagen fast unverändert treu geblieben ist, gibt es heute unterschiedliche Glaubensrichtungen. Man unterscheidet vor allem die orthodoxen (strenggläubigen) und konservativen (am Bestehenden festhaltenden) Juden von den liberalen (freiheitlichen) Reformjuden, die seit dem 19. Jahrhundert versuchten die Errungenschaften der modernen Gesellschaft auf das Judentum zu übertragen. Viele Juden sehen heute die Religionsvorschriften als überholt an. Dennoch halten die meisten sich an den Rhythmus der Feste und essen koschere Kost.

Wahlseite Grundzüge des Christentums (1)

1. Die Informationen dieser Seite könnt ihr selbstständig erarbeiten und dann der Klasse vortragen. Benutzt die Zwischenüberschriften zur Gliederung des Vortrags.

Fünf wesentliche Grundlagen

Das Glaubensbekenntnis

Es gibt nur einen Gott; Jesus Christus ist sein Sohn, durch den die Menschen zu Gott finden können. „Ich bin der Weg, die Wahrheit und das Leben; niemand kommt zum Vater, außer durch mich." (Joh. 14, 2)

Der Glaube an die Auferstehung

Am „Ende der Zeiten" werden alle Menschen aus den Gräbern auferstehen. Beim „Jüngsten Gericht" wird entschieden, ob sie in den Himmel kommen oder nicht.

Die Taufe

Alle Menschen haben seit dem Sündenfall von Adam und Eva einen sündhaften Charakter. Dies wird durch die Erlösung und den Glauben beseitigt. Die Taufe ist das Zeichen für das Wegwaschen der Sünden und die Aufnahme in die christliche Kirche.

Das Abendmahl

Es erinnert daran, dass Jesus mit seinen Aposteln am Abend seiner Kreuzigung (vor dem Pessachfest) Brot und Wein zu sich nahm. Jetzt tun das die Gläubigen im Gottesdienst zu „seinem Gedächtnis".

Die Bibel

Das Alte Testament entspricht in etwa den jüdischen heiligen Schriften. Das Neue Testament enthält die Evangelien (Leben Jesu), die Apostelgeschichte, die Briefe des Paulus und die Offenbarung des Johannes.

Glaubenspraxis

Kommunion

Konfirmation

Kirchenämter

- **Pastoren**, **Priester**, **Pfarrer** und **Pfarrerinnen** arbeiten in den Gemeinden.
- **Bischöfe** (Erzbischöfe, Kardinäle, Metropoliten) leiten die Kirche in ihren katholischen Bistümern und evangelischen Landeskirchen.
- **Patriarch** ist in der katholischen Kirche ein Ehrentitel für wenige Erzbischöfe, in der orthodoxen Kirche Titel für die obersten Geistlichen in Jerusalem, Moskau und Istanbul.
- **Papst**: Oberhaupt der katholischen Kirche.

Wahlseite Grundzüge des Christentums (2)

1. Die Informationen dieser Seite könnt ihr selbstständig erarbeiten und dann der Klasse vortragen. Benutzt die Zwischenüberschriften zur Gliederung des Vortrags.

Feste und Feiern

Ostern

(Ende März/Anfang April)
Das höchste Fest der Christen. Es erinnert an die Kreuzigung Jesu („Karfreitag") und seine Auferstehung von den Toten („Ostersonntag"). Dieses Fest liegt im Frühling, wenn die Natur vom Schlaf des Winters „aufersteht". Zur ähnlichen Jahreszeit feierten auch die Juden ihr Passahfest (Pessach). Die Ostereier sind ein altes Fruchtbarkeitssymbol und haben mit der christlichen Bedeutung des Festes nichts zu tun.

Weihnachten

Kinder spielen ein Krippenspiel. *Foto.*

Weihnachten wird als Geburtsfest Jesu gefeiert. Ein Termin war nicht überliefert, doch das Geburtsfest Jesu legte man im Altertum in die Nähe des heidnischen Festes der Wintersonnenwende auf den 24. bzw. 25. Dezember. Hier wurde ursprünglich die Rückkehr des Lichts nach den dunklen Wintertagen gefeiert.
Der Weihnachtsbaum ist ein noch junges Beiwerk: Immergrüne Tannen gelten als Symbol für ewiges Leben. In früheren Zeiten hängte man den Baum unter die Decke, auch um Geister abzuhalten.

Pfingsten

(Von griech. Pentecoste = der fünfzigste [Tag nach Ostern]). Nach der Überlieferung kam der Heilige Geist nach Jesu Tod über seine Anhänger und erfüllte sie mit seiner Kraft. Sie konnten in verschiedenen Sprachen reden und wurden in alle Welt ausgesandt. Ähnlichkeit mit dem jüdischen Feiertag Schawuot.

Konfessionen und christliche Kirchen

Die ersten Christen glaubten noch stark an die baldige Wiederkehr Jesu Christi und das Ende der Welt. Man lebte in den Gemeinden und teilte alle Güter miteinander. Mit der Zeit entwickelte sich aber eine straff organisierte Kirche. Sie wachte darüber, dass eine einheitliche Auslegung der Bibel erfolgte. Auf Konzilien (Kirchenversammlungen) versuchte man theologische Fragen zu regeln.

Katholische Kirche

Die meisten Christen gehören der römisch-katholischen Kirche an. Der Papst entscheidet in allen Glaubensfragen als Stellvertreter Christi auf Erden.

Petersdom im Rom. *Foto.*

Orthodoxe Kirche

Im Jahr 1054 n. Chr. trennte sich die Ostkirche nach Streitigkeiten von der römischen Kirche. Viele Glaubensinhalte sind gleich. Der Papst wird nicht als Oberhaupt anerkannt. Die orthodoxe Kirche besteht aus verschiedenen nationalen Gruppen: russisch-orthodox, griechisch-orthodox und koptisch-orthodox.

Orthodoxe Kirche. *Foto.*

Anglikanische Kirche/Altkatholiken

Abspaltung der englischen Kirche von Rom und Abspaltung deutscher Katholiken. Strittig ist die Rolle des Papstes. Beide Kirchen bilden heute eine Kirchengemeinschaft.

Evangelische Kirche/Protestanten

Nach der Kritik des deutschen Mönches Martin Luther entstandene Kirche. Mit vielen Unterformen heute eine der größten christlichen Kirchen und mit vielen Freikirchen in den USA vertreten: ev.-lutherisch, ev.-reformiert, Freikirchen, Adventisten, Baptisten, Methodisten, Presbyterianer, Quäker, Zeugen Jehovas (Abspaltung der Adventisten).

Martin Luther. *Gemälde.*

Die **ökumenische Bewegung** (Weltrat der Christen) versucht heute eine Annäherung der Christen aller Glaubensrichtungen zu erreichen.

Wahlseite Grundzüge des Islam (1)

1. Die Informationen dieser Seite könnt ihr selbstständig erarbeiten und dann der Klasse vortragen. Benutzt die Zwischenüberschriften zur Gliederung des Vortrags.

Grundlagen

Islam bedeutet Hingabe an Gott. Gläubige Muslime bilden weltweit die zweitgrößte Religionsgemeinschaft. Auch in Deutschland leben etwa 3,8 Millionen Muslime, die meisten von ihnen kommen aus der Türkei. Wer ihnen begegnet, kann beobachten, dass die Religion den Alltag vieler Muslime stärker prägt, als das bei den meisten Christen heute der Fall ist.

Fünf grundlegende Pflichten hat jeder gläubige Muslim zu erfüllen:

- **Glaubensbekenntnis (= Shahada)**
  „Ich bekenne, es gibt keinen Gott außer dem einen Gott (Allah), und ich bezeuge, Mohammed ist der Gesandte Gottes."
- **Gebet (= Sâlat)**
  Fünfmal am Tag soll gebetet werden: vor Sonnenaufgang, mittags, nachmittags, nach Sonnenuntergang und vor dem Schlafengehen. Vor dem Gebet wäscht man sich gründlich.
- **Fasten (= Saum)**
  Im Fastenmonat Ramadan wird zwischen Sonnenaufgang und Sonnenuntergang völlig auf Essen und Trinken verzichtet.
- **Almosen (= Zakat)**
  Diese Sozialabgabe unterstützt Bedürftige.
- **Wallfahrt (= Hadsch)**
  Wer es sich leisten kann, sollte einmal im Leben eine Pilgerfahrt nach Mekka unternehmen.

Türkische Mädchen beim Koranunterricht *Foto.*

Die Blaue Moschee in Istanbul. *Foto.*

Glaubenspraxis

Vom hohen Minarett aus ruft eine menschliche Stimme die Gläubigen fünfmal am Tag zum Gebet. Der Gebetsrufer (= Muezzin) wird heute vielfach durch Tonband und Lautsprecher ersetzt. Mindestens einmal in der Woche, nämlich am Freitag, beten die Muslime gemeinsam in der Moschee und hören dort auch eine Predigt. Der Imam (= Vorbeter) spricht von den unteren Stufen des Minbar (Kanzel) herab. Die oberen Stufen dieser Treppe werden für den Propheten Mohammed freigehalten. Die Moschee darf man nicht mit Schuhen betreten. Die Betenden knien auf Teppichen und verbeugen sich Richtung Mekka, angedeutet durch eine oft prächtig verzierte Gebetsnische, den Mihrab. Abbildungen von Allah und von verehrten Personen sind verboten.

Der Koran – Begleiter durchs Leben

Ohne den Koran ist der Alltag gläubiger Muslime nicht denkbar. Er enthält die Botschaften Allahs, aus denen Regeln für das tägliche Leben, ja sogar für die Rechtsprechung abgeleitet werden. Der Koran verbietet u. a. Glücksspiele oder das Essen von Schweinefleisch, er empfiehlt, das Leben zu achten, den Eltern Dankbarkeit zu erweisen und ein guter Gastgeber zu sein. Der Imam als Vorsitzender der Gemeinde liest den versammelten Gläubigen in arabischer Sprache aus dem Koran vor. In der Koranschule übersetzt der Hodscha, ein Religionslehrer, die Worte in die jeweilige Muttersprache und erläutert den Inhalt.

WEBCODE: GR649044-018

Wahlseite Grundzüge des Islam (2)

1. Die Informationen dieser Seite könnt ihr selbstständig erarbeiten und dann der Klasse vortragen. Benutzt die Zwischenüberschriften zur Gliederung des Vortrags.

Feste und Feiern

Islamische Feste richten sich nach dem Mondkalender. Deswegen fallen sie in jedem Jahr auf einen anderen Tag. Gegenüber unserem Sonnenkalender mit 365 Tagen hat der Mondkalender nur 354 Tage. So verschieben sich Jahresbeginn und alle Feste jedes Jahr um elf Tage.

Das Jahr startet mit dem Neujahrsfest (Muharrem). Acht Monate später beginnt mit der „Nacht der Sichtung" der Ramadan (türkisch: Ramazan). Der Fastenmonat wandert im Laufe von 33 Jahren einmal durch das Jahr. Die Gläubigen verzichten den ganzen Tag auf Nahrung und Getränke. Erst nach Sonnenuntergang wird mit der Familie oder mit Freunden gemeinsam gegessen.

Im heiligen Monat Ramadan wurde dem Propheten Mohammed der Koran offenbart (siehe dazu S. 28). Das wird in der 27. Nacht des Ramadan, in der „Nacht der Bestimmung", gefeiert. Am wichtigsten ist aber im Ramadan das Gebet; Gläubige beten vielfach die ganze Nacht in der Moschee oder sie lesen aus dem Koran vor. Nach 30 Tagen endet der Ramadan mit einem dreitägigen „Fest des Fastenbrechens" (Bairam), auch als Zuckerfest bekannt. Besuche werden gemacht, Festkleidung angelegt, Geschenke ausgetauscht und natürlich Festessen veranstaltet.

Weitere Feste sind:

- die Nacht der Unschuld
- das Opferfest
- der Bet- und Fasttag (Aschuratag)
- der Geburtstag des Propheten
- die Himmelsreise des Propheten

Konfessionen

(= Glaubensrichtungen)

Nach Mohammeds Tod kam es unter seinen Anhängern zu unterschiedlichen Auffassungen, die zur Aufspaltung des Islam in folgende Richtungen führte:

- Sunniten mit 700 Millionen Anhängern
- Schiiten ca. 100 Mio., die sich noch weiter aufspalten in:
  - Imamiten ca. 60 Mio.
  - Ismailiten ca. 22 Mio.
  - Zaiditen ca. 4 Mio.
  - Alewiten ca. 1 Mio.
  - Charidschiten ca. 1 Mio.
  - Drusen ca. 0,5 Mio.

2. Informiert euch, wann in diesem Jahr der Fastenmonat Ramadan liegt.

Minuten vor Sonnenuntergang warten die Fastenden an reich gedeckten Tischen. *Foto.*

Fastenbrechen. In Erinnerung an den Propheten wird zuerst eine Dattel gegessen. *Foto.*

Gebet im Ramadan. *Foto.*

Juden im mittelalterlichen Europa

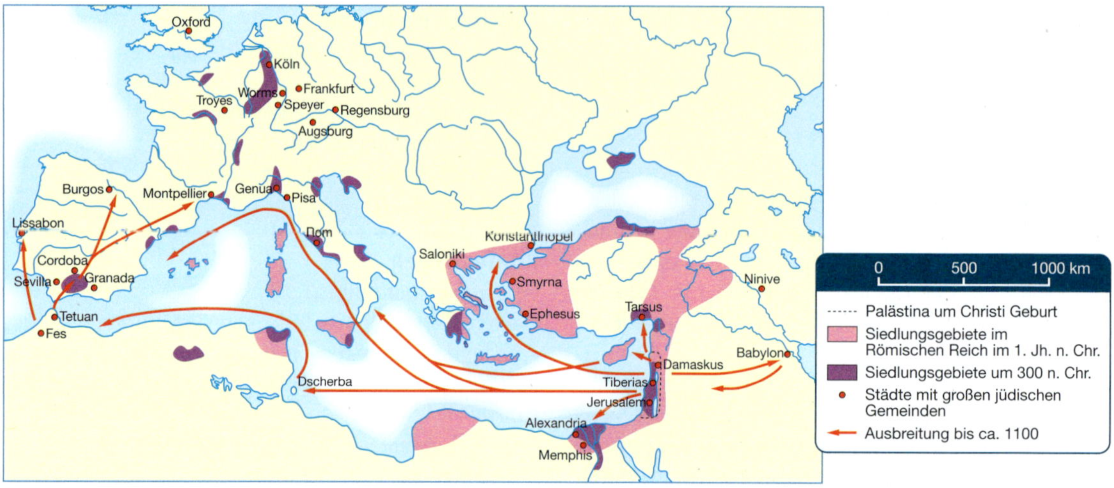

[1] Wichtige jüdische Gemeinden und Siedlungsgebiete 100 – 1100 n. Chr.

Die Ursprünge des Landes Israel

Über die Ursprünge der israelitisch-jüdischen Geschichte wissen wir aus den Erzählungen der Bibel. Danach gilt Abraham aus Ur im Zweistromland als Stammvater der Israeliten, die als Nomaden umherzogen und von der Schafzucht lebten. Vor etwa 4000 Jahren wurden sie in Kanaan, einem fruchtbaren Land zwischen Jordan und Mittelmeer, sesshaft. König David errichtete um 1000 v. Chr. ein Großreich. Sein Nachfolger Salomon ließ auf dem Berg Zion in Jerusalem den ersten Tempel erbauen. Im Jahr 63 v. Chr. besetzten die Römer Palästina, das Land der Juden. Ein Aufstand gegen die römische Fremdherrschaft endete mit der Zerstörung des Tempels und der Vertreibung der Juden aus Palästina (70 n. Chr.).

Jüdische Gemeinden im mittelalterlichen Europa

Nach ihrer Vertreibung siedelten sich die Juden überall in der damals bekannten Welt an. Sie handelten mit Seide, Pelzen oder seltenen Gewürzen und waren zunächst sehr angesehen. Alle Juden sprachen eine gemeinsame Sprache (Hebräisch) und waren zu gegenseitiger Hilfe und Gastfreundschaft verpflichtet. Der Kaiser, der König oder die Stadtherren stellten die Juden unter ihren Schutz und forderten dafür hohe Abgaben (Schutzgelder).

Überall waren die Juden eine Minderheit, ein Volk ohne eigenen Staat. Deshalb stand die Religion im Zentrum ihres Lebens, sie gab den Menschen die Kraft zum Überleben und zur Entwicklung einer eigenen Kultur.

Nur wer die Schriften lesen konnte, war in der Lage, am religiösen Leben teilzunehmen. Die Juden waren im Mittelalter die am meisten geschätzten Ärzte. Sie behandelten Bischöfe, Päpste und Kaiser. Die jüdische Kunst entfaltete sich vor allem bei der Herstellung von Buchmalereien, Gold- und Silberschmuck oder religiösen Kultgegenständen.

1. Wertet die Karte 1 aus: Woher kamen die Juden? In welchen europäischen Ländern gab es viele jüdische Ansiedlungen? In welchen großen deutschen Städten wohnten sie?
2. Erklärt mit eigenen Worten, warum die Beherrschung der Schrift für die Juden so wichtig war.
3. Beschreibt Abbildung 2. Ihr könntet so beginnen: *Im Zentrum des Bildes ist ein Lehrer zu erkennen, der in der rechten Hand …*

[2] Schulszene. Der Schüler liest gerade die Regel: „Was dir unlieb ist, tue auch deinem Nächsten nicht." Der Lehrer schwingt als Zeichen seiner Autorität die Peitsche. Die Unterrichtszeit wird durch das Stundenglas angezeigt. *Aus einer französischen Buchmalerei, 14. Jh.*.

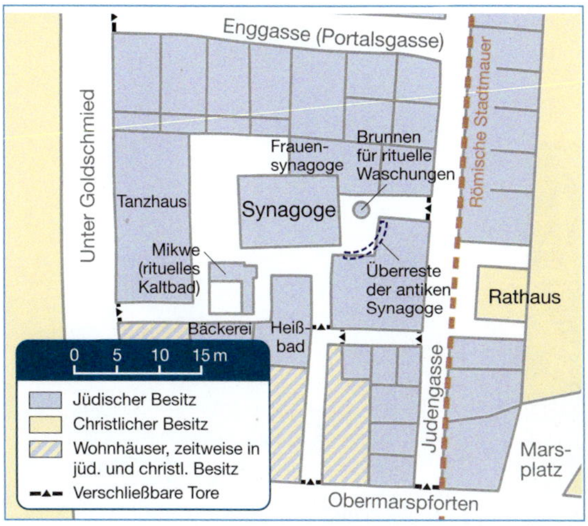

[3] Südliche Hälfte des Kölner Judenviertels um 1349.

[5] Ein jüdischer Geldhändler und sein Schuldner. *Holzschnitt 1542.*

Jüdisches Leben in der Stadt

In vielen Städten waren die Juden gezwungen, in einem abgeschlossenen Wohnviertel, dem Getto, zu leben. Abends wurden die Tore des Gettos verschlossen und erst am nächsten Morgen wieder geöffnet. Das Zentrum des Wohnviertels bildete die Synagoge (Gebetshaus), die oft von öffentlichen Einrichtungen wie einer Schule, einem Krankenhaus oder Gericht umgeben war. Die Juden mussten durch Abzeichen auf der Kleidung oder das Tragen von besonderen Hüten zeigen, dass sie keine Christen waren. Die Heirat von Juden und Christen war verboten. Der Zugang zu den Handwerkerzünften blieb den Juden verwehrt. Deshalb waren sie meist als Kaufleute tätig. Da es den Christen verboten war, Geld gegen Zinsen zu verleihen, übertrug man den Juden das Geschäft des Geldverleihens. Um die hohen Geldabgaben an Kaiser, Bischöfe oder Fürsten aufzubringen, gestattete man den jüdischen Geldverleihern, für Kredite hohe Zinsen zu erheben. Eine Minderheit gelangte dabei zu Reichtum, was oft den Neid der Schuldner und den Vorwurf der Wucherei hervorrief. Die Mehrheit der Juden lebte aber als Kleinhändler in bescheidenen Verhältnissen.

[4] Jüdin aus Worms. 16. Jh.

4. Ermittelt mithilfe der Karte 3, welche öffentlichen Einrichtungen es im Kölner Judenviertel um 1349 gab.
5. Erläutert die Begriffe „Kredit" und „Zinsen".

Frauenleben

Im Judentum spielten die Frauen in der Öffentlichkeit – ähnlich wie im Christentum – eine untergeordnete Rolle. Beim Gottesdienst in der Synagoge mussten sie hinter einem Gitter oder Vorhang bleiben. Sie durften nicht in der Thora lesen. Nach der Monatsblutung oder der Geburt eines Kindes suchten die Frauen ein rituelles Reinigungsbad auf, die Mikwe. Die Bäder mussten fließendes Gewässer haben und waren deshalb oft tief in den Boden eingegraben. Im Haus spielten die Frauen dagegen eine aktive Rolle bei der Kindererziehung und bei der Einhaltung der religiösen Vorschriften für die Nahrungszubereitung. Wenn die Mädchen 12 Jahre alt waren, durften sie erstmals die Kerzen für den Sabbat anzünden.

[6] Mikwe. *Holzstich.*

6. Stellt die unterschiedlichen Rollen der Frauen in der Öffentlichkeit und im Privatleben in Form einer Tabelle gegenüber.

Wählt einen der folgenden Arbeitsaufträge aus:

- Gestaltet zu Abbildung 5 einen Comic mit Sprechblasen.
- Erfindet zu Abbildung 5 ein Rollenspiel: *Der Schuldner ist wütend auf den Geldverleiher wegen der hohen Zinsen. Der wehrt sich gegen die Vorwürfe …*

Judenverfolgung

[1] Ecclesia und Synagoge.
Steinfiguren am Straßburger Münster, nach 1230. Die Figur links stellt die siegreiche christliche Kirche mit Krone und erhobenem Kreuz dar. Die Figur rechts versinnbildlicht das Judentum und ist mit einer Augenbinde als blind dargestellt. Zum Zeichen der Niederlage ist die Lanze in der rechten Hand zerbrochen. *Foto.*

1. Beschreibt Abbildung 1 und klärt, warum es sich um eine judenfeindliche Darstellung handelt.

Hass und Verfolgung

Zu den ersten Judenverfolgungen kam es in Deutschland zur Zeit der Kreuzzüge (siehe S. 34). Unter dem Vorwand, die Juden seien Christusmörder, überfielen die Kreuzfahrer die Gemeinden in Köln, Mainz, Worms und anderen Städten. Sie ermordeten die Bewohner der jüdischen Viertel und raubten sie aus. Solche Übergriffe werden Pogrome genannt.
In der Folgezeit galten die Juden als Feinde und wurden unter ständigen Verdacht gestellt. Angeblich ermordeten sie christliche Kinder, um aus ihrem Blut Medizin herzustellen, oder stahlen Hostien, um sie zu durchbohren und damit zu schänden. Wenn unerklärliche Krankheiten ausbrachen, wurden sie bezichtigt, die Brunnen vergiftet zu haben. Voller Neid blickten viele Christen auf jüdische Bürger, die zu Reichtum gelangt waren. Wenn die Menschen das Gefühl hatten, mit Krankheit, Tod oder Unglücksfällen von Gott bestraft zu werden, suchten sie die Schuld bei den Juden und machten sie zu „Sündenböcken".

2. Nennt und erklärt die Formen der mittelalterlichen Judenfeindschaft.

Die Juden und der „Schwarze Tod"

1348/49 verbreitete sich die Pest in Europa. Innerhalb von zwei Jahren starben 25 Millionen Menschen an dieser Seuche, die man den „Schwarzen Tod" nannte. Heute weiß man, dass die Pest durch Flöhe von Ratten auf die Menschen übertragen wird. Doch damals suchte man Schuldige und fand sie in den Juden. Der Graf von Savoyen ließ Juden in der Gegend von Genf so lange foltern, bis sie zugaben, die Brunnen vergiftet zu haben. Die Nachricht verbreitete sich überall in Deutschland. In über 200 Städten und Dörfern wurden Juden gefoltert, ermordet und beraubt.

[2] **In einer um 1400 verfassten Chronik berichtete Jakob Twingers von Königshofen über die Pogrome in Straßburg**:

Am selben Freitag [13.2.1349] fing man auch die Juden in Straßburg. Am Samstag ... verbrannte man sie auf ihrem Friedhof auf einem hölzernen Gerüst: Es waren ungefähr 2000 ... Und was man den Juden schuldig war, das galt alles als beglichen, und Pfänder und Schuldverschreibungen wurden zurückgegeben. Ihr Bargeld und Eigentum nahm der neue Rat und teilte es unter den Zünften auf ... So wurden die Juden in Straßburg verbrannt und noch im selben Jahr in allen Städten am Rhein ...

Zit. nach: Quellen zur Wirtschafts- und Sozialgeschichte Mittel- und Oberdeutscher Städte im Spätmittelalter, hg. v. Gisela Möncke. WB, Darmstadt 1982, Nr. 47 (vom Autor aus dem Oberdeutschen übertragen)

3. Klärt nach Text 2, welche wirtschaftlichen Vorteile sich für die christlichen Bürger aus den Pogromen ergaben.

Die Verfolgungen gehen weiter

Auch in den folgenden Jahrhunderten kam es immer wieder zu Judenpogromen. Viele Juden West- und Mitteleuropas wanderten wegen der anhaltenden Feindseligkeiten in den Osten ab. Vor allem in Polen und Litauen fanden sie zunächst günstige Lebensbedingungen vor. Aber auch hier wurden sie seit 1648 Opfer von brutalen Verfolgungen.

Gleichberechtigung

Als Folge der Französischen Revolution (siehe S. 106 ff.) gestand man den Juden in Westeuropa und Deutschland zu Beginn des 19. Jahrhunderts die bürgerliche Gleichberechtigung zu. Nun konnten sich jüdische Menschen im Wirtschaftsleben, in der Kunst und Wissenschaft frei entfalten und große kulturelle Leistungen vollbringen. Dennoch blieben sie eine Minderheit, von vielen Nichtjuden mit Neid und Feindseligkeit betrachtet.

Der Holocaust

In der Zeit des Nationalsozialismus in Deutschland (1933–1945) wurden alte religiöse Vorurteile mit rassistischen Gedanken vermischt und die Juden zu Staatsfeinden erklärt. Eine bis dahin – trotz aller bisherigen Pogrome – noch nicht bekannte Verfolgungswelle setzte ein. In der Öffentlichkeit mussten jüdische Bürger einen gelben Stern tragen. Mischehen von Juden und Nichtjuden wurden verboten. In der Pogromnacht am 9. November 1938 wurden etwa 1400 Synagogen und viele Tausende jüdische Geschäfte und Wohnungen zerstört. 30 000 jüdische Frauen und Männer wurden ohne Urteil verhaftet und in Konzentrationslager verschleppt. Schließlich versuchten die Nationalsozialisten sogar, alle Juden in Europa zu ermorden. Insgesamt fielen der nationalsozialistischen Judenverfolgung etwa 6 Millionen Menschen zum Opfer. Allein in Polen wurden 3 Millionen Menschen ermordet. Die planmäßige Verfolgung und Ermordung der Juden wird als Holocaust bezeichnet.

4. Vermutet, welche Gefühle die Menschen mit Judenstern in Abbildung 4 hatten.
5. Legt eine Zeitleiste an und tragt in Stichworten einzelne Ereignisse oder Abläufe zur Geschichte der Judenverfolgung ein.

Was ihr noch tun könnt ...

- Informationen sammeln über eine bedeutende jüdische Persönlichkeit in der Geschichte (z. B. Heinrich Heine, Karl Marx, Albert Einstein) und in der Klasse vortragen.

[3] Überfall auf das Frankfurter Getto 1614. Die Frankfurter Handwerkerzunft unter Führung von Vincenz Fettmilch erhob sich 1614 gegen die Vorherrschaft der reichen Patrizier. Die Wut der Aufständischen richtete sich auch gegen die Juden. Sie stürmten das Getto und raubten es aus. Der Kaiser ließ den Aufstand niederschlagen und die Juden ins Getto zurückführen. *Kupferstich von Merian, 1628.*

Wählt einen der folgenden Arbeitsaufträge aus:

- Klärt den Begriff „Sündenbock". Kommt es auch heute noch vor, dass „Sündenböcke" gesucht werden?
- Beschreibt das Pogrom von Abbildung 3 aus der Sicht eines Gettobewohners. Ihr könntet so beginnen: *„Es war mitten in der Nacht. Plötzlich hörten wir einen ungeheuren Lärm auf der Straße ..."*

[4] Jüdische Familie mit Judenstern. *Foto 1942.*

Die Entstehung des Christentums

Die neue Religion aus jüdischer Wurzel

[1] Schulpfarrer Keller informiert Schülerinnen der 7. Klasse:

Also, das müsst ihr euch so vorstellen: Jesus war ja selbst Jude. Als Sohn einer Handwerkerfamilie wurde er in Palästina zur Zeit des römischen Kaisers Augustus geboren. Er reiste durch Städte und Dörfer und sagte den Leuten, dass man seine Mitmenschen achten und lieben solle, weil alle Kinder Gottes sind! Weil Jesus den jüdischen Gott Jahwe seinen „Vater im Himmel" nannte, aber auch, weil er sich Menschen zuwandte, die am Rand der Gesellschaft standen – Kranke, Arme, Verachtete und Ausgestoßene – machte er sich viele Feinde. Die jüdischen Priester zeigten ihn beim römischen Militär an. Der Chef der römischen Verwaltung, Pontius Pilatus, ließ die Hinrichtung am Kreuz zu. Das war eine ganz unwürdige Hinrichtungsart, die eigentlich Schwerverbrechern vorbehalten war. Was für ein Schock für die Anhänger von Jesus! Ihr einziger Trost: Sie waren überzeugt, dass er wieder lebendig geworden und aus dem Grab in den Himmel aufgestiegen sei. Nach seinem Tod kamen sie immer wieder zusammen, um an ihn zu denken. Sie versuchten auch, nach seinen Ermahnungen zu leben. Jesus' Ehrenname „Christos" (griech.: der Gesalbte) gab der neuen Glaubensgemeinschaft den Namen.
So bildeten sich die ersten Gemeinden; und es dauerte nicht lange, da kam die Nachricht von Jesus auch nach Rom: „Jeder wird vom Gott der Christen geliebt und kann ins Paradies kommen!" – Das war für die Armen, Kleinbauern, Handwerker und Sklaven eine ganz neue, verheißungsvolle Botschaft! Sie überzeugte viele Menschen, die sich von den römischen Göttern im Stich gelassen fühlten. Gerne wollten sie Christen sein und auf die baldige Ankunft des Erlösers warten.
Verfassertext

1. Erklärt, wie das Christentum entstand und warum es viele Menschen begeisterte.

„Seht, wie sie sich lieben ..."

Die ersten christlichen Gemeinden erregten vor allem bei den Unterschichten im Römischen Reich Bewunderung, weil sie mit dem Gebot der Nächstenliebe ernst machten.

2. Lest was Lukas, der Verfasser der Apostelgeschichte, und der Kirchenschriftsteller Tertullian (Text 2) über die frühen Christen schreiben, und findet heraus, welche Konsequenzen sich für heutige Christen ergeben würden, wenn sie wie die Urgemeinde leben wollten.

[2] Zwei frühe Christen berichten über das Leben in ihrer Gemeinde.

a) Der Evangelist Lukas (ca. 80–85 n. Chr.):

Alle, die zum Glauben gekommen waren, bildeten eine enge Gemeinschaft und taten ihren ganzen Besitz zusammen. Von Fall zu Fall verkauften sie Grundstücke und Wertgegenstände und verteilten den Erlös unter die Bedürftigen in der Gemeinde.
Apostelgeschichte 2,44f., zit. nach: Die gute Nachricht, hg. v. d. Deutschen Bibelgesellschaft u. a., Stuttgart (Deutsche Bibelgesellschaft) 1997, S. 154

b) Der römische Jurist Tertullian (um 190 n. Chr.):

Ein bescheidenes Scherflein [= kleine Münze] steuert jeder Einzelne bei an einem bestimmten Tag im Monat oder wenn er will ... für den Unterhalt und das Begräbnis Armer, für Knaben und Mädchen, die kein Geld und keine Eltern mehr haben, und für alt gewordene Diener, ebenso für Schiffbrüchige und für jene, die in Bergwerken oder die auf Inseln oder in Gefängnissen – vorausgesetzt, sie sind dort wegen ihrer Zugehörigkeit zur Gemeinschaft Gottes – zu Pfleglingen ihres Bekenntnisses werden.
Tertullian, Apologeticum 39,1, zit. nach: Geschichte in Quellen, Bd. 1, bearb. v. Walter Arend. bsv, München, 3. Aufl. 1978, S. 720f.

[3] Das Gerokreuz im Kölner Dom ist eine der ältesten erhaltenen Großplastiken aus Holz nördlich der Alpen. Um 970/76, Strahlenkranz aus dem 17. Jh.

[4] Katakomben in Rom. *Foto.*

[5] Konstantin siegt unter dem Zeichen des Kreuzes gegen seine Gegner. *Wandbild im Vatikan, 16. Jh.*

Wie die Römer das Christentum erlebten

Im römischen Staat hatte der Kaiser eine gottgleiche Stellung. Als oberster Priester hatte er dafür zu sorgen, dass den Göttern geopfert wurde, damit Glück und Wohlstand im Land herrschten. Wer den Göttern öffentlich opferte, konnte privat glauben, was er wollte. Weil die Christen solche Opfer aber als „Götzendienst" ablehnten, stellten sie sich damit – nach Meinung der Römer – auch gegen den römischen Staat: Das empfanden viele Römer als Angriff auf alles, was ihnen wichtig war. Die Verfolgung der Christen nahm ihren Anfang.

Dreihundert Jahre Verfolgung

In den Zeiten der Verfolgung gab es viele Tote unter den Christen. Deshalb hielten sie ihre Gottesdienste geheim und versteckten sich in den unterirdischen Friedhöfen der Stadt (Katakomben). Aber obwohl man christliche Gotteshäuser zerstörte, heilige Bücher verbrannte und die Christen wie üble Kriminelle behandelte, gaben die Anhänger von Jesus nicht auf. Mussten Gemeindemitglieder ihr Leben lassen, verehrte man sie als Märtyrer (Blutzeugen). Aus ihrem Beispiel schöpfte man eher noch Kraft und Mut.

3. Erklärt, wie die Christen zu „Staatsfeinden" wurden. Findet ihr die Haltung der Römer verständlich?
4. Äußert Vermutungen, warum die Bevölkerung des Römischen Reichs teilweise an den alten Göttern festhielt.

Das Christentum wird Staatsreligion

Die gemeinsame lateinische Sprache und die guten Verkehrsverbindungen im Römischen Reich erleichterten die schnelle Verbreitung des Christentums. Nach seinem Sieg – den er dem christlichen Kreuz zuschrieb – erließ Kaiser Konstantin 313 n. Chr. ein Gesetz, in dem die christliche Religion als gleichberechtigt anerkannt wurde. Der römische Kaiser Theodosius I. erklärte einige Jahrzehnte später (380 n. Chr.) das Christentum sogar zur Staatsreligion und verbot die Verehrung der alten Götter – das ließ sich aber nicht sofort durchsetzen.

Wählt einen der folgenden Arbeitsaufträge aus:

- Erzählt oder schreibt eine kurze Geschichte: Christen schleichen sich in die Katakomben, um ihren Gottesdienst zu feiern. Plötzlich hören sie römische Soldaten kommen …
- Zeichnet einen Comic mit zwei Figuren, die diskutieren. Schreibt in die Sprechblasen Argumente für die alte (heidnische) und die neue (christliche) Religion.

Was ihr noch tun könnt …

- Informiert euch über heutige „Märtyrer" im politischen Kampf, z. B. im Irak oder Afghanistan, die als Selbstmordattentäter sterben, und vergleicht sie mit den christlichen Märtyrern der ersten Stunde. Wo liegen Ähnlichkeiten, wo Unterschiede?

Das Kloster als Zentrum

1. Beschreibt die Abbildungen 1 und 2. Welche Informationen über die Mönche des Frühmittelalters findet ihr?
2. Arbeitet aus dem Text heraus, welche Bedeutung Klöster im Mittelalter hatten.
3. Erklärt anhand der Illustrationen (Abb. 4) das Leben in einem mittelalterlichen Kloster und die Bedeutung der einzelnen Bereiche (a–f).
4. Findet Gründe, warum die Klöster für die Menschen in den umliegenden Ländereien eine wichtige Rolle spielten.

Klöster werden zur Keimzelle von Religion, Bildung und Kultur

Die Mönche, die als Missionare nach Zentraleuropa gekommen waren, gründeten Klöster, in denen sie gemeinsam lebten. Beten und Arbeiten – das sollten die hauptsächlichen Ziele des Klosterlebens sein. Bald gab es viele Klosterschulen, in denen Lesen und Schreiben gelehrt wurde. Weil die Klöster miteinander beispielsweise durch Briefe in Verbindung standen, konnten die Mönche und Nonnen untereinander Informationen über neue Techniken und gute Ideen auch über weite Entfernungen austauschen – anders als die meisten anderen Menschen im Mittelalter. Hier wurden beispielsweise neue Anbaumethoden und Obstsorten erprobt. Viele Klöster wurden mit der Zeit durch die Arbeit der Mönche und Nonnen zu bedeutenden Wirtschaftsbetrieben und kamen zu Wohlstand. Darunter litt aber nicht selten das religiöse Leben, das eigentlich in Einfachheit und Armut ablaufen sollte. Auf das Leben in Armut besannen sich immer wieder einzelne Ordensleute. Sie gründeten neue Klostergemeinschaften, in denen sich das religiöse Leben erneuerte. So folgten im Laufe der Jahrhunderte verschiedene Reformbewegungen aufeinander.

Ältester Orden	**Bettelorden**
Benediktiner	Franziskaner,
	Kapuziner,
Reformorden	Dominikaner,
Zisterzienser	Karmeliter,
Trappisten	Augustiner-Eremiten
Prämonstratenser	und viele andere mehr
Kartäuser	

[1] Der Mönch Columban landet 590 n. Chr. in der Bretagne. *Illustration.*

[2] Irische Mönche in ihren einfachen Klöstern. *Illustration*

Alte Klös
in NRW
(Auswah
Corvey (1
Werden (
Siegburg
(1071)
Kornelimi
(814)
Essen-We
Altenberg
Heisterba
Herford
Marienm

[3] Kloster Cluny. *Rekonstruktionszeichnung.*

[a] Klosterkirche mit Chorgestühl.

[4] Bruder Ansgar führt durchs Kloster (a–f). *Illustrationen.*

[b] Bibliothek und Skriptorium.

[c] Werkstätten.

[d] Spital und Apotheke.

[e] Gästehaus/Herberge.

[f] Stallungen und Heilpflanzen.

[5] Klosterleben heute

Die Benediktiner der Abtei Königsmünster in Meschede/Sauerland:
Seit eineinhalb Jahrtausenden leben Menschen nach der Regel des Ordensgründers, auch die Mönche in Meschede beten und arbeiten zur größeren Ehre Gottes, wie es der heilige Benedikt gefordert hat.

Was das Kloster anbietet:

- Mitleben in einer geistlichen Gemeinschaft
- Beratung in geistlichen Fragen und Einkehrtage
- Besinnung im Haus der Stille
- „Oase“: Ort für Jugendbegegnung
- Produkte aus unseren Werkstätten (Weberei, Schreinerei, Klosterbäckerei, Klostermetzgerei)
- Benediktinergymnasium mit ca. 680 Schülerinnen und Schüler
- Missionsstationen in Tansania, Kenia, Südafrika und Südkorea

Wählt einen der folgenden Arbeitsaufträge aus:

- Stellt Vermutungen darüber an, weshalb „beten und arbeiten“ für das Leben der Mönche gefordert wird, und notiert mögliche Gründe.
- Entwerft einen Flyer, der zum Eintritt in ein Kloster einlädt.

Was ihr noch tun könnt …

- Euch Informationen über Klöster in eurer Umgebung verschaffen oder im Internet suchen unter: Benediktiner, Orden, Klöster.

Der Islam erobert die Welt

[1] Die Kaaba in Mekka. *Foto 2011.*

Mohammed begründet eine neue Religion

Es war um das Jahr 570 n. Chr., als Mohammed in Mekka im heutigen Saudi-Arabien geboren wurde. Da seine Eltern früh starben, wuchs er bei einem Onkel auf. In der alten Handelsstadt Mekka gab es ein weithin bekanntes Heiligtum, die Kaaba, zu dem die Leute alljährlich kamen, um ihre Götter zu verehren. Die während der Pilgerzeiten abgehaltenen Märkte brachten den Kaufleuten guten Verdienst. Auch Mohammed wurde Kaufmann. Bei seinen Geschäftsreisen kam er mit Juden und Christen zusammen. Deren Glaube an einen einzigen Gott beeindruckte ihn sehr. Immer häufiger zog er sich in die Einsamkeit zurück und betete. Als er etwa 40 Jahre alt war, hatte er eine Erscheinung: Der Engel Gabriel befahl ihm, seinem Volk den Glauben an Allah, den einzigen Gott, zu predigen. Die reichen Kaufleute seiner Heimatstadt jedoch waren wenig begeistert von der Vorstellung, dass nun keine Pilger mehr zu den rund 300 hier verehrten Göttern kommen würden. Nach dem Tod seines Onkels wurde es für Mohammed und seine Anhänger, die meist ganz arme Leute waren, zu gefährlich und sie verließen Mekka. Die Gruppe fand im Jahr 622 Zuflucht in Medina. Dort waren die Einwohner untereinander zerstritten. Doch Mohammed schloss mit ihnen einen Bündnisvertrag, die Umma, und sicherte damit den Frieden. Mit diesem Ereignis beginnt die islamische Zeitrechnung.

Zwei Jahre später kam es zum Kampf gegen die Bewohner Mekkas. Mohammeds kleine Gruppe besiegte die Übermacht. Dies wurde als Zeichen Gottes angesehen. Der Islam fand nun immer mehr Anhänger.

Mohammed ließ die Götterbilder bei der Kaaba entfernen und Mekka wurde zum Mittelpunkt des neuen Glaubens, zu dem heute jährlich Millionen Muslime pilgern.

[2] Mohammed und der Erzengel Gabriel. *Türkische Buchmalerei, 16. Jh..*

Machtkämpfe

Als Mohammed im Jahr 632 starb, hatte sich der Islam unter den arabischen Stämmen bereits weitgehend durchgesetzt. Die Nachfolger Mohammeds (= Kalifen) waren gleichzeitig politische und religiöse Führer, sodass es bei der Verbreitung des Glaubens immer auch um Macht gegangen ist.

Als Ali, Mohammeds Schwiegersohn, das vierte Kalifat übernahm, kam es zum Streit. Seine Anhänger wollten nur noch seine direkten Nachkommen als künftige Kalifen sehen. Doch die gegnerische Partei setzte sich gegen Alis Sohn Husain durch und es kam zur Spaltung.

Alis Gefolgsleute (= Schiat Ali) nannten sich Schiiten, seine Gegner Sunniten, weil sie das Buch der Überlieferungen, die Sunna, auf ihre Weise auslegten. Diese Spaltung besteht bis heute und spielt vor allem im Konflikt zwischen dem überwiegend schiitischen Iran und dem mehrheitlich sunnitischen Irak eine bedeutsame Rolle. Weltweit sind etwa 90 Prozent aller Muslime Sunniten.

1. Beschreibt die Abbildungen 1 und 2. Vermutet, warum der Maler das Gesicht Mohammeds verhüllt hat (siehe S. 18).
2. Erklärt, warum es zur Spaltung des Islam kam.

[3] Ausbreitung des neuen Glaubens im ersten islamischen Jahrhundert, 7./8. Jahrhundert.

Mit Feuer und Schwert?

Die Kalifen als Nachfolger Mohammeds sorgten für die Verbreitung des Islam. Mit ihren schlagkräftigen Heeren gelang es ihnen in kurzer Zeit, die umliegenden Gebiete zu erobern und ihre Bewohner zum Glauben an Allah, den einzigen Gott, zu bekehren. Im Sieg ihrer Heere sahen die Gläubigen ein Zeichen dafür, dass sie auf dem richtigen Weg waren. Der Kampfesmut war hoch, denn die Krieger glaubten, sofort ins Paradies zu kommen, wenn sie in der Schlacht fallen sollten. Viele Wüstenbewohner schlossen sich den Eroberern auch freiwillig an.

Buchreligionen

Juden und Christen sind nach den Lehren des Islam keine Götzendiener. Auch sie besitzen mit Thora und Bibel heilige Bücher und glauben an einen einzigen Gott. Deshalb wurden ihre Anhänger in den eroberten Gebieten zwar auch unterworfen, aber weder ausgerottet noch zwangsweise bekehrt. Sie mussten lediglich eine besondere Steuer zahlen und durften für ihre Religion nicht werben.

3. Beschreibt mithilfe der Karte 3 und der Texte, wie sich der Islam von Arabien her ausgebreitet hat.
4. Stellt fest, welche heutigen Staaten von den Eroberungszügen betroffen waren (Atlas).
5. Erläutert den Begriff Buchreligion.

Wählt einen der folgenden Arbeitsaufträge aus:

- Ein Pilger kehrt aus Mekka zurück: Was könnte er erzählen?
- Fromme Muslime malen – als Beweis für ihre Pilgerfahrt – die Kaaba und ihre Reise dorthin auf eine Hauswand. Macht einen Entwurf!

Was ihr noch tun könnt …

- Informiert euch genauer über die einzelnen Richtungen des Islam und vergleicht mit anderen Religionen.
- Stellt fest, ob es auch in anderen Religionen Glaubenskriege gegeben hat oder gibt.

[4] Reich verzierte Moschee in Isfahan im Iran (Persien); Baubeginn 1611.

Frauen im Islam

Behütet, bevormundet oder emanzipiert?

Das Thema „Frauen“ weckt im Zusammenhang mit dem Islam in der westlichen Welt ein hohes Maß an Interesse. Dabei gibt es etliche Vorurteile und Missverständnisse. Ein viel beachteter Aspekt ist die Frage der Verschleierung. Sie reicht vom einfachen Kopftuch bis zur totalen Verhüllung mit nur einem Sehschlitz. In der Türkei ist das Kopftuch in allen öffentlichen Gebäuden zwar offiziell untersagt, doch ist auch hier die Verschleierung in den letzten Jahren wieder im Vormarsch. Der Hochschulrat z. B. hat mittlerweile verfügt, dass Studentinnen mit Kopftuch nicht mehr vom Unterricht ausgeschlossen werden dürfen. Die Mehrheit der Bevölkerung ist für eine komplette Abschaffung des Kopftuchverbots in der Türkei.
Die Motivation hierfür ist vielfältig. Sie kann stolzes Bekenntnis oder aber Gruppenzwang sein. Frauen aus konservativen Familien tragen fast immer eine Verhüllung. Je nach Herkunftsland ist sie mehr oder weniger weitgehend. Umstritten ist, ob der Koran hierzu ausdrückliche Vorschriften enthält. Eigentlich geht es darin nur um das Verbergen weiblicher Reize. Und darüber kann man, je nach Herkunft, Tradition und Erziehung, verschiedener Meinung sein.
Die allgemeine Stellung der Muslima ist zwar im Koran geregelt, wird jedoch, ähnlich wie die Kopftuchfrage, in den einzelnen Teilen der islamischen Welt unterschiedlich gehandhabt.

[1] Der Koran befasst sich an mehreren Stellen mit Frauen. In der 4. Sure (34. Abschnitt) heißt es unter anderem:

Die Männer stehen den Frauen in Verantwortung vor, weil Allah die einen vor den anderen ausgezeichnet hat und weil sie von ihrem Vermögen hingeben. Darum sind tugendhafte Frauen die Gehorsamen und diejenigen, die [ihrer Gatten] Geheimnisse mit Allahs Hilfe wahren. Und jene, deren Widerspenstigkeit ihr befürchtet: ermahnt sie, meidet sie im Ehebett und schlagt sie! Wenn sie euch dann gehorchen, so sucht gegen sie keine Ausrede. Wahrlich, Allah ist Erhaben und Groß.

Zit. nach: Hohammad Ahmad Rassoul, in: www.koransuren.de/koran/surenvergleich/sure4.html, koransuren.de (27.9.2011)

Heimischer Herd oder Beruf?

Ebenfalls recht unterschiedlich sieht es bei den erlaubten Tätigkeiten aus: Sie reichen von der Staatspräsidentin, Professorin oder Geschäftsfrau bis hin zur zurückgezogen alleine auf den Haushalt beschränkten Ehefrau, Mutter oder Tochter.
In Saudi-Arabien ist es Frauen nicht einmal erlaubt, ein Auto zu steuern, während sie andererseits reiche Besitztümer haben können. Oder iranische Frauen, sie müssen sich in der Öffentlichkeit in den Tschador hüllen, nehmen aber auf der anderen Seite an vielen

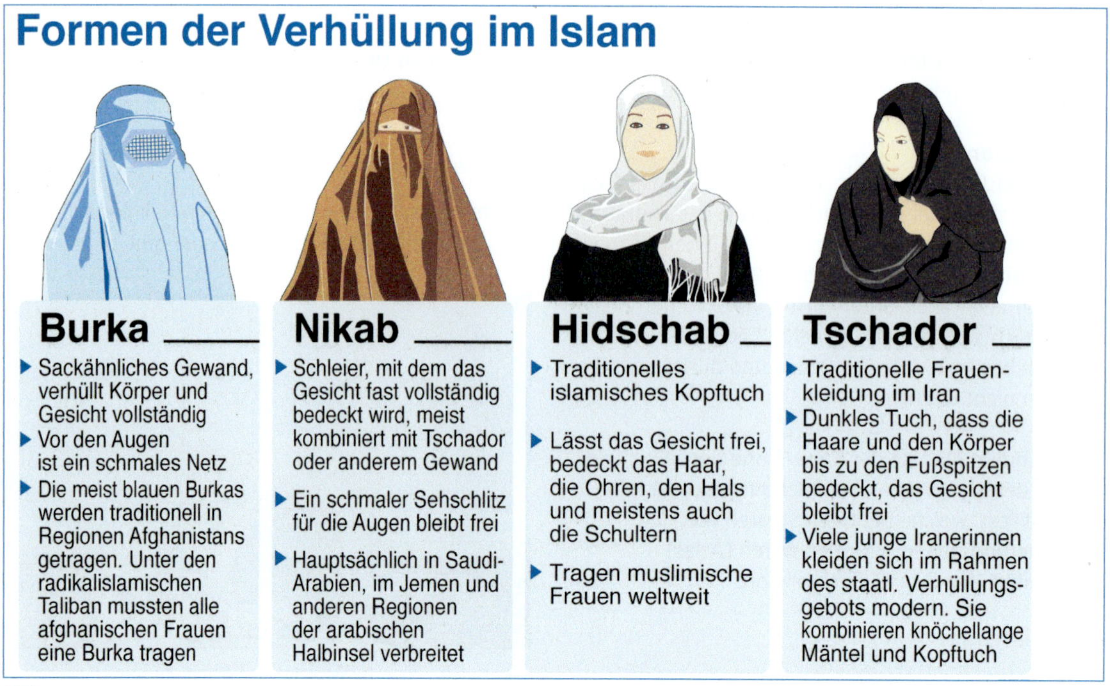

[2] Formen der Verhüllung.

[3] Aygül Özkan wurde in Niedersachsen erste Landesministerin Deutschlands mit türkischen Wurzeln. *Foto 2011.*

gesellschaftlichen Entscheidungen teil, vor allem an den Universitäten. Überhaupt studieren in vielen islamischen Ländern mittlerweile mehr Frauen als Männer.

Traditionell erzogene Frauen stehen hier im Westen zwischen den Fronten im Kampf der Kulturen. Sie sehen sich als Berufstätige in vielen europäischen Ländern vor besondere Probleme gestellt. Unterschiedlich strenge Verschleierungsverbote versperren ihnen vielerorts eine Arbeit im Staatsdienst wie beispielsweise als Lehrerin an Schulen. Frankreich z. B. hat mittlerweile die Komplettverhüllung (Burka) per Gesetz verboten.

Allein bei uns in Deutschland leben rund 1,6 Millionen muslimische Frauen, meist Türkinnen. Zahllose Regeln und Gebote können junge türkische Mädchen an das Elternhaus binden, wo Sport, Ausgehen und alle Kontakte streng kontrolliert oder gar verboten sind. Berufliche Karrieren bedeuten daher vielfach den Bruch mit der Familie.

Doch mit der Religion hat das alles nicht unbedingt etwas zu tun. Väter, deren Berufsabschlüsse nicht anerkannt wurden, müssen oft Arbeiten annehmen, die ihnen ein Gefühl des Versagens geben. Als Konsequenz bauen sie um ihre Familien einen Schutzwall gegen „die Welt da draußen“, um ihnen Enttäuschungen zu ersparen.

1. Gebt mit eigenen Worten wieder, was in der Koransure (Text 1) steht; nehmt dazu Stellung.
2. Begründet die unterschiedliche Behandlung von Frauen in islamischen Ländern.
3. Testet die einzelnen Verschleierungstechniken aus Abbildung 2 mit Kopftüchern, Stoffresten oder Tisch- bzw. Betttüchern und führt sie vor. Auch die Jungen sollten sich beteiligen.

Wenn ihr über uns urteilt, solltet ihr bedenken, dass in muslimischen Gegenden höchst unterschiedliche Traditionen zu berücksichtigen sind. In meiner arabischen Heimat denken wir noch viel in Stammes- und Familienverbänden. Darauf verlassen wir uns eher als auf den Staat mit seinen Gesetzen und der Polizei. Deshalb ist es auch die Aufgabe unserer Männer, die Frauen ihrer Familie vor möglichen Gefahren zu schützen. Notfalls schirmen sie uns völlig vor der Außenwelt ab. Für euch ist das ziemlich unverständlich!

[4] Muslimin. *Foto.*

4. Tauscht Erfahrungen aus über das Miteinander mit islamischen Schülerinnen; sucht nach Begründungen für ungewohntes Verhalten.

Wählt einen der folgenden Arbeitsaufträge aus:

- Auch in nicht muslimischen Familien gibt es mannigfache Verhaltensregeln; macht eine Spontanumfrage in der Klasse und stellt fest, ob überall für Jungen und Mädchen die gleichen Regeln gelten.
- Listet auf, welche Probleme ihr in einem völlig fremden Land mit andersartiger Kultur hättet, dessen Sprache ihr nicht versteht (Nahrung, Kleidung, Schule, Freunde, Unterhaltung …).

Was ihr noch tun könnt …

- Euch über unterschiedliche Aufgaben und Rollen von Frauen und Männern in anderen Religionen früher und heute informieren.

Methode Bauwerke erkunden

Die Baumeister im christlichen Abendland bauten zunächst in einem Stil, den wir heute romanisch* nennen. Später entwickelten sie dann den gotischen* Baustil.
Auf dieser Doppelseite findet ihr Informationen über Bau- und Einrichtungsteile in religiös genutzten Gebäuden.
Die folgenden Schritte können euch helfen, eine Kirche, eine Synagoge oder eine Moschee zu erkunden:

1. Schritt Erste Eindrücke beschreiben

- Haltet erste Eindrücke als Bericht, Zeichnung oder Foto fest. Bedenkt: Lage, Raumwirkung innen und außen, Fenster, Ausstattung (Altäre, Figuren, Mobiliar, Malereien, Teppiche usw.).

2. Schritt Informationen sammeln

- Informiert euch über die Baugeschichte (bei Geistlichen, im Büro, in der Bibliothek): Baubeginn, Vorbilder, Besonderheiten, Finanzierung; wer sorgt heute für den Unterhalt? Gab es Kriegsschäden? usw.

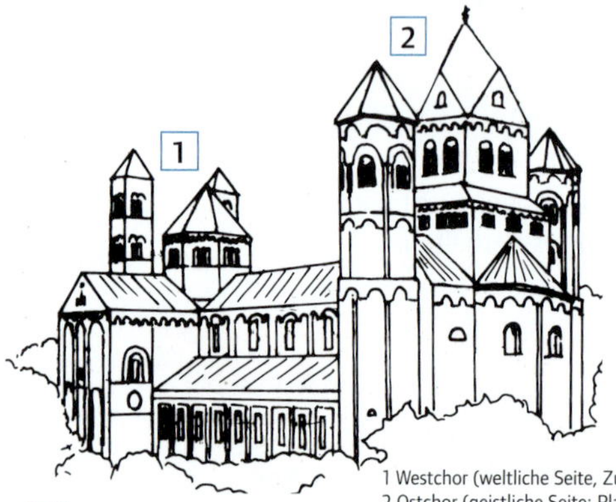

[1] Romanische Kirche.

1 Westchor (weltliche Seite, Zugang für Laien).
2 Ostchor (geistliche Seite; Platz für den Altar, zeigt fast immer nach Osten Richtung Jerusalem/Sonnenaufgang).

*

Romanik
Wort: „romanisch" von „römisch". Runde Bögen und die Gebäudeform der römischen Basilika (Flachdecke) sind in den ältesten Kirchen zu finden. Sie sind den Palästen der römischen Kaiser nachempfunden.
Zeit: 8.–12. Jahrhundert

Gotik
Wort: ursprünglich italienisches Schimpfwort für Kirchengebäude des Nordens (gotisch = roh, primitiv); hohe Gewölbe und Spitzbogenfenster.
Zeit: 11.–12. Jahrhundert
Technik: Das Gewicht von Gewölbe und Dach wurde nicht mehr nur auf Säulen und Außenwände geleitet, sondern auf „Stützen" außen neben den Mauern. Dadurch konnten die Wände für riesige Glasfenster geöffnet werden

3. Schritt Das Bauwerk und einzelne Teile erklären

- Erklärt Bauteile, Figuren und Symbole
  - Welche Bedeutung haben sie?
  - Weshalb wurden sie hergestellt?
  - Was wollten die Baumeister oder Künstler ausdrücken?
- Sucht Informationen dazu in der Bibliothek, im Internet oder informiert euch vor Ort.

4. Schritt Eigene Meinung ausdrücken

- Was gefällt euch ganz besonders?
- Was beeindruckt weniger?
- Was versteht ihr nicht, sodass noch weitere Informationen nötig sind?

1. Seht euch die Abbildungen 3–8 an: Ordnet Bauteile, die ihr erkennt, den richtigen Fachbegriffen (Abb. 1, 2 und 9) zu.
2. Geht auf Spurensuche in eurem Ort. Verwendet bei der Erkundung die Arbeitsschritte.

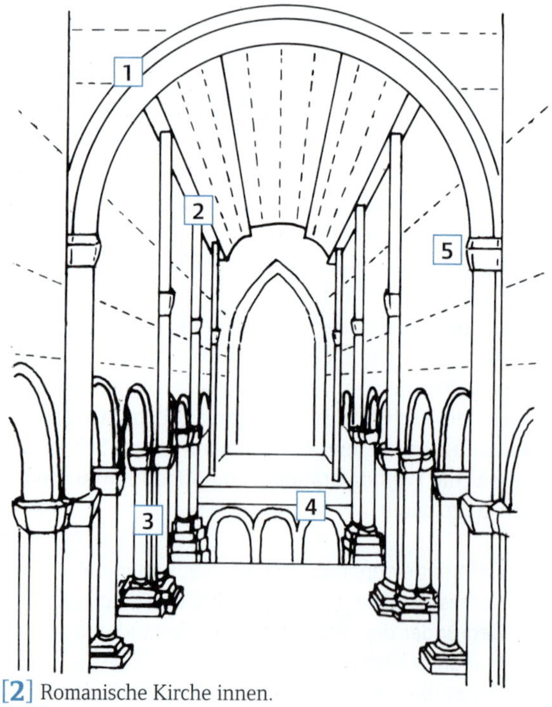

[2] Romanische Kirche innen.

1 Querbogen
2 Säule (rund)
3 Pfeiler (eckig)
4 Mittelschiff
5 Kapitel (Kopfstück einer Stützsäule)

[3] Minbar in der Pasa-Rüstem-Moschee in Istanbul. *Foto.*

[6] Altar in der Krypta des Speyrer Doms. 11./12. Jh..

[8] Synagoge in Hannover mit gotischen und romanischen Bauteilen; erbaut 1870, zerstört 1938. *Foto.*

[4] Teil des Betsaals der Mezquita (Moschee) von Cordoba, Baubeginn 784 n. Chr. *Foto.*

[5] Kanzel im Altenberger Dom. *Foto.*

[7] Kirchenfenster, Köln 1260. Bildinformation für Gläubige, die meist nicht lesen konnten; außerdem ließen die Fenster Licht ins Rauminnere. *Foto.*

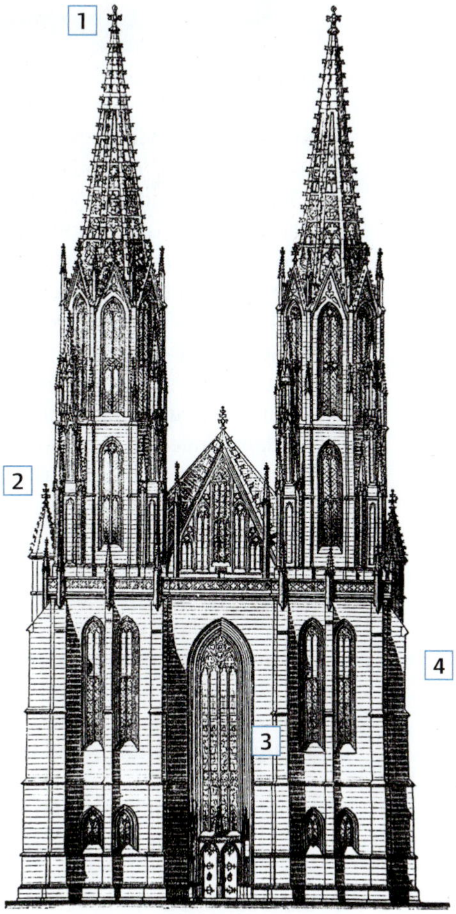

[9] Gotische Kirche St. Maria zur Wiese in Soest. *1313/1882.*

1 Kreuzblumen
2 Fialen
3 Westseite mit Maßwerkfenstern
4 Pfeiler

Kreuzzüge: Der Kampf um Jerusalem

[1] Jerusalem. *Handschrift, 14. Jh.*

[2] Der Papst ruft zum Kreuzzug auf. Auf dem lateinischen Spruchband steht „Gott will es". *Holzschnitt, 1482.*

Jerusalem – die Heilige Stadt

Jerusalem war und ist drei großen Religionen heilig: den Juden unter anderem wegen des Tempelbergs mit Resten des Tempels Salomons, den Muslimen wegen des Felsendoms, der die Stelle der Himmelfahrt Mohammeds überspannt, und den Christen wegen der Grabeskirche, die das Grab Jesu enthalten soll.
Anhänger dieser Religionen besuchten als Pilger die Stadt, um dort zu beten. Seit dem 7. Jahrhundert stand die Stadt unter muslimischer Herrschaft. Doch im 11. Jahrhundert kam es zu Behinderungen der Pilgerfahrten. Papst Urban rief im Jahr 1095 dazu auf, Jerusalem aus den Händen der „Ungläubigen" zu befreien. Als Lohn winkte das Versprechen auf ewige Seligkeit im Himmel. In ganz Europa machten sich Ritter, Bürger, Bauern und Landarbeiter auf den sogenannten Kreuzzug. Sogar Kinder zogen los. Viele kamen unterwegs elendig um oder gerieten in Gefangenschaft.

Kreuzugspropaganda „Gott will es!"

1. Wertet Text 3 mithilfe der Methode S. 243 aus. Vermutet, welche Gefühle bei den Zuhörern ausgelöst werden sollten.
2. Stellt aus Text 3 in einer Liste die Argumente Urbans zusammen: Warum sollte „das Volk der Franken" in den Orient ziehen?
3. Im Mittelalter gab es keinen Rundfunk und kein Fernsehen: Notiert Vermutungen darüber, wie die Botschaft Urbans in Europa verbreitet wurde.

[3] Aufruf von Papst Urban, 1095:

Ihr Volk der Franken, ihr Volk nördlich der Alpen, ihr seid … Gottes geliebtes und auserwähltes Volk … Aus dem Land Jerusalem und der Stadt Konstantinopel kam schlimme Nachricht und drang schon oft an unser Ohr: Das Volk im Perserreich, ein fremdes Volk, ein ganz gottfernes Volk … hat die Länder der dortigen Christen besetzt, durch Mord, Raub und Brand entvölkert und die Gefangenen teils in sein Land abgeführt, teils elend umgebracht … Wem anders obliegt nun die Aufgabe, diese Schmach zu rächen, dieses Land zu befreien, als euch? Euch verlieh Gott mehr als den übrigen Völkern ausgezeichneten Waffenruhm, hohen Mut … Wenn euch zärtliche Liebe zu Kindern, Verwandten und Gattinnen festhält, dann bedenkt, was der Herr im Evangelium sagt: Wer Vater oder Mutter mehr als mich liebt, ist meiner nicht wert; jeder, der sein Haus … um meines Namens willen verlässt, wird Hundertfältiges erhalten und ewiges Leben haben.
Kein Besitz, keine Haussorge soll euch fesseln. Denn dieses Land, in dem ihr wohnt, ist … von Meeren und Gebirgszügen umschlossen und von euch beängstigend dicht bevölkert. Es … liefert seinen Bauern kaum die bloße Nahrung. Daher kommt es, dass ihr euch gegenseitig beißt und bekämpft, gegeneinander Krieg führt … Tretet den Weg zum Heiligen Grab an, nehmt das Land dort dem gottlosen Volk, macht es euch untertan! … Jerusalem ist der Mittelpunkt der

[4] Länder des Mittelmeers zur Zeit der Kreuzzüge.

[6] Kampf um Jerusalem. *Jugendbuchillustration.*

Erde, das fruchtbarste aller Länder, als wäre es ein zweites Paradies der Wonne ... Schlagt also diesen Weg ein zur Vergebung eurer Sünden; nie verwelkender Ruhm ist euch im Himmelreich gewiss.

Zit. nach: Arno Borst, Lebensformen im Mittelalter. Ullstein, Frankfurt/Berlin 1979, S. 318ff.

4. Papst Urban (Text 3) und ein Mönch (Text 5) zeichnen ein Bild von den Kreuzfahrern. Vergleicht die Texte und findet die Unterschiede heraus.

[5] Ein Mönch berichtet über die Kreuzfahrer und ihre Ziele:

Ihre Absichten waren verschieden. Einige Neugierige zogen los, weil sie neue Gegenden besuchen wollten. Andere zwang die Armut. Weil es bei ihnen zu Hause knapp zuging, kämpften sie, um der Armut abzuhelfen ... Andere wurden von Schulden bedrückt oder wollten die ihren Herren geschuldeten Dienste verlassen oder hatten wegen Verfehlungen Strafen zu erwarten. Nur mit Mühe fand man wenige, die eine heilige ... Absicht hatten.

Würzburger Annalen 1147, übersetzt v. Verfasser

Ein weiter Weg nach Jerusalem

Der erste Kreuzzug war für alle Beteiligten ein Aufbruch ins Unbekannte. Niemand wusste, wie man ein solches Vorhaben organisieren sollte. Vom Ziel – der Stadt Jerusalem – wusste man nur aus mündlichen Berichten und machte sich vermutlich fantastische Vorstellungen.

5. Untersucht die Karte. Schätzt die Entfernung von Nordrhein-Westfalen bis Jerusalem ab (Maßstab: siehe Legende).
6. Beschreibt mögliche Schwierigkeiten der Kreuzfahrer auf ihrem Weg in den Osten.

Blut fließt in der Heiligen Stadt

Vom 11. bis zum 13. Jahrhundert gab es mehrere Kreuzzüge, die ins Heilige Land führten. Die Teilnehmer des Ersten Kreuzzuges hatten sich durch Kleinasien kämpfen müssen. Nach jahrelangem Marsch durch eine lebensfeindliche Umgebung, hohen Verlusten und schrecklichen Anstrengungen erreichte das Heer schließlich im Jahr 1099 Jerusalem.

Bei einer Belagerung gelang es, die Heilige Stadt zu erstürmen. Fast alle Menschen, die sich dort aufhielten, wurden ohne Unterschied umgebracht. Die Kreuzfahrer eigneten sich nun Häuser und Grundstücke an und nahmen das Land in Besitz. Sie gründeten im Heiligen Land und Kleinasien in der Folge eine Reihe von Staaten, in denen sie über Christen, Muslime und Juden herrschten.

7. Beurteilt das Verhalten der Kreuzfahrer und nennt Gründe für euer Urteil.

Dauerhaft konnten die Kreuzfahrer Jerusalem und das Heilige Land aber nicht halten. Immer wieder wurde es von islamischen Heerführern eingenommen, die es schließlich fast sieben Jahrhunderte, von 1244 bis Ende 1917, beherrschten.

Wählt einen der folgenden Arbeitsaufträge aus:

- Ein Kreuzfahrer hat seine Familie seit zwei Jahren nicht mehr gesehen. Schreibt einen Brief, in dem er seine Erlebnisse schildert.
- Notiert einen Vorschlag, wie eine Einigung über die heiligen Stätten ohne Krieg und Gewalt aussehen könnte.

Begegnung der Kulturen

[1] Kreuzfahrer. *Jugendbuchillustration.*

Pfeffer, Weihrauch und Rosenöl – die Begegnung von „Abendland“ und „Morgenland“

Die Europäer waren reichlich ahnungslos und überheblich in den Orient gezogen. Bald schon lernten sie aber das Staunen: Schöne Stoffe, kostbare Teppiche, interessant schmeckende fremde Gewürze, wohlriechende, Parfüms und Rosenwasser, Lautenmusik und Luxusbadeanlagen waren ihnen neu.

Bei den Handwerkern sahen sie Neues über die Herstellung von Süßigkeiten und Gebäck, Lehrreiches über Schmiedekunst und Lederbearbeitung. Die Bauern zeigten ihnen unbekannte Gemüse- und Obstsorten (z.B. Orangen, Aprikosen). Mathematiker oder Ärzte waren sehr sachkundig und auch über Sternkunde und Geografie wussten die arabischen Gelehrten viel mehr als die Europäer.

Auch der persönliche Umgang mit den „Sarazenen“ beeindruckte sie. In Europa waren diese immer als grausam und verschlagen geschildert worden: Nun erlebten sie freundliche Menschen in einer entwickelten Kultur.

Die Lebensweise der Menschen im Orient veränderte die Haltung der Kreuzfahrer. Sie nahmen viele Gewohnheiten ihrer neuen Umgebung an.

[2] Ein christlicher und ein muslimischer Ritter spielen Schach. *Miniaturmalerei, um 1283.*

[3] Der französische Geistliche Fulcher von Chartres lebte in den Kreuzfahrerstaaten. Er schrieb 1110:

Wir, die wir Abendländer waren, sind Orientalen geworden. Wir haben schon unsere Geburtsorte vergessen … Manche von uns besitzen in diesem Land Häuser und Diener, die ihnen gehören wie nach Erbrecht. Ein anderer hat eine Frau geheiratet, die durchaus nicht seine Landsmännin ist, eine Syrerin…, die die Gnade der Taufe empfangen hat … Sie sprechen verschiedene Sprachen und haben es doch alle schon fertig gebracht, sich zu verstehen.

Zit. nach: Reinhard Barth, Taschenlexikon Kreuzzüge. Piper, München 1999, S. 169

1. Versetzt euch in einen nach Europa heimgekehrten Kreuzfahrer. Was hat er zu berichten?

Was ihr noch tun könnt …

- Informationen über die sieben Kreuzzüge zwischen 1096 und 1270 sammeln (Beispiel: der Kinderkreuzzug von 1212).
- Lebensbeschreibungen (Biografien) interessanter Personen aus der Kreuzzugszeit lesen: Sultan Saladin, König Richard Löwenherz oder Kaiser Friedrich Barbarossa.
- Informationen über die heutige Situation in Jerusalem sammeln.

Alleingültigkeit der jeweils eigenen Religion

Die Kreuzzüge waren kein Einzelfall! Sie waren nicht der erste (aber auch nicht der letzte) Anlass in der Geschichte, bei dem es aus Glaubensgründen zu scharfen Auseinandersetzungen kam. Immer wieder gerieten Menschen unterschiedlichen Glaubens in blutig ausgetragene Konflikte. Gerade in Jerusalem prallten die Konfessionen wütend aufeinander – und das ist bis heute so!

Der Besitz der Wahrheit

Viele Religionen neigen dazu, ihre Lehraussagen, ihre Gebetsformen und ihre frommen Bräuche für das einzig Richtige zu halten. Das liegt nicht nur daran, dass eine oft jahrhundertealte Tradition die eigene Überzeugung festigt. Schwieriger wird es, wenn eine allein gültige „Wahrheit" beansprucht wird. Diese wird oft auf göttliche Offenbarung zurückgeführt, die in heiligen Schriften festgeschrieben ist.

2. Nennt die heiligen Schriften der drei großen Buchreligionen.

Streit, Spaltung, Verfolgungen und Kriege

[4] Nordirland: Protestantische Anwohner beschimpfen katholische Schulkinder, die ihren Schulweg durch „protestantisches Gebiet" nehmen. *Foto 2001.*

Anpassung des Glaubens an die jeweiligen Lebensumstände, Streit über die Auslegung der Schriften oder Führungsansprüche führten auch innerhalb der großen Religionsgemeinschaften zu vielen Problemen. So gibt es auch heute innerhalb der jüdischen Religion Streit zwischen strenggläubigen und moderner denkenden Juden. Christen sind gespalten in Katholiken, Protestanten, Orthodoxe und viele Freikirchen. Muslime sind uneins, ob Sunniten, Schiiten oder Alewiten auf dem richtigen Weg zu ihrem Gott sind.
Nicht selten verursacht auch das Zusammenleben verschiedener Religionsgemeinschaften in einem Staat Probleme (Kopten und Muslime in Ägypten, Christen und Muslime im Irak, Katholiken und Protestanten in Nordirland usw.).
In vielen Weltgegenden ist die unterschiedliche Religion noch immer Konflikt verschärfend. Dort verbinden sich dann religiöse Unterschiede mit politischen Streitfragen (Israel: Palästinensische Gebiete; Indien – Pakistan; Nordirland und Republik Irland).

Ein Versuch zu mehr Toleranz

Die Religionen könnten einen Beitrag für eine Zukunft in Frieden und Gerechtigkeit leisten. Das meint jedenfalls der international bekannte Theologe Professor Hans Küng. Dazu hat er vier Grundsätze beschrieben, die für alle Menschen gelten sollten – gleich welcher Religion sie sind:

1. Hab Ehrfurcht vor dem Leben!
2. Handle gerecht und fair!
3. Rede und handle wahrhaftig!
4. Achtet und liebet einander!

[5] Hans Küng in Jerusalem. *Foto.*

3. Diskutiert in der Klasse, ob sich diese Regeln durchsetzen lassen und wie sie die gegenwärtige Welt verändern könnten.

Wählt eine der folgenden Fragen

- Beurteilt, welche Auswirkungen der Alleingültigkeitsanspruch der verschiedenen Glaubensgemeinschaften hatte bzw. hat. Greift dazu auch auf Beispiele aus diesem Kapitel zurück.
- Erfindet und notiert Regeln, um das Zusammenleben der Religionen zu verbessern; tragt diese vor und diskutiert sie in der Klasse

Geschichte aktiv

Denkt auch daran, euer Portfolio zu führen:
- schöne Ergebnisse in Text und Bild
- Lernerfahrungen zum Thema „Juden, Christen, Muslime“

Forschungsprojekt „religiöse Symbole“

„Davidsstern“, „Rosenkranz“ und „Fatimas Hand“ – religiöse Gegenstände und Symbole entschlüsseln

In allen Religionen spielen Bildvergleiche („Metaphern“) und Zeichen („Symbole“) eine große Rolle. Sie stehen im Zusammenhang mit Glaubensinhalten, Textstellen aus den heiligen Schriften, den Gottesdiensten oder Traditionen.

„Detektiv“-Aufgabe:

▶ Findet heraus, was bestimmte Symbole, bildhafte Worte oder Gegenstände bedeuten.

1. Sucht symbolhafte Begriffe, Zeichen oder Gegenstände (Hilfe: Liste im Kasten unten, aber auch selbst Gefundenes).
2. Erklärt sie, in dem ihr die Bedeutung in Lexika (Symbollexikon) nachschlagt oder Expertinnen befragt.
3. Fertigt (arbeitsteilig) zu jedem Symbol je eine DIN-A4-Karteikarte an, auf der ihr Erklärungen zum Symbol (Ursprünge, religiöse Bedeutung, Beispiele aus Kunst, Alltag usw.) und verschiedene Bildbeispiele festhaltet und stellt sie der Klasse vor.

Kreuz / Kruzifix: Ursprung

kreuzweise verbundene Balken, an denen Menschen hingerichtet wurden. Tod erfolgt durch Ersticken.

religiöse Bedeutung:
seit der Hinrichtung Jesu im Jahr 33 n. Chr. Symbol für das Christentum; von den ersten Christen noch nicht gern gebraucht, weil der Kreuzestod eine schändliche Hinrichtungsart war.

Beispiele aus Religion, Kunst und Alltag:
Bilder religiösen Inhaltes

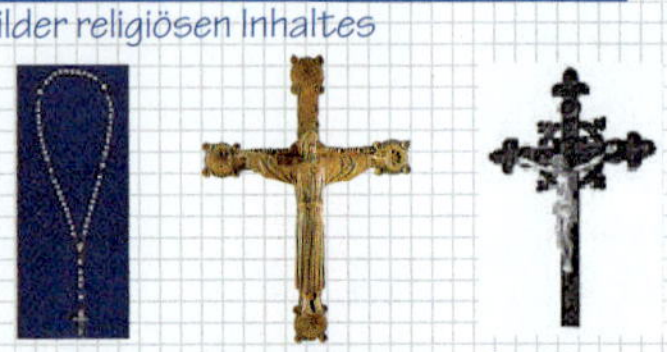

Rosenkranz | liturgische Gegenstände | Grabkreuz

Organisches
Blut, Brot, Wein, Wasser (Taufe, Waschungen, Segen), Blumen (vor allem: Lilie und Rose), Duftstoffe (Weihrauch), Opfergaben, Kerzen, Eier, Chrisam-Öl

Elemente/Begriffe/Orte
Feuer, Sonne, Mond, Himmel, Hölle, Jungfrauengeburt, Paradies

Tiere
Schlange, Taube, Lamm, Pelikan, Adler, Stier

Zeichen
Kreuz, Halbmond und Stern, Davidsstern, Fisch, Aureole (= Heiligenschein), ☧ (Chi Rho)

Überirdische Wesen
Engel, Teufel, Cherubine

Rollenbezeichnungen
Menschensohn, Gottesmutter, Prophet, Guter Hirte, Sämann

Attribute (= symbolische Beigaben) von Heiligen
z. B. Schwert (Paulus), Säge (Josef), Feuerrost (Laurentius)

Symbolische Zahlen
3, 7, 12, 144

Gegenstände
Kelch, Gesetzestafeln des Moses, Rosenkranz und islamische Gebetskette, siebenarmiger Leuchter, Bischofsstab, Schofar (Widderhorn), Thorarolle, Bibel, Koran

Kleidungsteile
Stola, Mitra, Pallium, Turban, Kippa

Legenden und Mythen

Gebetshaltungen
knien, Arme ausbreiten, Hände falten, sich niederwerfen

Bauteile
Altar, Kanzel, Fensterrosen an Kathedralen
West-Ost-Ausrichtung der Kirchenschiffe
Mihrab = Gebetsnische in Moschee

Liturgische Farben
Schwarz (Trauer), Weiß (Reinheit, Freude), Lila, Rot, Grün, Gelb

Religiöse Spurensuche

1. Erkundungen in der Umgebung durchführen

- Sucht in eurer Gemeinde, gegebenenfalls auch in der Nachbargemeinde, nach Synagogen, Kirchen und Moscheen (denkt an die Hinweise auf der Seite 32/33).
- Sprecht informierte Personen an, die euch Näheres über die Gebäude und das Gemeindeleben berichten können.
- Macht Fotos/fertigt Zeichnungen von den Gebäuden.
- Erkundigt euch nach dem Schicksal jüdischer Mitbürger im Ort (Stichwort: Zeit des Nationalsozialismus).

2. Museumsbesuche planen

In vielen Städten gibt es Museen, die sich mit der religiösen Entwicklung der Gegend beschäftigen.
Hier findet man auch Informationen zu religiösen Feiertagen und Bräuchen (z. B. Prozessionen usw.).

- Erkundigt euch z. B. nach:
  - kirchlichen Museen in den Bischofsstädten („Diozösan-Museum"),
  - Museen zur jüdischen Geschichte in NRW, z. B. Jüdisches Museum Westfalen in Dorsten (Julius-Ambrunn-Str. 1, 46282 Dorsten); Alte Synagoge Essen (Steeler Str. 29/Edmund-Körner-Platz 1, 45127 Essen). Viele Stadtmuseen haben Abteilungen zur jüdischen Geschichte der Stadt.
- Besucht in historischen oder volkskundlichen Museen die Abteilungen, die sich mit religiösem Brauchtum beschäftigen.
- Achtet besonders auf die Frage, wie sich die unterschiedlichen Religionen begegnet sind.

3. Friedhöfe

Hinweise zur Begräbniskultur findet ihr auf den konfessionellen und städtischen Friedhöfen. Fragt nach Bereichen, in denen Muslime beerdigt sind (Fotoapparat nicht vergessen!).

4. Befragungen

- Ladet Experten ein, die euch zu den großen Religionen, die in diesem Kapitel besprochen wurden, aktuelle Einzelheiten erzählen können.
- Befragt Passanten auf der Straße, wie ihre Einstellung zu den verschiedenen Religionen ist, und klärt dabei entstehende Fragen im Unterricht (z. B. Richtigstellung von Vorurteilen usw.).

[1] Kölner Moschee im Rohbau. *Foto 2011.*

[2] Mönchengladbacher Münster. *Foto.*

[3] Jüdischer Friedhof. *Foto.*

[4] Schüler befragen Passanten. *Foto.*

Das kann ich!

Thora	Aufnahme in der Gemeinde
Talmud	Religionsgesetze
Sabbat	tauglich, passend
Bar-Mizwa	Gotteshaus
Synagoge	Die fünf Gesetzbücher Moses
koscher	Feiertag, Tag der Ruhe

[1] Begriffe und ihre Bedeutung.

[2] Säulen an einer Kirche. *Illustration.*

[3] Moschee und Kathedrale in Cordoba. *Foto.*

[4] Die richtigen Begriffe finden.

Rätselhafter Islam

Mi – bi – Ka – dan – ra – Ko – fleisch – Mih – A – na – Mim – di – li – Sau – mann – Ra – Schwei – ka – ma – en – Mo – fen – ran – rab – Kauf – bar – schee – rett – ne – Mek

1. Heiliges Buch
2. Wichtigster Wallfahrtsort der Moslems
3. Gotteshaus
4. Turm des Gebetsrufers
5. Fastenmonat
6. Nachfolger Mohammeds
7. Platz des Vorbeters
8. Wichtiges islamisches Land
9. Gebetsnische
10. Verbotene Speise
11. Ursprünglicher Beruf Mohammeds

[5] Die Taufe des heiligen Clemens durch Petrus. Fenster in der Kirche St. Kunibert, Köln. *Foto.*

[6] Ecclesia (= Kirche) und Synagoge am Straßburger Münster. *Foto.*

Sachkompetenz

1. Auf welche Gemeinsamkeiten können sich Judentum, Christentum und Islam berufen?
2. Nennt Beispiele für die Bedeutung der Araberreiche in Al-Andalus (Spanien) für die europäische Kultur.
3. Erklärt die Kreuzzüge und deren Ursachen sowie die Folgen für das Verhältnis zwischen Christentum und Islam.
4. Schreibt auf, was ihr zu folgenden Stichworten der jüdischen Geschichte behalten habt:
   - Entstehung und Frühgeschichte des Landes Israel
   - Kultur und Alltagsleben der Juden im Mittelalter
   - Judenverfolgung
5. Ordnet die Begriffe ihrer Bedeutung zu (siehe Abb. 1).
6. Seht euch Text 4 an und setzt aus den Silben die richtigen Begriffe zu 1–11 zusammen.

Methodenkompetenz

7. Benennt die Funktion (= Aufgabe/Nutzen) von Kirchenfenstern (siehe auch Abb. 5).
8. Wie nennt man das (rot eingekreiste) Kopfstück einer Säule (siehe Abb. 2)?

Urteilskompetenz

9. Beschreibt Abbildung 6 und erklärt, warum es sich um eine judenfeindliche Darstellung handelt.
10. Die Große Moschee von Cordoba (siehe Abb. 3) wurde als islamisches Bauwerk auf dem Grund der westgotischen St.-Vinzenz-Kathedrale errichtet. Nach dem Sieg der Christen wurde das Bauwerk in der Mitte aufgebrochen und eine christliche Kathedrale eingebaut. Nennt mögliche Motive der muslimischen, später der christlichen Auftraggeber zum wiederholten Umbau der Gotteshäuser in Cordoba. Beurteilt das Vorgehen!

Handlungskompetenz

11. Formuliert euch interessierende Themen für eine Projektarbeit zum Thema „Religionen". Erklärt an einem ausgewählten Thema, wie die Arbeit organisiert werden sollte.

Neue Welten – neue Horizonte

Abenteuer Seefahrt

Im 15. Jahrhundert wagten sich in Europa nur wenige besonders mutige Seeleute hinaus auf die Weltmeere. Sie erforschten den Verlauf ferner Küsten, besuchten fremde Völker und entdeckten neue Länder. Vielfach endeten diese Entdeckungsfahrten aber mit der Eroberung unbekannter Länder und grausamer Unterdrückung der einheimischen Bevölkerung.

1. Beschreibt das Bild.
2. Nennt das Ziel Heinrichs des Seefahrers.
3. Listet die Berufe der übrigen Männer auf und beschreibt ihre Aufgaben.

Ich bin der Sohn des portugiesischen Königs. Man nennt mich auch Heinrich den Seefahrer. An meinem Hof versammle ich die besten Astronomen, Mathematiker, Kartografen und Seefahrer. Sie sollen mir dabei helfen, den Seeweg nach Indien zu finden.

Ich bin Schiffsbauer. Mein Name ist Abderahman. Ich habe zusammen mit Carlos die Karavelle entwickelt. Da ist mein Wissen über unsere arabischen Daus voll eingeflossen.

Ich heiße Jaime Cresques, bin Jude und Mitglied der berühmten Kartografenschule von Mallorca. Für Prinz Heinrich zeichne ich die genauesten Karten von Afrika. Die Kapitäne seiner Entdeckerschiffe liefern mir alle notwendigen Informationen.

Mein Name ist Pedro da Silva. Ich bin Instrumentenbauer. Wir haben hier in Sagres eine Menge Schifffahrtsinstrumente weiterentwickelt. Damit rüsten wir Prinz Heinrichs Karavellen aus, mit denen er die Küsten Afrikas erkunden lässt.
Carlos dos Santos ist mein Name. Von Beruf bin ich Schiffsbauer. Wir haben hier ein sagenhaftes Entdeckerschiff entwickelt: die Karavelle. Sie kann vor dem Wind und sogar gegen den Wind segeln.
Ich heiße Abdul. Das Astrolabium haben wir Araber bereits im 13. Jahrhundert erfunden. Mit ihm können wir auf dem Meer jederzeit die Position unseres Schiffes bestimmen.

Schauplatz Abenteuer Seefahrt

Entwicklung der Schifffahrtsinstrumente

Erstmals erwähnt	Zeitalter der Entdeckungen durch Europäer	
Das Lot 200 v. Chr. in Griechenland	**Das Lot** diente zum Messen der Wassertiefe. So konnte man feststellen, ob eine Gefahr für das Schiff bestand. 	Die mit dem **Lot** gemessene Tiefe wird in Karten eingetragen. Stellen mit gleicher Wassertiefe werden durch Linien verbunden. So kann man erkennen, wie viel Wasser unter dem Kiel ist … 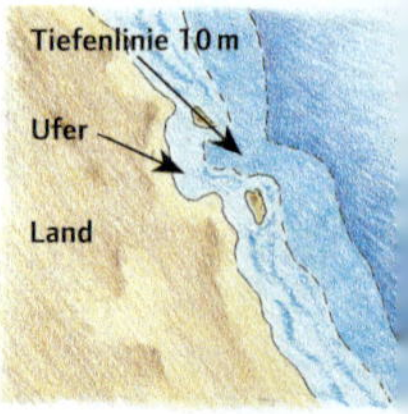
Seekarten ca. 500 v. Chr. in Griechenland	 Eine **Weltkarte** zur Zeit von Kolumbus. Es fehlen Nord- und Südamerika. Die Entfernungen und Länderformen sind sehr ungenau, weil sie nicht auf Messungen beruhen.	Die Erde als Kugel. Martin Behaim stellte die Erde als Kugel (**Globus**) dar. Die Einteilung in Längen- und Breitengrade ermöglichte die Vermessung der Erde – ebenso wie die Bestimmung des Ortes, wo man sich befand. 
Astrolabium 500 v. Chr., Griechenland **Quadrant** 13. Jahrhundert, Arabien **Jakobsstab** 15. Jahrhundert, Europa	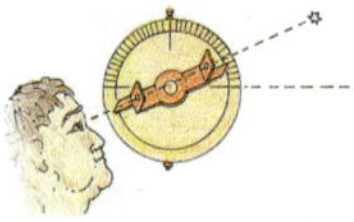 Das **Astrolabium** misst die Höhe eines Sternes über dem Horizont = Breitengrad. Der **Jakobsstab** misst das Gleiche, ist aber besser abzulesen und zu halten.	 **Der englische Quadrant** Mit diesem Sonnenwinkelmesser konnte man um 12 Uhr mittags den Breitengrad errechnen, ohne dass man direkt in die Sonne schauen musste.
Log mit Knoten 15. Jahrhundert	Die Geschwindigkeit eines Schiffes wurde gemessen, indem man ein Schwimmholz ins Wasser warf und die Zeit feststellte, die beim Passieren einer Messstrecke verging. 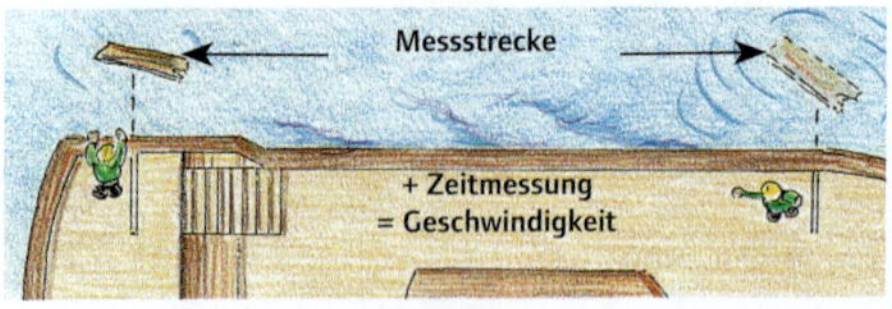	Auch das Knoten-Log wurde ins Wasser geworfen. Man ermittelte die Zeit, die beim Abwickeln des Seils verging, an dem festgelegte Strecken mit Knoten markiert waren. 
Kompass 10. Jahrhundert, China 11. Jahrhundert, Arabien 12. Jahrhundert, Europa	**Der Kompass** Die Chinesen ließen eine magnetische Nadel im Wasser schwimmen. Später wurde diese Nadel auf einer Stahlspitze befestigt, wo sie sich frei drehen konnte. Sie richtet sich an jedem beliebigen Ort am natürlichen Magnetfeld der Erde aus. 	Der **Schiffskompass** war eines der wichtigsten Instrumente der Seefahrer in den Zeiten der Entdecker, mit ihm bestimmte und hielt man den Kurs. 
Sanduhr 12. Jahrhundert, Europa	Wie spät ist es? Auf den meisten Schiffen gab es eine **Sanduhr** mit einer halben Stunde Laufzeit. Bei jedem Umwenden wurde die Schiffsglocke geschlagen. Es gab auch Sanduhren mit kurzer Laufzeit, um damit in Kombination mit dem Log die Geschwindigkeit zu messen. 	**Die Sonnenuhren** hatten einen Kompass. Wenn der Schatten des Zeigers mit der Kompassnadel parallel stand, war es 12 Uhr Ortszeit. 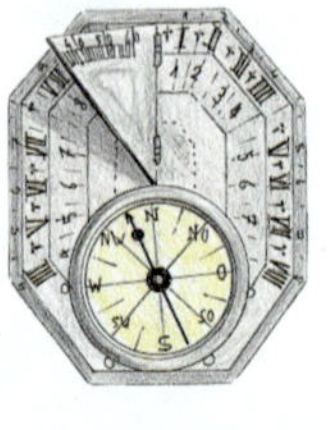

1. Bildet sechs Gruppen und erklärt, wie die verschiedenen Instrumente funktionierten und wie die Problemlösungen im Laufe der Zeit fortentwickelt wurden.

	Heutiger Stand der Entwicklung	… und in Zukunft
Das **Echolot** misst die Tiefe durch Schallsignale. Es kann aber auch Fischschwärme erkennen. 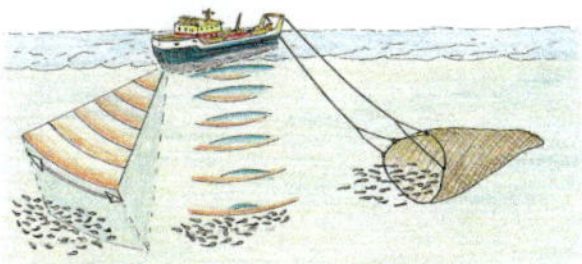	Das Sonar **Gloria** ist das genaueste Vermessungssonar. Das zwei Tonnen schwere Gerät wird in 40 Meter Tiefe durchs Wasser geschleppt. Geländemerkmale auf dem Meeresgrund erscheinen auf einem Sonarbild als helle und dunkle Stellen. 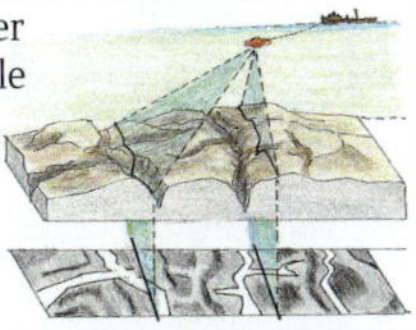	Die Erforschung und Nutzung der Unterwasserwelt lässt die Bedeutung solcher Geräte noch steigen.
See- und Weltkarten Seit dem 16. Jahrhundert wird die Erde immer genauer vermessen und es werden Karten davon hergestellt. 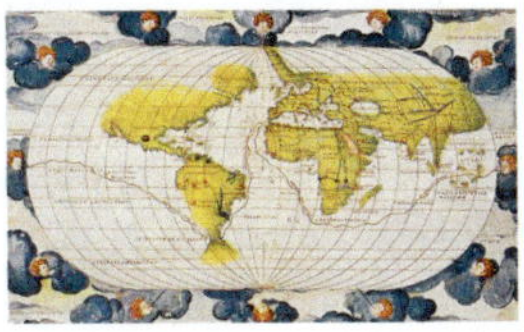	**Satellitenvermessung** Ein Spot-Satellit, der die Erdoberfläche aus 830 Kilometer Höhe abtastet. Auf den Aufnahmen sind noch Objekte mit Ausmaßen von 10 Metern zu erkennen. 	Die Vermessung der Welt ist nicht beendet, es wird weiter daran gearbeitet.
Der Sextant Mit dem Sextanten maß man den Sonnenstand zur Mittagszeit. Mit diesem Instrument ließ sich nicht nur die geografische Breite bestimmen. Zusammen mit der genauen Uhrzeit konnte man auch die Längengrade berechnen. 	**Das Navigationshandy** Mit dieser Technik ist im Zusammenspiel mit einem weltumspannenden Satellitennetz heute das Problem der Ortsbestimmung gelöst. Die Anwendungsbereiche sind noch in der Entwicklung. Ein Handy kann heute schon metergenau sagen: Wo bin ich? 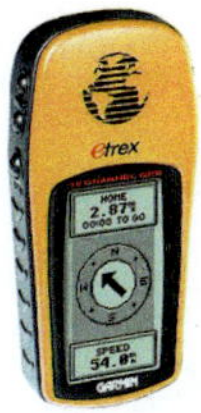	Stürmische Entwicklung neuer Anwendungsbereiche, viele zukünftige, auch für den Alltag nutzbare Produkte.
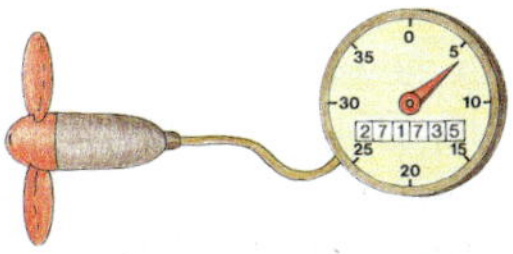 Beim **Patent- oder Sumlog** überträgt ein Propeller die Zahl der Umdrehungen auf die Anzeigeskala. Die Geschwindigkeit wird immer noch in „Knoten" angegeben.	Heute können sowohl **Echolot** wie auch **Navigationshandy** die Geschwindigkeit anzeigen. 	Die vorhandene Technik ermöglicht viele Spezialgeräte. Weitreichende Zukunftsentwicklungen sind denkbar …
Das Kompasshaus Große Schiffe hatten zwei Kompasse, die in einem eigenen Haus geschützt waren. Nachts wurden sie beleuchtet. 	Auch heute hat jedes Schiff noch einen **Kompass**. Er wird auf der Brücke, dem Steuerstand, abgelesen. Der Steuermann hält mit dem Kompass den Kurs. 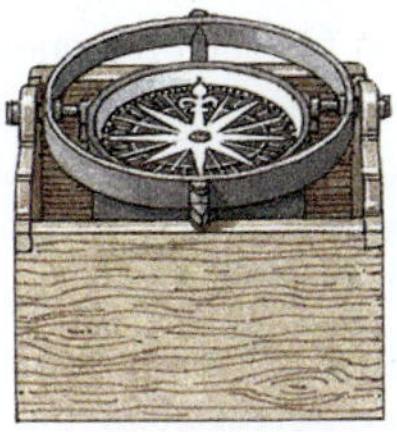	Der Kompass wird weiterhin ein wichtiges Instrument auf jedem Schiff sein, weil er vollkommen unabhängig von anderen technischen Einrichtungen funktioniert.
Der erste **Chronometer** war ein aufwendiges feinmechanisches Meisterwerk. Er ermöglichte durch seine genaue Zeitangabe in Kombination mit dem Sextanten die Berechnung der Längengrade auf 50 Kilometer genau. 	Billige **Quarz- oder Funkuhren** geben heute die genaue Zeit an. In den Seefahrtsschulen lernen die Schüler noch mit Winkelmessung (Sextant) und Zeit zu navigieren, das heißt Kurs und Standort des Schiffes zu bestimmen. 	Bei der Navigation hat die Uhr nur scheinbar an Bedeutung verloren. In den modernen elektronischen Geräten sind nämlich zumeist auch Zeitmessungselemente eingebaut (Sonar, Navigationshandy) …

Orientierung

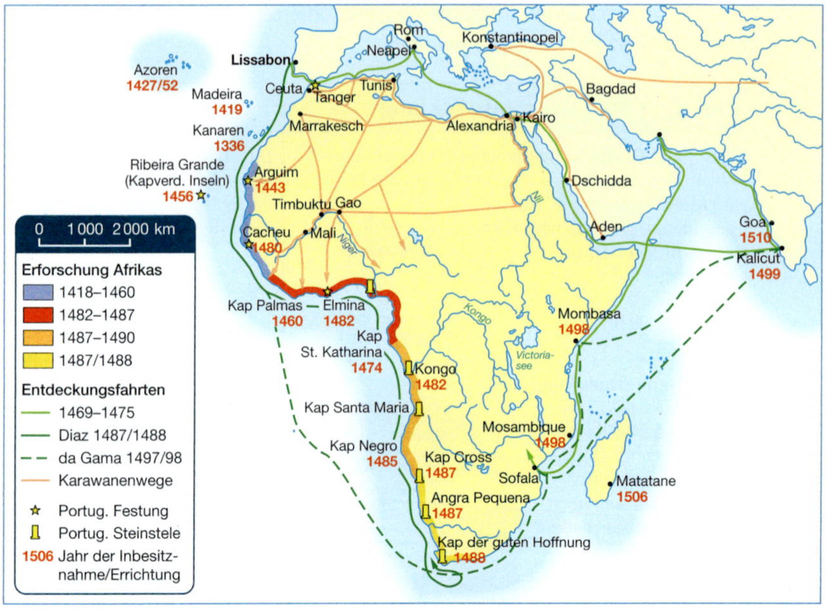

[1] Das Vordringen der Portugiesen nach Afrika im 15. Jahrhundert.

[2] Karavelle, 14.–16. Jahrhundert. *Modell.*

Entdeckungsfahrten

Große Teile der Iberischen Halbinsel waren vom 8. bis 13. Jahrhundert unter arabischer Herrschaft. Christen, Juden und Muslime lebten friedlich nebeneinander und tauschten ihr Wissen aus. Vor allem in der Seefahrt kam es so zu Fortschritten. Arabische Seefahrer brachten Instrumente aus Asien, die weiterentwickelt wurden. Portugiesische Schiffsbauer schufen einen neuen Schiffstyp, die Karavelle. Derart ausgerüstet begannen Spanier und Portugiesen mit den Entdeckungsfahrten in bisher unbekannte Gewässer.
1437 umschiffte erstmals eine portugiesische Karavelle das Kap Bojador. 1488 erreichte Bartolomeu Diaz die Südspitze Afrikas. 1497/98 kam Vasco da Gama bis Indien. Entscheidend dabei war die Hilfe des arabischen Lotsen Achmad Ibn Majid, der ein ausgezeichneter Kenner des Indischen Ozeans war.

1. Beurteilt die Bedeutung des Wissensaustauschs zwischen den Bewohnern der Iberischen Halbinsel.
2. Erarbeitet Karte 1 mithilfe der Methode S. 242.
3. Wertet Text 3 aus und kommentiert ihn aus der Sicht des Bartolomeu Diaz. Hatte de Zurara recht?

[3] 1453 nennt der Chronist Gomes Eanes de Zurara Gründe für das Zögern der Seefahrer, das Kap Bojador zu umschiffen:

Es ist sicher …, dass es unterhalb dieses Kaps weder Menschen noch irgendeine Siedlung gibt; das Land ist nicht weniger sandig als die Wüsten Libyens, wo es kein Wasser, keine Bäume noch grünes Gras gibt; und das Meer ist so seicht, dass es eine Légua [portug. Meile] vom Land nicht mehr als ein Faden tief ist. Die Strömungen sind derartig stark, dass ein Schiff, welches sie durchfahren würde, nie mehr zurückkehren könnte. Und deshalb haben sich unsere Vorfahren nie darum bemüht, es zu passieren …

G. Pögl/R. Kroboth (Hg.), Heinrich der Seefahrer oder die Suche nach dem Weg nach Indien. Stuttgart 2002, S. 167

Wählt einen der folgenden Arbeitsaufträge aus:

- Zeichnet eine Karavelle (Abb. 2) in euer Heft.
- Erstellt aus Karte 1 eine Zeittafel der Entdeckungsfahrten von 1418 bis 1498 unter Angabe der Ziele: Notiert, wo Festungen und Steinstelen (siehe Abb. 5) errichtet wurden.

▸ 1350
Wiederentdeckung der Antike
in Wissenschaft, Kunst und Architektur.

▸ 1418–1425
Die Portugiesen kolonisieren
die Insel Madeira.

▸ 1425
Portugiesen beginnen unter
Prinz Heinrich dem Seefahrer
mit der Umsegelung Afrikas, um
den Seeweg nach Indien zu finden.

▸ 1450
Erfindung des Buchdrucks
mit beweglichen Lettern
durch Johannes Gutenberg

▸ 1453
Die Eroberung Konstantinopels
durch die Osmanen stört den Handel
mit asiatischen Luxuswaren.

▸ 1460
Tod Heinrichs des Seefahrers

▸ 1487/88
Der Portugiese Bartolomeu Diaz
umsegelt die Südspitze Afrikas,
d.h. das Kap der Guten Hoffnung.

▸ 1492
Christoph Kolumbus überquert
den Atlantischen Ozean nach
Westen und entdeckt Amerika.

▸ 1498
Der Portugiese Vasco da Gama
entdeckt den Seeweg nach Indien.

▸ 1510
Inbesitznahme der indischen Stadt
Goa durch die Portugiesen.

▸ 1519–1522
Magellan führt im Namen der spanischen
Könige die erste Weltumsegelung durch.

▸ 1519–1533
Die Spanier erobern die Reiche der Azteken,
Maya und Inka; die grausame Herrschaft
der europäischen Länder über den Rest
der Welt beginnt.

[4] Zeittafel Entdeckungen.

▸ Entdeckungen und Eroberungen

Im 15. Jahrhundert veränderte sich vieles im Denken der Menschen. Nicht mehr das Jenseits steht im Mittelpunkt aller Überlegungen, sondern die Interessen der Menschen auf Erden rücken in den Vordergrund. Auch Wissenschaft und Künste nehmen eine andere Richtung. Wichtige Erfindungen ebnen den Weg zu kühnen Entdeckungsfahrten. Damit verbunden sind machtvolle Eroberungen fremder Weltteile. Hierüber berichtet dieses Kapitel.

Wichtige Kompetenzen in diesem Kapitel

Sachkompetenz

- Einzelne Neuerungen als Voraussetzungen für die Entdeckungsreisen der Europäer beschreiben
- Motive und Verlauf einer Entdeckung und Eroberung beschreiben
- Kulturelle Leistungen der eingeborenen Bevölkerung benennen
- Das Ausmaß der Kulturzerstörung durch die Eroberer beschreiben

Methodenkompetenz

- Zeitzeugenberichte als Informationsquelle auswerten

Urteilskompetenz

- Das Zeitalter der Entdeckungen aus der Sicht der Eroberer und der eingeborenen Bevölkerung bewerten

Handlungskompetenz

- Eigene Positionen vertreten
- Probehandeln im Rollenspiel

[5] Steinstele mit portugiesischem Wappen und Kreuz, errichtet von den Eroberern an der Küste Afrikas. *Foto.*

Neues Denken einer neuen Zeit

Die Renaissance

[1] Kopie der David-Statue vor dem Palazzo Vecchio (Alter Palast) in Florenz. *Bild-Text-Montage, 2003.*

*

Renaissance (= Wiedergeburt)
Kulturgeschichtlicher Begriff für die Zeit des Übergangs vom Mittelalter zur Neuzeit (etwa 1350–1550). Es ging zunächst um eine Wiederentdeckung der klassischen Kunst und des antiken Denkens. Die Renaissance begann in Italien und stellte die Welt und den Menschen (nicht mehr die Kirche) in den Mittelpunkt des Denkens. Es entstanden unvergleichliche Kunstwerke, das Interesse an den Naturwissenschaften erwachte, es gab zahlreiche Erfindungen und die Seefahrer stießen auf Entdeckungsreisen in unbekannte Länder vor.

1. Lest die Texte und ergänzt den Vortrag des Reiseleiters durch eigene Beschreibungen der Statue.

Was ihr noch tun könnt …

- Vergleicht den „David" von Michelangelo mit einer mittelalterlichen Heiligenfigur.

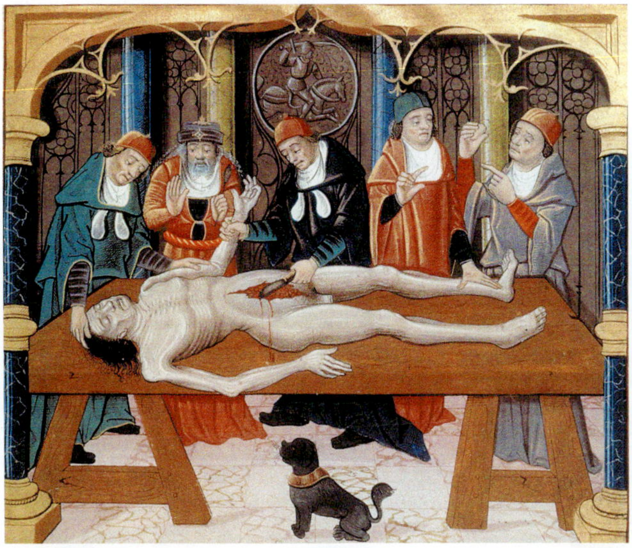

[2] Sezierung. Trotz Verbots durch die Kirche untersuchten Ärzte Leichen, um wissenschaftliche Erkenntnisse über den menschlichen Körper zu erhalten. *Gemälde.*

[3] Leonardo da Vinci (1452–1519). *Selbstbildnis, um 1512/15.*

[4] Mona Lisa. Gemälde von Leonardo da Vinci, entstanden ca. 1503/06.

Der Mensch im Mittelpunkt

Die veränderte Sichtweise des 15. Jahrhunderts rückt den Menschen in den Mittelpunkt des Interesses. Er muss seine Fähigkeiten nutzen, sich bilden und neues Wissen hervorbringen. Das alte Wissen sollte durch Beobachtungen und Experimente überprüft werden.

Neuerungen in Kunst und Forschung

Einer der berühmtesten Künstler und Forscher der Zeit um 1500 war Leonardo da Vinci. Er wurde am 15. April 1452 in einem Bauernhaus bei Vinci geboren, 30 Kilometer von Florenz entfernt. Seine Eltern waren nicht verheiratet. Die Mutter war ein Bauernmädchen, der Vater ein erfolgreicher Notar. Leonardo besuchte die wenigen Klassen der Dorfschule und lernte nur mit Mühe Lesen, Schreiben und Rechnen. Als 17-Jähriger trat er in Florenz in die Lehre eines bekannten Bildhauers und Malers. 1482 holte ihn Herzog Ludovico Sforza als Militäringenieur an seinen Hof in Mailand. Um diese Zeit entstand auch das Bild der „Mona Lisa".
Neben seiner künstlerischen Arbeit beschäftigte sich Leonardo mit Forschungen und Erfindungen in Anatomie, Optik und Mechanik. Trotz strenger Verbote durch die Kirche soll er Leichen untersucht haben, um ihre Anatomie zu studieren. In Tausenden von Skizzen und Notizen finden sich Apparate und Maschinen, die seiner Zeit weit voraus waren und späteren Erfindungen den Weg ebneten. Leonardo da Vinci starb 1519 am Hof des französischen Königs.

2. Betrachtet Abbildung 4 und berichtet, wie sie auf euch wirkt.
3. Beschreibt und kommentiert Abbildung 2.

Wählt einen der folgenden Arbeitsaufträge aus:

- Schreibt Leonardos Lebenslauf.
- Betrachtet Abbildung 5 und skizziert die wesentlichen Teile. Versucht zu erklären, wie die Pumpe arbeitet.

[5] Entwurf einer Wasserpumpe. *Zeichnung.*

Revolution Buchdruck

[1] Druckerpresse in Gutenbergs Werkstatt. *Jugendbuchillustration.*

Eine Revolution aus Blei

Jahrhundertelang schrieb man Texte mit der Hand. Damit die Herstellung eines ganzen Buches nicht Jahre dauerte, wurden die Seiten auf mehrere Schreiber verteilt. Seit dem 12. Jahrhundert wurden kürzere Einzeltexte zur Vervielfältigung in Holztafeln geschnitzt und abgedruckt. Aber auch das war aufwendig und teuer.

Dem Mainzer Goldschmied Johannes Gutenberg (1397–1468) gelang es, einzelne Metallbuchstaben zu gießen, die man zu Texten zusammensetzen und später wieder verwenden konnte. Seine Druckerpresse funktionierte ähnlich wie die Weinpressen seiner Heimat. Das erste von ihm gedruckte Buch war eine Bibel.

Für seine Erfindung hatte er sich hoch verschuldet. Als er das Geld nicht zurückzahlen konnte, musste er die Werkstatt mit den fast fertigen Bibeln seinem Geldgeber überlassen. Der setzte dann Gutenbergs Werk fort.

Die Druckkunst verbreitete sich schnell in ganz Europa. Bis 1500 gab es bereits mehr als 1000 Druckereien in 250 Städten.

Arbeitsschritte des Buchdrucks

a) Papierbogen auflegen
b) Flüssiges Blei in Matrize gießen
c) Papier und Druckform zusammenpressen
d) Lettern zusammensetzen und färben
e) Musterletter formen
f) Bleiletter werden zu Wörtern zusammengesetzt
g) Bogen ist fertig
h) Musterletter in weiches Kupfer schlagen

1. Erklärt Vor- und Nachteile des Holztafeldrucks.
2. Beschreibt Abbildung 1.
3. Listet die Arbeitsschritte des Buchdrucks auf, indem ihr die Stichpunkte (a–h) mithilfe von Abbildung 2 in die richtige Reihenfolge bringt.

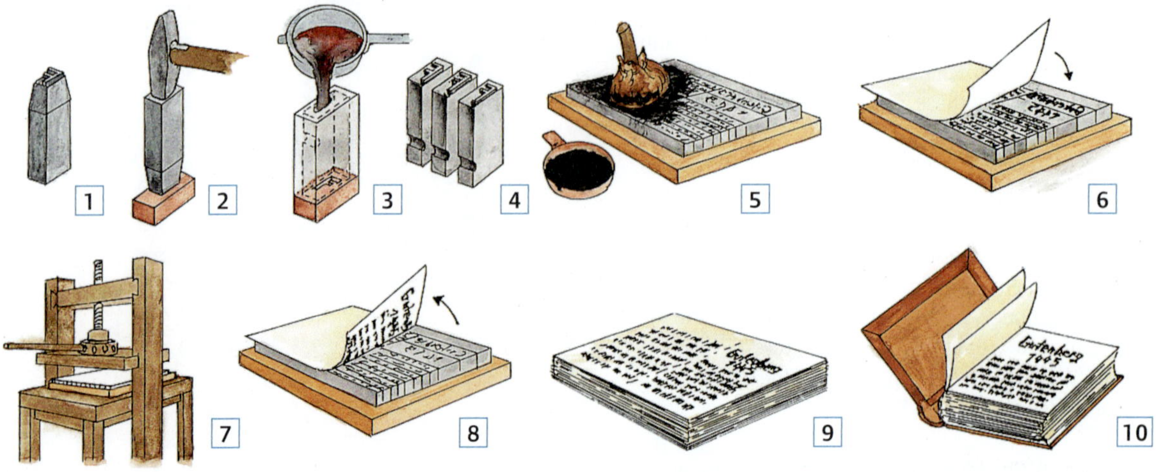

[2] Arbeitsschritte für den Buchdruck.

Der Buchdruck und die Folgen

Die ersten in größerer Anzahl gedruckten Bücher waren Bibeln und religiöse Schriften, doch bald folgten auch andere Inhalte. Immer mehr Menschen lernten nun lesen. In vielen Städten waren Schulen errichtet worden, in denen die Kinder der Handwerker und Kaufleute gegen Bezahlung Lesen und Schreiben lernten. Auch die Zahl der Universitäten nahm zu. Damit stieg der Bedarf an Büchern schnell an, wodurch wiederum die Preise gesenkt werden konnten. Wissen wurde so für immer mehr Menschen zugänglich. Das regte zu weiterem Nachdenken an und führte letztlich zu zahlreichen Erfindungen und Entdeckungen.

Medien und Meinungsbildung

Neue wissenschaftliche Erkenntnisse verbreiteten sich nun schnell in Europa. Dadurch wurde das kritische Denken stark gefördert. Auch die Nachrichtenübermittlung profitierte vom Buchdruck. Nach Flugblättern und Sonderdrucken erschienen erste Zeitungen in Straßburg (1608), Wolfenbüttel (1609), Basel (1610) und Berlin (1617).

4. Notiert die Folgen der neuen Erfindung.
5. Beschreibt Abbildung 4.

Wählt einen der folgenden Arbeitsaufträge aus:

- Entwerft den Stichwortzettel für eine Führung durch Gutenbergs Werkstatt.
- Macht eine Liste mit allem, was es ohne die Erfindung des Drucks heute nicht geben würde.

Was ihr noch tun könnt …

- Druckversuche mit Styropor oder Kork und Wasserfarbe durchführen.
- Die Lebensgeschichte Gutenbergs erkunden und seinen „Steckbrief" aufschreiben.

[3] Johannes Gutenberg. *Gemälde 15. Jh.*

[4] Verkäufer von Flugblättern und Büchern. *Holzschnitt.*

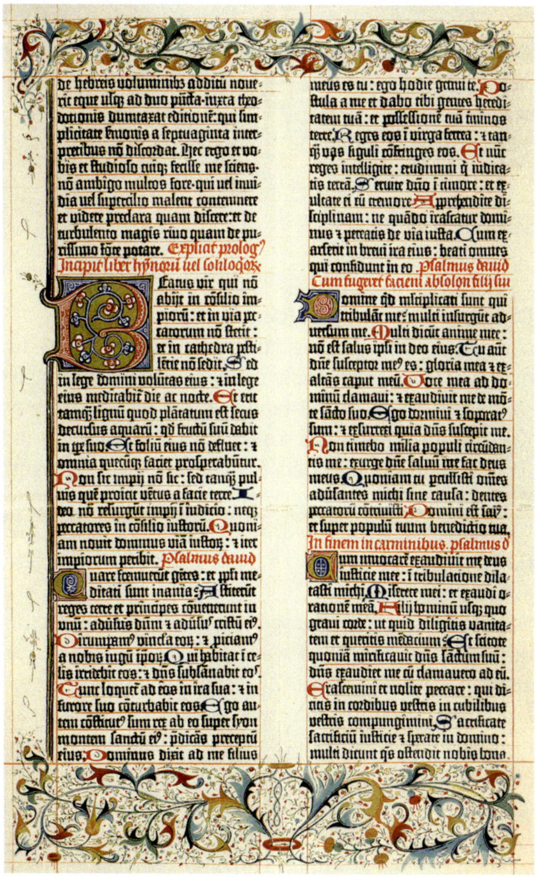

[5] Ausschnitt einer Seite aus der Gutenberg-Bibel, gedruckt 1452/55.

Den Osten im Westen suchen

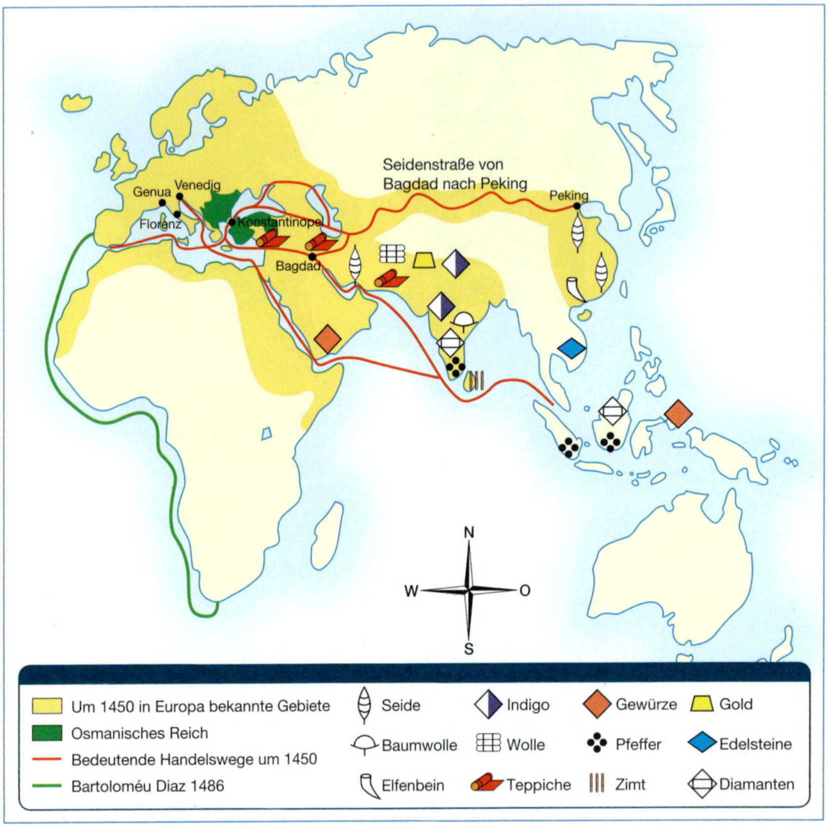

[1] Fernhandelswege um 1450.

[2] Luxuswaren aus Asien. *Fotos.*

Die Bedeutung der Seidenstraße

Von etwa 500 v. Chr. bis zu Beginn des 16. Jahrhunderts war die Seidenstraße die bedeutendste Handelsroute der Welt. Sie bestand aus einem System von Karawanenstraßen, das China über Zentralasien mit dem Mittelmeer und dem Schwarzen Meer verband. Auf der Seidenstraße wurden Luxuswaren transportiert, wie z. B. Seide, Gold, Silber, Eisen, Porzellan und Gewürze. In Europa waren diese Produkte beim Adel äußerst beliebt.

Natürlich reisten die europäischen Händler aus Genua und Venedig nicht den weiten Weg nach Asien. Sie kauften ihre Waren von Zwischenhändlern in Konstantinopel. Dieser Handel wurde erheblich gestört, als das Osmanische Reich im Jahr 1453 das Fernhandelszentrum Konstantinopel eroberte. Von nun an bestimmten die Herrscher des Osmanischen Reiches die Preise. Und sie setzten sie, so hoch es ging. Deshalb suchten die Europäer nun verstärkt nach neuen Handelswegen zur See.

1. Notiert mithilfe von Karte 1 die Namen der um 1450 bekannten Kontinente, die Namen der damaligen Fernhandelszentren und die heutigen Namen der Länder, in denen sie liegen.
2. Wählt zwei Handelswaren aus Karte 1 und verfolgt ihren Weg von Asien nach Venedig.
3. Betrachtet die Luxuswaren in Abbildung 2 und ordnet den Nummern die richtigen Namen zu: Nelken, Porzellan, Zimt, Seide, Muskatnuss und schwarzer Pfeffer.

[3] Christoph Kolumbus. *Gemälde von Sebastiano del Piombo, 1519.*

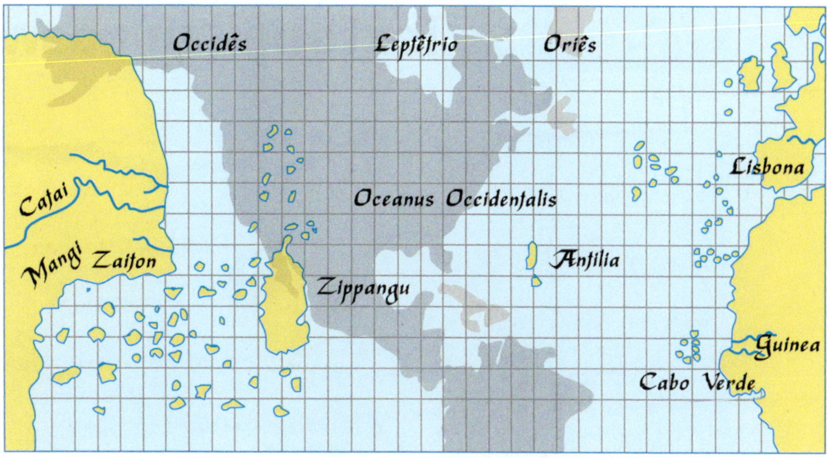

[5] Rekonstruktion der Karte des Paolo Toscanelli. Es bedeuten: Lisbona = Lissabon; Cabo Verde = Kap Verde; Antilia = Antillen; Oceanus Occidentalis = Atlantischer Ozean; Zippangu = Japan; Mangi = Indien. Die dunkel getönte Fläche gehört nicht zu Toscanellis Karte. Sie zeigt bereits den amerikanischen Kontinent.

Ein Mann namens Kolumbus

Geschichtswissenschaftler nehmen an, dass Kolumbus im Jahr 1451 in Genua (Italien) geboren wurde. Seine Eltern waren Wollweber. Er hatte vier Geschwister. Die Familie war arm, deshalb musste Kolumbus schon früh arbeiten. Ab dem 14. Lebensjahr fuhr er auf genuesischen Handelsschiffen zur See. Zu seinen Lebzeiten wurde kein Bild von ihm angefertigt. Bewiesen ist jedoch, dass er viele Jahre in Portugal lebte. Während dieser Zeit las er zahlreiche Bücher über Astronomie, Kartografie und Navigation*. Seine Heirat mit einer portugiesischen Adligen verschaffte ihm Zugang zum Königshof. Dort hörte er auch von der Seekarte des Paolo Toscanelli, eines Gelehrten aus Genua. Dieser hatte behauptet, man könne den Atlantischen Ozean westwärts überqueren, um dann nach Indien zu gelangen. Kolumbus bat um eine Abschrift von Toscanellis Brief und Karte.

Toscanellis Weltkarte

[4] Auszug aus Toscanellis Brief:

Wenngleich ich überzeugt bin, dass man dies [den kürzesten Weg nach Indien] auf einem Globus zeigen sollte, so will ich dennoch … den Weg auf einer Karte erläutern, die einer Seekarte ähnelt … Auf ihr ist der ganze Westen der bewohnten Welt von Irland bis nach Guinea eingetragen, nebst allen Inseln, auf die man unterwegs trifft. Ihnen gegenüber im Westen ist der Anfang von Indien mit den Inseln und Orten gezeichnet …

Zit. nach: Andreas Venzke, Christoph Kolumbus, Reinbek b. Hamburg (Rowohlt) 1992, S. 32.

Kolumbus hat einen Plan

Bestärkt durch Toscanellis Karte trug Kolumbus dem portugiesischen König seine Idee vor: Er wollte den Atlantik in Richtung Westen überqueren, um nach Indien zu gelangen; doch der König lehnte ab. Daraufhin verließ er Portugal und ging nach Spanien. Im Jahre 1486 sprach er beim dortigen Königspaar vor, doch erst 1492 bekam er die Erlaubnis und die nötigen Gelder für seine Entdeckungsfahrt.

4. Notiert Kolumbus' wichtigste Lebensetappen in eurem Heft und ergänzt sie im Verlauf dieses Kapitels.
5. Lest Toscanellis Brief und erläutert seine Vorstellungen von der Welt mithilfe der Karte.

Wählt einen der folgenden Arbeitsaufträge aus:

- Schreibt einen Werbebrief für asiatische Luxuswaren und begründet darin die hohen Preise.
- Entwerft eine Stichwortkarte: Kolumbus versucht, Geldgeber für seine geplante Reise zu finden; welche Argumente notiert er sich?

* **Navigation**
Maßnahmen zur Einhaltung des Kurses.

Methode Textquellen auswerten

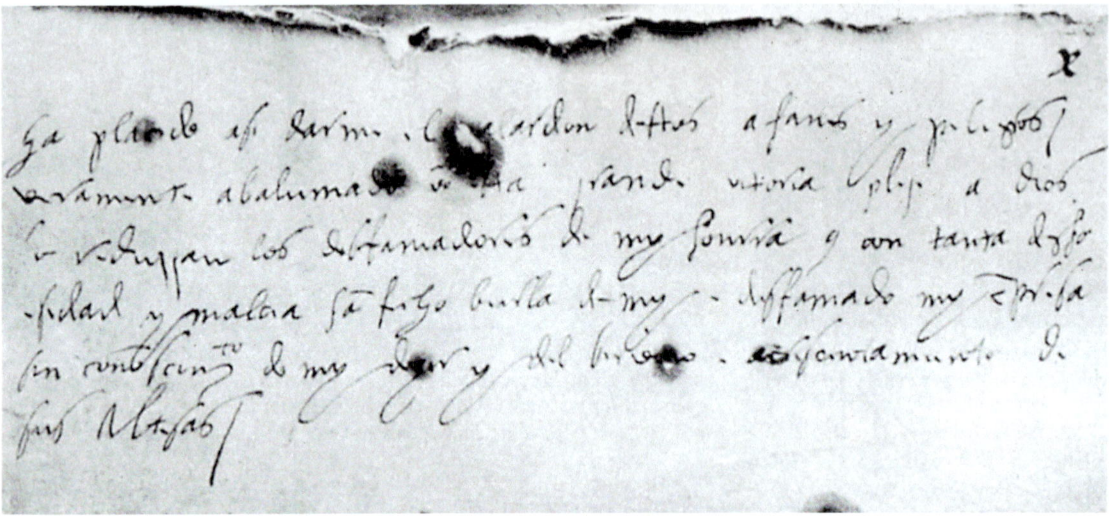

[1] Die einzig erhalten gebliebene Seite aus dem eigenhändig geschriebenen Bordbuch des Kolumbus.

Das Bordbuch des Kolumbus erzählt Geschichten
Kolumbus hielt die Überquerung des Atlantischen Ozeans in Richtung Westen und die Entdeckung Amerikas in einem sogenannten Bordbuch genauestens fest. Ihr könnt es euch wie ein Tagebuch vorstellen. Allerdings verfasste es Kolumbus nicht für sich selbst, sondern für die Könige von Spanien, die seine Entdeckungsreise finanzierten. Das Original ist bis auf die oben wiedergegebene Seite verloren gegangen. Zum Glück hatte der Dominikanermönch Las Casas das Bordbuch vor seinem Verschwinden von Hand abgeschrieben. Diese handschriftliche Fassung dient als Grundlage für alle modernen Ausgaben des Bordbuchs. Auf den nachfolgenden Seiten werden daraus Textausschnitte wiedergegeben.
Folgende Fragen werden euch helfen, nicht nur Kolumbus' Schriften, sondern auch andere Augenzeugenberichte zu verstehen, wie z. B. Reiseberichte, Lebenserinnerungen, Tagebücher, Briefe usw.

Lesen – Deuten – Zuordnen

1. Schritt Fragen zu Verfasser und Veröffentlichung

- Welche Informationen haben wir über den Verfasser?
- Wurde der Text sofort aufgeschrieben oder erst Jahre später?
- Wann wurde der Text erstmals veröffentlicht und wo (Erscheinungsjahr und -ort)?

2. Schritt Adressaten des Zeitzeugenberichts

- Wurde der Bericht für private Zwecke geschrieben oder war von Anfang an eine Veröffentlichung geplant?
- An wen richtet sich der Text (Privatperson, Amtsperson/Autorität, bestimmte Zielgruppe, Allgemeinheit ...)?

3. Schritt Fragen zum Text

- Wovon wird berichtet? (Wer? Wo? Wann? Was? Wie? Warum?)
- Welche unbekannten Wörter müsst ihr im Fremdwörterlexikon nachschlagen?
- Wie kann man den Bericht gliedern?
- Welche Widersprüche, einseitige Beurteilungen oder Übertreibungen könnten die Eintragungen enthalten?
- Wie lassen sich die Widersprüche erklären? Vergleicht mit anderen Texten.

4. Schritt Auswertung/Interpretation

- Welche Absichten verfolgte der Verfasser mit seinem Bericht?

1. Nennt Probleme, die sich für einen Forscher ergeben, wenn er die Seite aus Kolumbus' Bordbuch lesen möchte.

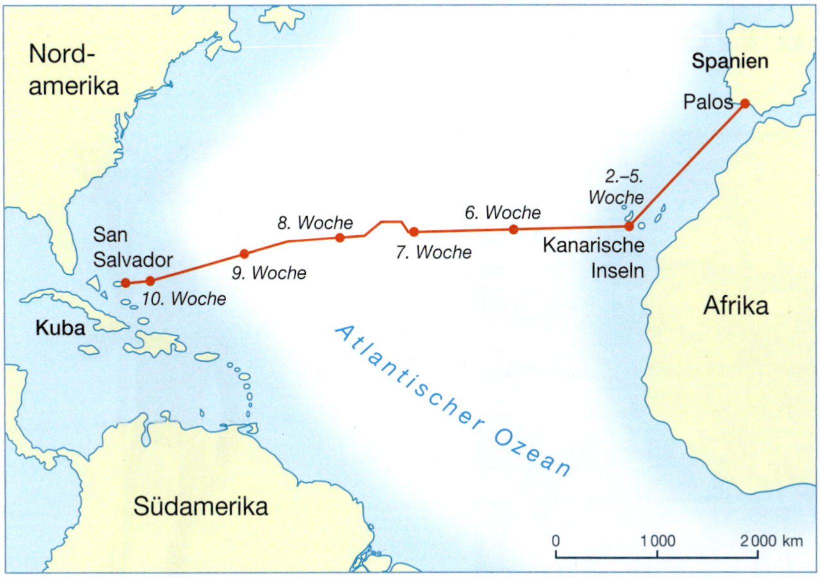

[2] Die Reiseroute des Kolumbus 1492.

Am 3. August 1492 verließ Kolumbus mit den drei Schiffen Santa Maria, Pinta und Niña und mit 100 Mann Besatzung den spanischen Hafen von Palos. Am 6. August brach das Steuerruder der Pinta. Die kleine Flotte lief die Kanarischen Inseln an, wo ein neues Ruderblatt angefertigt werden musste. Erst einen Monat später, am 6. September, konnten die drei Schiffe weiterfahren. Die Fahrt ging ständig nach Westen. Wochenlang war keine Küste mehr zu sehen.

2. Verfolgt mithilfe der Karte und der Bordbucheinträge die Reiseroute und nennt die Stationen.
3. Bearbeitet die Bordbucheinträge nach der Methode Seite 54.

[3] Bordbucheintrag vom 9. September 1492 (6. Woche):

Gestern und in der vergangenen Nacht legten wir nur 36 Meilen zurück. Heute waren es 60. Ich trug weniger ein, damit die Mannschaft nicht allzu sehr den Mut verliert, falls die Fahrt länger dauern sollte. Den Mut! Ich sehe nur schreckensblasse Gesichter und angstgeweitete Augen. Sogar Tränen habe ich gesehen – bei Seeleuten! Alle sind verzweifelt und glauben, dass sie ihre Heimat, ihre Frauen und Kinder nie wiedersehen werden. Ich weiß, was sie bedrückt: dass es weit und breit kein Land mehr gibt. Ich bin der Einzige, der deshalb jubeln möchte.

Zit. nach: Christoph Kolumbus, Das Bord-Buch 1492, hg. v. R. Grün, Stuttgart/Wien (Erdmann) 1983, S. 82

[4] Bordbucheintrag vom 28. September 1492 (9. Woche):

Das ist offene Meuterei. Ein Matrose … forderte Pedro Gutierrez [königlicher Beamter] auf, mich meines Amtes zu entheben und den Befehl der Rückkehr zu geben. Gutierrez kam völlig verzweifelt zu mir und fragte mich, was er tun solle. In seinen Augen stand nackte Angst. Ich befahl, den Matrosen in Fußeisen zu legen, doch niemand führte meine Befehle aus … Auf Schritt und Tritt, wohin immer ich mich begebe, folgen mir Matrosen. In ihren Augen steht Hass, und ich wäre ein Narr, würde ich bezweifeln, dass die Messer schon locker sitzen …

Christoph Kolumbus, a. a. O., S. 87

Im Wasser treibende Pflanzen und vorbeifliegende Vögel ließen auf Land hoffen. Die Situation beruhigte sich.

[5] Darsteller von Matrosen auf einem Nachbau der „Santa Maria", dem Schiff des Kolumbus. *Szenenfoto aus einem Film, 1991.*

Einmal Neue Welt und zurück

[1] Landung des Kolumbus auf der Insel San Salvador am 12. Oktober 1492. *Kolorierter Kupferstich von Theodor de Bry, 1594.*

[3] Rekonstruktionszeichnung eines Ureinwohners. *Jugendbuchillustration, 20. Jh.*

Auszüge aus dem Bordbuch

[2] 12. Oktober 1492:
Ein Matrose, Rodrigo de Tirana, sah das Land als Erster … Es ist eine Insel, eine bewohnte Insel. Nach Häusern, nach Tempeln, nach Zeichen des Reichtums hielt ich vergeblich Ausschau. … Ich kniete nieder, als ich festen Boden unter den Füßen hatte … und dankte Gott, indem ich die Erde küsste. Dann entfaltete ich das königliche Banner und rief die beiden Beamten der Krone zu Zeugen an, dass ich im Namen des Königs und der Königin von Spanien von der Insel Besitz ergriff … Ich überwand ihre Scheu und Angst, indem ich Halsketten und rote Kappen an sie verteilen ließ. Bald wagten sie es, heranzukommen und uns vorsichtig zu berühren … Sie gehen umher, wie Gott sie geschaffen hat, Männer sowohl als Frauen, und bemalen ihre schön geformten Körper mit grellen Farben, vor allem das Gesicht, die Nase und die Augengegend. Ihre Haut ist von rötlichgelber Farbe, ihr Haar tiefschwarz und glatt … und fällt wie ein Rossschweif auf den Rücken herab. Über der Stirn ist es kurz geschnitten …
Sie sind ohne Zweifel gutmütig und sanft. Ihre einzigen Waffen sind Lanzen mit einer Spitze aus Stein oder dem Knochen eines Fisches. Das Eisen, glaube ich, kennen sie nicht. Auch mit unseren Schwertern wussten sie nichts anzufangen. Einer von ihnen fasste nach meinem Schwert … und zog sich eine blutende Wunde zu … Auf der Heimfahrt werde ich sechs dieser Männer mitnehmen, um sie dem König und der Königin zu zeigen. Außerdem sollen sie unsere Sprache erlernen.

[4] 12. Dezember 1492:
Heute ließ ich an einer gut sichtbaren Anhöhe ein großes Kreuz aufrichten zum Zeichen, dass ich von Hispaniola im Namen Jesu Christi für Spanien Besitz ergriffen habe.
Text 2 u. 4 zit. nach: Christoph Kolumbus, a. a. O., S. 94 ff.

1. Beschreibt Abbildung 1. Achtet besonders auf die Darstellung der Spanier und der Ureinwohner. Bedenkt dabei, was es bedeutet, dass die Abbildung mehr als 100 Jahre nach der Landung des Kolumbus entstand.
2. Bearbeitet die Texte 2 und 4 mithilfe der Arbeitsschritte auf Seite 54.
3. Vergleicht Kolumbus' Aussagen in den Texten 2 und 4 mit Abbildung 1.
4. Schätzt ein, welche der Darstellungen der Ureinwohner realistischer ist – Abb. 1 oder 3?
5. Schreibt auf, wie die Spanier auf die Ureinwohner der Insel gewirkt haben könnten.

6. Findet zu jeder der folgenden Bordbucheintragungen eine passende Überschrift.

[5] Bordbuchausschnitte.

16. Oktober 1492:
... Zum ersten Mal besichtigten wir die Behausungen der Eingeborenen ... Als Ruhelager werden Baumwollnetze verwendet, die den Namen Hamacas tragen.

4. November 1492:
... Am Abend lehrten uns die Eingeborenen die Zubereitung eines unscheinbaren Knollengewächses ... Ich werde einige dieser seltsamen Äpfel, die wie Kastanien schmecken und von den Indianern Batate genannt werden, nach Europa mitnehmen.

6. November 1492:
... Sie wickeln getrocknete Kräuter in ein Blatt, rollen das Blatt und den Inhalt zusammen, entzünden diese Rolle, stecken sie in den Mund und stoßen dann ständig dichte Rauchwolken aus.

6. Dezember 1492:
Die Insel ist felsig ... Überall sieht man fruchtbare Ebenen, grüne Grasflächen ... und bebaute Felder. Ich dachte lange nach, welchen Namen ich der neuen Entdeckung geben solle. Schließlich entschied ich mich für Hispaniola. Denn diese Insel erinnert mich an Spanien, meine zweite Heimat.
Christoph Kolumbus, a. a. O., S. 100ff.

Am 15. März 1493 kehrte Kolumbus mit zwei Schiffen zurück nach Palos. Er wurde zum Vizekönig der Inseln ernannt. Bald erhielt er den Auftrag zu einer weiteren Reise.

Wählt einen der folgenden Arbeitsaufträge aus:

- In der heutigen Zeit müsste Kolumbus nach seiner Rückkehr wahrscheinlich in einer Talkshow auftreten. Entwerft eine solche Szene und spielt sie.
- Kolumbus berichtet am Königshof von seiner Reise. Entwerft Rollenkarten und spielt die Szene.
- Stellt die gesamte Reise vom 3. August 1492 bis zum 15. März 1493 in einer Zeitleiste dar.

[6] Das bekam Europa von Amerika geschenkt: Ananas, Süßkartoffeln, Kakao, Mais und Chili. *Fotos.*

[7] Solche Hängematten wurden bereits auf der Rückfahrt nach Spanien von Kolumbus' Seeleuten benutzt. *Zeitgenössische Darstellung.*

[8] Kolumbus wird nach seiner Rückkehr vom spanischen Königspaar empfangen. *Kolorierte Lithografie 1860.*

Wahlseite Kritik an Kolumbus

Hier kommen wieder sechs Wahlseiten!

Wie ihr damit umgeht, könnt ihr auf S. 239 noch mal nachlesen.

[1] Schlacht gegen die Indianer auf Hispaniola 1493. *Illustration.*

Die Persönlichkeit des Christoph Kolumbus im Spiegel von Wissenschaft und Journalismus

[2] Tzvetan Todorov, Sprachwissenschaftler:
Man kann Kolumbus' Mut nur bewundern ...: Vasco da Gama und Magellan unternahmen vielleicht schwierigere Reisen, aber sie wussten, wohin sie fuhren; trotz all seiner Selbstgewissheit konnte Kolumbus nicht mit Sicherheit sagen, ob ihn am Ende des Ozeans nicht doch der Abgrund und damit der Sturz ins Leere erwartete ... Der weltweite Sieg des Christentums, das ist die Triebkraft Kolumbus', eines überaus frommen Menschen (er unterbricht seine Reisen sonntags immer) ...

Tzvetan Todorov, Die Eroberung Amerikas. Das Problem des Anderen. Suhrkamp, Frankfurt/M. 1985, S. 14 f.

[3] Urs Bitterli, Historiker:
Höchst beeindruckend bleibt auch die Leistung des Kolumbus als Schiffskommandant. ... An nautischen Kenntnissen mögen ihm andere überlegen gewesen sein, aber in der Fähigkeit, Erfahrung und Beobachtung zu verbinden, kam ihm niemand gleich.

Urs Bitterli, Die Entdeckung Amerikas. C. H. Beck, München 1999, S. 88.

[4] Ernst Nöstlinger, Rundfunkjournalist und Autor verschiedener Sach- und Jugendbücher:
Bald ... führte Kolumbus ... eine Tributpflicht für die einheimische Bevölkerung ein. Jeder männliche Taino [Einwohner Hispaniolas] musste alle drei Monate so viel Gold abliefern, wie in einer Messingschelle Platz hatte. Die Leistung wurde bestätigt durch einen Stempel in einer eisernen Platte, die mittels einer Kette um den Hals geschmiedet war. Wer ohne Stempel angetroffen wurde, konnte auf der Stelle verhaftet und zur Zwangsarbeit verurteilt werden. Wer sich der Verhaftung widersetzte, wurde entweder auf der Stelle erschlagen oder wenig später aufgehängt.

Eine bestürzende Diskrepanz [Missverhältnis] im Charakter des großen Entdeckers ist da zu registrieren. Er, der im persönlichen Umgang mit den Tainos stets freundlich, oft sogar herzlich und voller Anteilnahme war, ermöglichte durch diese Anordnungen den Beginn der endlosen Serie von Brutalitäten, durch welche die Entdeckung Amerikas zu einem der schlimmsten Kapitel der europäischen Geschichte wurde.

Ernst Nöstlinger, Den Osten im Westen suchen. Beltz, Weinheim 1997, S. 62.

[5] Hans-Christian Huf, Historiker:
Die dritte Reise führte ihn [Kolumbus] auch an die südamerikanische Küste. Die Gier der Konquistadoren [Eroberer] brachte den Indios den Tod ... Auch Kolumbus erlag dieser Gier. Er suchte verzweifelt nach jenen Goldminen, die er dem Königshof versprochen hatte. Wo er kein Gold fand, nahm er Sklaven, um sie zu verkaufen.

Hans-Christian Huf, Der Osten, der im Westen lag, in: Ingo Herrmann, Terra-X. Und dann kam Kolumbus. Bertelsmann, München 1992, S. 70.

1. Beschreibt Abbildung 1. Nennt Gründe für den Kampf zwischen Indianern und Spaniern; wodurch waren die Spanier im Vorteil?
2. Ordnet den Aussagen der Texte 2 bis 5 folgende Begriffe zu: Religiosität, Leistung, Brutalität, Sklavenhändler, Goldgier und Mut.
   Könnt ihr euch einer Meinung anschließen? Warum? Warum nicht?
3. Schreibt eine eigene Beurteilung des Kolumbus.
4. Macht eine Liste von Kolumbus' Taten; reicht sie in der Klasse herum und lasst jeweils Plus- oder Minuspunkte dahinterschreiben.

Wahlseite Amerika oder Kolumbia?

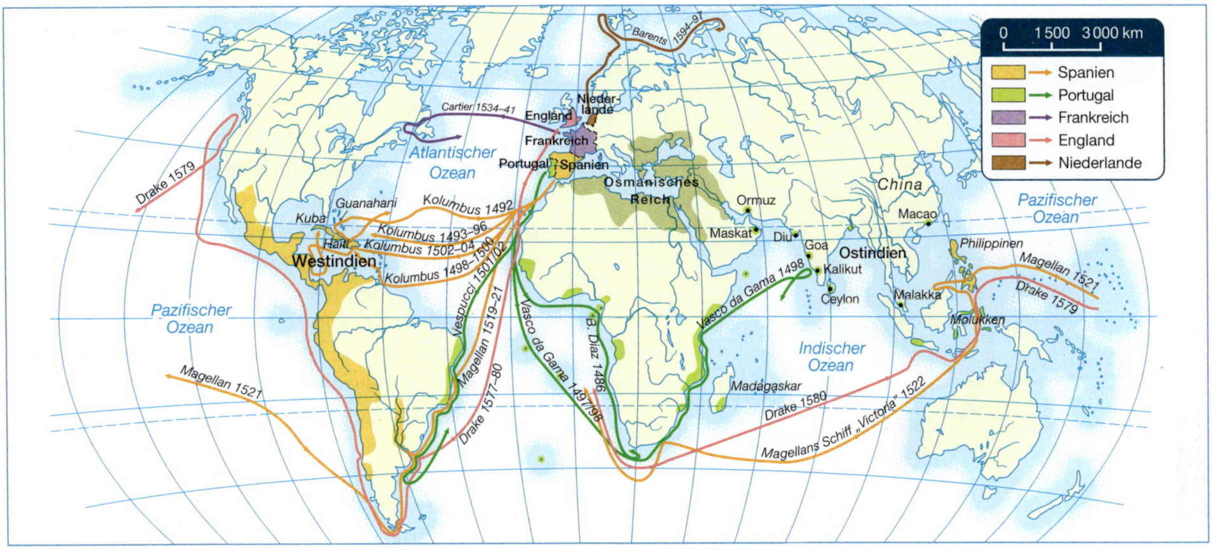

[1] Die Entdeckungsfahrten der Europäer vom 10. bis zum 16. Jahrhundert.

Wie Amerika zu seinem Namen kam

Christoph Kolumbus glaubte bis an sein Lebensende, den Seeweg nach Indien gefunden zu haben. Aus diesem Grund bezeichnete er auch die Ureinwohner, die er auf den von ihm entdeckten Inseln traf, als Indianer.

Ein anderer Seefahrer, der mehrere Fahrten in die sogenannte „Neue Welt" unternahm, war Amerigo Vespucci. Insgesamt vier Reisen führten ihn dorthin. Die Ergebnisse dieser Entdeckungsfahrten veröffentlichte er in Form von gedruckten Büchern und Karten. Er selbst äußerte sehr bald die Vermutung, dass es sich bei dem entdeckten Land nicht um Indien handle, sondern um einen neuen Kontinent. Ihm zu Ehren wurde dieser dann „Amerika" genannt.

[2] Als „Taufschein Amerikas" gilt eine Karte des Jahres 1507. Sie gibt die Lage und einen ungefähren Umriss des bis dahin unbekannten Kontinents wieder. Der Kartograf Waldseemüller trägt hierfür als Bezeichnung „America" ein. Im Textteil begründet er die Namengebung:

... ein anderer vierter Erdteil ist durch Americus Vesputius ... entdeckt worden. Ich wüsste nicht, warum jemand mit Recht etwas dagegen einwenden könnte, diesen Erdteil nach seinem Entdecker Americus, einem Mann von Einfallsreichtum und klugem Verstand, Amerige, nämlich Land des Americus, oder America zu nennen ...

Zit. nach: Die großen Entdeckungen, hg. von M. Meyn u. a. Harrassowitz, München 1984, S. 15–17 (Übersetzung von G. Schmitt).

[3] Amerigo Vespucci (1454–1512).

1. Verarbeitet die Informationen aus Karte 1 in einer Tabelle: Name – Nation – Zeit – Strecke/Ziel.
2. Findet Argumente für und gegen den Namen des neu entdeckten Kontinents.
3. Macht eine grobe Kartenskizze nur mit den Amerikafahrten des Kolumbus (Karte 1).
4. Spielt ein erfundenes Gespräch zwischen Kolumbus und Vespucci.

Wahlseite Amerika vor der Eroberung

[1] Kulturformen auf dem amerikanischen Kontinent 1492.

1. Beschreibt Karte 1. Achtet dabei besonders auf die Besiedlungswellen.
2. Prüft im Atlas nach, wie die Länder heute heißen, in denen es amerikanische Hochkulturen gab.

Die Besiedlung des amerikanischen Kontinents

Wissenschaftler gehen davon aus, dass der Doppelkontinent durch mehrere Einwanderungswellen besiedelt wurde. Als Vorfahren der Indianer Nord- und Südamerikas gelten jedoch nur jene Jäger und Sammlerinnen, die während und nach der letzten Eiszeit über die zugefrorene Beringstraße auf den amerikanischen Kontinent gelangten. Im Laufe der Jahrhunderte entwickelten sich dann unterschiedliche Kulturformen. So kam es, dass steinzeitliche Lebensweisen neben Hochkulturen auftraten. Geschichtswissenschaftler nennen dies Gleichzeitigkeit von Ungleichzeitigem (Karte 1).

Inka, Maya und Azteken sind Beispiele für Hochkulturen. An der Spitze ihrer Staaten standen Herrscher. Religion und Gesetze regelten das Zusammenleben. Außerdem verfügten diese Völker über unterschiedliche Schriften, hatten gute Kenntnisse in Mathematik, Astronomie und eine stark entwickelte Handwerkskunst.

3. Nennt Merkmale einer Hochkultur.
4. Macht eine Liste der verschiedenen Indianerstämme aus Karte 2 und schreibt dazu, in welchen heutigen Staaten sie lebten.
5. Zeichnet für eure Präsentation eine ungefähre Umrissskizze von Karte 1 auf eine OHP-Folie (oder ein großes Blatt) und tragt die Besiedlungswellen darauf ein.

[2] Indianische Völker in Mittelamerika.

Wahlseite Die aztekische Hochkultur

[1] Die aztekische Gesellschaft. *Illustrationen.*

Gesellschaft

Eines der wichtigsten Völker Mittelamerikas war zur Zeit der spanischen Eroberung das Volk der Azteken. Damals stand Moctezuma als Herrscher an der Spitze der aztekischen Gesellschaft. Gleich nach ihm kamen die mit Reichtum und Macht ausgestatteten adligen Familien. Sie unterstützten den König bei der Regierung.

Weitere wichtige Gruppen mit besonderer Ausbildung waren die Priester und die Krieger. Führungskräfte kamen aus dem Adel, die niedrigeren Stellen standen dem Volk offen. Die Schicht der einfachen Bürger lebte z. B. als Kaufleute, Handwerker oder Bauern.

Am unteren Ende der Gesellschaft gab es noch die Sklaven. Wie in der europäischen Antike geriet man aus Armut, als Kriegsgefangener oder bei kleineren Verbrechen in die Sklaverei.

Krieg und Krieger

Um ihren Machtbereich zu vergrößern, führten die Azteken viele Kriege. Die Armee bestand aus Berufssoldaten. Ausgerüstet waren die Krieger mit Holzspeeren, einer Keule und einem Messer aus Obsidian. Ihren Oberkörper schützten sie mit einer gesteppten Panzerweste aus Baumwolle. In dichten Schlachtreihen versuchten sie, die Gegner auseinanderzudrängen und möglichst viele Gefangene zu machen. Besonders erfolgreiche und tapfere Kämpfer erhielten als Auszeichnung eine bessere Ausrüstung (Jaguarkrieger) und genossen hohes Ansehen.

1. Zeichnet ein Schaubild in Postergröße, das die Stellung der einzelnen Gruppen in der Gesellschaft widerspiegelt (ihr könnt die Figuren auch kopieren, ausschneiden und aufkleben!).
2. Fügt dem Schaubild kurze erklärende Texte bei.

Wahlseite Schrift und Gesetze

1. Zeichnet ausgewählte Abbildungen dieser Seite in vergrößerter Form ab und bereitet sie mit Erläuterungen für die Präsentation (z. B. eine Wandzeitung) auf.

Rechnen und Schreiben

Die Rechenkunst war bei den Azteken gut entwickelt. Sie hatten ein auf der Zahl 20 beruhendes Zahlensystem. Die Schrift der Azteken war eine Bilderschrift, die aus vielen Schriftzeichen bestand. Die Leser mussten sich die Reihenfolge der Schriftzeichen selbst erschließen. Die Schriften wurden in Büchern gesammelt, die geschichtliche und religiöse Texte, aber auch Steuerlisten enthielten.

1–19	20	400	8000

[1] Das Zahlensystem der Azteken.

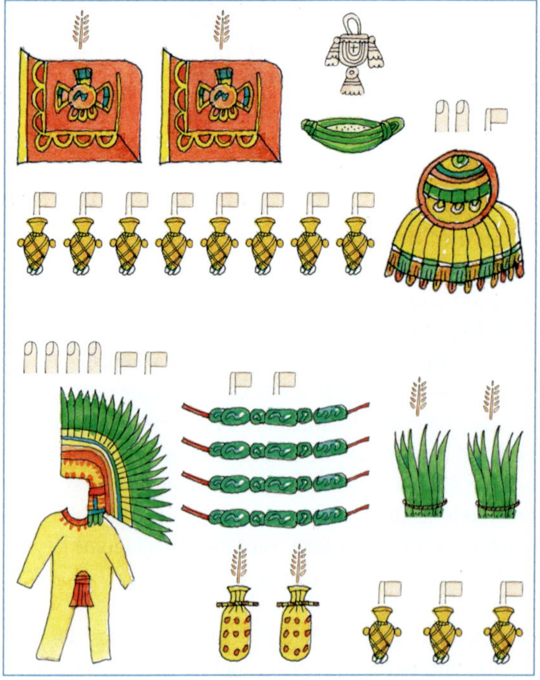

[2] Aztekische Tributsliste (Steuerliste).

2. Entschlüsselt mithilfe der Abbildungen 1 und 3 die Steuerliste (Abb. 2). Notiert zunächst die Waren in eurem Heft. Rechnet dann mithilfe der Abbildung 1 aus, wie viel von der jeweiligen Ware geliefert werden musste. Ein Tipp: Die Zahlenangaben sind über den Waren abgebildet.

Die Gesetze

Mord
Wer einen Mord begeht, wird mit dem Tode bestraft.

Diebstahl
Wer auf dem Markt einen Diebstahl begeht, kann ebenfalls mit dem Tode bestraft werden.

Trunkenheit
Wer sich in der Öffentlichkeit betrunken zeigt, wird ebenfalls mit dem Tode bestraft.

Körperverletzung
Wer während eines Streites einen anderen verletzt, trägt die Behandlungskosten für einen Arzt.

Kleiderordnung
Nur Adlige dürfen Baumwollkleidung tragen; gewöhnlichen Bürgern ist dies strengstens verboten.

3. Stellt den Taten die angedrohten Strafen gegenüber.

Taten	*Strafen*
…	…

4. Nehmt Stellung zu den Gesetzen und Strafen. Welche findet ihr sinnvoll, welche nicht?
5. Nennt Länder, in denen es heute noch die Todesstrafe gibt.

1. Hölzerne Schilde, geschmückt mit kostbaren Federn
2. Getrocknete Koschenille-Schildläuse für roten Farbstoff
3. Fein gewebte Decken
4. Kampfanzug aus wattierter Baumwolle mit reichem Federkopfputz
5. Weihrauchharzbündel
6. Halsbänder aus verzierter Jade
7. Bündel mit Quetzalfedern
8. Töpfe mit Honig

[3] Zeichenerklärung.

Wahlseite Die Religion der Azteken

1. Zeichnet ausgewählte Abbildungen dieser Seite in vergrößerter Form ab und bereitet sie mit Erläuterungen für die Präsentation (z. B. eine Wandzeitung) auf.

Die Religion bestimmte das Leben aller Menschen im Aztekenreich. Der große Tempel von Tenochtitlan bildete das Zentrum des religiösen Lebens. Hier wurden auch Menschenopfer dargebracht. Diese Menschenopfer hatten ihren Ursprung in einer Sage: Zu Beginn der Welt mussten sich die Götter opfern, damit die Menschen überleben konnten. Aus Dankbarkeit darüber ehrten die Azteken ihre Götter mit Gebeten und Menschenopfern. Nach ihrem Tod, so die Sage, wurden die geopferten Menschen zu Begleitern des Sonnengottes Huitzilopochtli. Es galt als eine große Ehre, für die Götter zu sterben.
In vielen Tempeln wurden Kammern mit Opfergaben entdeckt. Darin waren meist kleine Steinfiguren, Masken, Menschenschädel, Tierskelette und Meeresmuscheln enthalten.

2. Vergleicht Aussehen und Funktion des Stufentempels mit einer ägyptischen Pyramide.

Quetzalcoatl – Gott der Weisheit und der Schöpfung.

Huitzilopochtli – Gott des Krieges, der Sonne und des Volkes.

Xipe Totec – Gott des Frühlings.

Tlaloc – Gott des Regens.

[2] Die wichtigsten aztekischen Götter. *Illustrationen.*

Ausspracheregeln für die Götternamen:

Quetzalcoatl	kwetz-al-ko-atl
Huitzilopochtli	hui-tsil-o-potsch-tli
Xipe Totec	schipee-to-tek
Tlaloc	tla-lok.

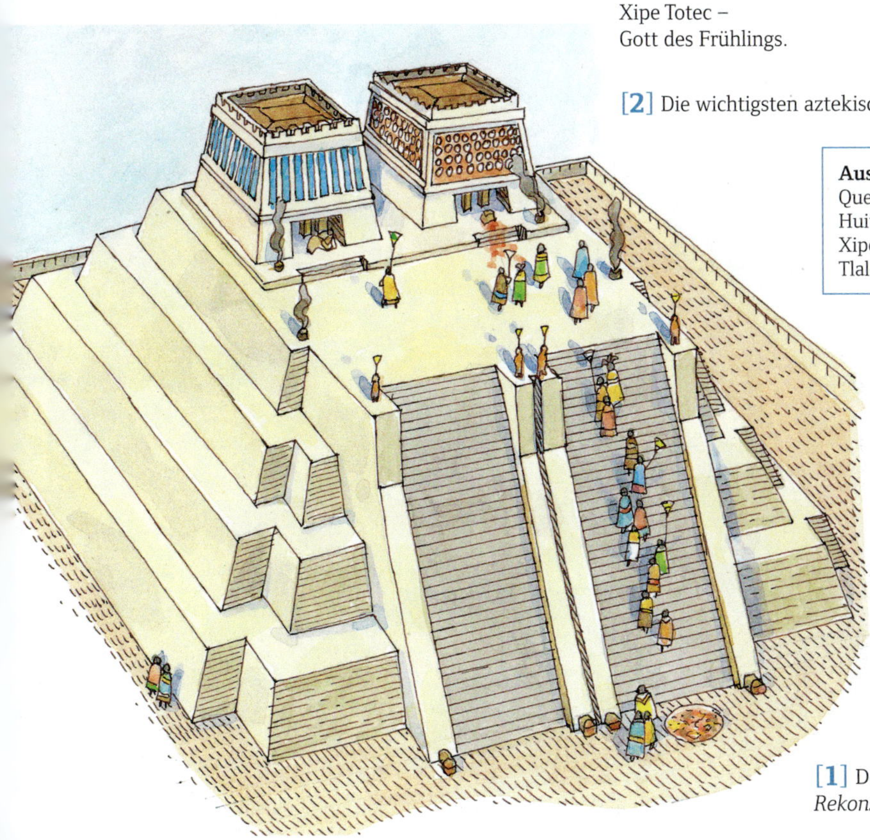

[1] Der große Tempel von Tenochtitlan. *Rekonstruktionszeichnung.*

Die Spanier erobern das Aztekenreich

1. Beschreibt die Kampfszene (Abb. 1). Vergleicht die Ausrüstung der Kämpfenden und begründet, warum die Spanier wohl im Vorteil waren.
2. Lest den nachfolgenden Text und notiert in Stichworten Zahlen, Namen, wichtige Begriffe und Ereignisse in eurem Geschichtsheft.

Der Kampf um Tenochtitlan

Den Entdeckungsfahrten folgten bald schon Eroberungszüge, die mit brutaler Härte geführt wurden. Im Jahr 1519 wurde der Spanier Hernan Cortez mit der Eroberung des Aztekenreichs beauftragt. Ihn begleiteten 600 Soldaten und einige katholische Priester. Zu seiner Ausrüstung gehörten 16 Pferde, 14 Kanonen und 13 Gewehre. Demgegenüber war Moctezuma der Oberbefehlshaber einer Streitmacht von einigen 100 000 Kriegern. Trotzdem besiegten die spanischen Eroberer die Azteken innerhalb von nur zwei Jahren. Wie war das möglich?

Die Azteken hatten ihr großes Reich durch viele Kriege gegen benachbarte Indianerstämme gesichert. Sie unterdrückten die besiegten Stämme hart und forderten von ihnen hohe Steuerzahlungen. Einige der besiegten Stämme verbündeten sich bereits im Jahr 1519 mit Cortez. So konnte er für sein Heer in kurzer Zeit Tausende von indianischen Kriegern als Verstärkung gewinnen.

Die Anwesenheit von Cortez und seinen Soldaten in Tenochtitlan führte sehr schnell zu kriegerischen Auseinandersetzungen. Moctezuma wurde von den spanischen Eroberern gefangen genommen, aztekische Tempel und Götterbilder zerstört. Die Azteken lehnten sich gegen die Spanier auf. Beim Versuch, zwischen seinem Volk und den Eroberern zu vermitteln, wurde Moctezuma getötet.

Moctezumas Nachfolger gelang es im Jahr 1520, die spanischen Eroberer aus Tenochtitlan zu vertreiben. Doch bereits im Jahr 1521 kehrten die Spanier, unterstützt von ihren indianischen Verbündeten, zurück. Nach einer 93-tägigen Belagerung Tenochtitlans ergaben sich die Azteken. Cortez ließ den letzten aztekischen König und viele Adlige hinrichten. Die Hauptstadt Tenochtitlan wurde dem Erdboden gleichgemacht. An ihrer Stelle errichtete er eine Stadt nach spanischem Vorbild: die heutige Hauptstadt Mexiko-Stadt.

3. Nehmt Stellung zu der Aussage: Cortez bringt den Krieg nach Mittelamerika.
4. Beurteilt die Handlungsweise der Spanier.

[1] Aztekische Adler- und Jaguarkrieger in wattierten Baumwollanzügen mit Steinwaffen aus Obsidian kämpfen gegen die spanischen Eroberer. *Jugendbuchillustration, 20. Jh.*

[2] Ein spanischer Mönch tauft einen Indianer. *Aztekische Zeichnung.*

5. Beschreibt Abbildung 3 und sucht eine Erklärung für die Errichtung der Kirche über der aztekischen Tempelpyramide.
6. Notiert Gründe für die Missionierung* der Indianer und nehmt dazu Stellung.
7. Sammelt Argumente für ein Streitgespräch zwischen Geistlichen: „Zwangstaufe oder Überzeugungsarbeit?"

Die Zerstörung der aztekischen Kultur

Nach der Eroberung des Aztekenreichs kamen auf Befehl des spanischen Königs viele Geistliche nach Mexiko. Sie führten in allen Gebieten den christlichen Glauben ein und bekämpften die Religion der Indianer als Götzendienst. Einen guten Vorwand zur Einführung des Christentums lieferten die Menschenopfer, die die Azteken ihren Göttern dargebracht hatten. Tausende von Indianern wurden zwangsweise getauft. Der erste Bischof von Mexiko ordnete an, dass alle aztekischen Schriften verbrannt und die Tempel zerstört werden mussten. Er rühmte sich damit, dass er in nur fünf Jahren 500 Tempel und mehr als 20 000 „Götzenbilder" zerstört hatte.

Missionierung der Indianer

Wissenschaftler unterscheiden zwei wichtige Ziele, die die Spanier mit der Missionierung der Indianer verfolgten: erstens die Verbreitung des christlichen Glaubens unter den Indianern (christliches Sendungsbewusstsein) und zweitens die Erziehung der „wilden" Indianer zu gehorsamen, an die spanische Lebensweise gewöhnten Untertanen.
Die Einstellung der spanischen Geistlichen gegenüber den Indianern war sehr unterschiedlich. Es gab welche, die sich durch ihre Habgier in nichts von den spanischen Großgrund- und Bergwerksbesitzern unterschieden: Sie hielten die Indianer ihres Kirchenbezirks wie Sklaven. Diese arbeiteten dann für die Priester als Hirten, Baumwollarbeiter und Tagelöhner.

[3] Die Kirche Nuestra Señora de los Remedios auf der aztekischen Tempelpyramide von Cholula. *Foto.*

Bei all diesen Beschäftigungen wurden die kirchlichen Aufgaben vernachlässigt.
Es gab aber auch Mönche, denen das Wohlergehen der Indianer am Herzen lag. Sie wollten sie nicht ausbeuten, um eigene Reichtümer anzuhäufen, sondern „gute Christen" aus ihnen machen. Sie sorgten dafür, dass die Indianer in ihrem Kirchenbezirk nicht unterdrückt wurden. Sie erlernten die verschiedenen Indianersprachen, ja sogar die Bilderschrift der Azteken. Dadurch erhielten sie einen Einblick in die Lebenswelt der mexikanischen Bevölkerung. Sie übersetzten die Bibel in die verschiedenen Indianersprachen und konnten so ihren Missionsauftrag wirksamer durchführen.
Die Unterdrückung der Indianer und ihre Missionierung hingen also oft eng zusammen.

Wählt einen der folgenden Arbeitsaufträge aus:

- Entwerft Denkblasen für den Reiter und für einen der Azteken in Abbildung 1.
- Ein neutraler Beobachter beurteilt die Handlungsweise der Spanier. Tragt seinen Kommentar der Klasse im Stil eines Radioreporters vor.

*
Missionierung
Verbreitung einer Glaubenslehre – hier das Christentum – unter Andersgläubigen.

Kolonisation

[1] Die Kolonisation* oder: Cortez Ankunft in Veracruz. *Gemälde von Diego Rivera, 1930.*

[2] Bericht des spanischen Geschichtsschreibers Petrus Martyr d'Anghiera (erschienen zwischen 1511 und 1525):
Anfangs kamen viele Eingeborene in den blutigen Kriegen um, danach mehr durch den Hunger.
... Weitere Menschen raffte – besonders im vergangenen Jahr 1518 – eine bis dahin unbekannte Hautkrankheit dahin, die infolge ihrer großen Ansteckungsgefahr die Bewohner wie krankes Vieh befiel ...

Zit. nach: Peter Martyr d'Anghiera, Acht Dekaden über die Neue Welt, hg. von Hans Klingelhöfer. WBG, Darmstadt 1972/73, Bd. 1, S. 379f.

[3] Bericht des Dominikanermönchs Bartolomé de Las Casas (1484–1566):
Ein königlicher Beamter erhielt 300 Indios als Arbeitskräfte zugeteilt. Nach drei Monaten hatte er durch die Arbeiten in den Gruben 270 davon zu Tode gebracht, sodass ihm von allen nur 30 blieben. Danach gab man ihm wiederum dieselbe Zahl und noch mehr. Doch er brachte sie wiederum um. Und je mehr man ihm gab, desto mehr mordete er ...
In drei oder vier Monaten starben in meinem Beisein mehr als 7000 Kinder, weil ihre Väter und Mütter sie in die Gruben schickten.

Zit. nach: Christoph Strosetzki (Hg.), Der Griff nach der neuen Welt. Fischer, Frankfurt/M. 1991, S. 274.

1. Beschreibt die einzelnen Szenen in Abbildung 1; unterscheidet dabei zwischen Unterdrückern und Unterdrückten.
2. Wertet die Texte 2 und 3 aus mithilfe der Methode Seite 54.
3. Notiert die Gründe, die für die hohe Sterblichkeit der Indianer angeführt werden (Text 2 und 3).
4. Verfasst eine Anklageschrift gegen die Behandlung der Indianer durch die Spanier und tragt sie der Klasse vor.

*

Kolonisation
Inbesitznahme überseeischer Gebiete durch europäische Staaten. Diese Territorien waren bewohnt und hatten eigene Staaten und Regierungen.

5. Beschreibt Schaubild 5 und sucht nach einer Erklärung für die dargestellte Bevölkerungsentwicklung.

Die neuen Gesetze

Verschiedene Mönche setzten sich für eine bessere Behandlung der indianischen Sklaven ein. Einer von ihnen war Bartolomé de Las Casas (vgl. S. 54). Ihm gelang es, den spanischen König davon zu überzeugen, Gesetze zum Schutz der Indianer zu erlassen.

[4] Aus den „Neuen Gesetzen“ von 1542:

Wir ordnen an und befehlen, dass künftig aus keinem Grund irgendein Indianer zum Sklaven gemacht werde. Wir ordnen an, dass die, die als Sklaven gehalten werden, in Freiheit zu setzen sind. Wer dem zuwiderhandelt, soll hart und ohne Ansehen der Person bestraft werden.

In Anlehnung an: Urs Bitterli (Hrsg.), Die Entdeckung und Eroberung der Welt. Dokumente und Berichte, Bd. 1, München 1980, S. 59f.

[5] Bevölkerungsentwicklung in Mexiko 1519–80.

Goldgier schafft neues Elend

Die Großgrund- und Bergwerksbesitzer von Mexiko waren auf keinen Fall bereit, die Sklavenarbeit aufzugeben. Auch der spanische König wollte nicht auf die wertvollen Edelmetalllieferungen aus Mexiko verzichten. Schließlich gab er nach und hob die „Neuen Gesetze“ auf. Bartolomé de Las Casas machte daraufhin einen anderen Vorschlag: Schwarze Sklaven aus Afrika sollten die Indianer ersetzen. Zehntausende von Afrikanern wurden daraufhin gefangen genommen und nach Amerika verschleppt.

Reichtum für Spanien – aber kein Wohlstand

Die Spanier schmolzen nahezu alle aztekischen Gold- und Silberkunstschätze ein. Hinzu kamen die in den Silber- und Goldberggruben abgebauten Barren. Alle Edelmetalle wurden mit Schiffen nach Spanien geschafft, wo man Münzen daraus prägte. Dennoch wurde Spanien dadurch kein wohlhabendes Land.

6. Beurteilt die „Neuen Gesetze“ und erklärt ihr Scheitern.
7. Diskutiert den Vorschlag von Las Casas, Sklaven aus Afrika nach Amerika zu holen.

Wählt einen der folgenden Arbeitsaufträge aus:

- Ein heutiger Afroamerikaner schreibt einen Artikel über Las Casas. Macht einen Entwurf.
- Arbeitet die Folgen des Reichtums für Spanien und Europa aus Abbildung 6 heraus; stellt dabei Vor- und Nachteile in einer Tabelle gegenüber.

[6] Eine Historikerin erklärt. *Foto.*

Mexiko nach der Unabhängigkeit

[1] Mexiko-Stadt, Platz der drei Kulturen. *Foto.*

1. Beschreibt Abbildung 1. Vermutet, warum der Platz diesen Namen trägt.
2. Notiert mithilfe der Informationen dieser Seite die wichtigsten Daten zur jüngeren Geschichte Mexikos.

Wählt einen der folgenden Arbeitsaufträge aus:

- Fertigt aus den Materialien dieser Seite eine Wandzeitung an mit den wichtigsten Daten der neueren Geschichte Mexikos.
- Zeichnet ein Kreisdiagramm, das die Bevölkerungsverteilung Mexikos wiedergibt.

Was ihr noch tun könnt ...

- Euch zur heutigen Situation der übrigen mittelamerikanischen Staaten informieren (Lexikon, Internet, Sachbücher ...).

[2] Die Nationalflagge Mexikos.

[3] Emiliano Zapata (1879–1919).

[4] Slumbewohner sucht Nahrung.

Die Unabhängigkeit Mexikos

Mexiko war 300 Jahre lang spanische Kolonie. 1821 wurde es unabhängig. Von nun an regierten die Nachkommen von Europäern das Land. Sie kontrollierten den Großteil des fruchtbaren Bodens. Einige Mestizen (Nachkommen eines indianischen und eines spanischen Elternteils) besaßen ebenfalls Land. Die Mehrheit jedoch arbeitete wie die Indígenas (Nachkommen von Indianern) als Tagelöhner auf dem Großgrundbesitz der Reichen. Sie lebten in völliger Armut. Ende des 19. Jahrhunderts spitzten sich die Auseinandersetzungen um Wasser- und Landrechte immer mehr zu.

Die mexikanische Revolution

1910 brach in Mexiko eine Revolution aus. Einer der führenden Revolutionäre war Emiliano Zapata. Er forderte eine gerechtere Verteilung des Bodens und mehr Rechte für die Indígenas. Mexiko bekam eine Verfassung und wurde von diesem Zeitpunkt an von einem vom Volk gewählten Präsidenten regiert. Die Mestizen betrachtete man als die „idealen" Mexikaner, weil sie spanische und indianische Kultur in sich vereinigten. Den Indígenas wurde jegliche Anerkennung ihrer Sprachen und unterschiedlichen Kulturen verweigert. Die Folge war Ausgrenzung aus der Gesellschaft.

Mexiko heute

In Mexiko lebten im Jahr 2004 ca. 104 Millionen Menschen, davon sind 75 Prozent Mestizen, 14 Prozent Indígenas und 10 Prozent Weiße. Neben der Landessprache, dem Spanischen, werden in ganz Mexiko noch 62 Indianersprachen gesprochen. Náhuatl (Aztekisch), Maya und Zapotekisch sind die am meisten gesprochenen Indianersprachen. Die Indígenas leben in Städten und auf dem Land – überall da, wo sie Arbeit finden.

Geschichte aktiv

Wenn ihr Lust habt, euch intensiver mit dem Thema „Entdecker und Eroberer" zu beschäftigen, findet ihr hier ein paar Anregungen. Ihr könnt allein oder in Gruppen, in der Freizeit oder im Rahmen eines Schulprojekts am Thema arbeiten.

Portfolio

Denkt auch daran, euer Portfolio zu führen:
- schöne Ergebnisse in Text und Bild
- Lernerfahrungen zum Thema „Neue Welten – neue Horizonte"

1. Bücher lesen, Filme anschauen

Vertieft eure Kenntnisse, indem ihr Bücher und Filme zum Thema ausleiht, kurze Zusammenfassungen bzw. Kritiken schreibt und der Klasse vorstellt.

Eine Auswahl an Büchern:
- Diaz del Castillo, **Die Eroberung von Mexiko** (Insel TB)
- Renée Holler, **Tatort Geschichte: Gefahr auf der Santa Maria** (Loewe)
- Hanns J. Prem, **Die Azteken: Geschichte – Kultur – Religion** (C. H. Beck Wissen)
- Christopher Kolumbus, **Bordbuch** (Marixverlag)
- Bartolomé de Las Casas, **Kurzgefasster Bericht von der Verwüstung der Westindischen Länder** (Insel TB)
- **Was ist Was, Band 5: Entdecker und ihre Reisen** (Tessloff)
- Ferdinand Anton, **Die geheimnisvolle Welt der Azteken** (Prestel)
- Neil Morris, **Mayas – Azteken – Inkas** (Tessloff)

Eine Auswahl an Filmen/DVDs:
- **Kolumbus' letzte Reise** (ZDF, Spiegel TV)
- **Der geheime Kontinent – 1492: Die Entdeckung Amerikas verändert die Welt** (ZDF)
- **Christopher Kolumbus, der Entdecker** (Ascot Elite Home Entertainment GmbH)
- **Kolumbus – Der Film** (KNM Home Entertainment)

2. Besuch im Völkerkundemuseum

Besonders anschaulich präsentiert werden die alten Kulturen in Völkerkundemuseen, z. B.:
- Rautenstrauch-Joest-Museum, Köln
- Völkerkundemuseum Wuppertal

3. Karavelle zeichnen oder nachbauen

- Fertigt die vergrößerte Zeichnung einer Karavelle (siehe S. 46) an. Ihr könnt auch einen Bastelsatz (z. B. www.schiffsmodell.de) beschaffen und die Karavelle nachbauen!

4. Schiffe der Entdeckerzeit

- Recherchiert weitere Schiffstypen dieser Zeit, beschreibt ihre Eigenschaften und stellt sie der Karavelle gegenüber (Fotos, Zeichnungen, Beschreibungen).

Das kann ich!

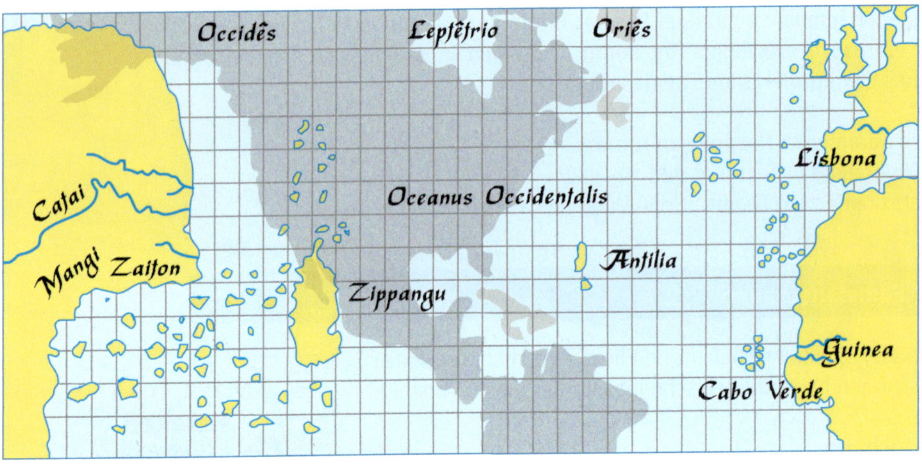

[1] Rekonstruktion der Karte von Paolo Toscanelli.

[2] Cortez nimmt die Kapitulation der Azteken entgegen. Hinter ihm: Malinche, eine Einheimische, ist seine aztekische Übersetzerin und Geliebte. *Aztekische Zeichnung.*

[3] Schiffsquerschnitt und Ladeliste.

Schiffszwieback; Weinfässer; Entwässerungspumpe; Sammelraum für Kondenswasser; Luke zum Schiffsladeraum; Steuerruder; Ölvorrat; Hebevorrichtung für Anker und Segel; Schiffsladeraum; Abstellkammer für Segel; Kompass; Waffen- und Munitionskammer; Mehlfässer; Pökelfleisch in Fässern; Steine als Ballast; Wasservorrat; Admiralskajüte; getrocknete Hülsenfrüchte in Säcken, Zwiebeln und Knoblauch; Laderaum für Taue; geräucherte und getrocknete Fleischwaren.

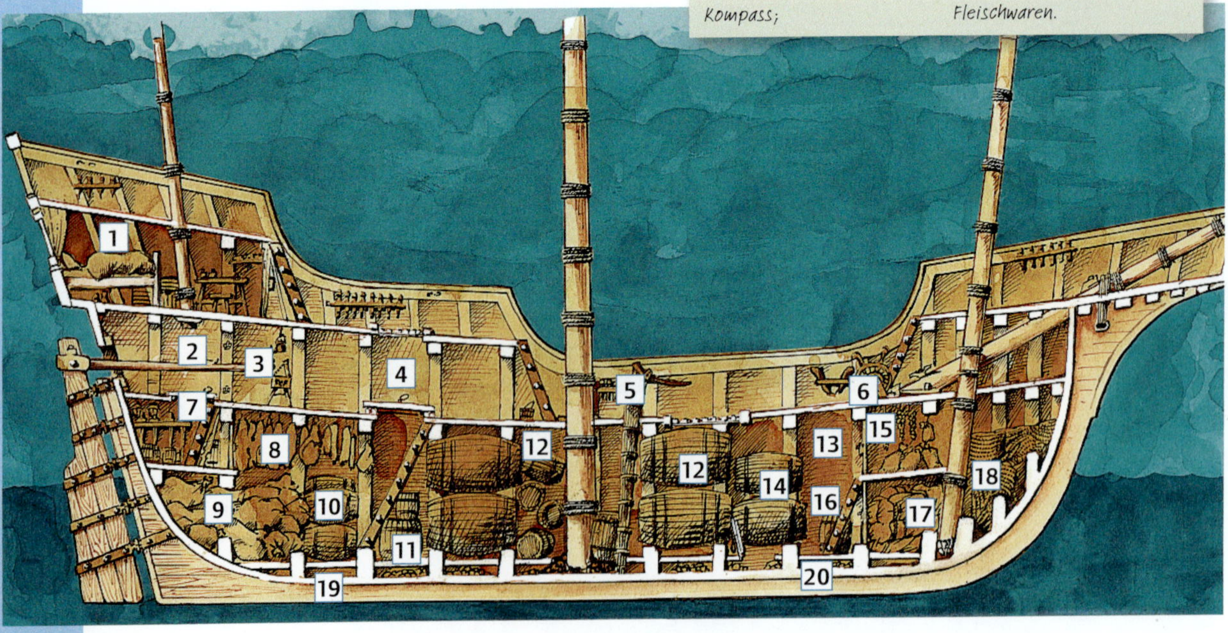

[4] Cortez berichtete am 30. Oktober 1520 dem spanischen König:

Da hinterbrachte meinem Dolmetscher eine Frau aus Cholula ..., dass die Leute Moctezumas sich in großer Anzahl und in nächster Nähe versammelt, dass die Bewohner der Stadt ... über uns herfallen wollten, um uns niederzumetzeln ... Meinen Leuten gab ich Weisung ..., über die ganze Menge der Indianer, die sich im Hofe und in der Umgebung aufhielten, herzufallen. Sie gehorchten ... und fielen über die Masse der Indianer her, von denen wir in zwei Stunden mehr denn 2000 umbrachten ...

Zit. nach: Hernán Cortés, Die Eroberung Mexikos, hg. v. Claus Litterscheid. Insel, Frankfurt a. M. 1980, S. 42

[5] Der spanische Mönch Sahagún notierte, was ihm die Azteken berichteten:

Das Volk von Cholula war ohne Argwohn gekommen, die Krieger waren ohne Waffen. Ohne Schwerter und ohne Schilde standen sie vor den Spaniern. Durch hinterlistigen Verrat kam es zu diesem Blutbad und durch die Lügen der Tlaxcalteken starben sie, ohne zu wissen, warum. Und als das Blutbad zu Ende war, brachte man Moctezuma die Nachricht. Boten kamen und gingen ... Und das einfache Volk war bestürzt durch die Kunde und konnte nichts anderes mehr tun als zittern in Furcht und Entsetzen ...

Zit. nach: Urs Bitterli, Die Entdeckung Amerikas. C. H. Beck, München 1999, S. 219f.

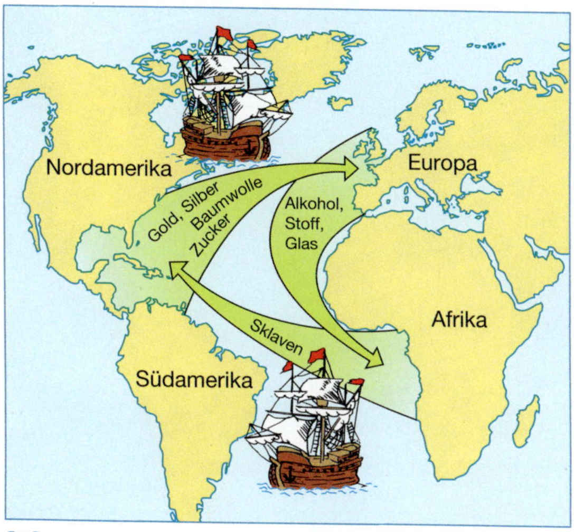

[6] Der von den europäischen Eroberern kontrollierte „Dreieckshandel" zwischen den Kontinenten.

Sachkompetenz

1. Stellt das „neue" Weltbild der Renaissance vor und erläutert die Unterschiede zum „alten" Bild der Welt.
2. Zählt einige Voraussetzungen für die Seefahrt auf.
3. Nennt Gründe für die Bemühungen der Europäer, einen Seeweg nach Indien zu finden.
4. Nennt Beispiele für frühe Entdeckungsfahrten zur See (Wer? Wohin?).
5. Berichtet über die Fahrt des Kolumbus.
6. Erklärt, wie der neu entdeckte Kontinent zu seinem Namen kam.
7. Beschreibt die Welt Mittelamerikas vor Ankunft der Spanier (z. B. die Kultur der Azteken).
8. Informiert über die Rolle der christlichen Kirche bei den Eroberungen.
9. Malt den Schiffsquerschnitt (Abb. 3) in euer Heft und sortiert zu den Nummern die Erklärungen der Ladeliste.

Urteilskompetenz

10. Bewertet das Auftreten europäischer Entdecker und Eroberer in der Neuen Welt.
11. Beschreibt die Behandlung der einheimischen Bevölkerung durch die neuen Herren. Was würde eine heutige Menschenrechtsorganisation dazu sagen?
12. Bewertet die Person der Malinche (Abb. 2): Vermittlerin oder Verräterin?
13. Beurteilt den Nutzen der Eroberung Mexikos für Spanien.
14. Deutet den Zusammenhang zwischen den europäischen Eroberungen und der heutigen Lage in den ehemaligen Kolonien.

Methoden- und Handlungskompetenz

15. Wertet die Quellen 4 und 5 aus mithilfe der Methode Seite 54; vergleicht!
16. Erläutert die Karte 1.
17. Deutet das Schaubild 6.
18. Skizziert ein kurzes Rollenspiel: Cortez berichtet im Freundeskreis über seine Taten.
19. Entwickelt einen kleinen Fragebogen mit ca. fünf Fragen, um die Meinung eurer Mitschüler zu den Entdeckungen und Eroberungen zu erfahren.
20. Schreibt einen Steckbrief über Leonardo da Vinci, Kolumbus oder Cortez.

Reformation und Bauernkrieg

Der Reichstag zu Worms

Das 16. Jahrhundert war eine unruhige Zeit: Soziale und politische Spannungen beschäftigten die Menschen. Die Rolle der katholischen Kirche wurde heftig diskutiert. In dieser Situation hatte der Mönch Martin Luther Vorschläge zur Erneuerung (Reformierung) der Kirche veröffentlicht. Dies löste einen erbitterten Streit aus. Luther musste im April 1521 vor dem Reichstag erscheinen, wo seine Sache verhandelt werden sollte. Er betrat den Saal als Beschuldigter. Versammelt waren die Spitzen des Reichs und der Kirche. Er musste fürchten, als Ketzer verurteilt zu werden.

1. Beschreibt das Bild bzw. die Situation seiner Anhörung (Personal, Anordnung im Raum).
2. Notiert Vermutungen über Luthers Gedanken und den Ausgang des Prozesses.

Schauplatz Der Reichstag zu Worms

Glaubensstreit und Machtkampf: Luther muss sich verteidigen

Aufregung in der Halle des Kaisersaales! Der Mönch Martin Luther ist vor die Großen der Kirche und des Reiches geladen, um seine religiösen Ansichten zu verteidigen. Er hatte sich gegen kirchliche Missstände und Lehren gewandt, die er für falsch hielt. Die Spannung ist spürbar, denn nur ein Widerruf kann seinen Hals retten – bleibt er bei seiner Meinung, kann er als Ketzer* verbrannt werden. Was wird die Verhandlung ergeben?
Die Abbildungen sind Ausschnitte aus dem großen Gemälde der Seiten 72/73.

1. Lest den Ausschnitt aus Luthers Rede (1) und notiert, warum er nicht widerrufen will.

[1] Luther sagte am Schluss seiner Rede:
Denn ich glaube weder dem Papst noch den Konzilien* allein, weil es offenkundig ist, dass sie öfters geirrt und sich selbst widersprochen haben. Widerrufen kann und will ich nichts, weil es weder sicher noch geraten ist, etwas gegen sein Gewissen zu tun. Gott helfe mir, Amen.
Zit. nach: http://gutenberg.spiegel.de/buch/270/5 (15.11.2011)

*

Ketzer
Jemand, der von der Lehre der Kirche abweicht.

Konzil
Bischofsversammlung in der katholischen Kirche, die wichtige Fragen der Lehre entscheiden.

Reichsacht
Durch Verhängung der „Reichsacht" wurde jemand „vogelfrei", d.h., er durfte jederzeit getötet werden.

Die anderen Beteiligten und ihre Motive

2. Lest die Texte und fasst mit eigenen Worten zusammen, inwieweit die Motive (Absichten) der Teilnehmer übereinstimmen bzw. sich widersprechen.

Der Kaiser

Karl V. war ein noch junger Mann. Er verstand sich als Haupt des Reiches. Die Unabhängigkeitsbestrebungen der Fürsten waren ihm verhasst. Eine Schwächung der Kirche wollte er auf keinen Fall hinnehmen. Sollte Luther nicht widerrufen, würde er die Reichsacht* gegen ihn verhängen. Der einheitliche Glaube in dem schwer zu regierenden Reich war eine gute Klammer für die auseinanderstrebenden Teile. Eine Religion, ein Kaiser – das war sein Wille!

Die Kirche und ihre Vertreter

Zwar waren Kaiser und Papst häufig in Streit um die Vormacht im Abendland verwickelt gewesen. Jeder beanspruchte den ersten Rang. Ganz besonders empfindlich fühlte man sich jetzt durch Luther und seine Anhänger getroffen. Wollten doch diese Mönche die Bibel selbstständig auslegen – was bisher immer alleinige Sache der Kirchenoberen gewesen war. (Im

Bildausschnitt sitzen nebeneinander: der Erzbischof von Trier und Gladion, der Beichtvater des Kaisers.)

Die Reichsfürsten

Einerseits wollten sie nicht, dass die Autorität der Großen im Reich angegriffen wurde; einige waren ja auch Kirchenfürsten. Andererseits hofften sie, sich von der Vorherrschaft des Kaisers und der Kirche lösen zu können. So könnten sie in ihren Herrschaftsgebieten ungehinderter regieren. Einige waren aber auch in den religiösen Fragen auf Luthers Seite – sagten dies aber nicht offen. Eine unübersichtliche Lage!

Die Mitbrüder Luthers

Ein großer Teil war mit Luthers Ansichten einverstanden. Er hatte schließlich bis dahin die Kirche nicht abschaffen, sondern sie nur erneuern wollen. Jetzt machten sich seine Mitbrüder große Sorgen um das Reformprogramm und die Person Luthers. Würde man ihn als Ketzer ausschalten?

Das Volk

Viele Menschen fühlten sich bedrückt von den Herrschenden in Staat und Kirche (z.B. durch Abgaben und einschränkende Gesetze). Die Reformbemühungen fanden sie gut und erhofften sich eine Verbesserung ihrer Situation. Andere erschreckte der Streit, sie standen zur alten Ordnung. Die Mehrheit der Wormser Bevölkerung war aber auf Luthers Seite.
(Das Volk ist auf dem Gemälde nicht zu sehen; es wartet draußen.)

Information zum Reichstag

Reichstage waren große politische Ereignisse. Der Kaiser, die Fürsten des Reiches und Vertreter bedeutender Reichsstädte trafen sich bei dieser Gelegenheit, um wichtige Dinge zu verhandeln. Eine besondere Stellung hatten die Kurfürsten, von denen etwa die Hälfte gleichzeitig hohe Kirchenfürsten waren (z.B. die Erzbischöfe von Köln, Mainz und Trier). Zwischen dem Kaiser und den recht unabhängigen Fürsten lief – mal offen, mal verdeckt – ein zäher Machtkampf um die Vorherrschaft im Reich. Große Gruppen von Beratern, Ehrenwachen und sonstigen Begleitern folgten ihren Herren. Die Gasthäuser waren völlig überfüllt und Turniere fanden statt.
In Worms traf man sich am 27. Januar 1521 für vier Monate, dieses Mal auch, um über die religiösen Streitigkeiten zu sprechen, die seit einiger Zeit Unruhe ins Land brachten. Aus diesem Grunde waren eigens Abgesandte des Papstes angereist. Ursache des Streits war die deutliche Kritik an Missständen in der Kirche und Vorbehalte gegen die Stellung des Papstes. Auch der Ablasshandel wurde kritisiert (siehe S. 79). Luther hatte die Beschwerden auf den Punkt gebracht und zu diesen Fragen eine Reihe von Schriften veröffentlicht.
Luthers Angelegenheit wurde erst gegen Ende des Reichstags verhandelt. Man glaubte, mit dem „Mönchlein" leichtes Spiel zu haben. Wer würde nicht eingeschüchtert sein, wenn er vor die versammelte Reichsmacht treten und seine Verurteilung fürchten müsste?
Dass es nicht so einfach werden würde, zeigte Luthers Ankunft in Worms, als er von der Bevölkerung begeistert gefeiert wurde. Denn außer jenen Theologen, die man später „Reformatoren" nannte, waren auch viele andere Menschen der Meinung, dass die Kirche sich erneuern müsse.

3. Entnehmt dem Text:
   a) die Funktion der Reichstage und
   b) einige Ursachen des Glaubensstreites.

Orientierung

[1] Das Ende der Welt. *Ausschnitt aus dem Altarbild der Liebfrauenkirche Oberwesel, um 1500.*

Endzeitstimmung im Deutschen Reich

Das Leben der Menschen im Spätmittelalter war oft voller Ängste und Gefahren. Es gab immer wieder Hungersnöte und Seuchen. Die Kindersterblichkeit war groß. An vielen Orten traten Prediger auf und verkündeten das baldige Ende der Welt.

Soziale Missstände

Viele Bauern drohten, unter der Last von Abhängigkeiten, Frondiensten, Kirchenzehnt und sonstigen Abgaben zusammenzubrechen. Der Ruf nach gesellschaftlichen Reformen wurde aus ihren Kreisen deshalb besonders laut. Dieses hatte umso mehr Bedeutung, weil mehr als acht von zehn Bewohnern des Deutschen Reiches Bauern bzw. in der Landwirtschaft tätige Menschen waren.

Durch die Erfindung des Buchdrucks fanden kritische Druckschriften und Flugblätter rasche Verbreitung. Von ihrem Inhalt erfuhren auch jene, die selbst nicht lesen konnten. Bei vielen kam das Gefühl auf, dass Staat und Kirche reformiert werden müssten.

1. Wertet die Karte 2 aus und notiert:
   a) Was ist euer erster Eindruck von der politischen Karte des Deutschen Reiches?
   b) Welche Schwierigkeiten wird die Regierung eines Reiches mit so vielen selbstständigen Herrschaften haben?
   c) Was könnte es mit den lila eingefärbten Gebieten auf sich haben.

[2] Deutschland unter Karl V., um 1550.

1510
1517: Luthers Thesen in Wittenberg; Bundschuh am Oberrhein

1520
1521: Reichstag in Worms
1524: Erhebung der Bauern im Schwarzwald
1525: „Zwölf Artikel" von Memmingen
1526: Niederlage der Bauern; Reichstag in Speyer

1530

1540
1545: Gegenreformation

1550
1550–1650: Höhepunkte der Hexenverfolgung
1555: Augsburger Religionsfriede

1560
um 1560–Ende 18. Jh.: Immer wieder fliehen Tausende verfolgter Protestanten (Hugenotten) aus Frankreich in Nachbarländer.

1570

1580
1588–1731: In mehreren Wellen werden Protestanten aus dem Erzbistum Salzburg ausgewiesen.

1590

1600

1610
1618–1648: Dreißigjähriger Krieg; er endet 1648 mit dem Westfälischen Frieden

[3] Zeittafel Reformation, Bauernkrieg, Dreißigjähriger Krieg.

Reformation und Kriegszeiten

Geistige und gesellschaftliche Unruhe prägte die Zeit zwischen 1500 und 1648. Glaubensrichtungen standen gegeneinander. Bauern erhoben sich gegen ihre Grundherren. Katholische und evangelische Fürsten führten eine Art Bürgerkrieg im eigenen Land, in den sich auch das Ausland einmischte. Am Ende versank das Deutsche Reich in Krieg und Elend.

Wichtige Kompetenzen in diesem Kapitel

Sachkompetenz

- Ursachen und Verlauf der Reformation darstellen
- Religiöse, politische und ökonomische Ursachen des Dreißigjährigen Krieges erläutern
- Die Folgen des Westfälischen Friedens für Europa beschreiben

Methodenkompetenz

- Historische Karten mithilfe der Legende lesen
- Hypothesen (= Vermutungen) formulieren und überprüfen
- Eigene Referate schriftlich und mündlich erarbeiten

Urteilskompetenz

- Beurteilen, inwieweit die Bauernkriege als Folge der Reformation zu betrachten sind

Handlungskompetenz

- Entscheidungssituationen nachgestalten und Problemlösungen entwickeln
- Medienprodukte erstellen (Flugblätter, Biografien, Bildergeschichten) und im Portfolio bzw. der Schulöffentlichkeit präsentieren

Missstände in der Kirche

[1] Spottbild über das Verhalten von Klosterleuten. Ein Abt wird von Nonnen auf einem riesigen Unterkiefer (steht für „fressen") übers Eis gerodelt. Die Textfahnen reden von Alkoholmissbrauch. *Holzschnitt, ca. 1450.*

Mächtige Kirche

In den 1500 Jahren seit dem Auftreten Jesu hatte sich das Christentum von einer verfolgten Minderheitsreligion zu einer mächtigen Kirchenorganisation entwickelt. Die Kirche war in vielfacher Weise mit Staat und Gesellschaft verflochten. Dabei schien es häufig weniger um Dinge des Glaubens zu gehen als um Macht und Einfluss der kirchlichen Amtsträger. Viele von ihnen verhielten sich anders als der Religionsstifter: Hatte Jesus in bescheidener Armut gelebt, so warf man vielen Priestern und Bischöfen nun ein unmoralisches Leben und verschwenderischen Luxus vor. Der Papst in Rom war zu einem einflussreichen weltlichen und kirchlichen Herrscher geworden, der die „allein selig machende Gnade Gottes" als Gottes Vertreter auf Erden verwaltete.

1. Wählt eine der Abbildungen aus und erklärt, welche eigentlich „unchristlichen" Verhaltensweisen sichtbar werden; tauscht die Ergebnisse in der Klasse aus.

[3] Über Papst Leo X. (1513–1521) heißt es in der Darstellung eines Historikers:

Leos Hofstaat mit 683 Menschen, vom Erzbischof bis zum Hofnarren, erforderte Unsummen. Oft war Leo wochenlang auf Jagden, an denen bis zu 2000 Reiter teilnahmen, darunter Kardinäle, Spaßmacher und Hofschauspieler. Dauernd mussten bei ihm Komödien aufgeführt werden. Und im Karneval von 1521 wurden alle Regierungsgeschäfte überhaupt eingestellt, weil die Aufführung eines Balletts wichtiger war …

Hans Kühner (Hrsg.), Neues Papstlexikon. S. Fischer, Frankfurt/Main 1973, S. 43ff.

[2] Der arme Jesus Christus wäscht einem Apostel die Füße (Abb. links) und ein Treffen zwischen Franz I. von Frankreich und Papst Leo X. im Palazzo Publico 1516 (Abb. rechts, Gemälde von Giovanni Bilivert 1624/27).

Ärgernis Ablasshandel

Schon der Handel und der Umgang mit Reliquien* war ein Ausdruck der Verunsicherung der Gläubigen. Sie suchten die Nähe der Heiligen (oder ihrer Überreste), um deren Fürsprache bei Gott zu erlangen. Auf jeden Fall wollten die Menschen der ewigen Verdammnis im Höllenfeuer oder den Schmerzen im sogenannten „Fegefeuer" entgehen.
Eine andere Form, die eigenen Sünden und Sündenstrafen loszuwerden, war der Kauf eines Ablassbriefes. Das hatte folgenden Hintergrund: Eigentlich gehörte zur Sündenvergebung eine Buße, die mitunter harte Auflagen enthielt (z. B. zahlreiche Gebete verrichten, fasten oder Wallfahrten unternehmen). Es hatte sich daher der Brauch herausgebildet, statt dieser unangenehmen Bußen eine Geldspende zu entrichten, für die man eine Quittung (Brief) bekam. Damit wurde der Nachlass der Sünden bestätigt.

Der Papst braucht Geld

Für die Hofhaltung und den Bau einer neuen Peterskirche in Rom (seit 1506) wurden große Geldsummen benötigt. Um diese aufzubringen, schrieb der Papst einen Ablass aus. Von Geistlichen, die wie Händler auftraten, wurde dieser Ablass auch auf Märkten angeboten.

[4] So predigte der Dominikanermönch Johann Tetzel (1460–1519):

Du, Adeliger, du, Kaufmann, du, Frau, du, Jungfrau, du Braut, du, Jüngling, du Greis! Wisse, dass ein jeder, der gebeichtet [= seine Sünden bekannt], bereut und Geld in den Kasten getan hat, eine volle Vergebung seiner Sünden haben wird. Habt ihr nicht die Stimmen eurer Verstorbenen gehört, die rufen: „Erbarmt euch, denn wir leiden unter harten Strafen und Foltern, von denen ihr uns gegen eine geringe Gabe loskaufen könnt …

Zit. nach: Hans Kühner (Hrsg.), Neues Papstlexikon. S. Fischer, Frankfurt/Main 1973, S. 43 ff.

Die Bevölkerung fasste das in den kurzen Spruch: „Wenn das Geld im Kasten klingt, die Seele aus dem Fegefeuer springt."

[5] Ausschnitt aus einem Holzschnitt von Lucas Cranach dem Älteren, 1521. Im Text des Flugblattes heißt es u. a.: „Hier sitzt der Antichrist im Tempel Gottes, der Ablässe und Bischofsämter verkauft … Er befiehlt, seine Stimme wie die Stimme Gottes zu hören."

Unter den Theologen wurden bald Stimmen laut, die den Handel mit dem Erlass von Sündenstrafen durch die Ablassbriefe kritisierten. Ihnen war klar, wem der Ablasshandel in Wirklichkeit diente. Ihre Meinung war: Nur echte Reue und die Vergebung durch Gott selbst könne das Problem lösen. Einer der entschiedensten Gegner des Ablasses war der Theologieprofessor Martin Luther.

Wählt einen der folgenden Arbeitsaufträge aus:

- Versetzt euch in einen Zuhörer Tetzels (Text 4), der kein Geld für einen Ablassbrief hat. Notiert eure Gedanken als Tagebucheintrag.
- Beschreibt Abbildung 5. Wer sind die handelnden Personen? Was geschieht? Nehmt die Bildunterschrift hinzu.

*
Reliquie
Überreste von als heilig verehrten Personen oder Gegenständen (z. B. Knochen, Kleidungsteile, Reste des Kreuzes Christi usw.).

Kritik an der Kirche

[1] Martin Luther, Mönch und ab 1512 Theologieprofessor in Wittenberg, Gegner des Ablasshandels. *Porträt von Lucas Cranach dem Älteren, 1529.*

Luthers 95 Thesen

Am 31. Oktober 1517 schickte Martin Luther (1483–1546), ein Mönch des Augustinerordens, eine Liste mit 95 Diskussionspunkten (Thesen) an mehrere Bischöfe. Dabei sprach er sich gegen den gängigen Ablasshandel und gegen eine Reihe weiterer Missstände in der Kirche aus. Zunächst entwickelte sich daraus ein Streit unter Gelehrten, der bald aber auch vom Volk mit Spannung beobachtet wurde. Luther erweiterte im Verlauf der Diskussionen später seine Anklagen auch gegen die Kirche und den Papst.
Es lassen sich – in starker Vereinfachung – drei wesentliche Punkte erkennen, die der offiziellen Kirchenlehre widersprachen.

Luthers Lehre breitet sich aus

Luther wurde wegen seiner Lehre von Kirche und Kaiser mit schweren Strafen bedroht. Kurfürst Friedrich von Sachsen beschützte ihn jedoch. 1521 wurde Luther aufgefordert, sich vor einem Reichstag in Worms zu rechtfertigen (siehe S. 74). Als er dort trotz der drohenden Strafe seinem Standpunkt treu geblieben war, breitete sich seine Lehre in Deutschland immer weiter aus.

1. Entnehmt Abbildung 2:
   a) Welche Kirchenlehren und -regeln lehnte Luther ab?
   b) Was mussten die Menschen nach seiner Meinung nun alles nicht mehr tun, um in den Himmel zu kommen?
2. Stellt Vermutungen darüber an, wie Papst und Bischöfe wohl auf die Schriften Luthers reagiert haben und wie das einfache Volk dazu stand.

[2] Luthers „3-Punkte-Programm".

Methode Hypothesen bilden und prüfen

Hypothesen im Alltag und in der Wissenschaft
Jeder von euch hat schon Hypothesen (= Vermutungen) gebildet, wenn er sich eine Frage gestellt und Vermutungen zur Lösung bedacht hat. Dann folgte die genauere Information oder der Vergleich mit der wirklichen Entwicklung – und so ergab sich eine zuverlässige Antwort. Auch in der Wissenschaft wird versucht, mit sogenannten Arbeitshypothesen hinter die Lösung einer Frage oder eines Problems zu kommen. Naturwissenschaftler überprüfen ihre Hypothesen mit Experimenten. Wird eine gültige Antwort gefunden, kann die Forschung gesicherter weitergehen.

Hypothesen im Geschichtsunterricht
Bestimmt fandet ihr es im Fach Geschichte oft interessant, über offene Fragen nachzudenken und Vermutungen zu äußern. Solche Fragen konnten sein: Wie kam es zur Neolithischen Revolution? Welche Folgen hatte die Erfindung des Buchdrucks? Was brachte die Entdeckung Amerikas? usw. Ihr habt auch schon die Arbeit der Archäologen kennengelernt, deren Funde dazu benutzt werden, Hypothesen über das Leben in früheren Epochen der Geschichte zu überprüfen. Die Schritte 1 bis 4 und ein danebenstehendes Beispiel helfen euch dabei.

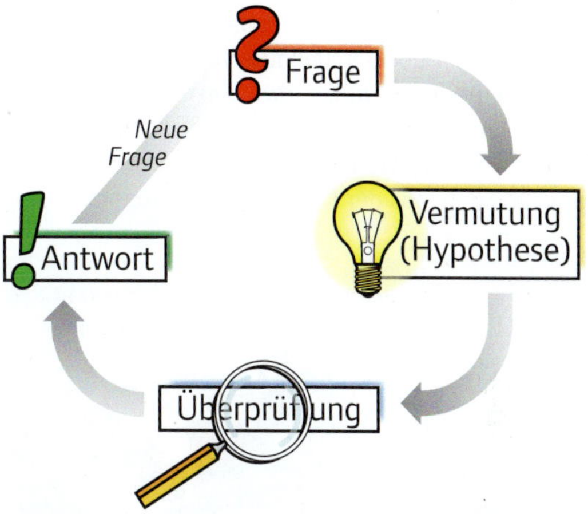

[1] Ablauf von Hypothesenbildung und -überprüfung.

1. Schritt Historische Frage formulieren

- Stellt selbstständig eine Frage; zu Beginn ist aber auch eine im Geschichtsbuch formulierte Frage möglich.

2. Schritt Hypothese bilden/Vermutung äußern

- Eine mögliche Lösung oder Entwicklung ausdenken und vorschlagen (die mögliche historische Entwicklung vorausdenken).

3. Schritt Hypothese überprüfen

- Überprüfungsmöglichkeiten für die Vermutungen suchen.

4. Schritt Antwort finden

- Die Vermutungen mit der tatsächlichen geschichtlichen Entwicklung vergleichen.

1. Bearbeitet mithilfe der Schritte die Frage: Welche Folgen hatte Luthers Bemühung, die Kirche zu reformieren? Zieht zur Überprüfung eurer Hypothese die Seiten 82 bis 86 hinzu.

Beispiel für eine Hypothese

▸▸ *Welche Folgen hatte die Anwesenheit von Muslimen in Spanien für Europa?*

▸▸ *Die muslimische Besetzung Spaniens blieb ohne große Folgen für Europa.*

▸▸ *Schulbuchtexte, Quellen, Materialien müssen untersucht werden.*

▸▸ *Die Vermutung der Hypothese oben („Die muslimische Besetzung Spaniens blieb ohne große Folgen …“) war falsch. Richtig ist: Es gab positive Folgen. Die Weitergabe des Wissens der Antike (zu Philosophie, Medizin, Mathematik, Astronomie usw.) durch die muslimischen Araber und Nordafrikaner war ungeheuer wichtig für die Entwicklung des Abendlandes.*

Die Reformation breitet sich aus

Der Bruch mit der Kirche

Noch 1520 hatte Luther seine Schrift „Von der Freiheit des Christenmenschen“ Papst Leo gewidmet. Als ihm dieser aber den Kirchenausschluss androhte, verbrannte Luther öffentlich das päpstliche Schreiben („Bulle“) und einige kirchliche Schriften. Nun war der Konflikt auf dem Höhepunkt: Luther wurde exkommuniziert, d. h. aus der Kirche ausgeschlossen.

[1] Luther verbrennt die Bannbulle. *Gemälde von Paul Thumann, 1872.*

Seinem Auftritt vor dem Wormser Reichstag 1521 (siehe S. 72/73) folgte die Verhängung der Reichsacht, die ihn nun Schwerverbrechern gleichstellte und sein Leben bedrohte.

Im Schutz der Wartburg

Der sächsische Kurfürst Friedrich der Weise ließ Luther aber zum Schein entführen und gab ihm eine sichere Zuflucht auf der Wartburg bei Eisenach. Unter dem Tarnnamen Junker Jörg blieb Luther mehrere Monate in seinem Versteck. Er übersetzte in dieser Zeit die Bibel ins Deutsche. Die von ihm verwendete Sprache – mit eigenen, selbst erfundenen Redewendungen – wurde zu einem wichtigen Meilenstein bei der Entwicklung einer einheitlichen deutschen Sprache. Die nun endlich für jeden Lesekundigen verständlichen Texte wurden stürmisch nachgefragt. Die Bibel wurde zum meistgelesenen Buch in Europa.

1. Klärt, welche Motive den sächsischen Kurfürsten dazu veranlassten, sich gegen die Ächtung durch den Kaiser zu stellen.
2. Beschreibt die Bedeutung der Bibelübersetzung in religiöser und sprachlicher Hinsicht.

Unruhige Zeiten

Die neuen Gedanken über die Stellung der Kirche, über die Bibel, über das Priestertum und den Gottesdienst breiteten sich durch Laienprediger, Flugblätter und Bücher rasant aus. Deutsch wurde in protestantischen Kirchen nun Gottesdienstsprache, viele Nonnen und Mönche verließen die Klöster.

Ein Problem wurde das Auftreten der „Schwarmgeister“, das waren radikale Reformatoren, die weit über Luthers Absichten hinausgingen. So randalierten sogenannte Bilderstürmer in Kirchen, sie verbrannten Heiligenbilder und zerschlugen Figuren. Luther hielt ihnen entgegen: „Man lasse die Geister aufeinanderplatzen, aber die Faust haltet still!“

Wählt einen der folgenden Arbeitsaufträge aus:

- Schreibt den Brief eines Mönches bzw. einer Nonne, die Freunden erklärt, warum viele das Kloster verlassen.
- Entwerft einen Werbetext für eine in deutscher Sprache gedruckte Bibel.

Biblia: das ist:
Die gantze Heilige Schrifft: Deudsch
Auffs New zugericht.
D. Mart. Luth.
Begnadet mit Kür-fürstlicher zu [illegible] Freiheit.
Gedrückt zu Wittemberg / Durch Hans Lufft.
M. D. XLI.

[2] Titelblatt der Bibelübersetzung von Martin Luther, 1541.

[3] Das Licht ist auf den Leuchter gestellt. *Holländischer Kupferstich, 1617.*
Um den Tisch sitzen neben Luther (E) und Johannes Calvin (H) noch weitere bedeutende Reformatoren.

Calvin und der Genfer Gottesstaat

Johannes Calvin (1509–1564) gilt als einer der großen Reformatoren in Europa. In Genf, das er zu einem „protestantischen Rom" machen wollte, führte er eine strenge Kirchenordnung ein. Verboten waren zum Beispiel Wirtshausbesuche und Tanzveranstaltungen, Würfel- und Kartenspiele. Ein Sittengericht überwachte die Einhaltung der Ordnung. Verstöße wurden hart bestraft.
Calvin fand in Westeuropa zahlreiche Anhänger. In Schottland und England nannten sie sich Puritaner, in Frankreich hießen sie Hugenotten, ein Wort, das zunächst Verachtung ausdrücken sollte.

3. Beurteilt das „Programm" Calvins mit seinen strengen Ordnungen. Notiert dazu Vor- und Nachteile aus eurer Sicht.

Neue Vielfalt im protestantischen Lager

Mit der Reformation war eine neue Freiheit des religiösen Denkens entstanden. Kein kirchliches Lehramt hatte mehr die Macht, den evangelischen Gemeinden in ihre Glaubensdinge hineinzureden. So entstanden bald Abspaltungen von Luthers und Calvins Lehre.

4. Informiert euch über die unterschiedlichen protestantischen Bekenntnisse: lutherisch, reformiert, baptistisch, mennonitisch, freikirchlich, evangelikal usw. und berichtet in der Klasse.

Jesuiten: rechter Glaube durch Bildung

Die Aufgabe, ein weiteres Vordringen der Reformation zu verhindern, übernahm vor allem der Jesuitenorden, gegründet von dem spanischen Offizier Ignatius von Loyola (1491–1556). Seine Mitglieder bezeichneten sich als „Soldaten Christi".

[5] Ignatius von Loyola. *Gemälde, 1556.*

[4] Ignatius von Loyola schrieb im Jahr 1545:

Die Protestanten verstehen es, ihre falsche Lehre mundgerecht zu machen, indem sie ihre Lehren in den Schulen verkünden und kleine Heftchen unter das Volk bringen, die leicht zu verstehen sind. Somit wäre die Errichtung von Schulen … das beste Mittel, um der katholischen Kirche zu Hilfe zu kommen …

Zit. nach: Herbert Gutschera/Jürgen Thierfelder (Hrsg.), Brennpunkte der Kirchengeschichte. Schöningh, Paderborn 1976, S. 151

Die papsttreuen Jesuiten übernahmen deshalb unter anderem die Aufgabe, in Schulen und Universitäten zu lehren. Oft wurden sie Ratgeber in Herrscherhäusern und übten so Einfluss aus.

Was ihr noch tun könnt …

- Findet heraus, welche Sonderstellung die Anglikanische Kirche (Church of England) einnimmt.

Folgen der Reformation

[1] Das Konzil von Trient. *Kupferstich 1565.*

Das Konzil von Trient

Erst 25 Jahre nach dem Beginn der Reformation wurde eine große Kirchenversammlung nach Trient einberufen, um über die Glaubensfragen zu sprechen und den Glaubensstreit zu schlichten. Der Papst war nicht besonders interessiert daran gewesen, weil er um seine Macht fürchtete, der Kaiser musste ihn mehrfach drängen. Dem französischen König war das religiöse Durcheinander im Deutschen Reich ganz recht: Ein zerstrittenes Deutsches Reich stärkte seine Machtstellung. Über viele Jahre zogen sich die Beratungen hin (1545–1563), an denen zeitweise auch die Protestanten teilnahmen. Weil sie aber den Papst nicht als unparteiischen Leiter anerkennen wollten, untersagte dieser schließlich die weiteren Verhandlungen. Der letzte Einigungsversuch war gescheitert.

Gegenreformation: Die katholische Kirche kämpft um ihre Rolle

Das Konzil beschloss schließlich eine Reihe von Klarstellungen und Regelungen (z. B. für den Gottesdienst). Diese Beschlüsse sind in der katholischen Kirche im Wesentlichen heute noch gültig. Um den alten katholischen Glauben überall wieder durchzusetzen, wurden verschiedene Wege gesucht. Einer davon bestand in harten Zwangsmaßnahmen gegen andersgläubige Landeskinder (siehe S. 85 und S. 92).

1. Nennt Gründe, warum das Konzil von Trient so spät tagte und warum es keine Einigung mit den Protestanten bringen konnte.

Die kirchliche Einheit zerbricht

Noch während das Konzil von Trient tagte, verschärften sich die religiösen Konflikte in Deutschland wieder. Die evangelisch gesinnten Fürsten hatten sich verbündet und traten dem Kaiser entgegen. Erst mit dem „Augsburger Reichs- und Religionsfrieden" von 1555 wurde eine Regelung gefunden: Die evangelisch-lutherischen und katholischen Fürsten durften nun bestimmen, welche Religion in ihrem Herrschaftsgebiet gelten sollte: „Wessen die Herrschaft, dessen die Religion" (lat. „cuius regio eius religio"). Damit wurde die Glaubensspaltung anerkannt und die Macht der Fürsten gegenüber dem Kaiser gestärkt.

[2] Augsburger Religionsfriede zwischen Lutheranern und Katholiken, Friedensgemälde 1655 von Melchior Küsel. *Kupferstich.*

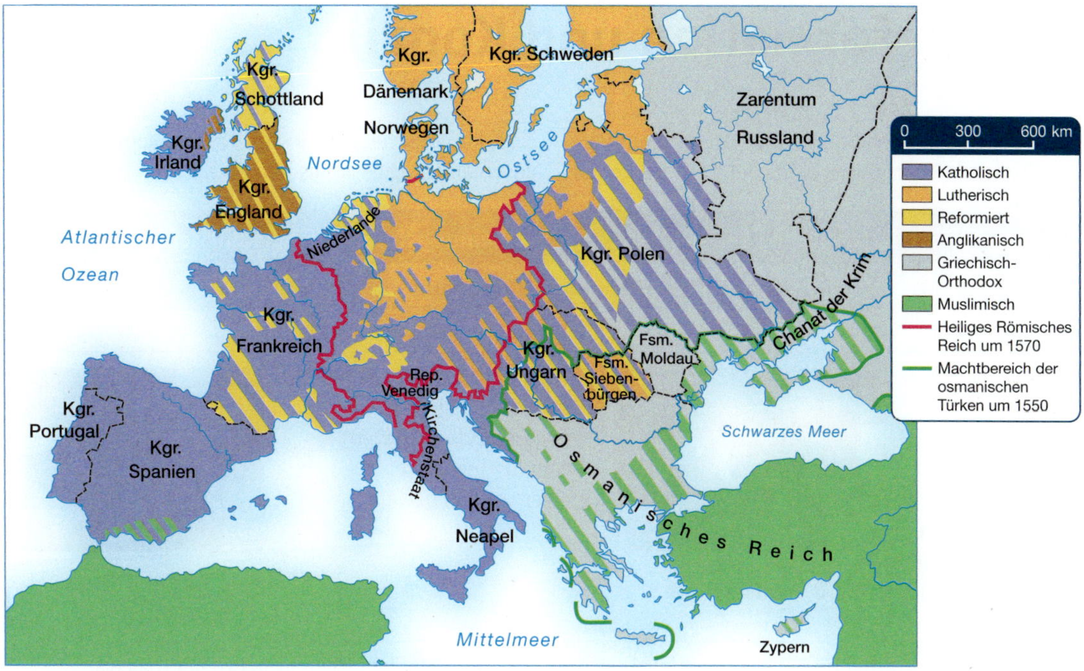

[3] Konfessionen in Europa um 1570.

2. Betrachtet die Karte mit der Durchmischung Europas mit unterschiedlichen Konfessionen. Diskutiert die damit möglicherweise verbundenen Schwierigkeiten.
3. Bildet eine Hypothese über den weiteren Fortgang der Religionsfrage (siehe S. 81). Bringt die Einigung von Augsburg den Frieden?

Die Auswirkungen der Reformation verändern das Reich

Die rasche Verbreitung der Reformation im gesamten Abendland hatte auch tief reichende Folgen für das Verhältnis zwischen Kaiser und Fürsten. Im Augsburger Religionsfrieden war die Forderung nach einer einheitlichen Religion für das Deutsche Reich aufgegeben worden. Auch weil er die einheitliche Religion für sein Reich nicht bewahren konnte, dankte Kaiser Karl V. ein Jahr später ab. Sein Bruder Ferdinand I. folgte ihm als deutscher Kaiser.

Der Landesfürst bestimmt die Religion

Da die Landesherren das Recht erhalten hatten, in ihrem Land entweder das katholische oder das evangelisch-lutherische Bekenntnis durchzusetzen, mussten sich die Untertanen fügen. Hatten sie ein anderes Bekenntnis als ihr Landesherr, blieb ihnen nichts anderes übrig, als die Religion zu wechseln oder auszuwandern.

Kirchliche Aufgaben gehen auf den Staat über

In den von den protestantischen und katholischen Fürsten regierten Gebieten kam es zu erheblichen Änderungen:

4. Lest dazu Text 4 und notiert, welche neuen Rechte und Aufgaben auf den Fürsten zukamen.

[4] Auszug aus einer Geschichtszeitschrift:

Der Fürst kann sich [nun] nicht nur die Kirche und die Kirchenorganisation unterstellen, sondern sieht sich auch zuständig für Bildung und Sozialfürsorge, Bereiche, die damit zu neuen staatlichen Aufgaben werden. [Hinzu kommt, dass das Vermögen der Klöster und die Besitztümer der Kirche nun in die Verfügungsgewalt der Herren der Landeskirchen fielen.]

Marco Blöcher/Werner Michel, Mit dem Glauben Staat machen, in: Geschichte lernen, Heft 125 (2008). Friedrich Verlag, Seelze, S. 34 (bearb.)

Wählt einen der folgenden Arbeitsaufträge aus:

Versetzt euch in die Lage einer katholischen Familie in einem evangelischen Fürstentum. Ihr stündet vor der Frage, den vertrauten Glauben zu ändern oder auszuwandern. Wählt dazu eine der folgenden Möglichkeiten:

- Notiert alle Vor- und Nachteile einer möglichen Entscheidung in einer Liste.
- Spielt die Diskussion der Familie nach.

Nach Reformation und Konzil

Die Menschen im Abendland waren an eine einheitlich auftretende Kirche gewöhnt. Jetzt entwickelten sich katholische und evangelische Glaubensformen auseinander. Dies ist bis heute so.

Erscheinungsformen katholischen Lebens	Erscheinungsformen protestantischen Lebens
Kirche, Gemeinde und Priestertum	
Organisation in Bistümern	Organisation in Landeskirchen
Pfarrer leitet die Gemeinde zusammen mit einem Pfarrgemeinderat; der Pfarrer wird nur von einem Bischof eingesetzt. Der Pfarrer ist nicht nur Prediger, sondern geweihter Amtsträger (Priester), mit der Fähigkeit z. B. in der Beichte Sünden zu vergeben. 	Pfarrer und von der Gemeinde gewählte „Presbyter“ (griech. Rat der Ältesten) leiten die Gemeinde. Pfarrer werden gewählt. 
Amtstracht: im Gottesdienst farbig (je nach Kirchenjahr), Ehelosigkeit (Zölibat).	Amtstracht: knöchellanger schwarzer Talar (das war ursprünglich das Gewand der Theologieprofessoren), Heirat möglich (Pfarrhaus als Zentrum der Gemeinde); auch weibliche Pastorinnen und Bischöfinnen.
Kirchenraum und Gottesdienst	
Prunk und Schaulust sind möglich; Betonung des Kirchenraums als „Haus Gottes“; Heiligenbilder und -figuren. 	Nüchternheit des Raumes (meist) ohne Heiligenbilder und -figuren. 
Ausrichtung auf Feier der Eucharistie mit der Verwandlung von Brot und Wein. Abendmahl mit Brothostie („Leib Christi“); Wein („Blut Christi“) ist nur für den Priester; Opfergottesdienst: früher in Latein, heute in der Landessprache.	Ausrichtung auf Verkündigung des Wortes (Kanzel im Zentrum); Wortgottesdienst auf Deutsch; Abendmahl mit Brot und Wein.
Bekenntniseinheit	
Das kirchliche Lehramt in Rom sorgt für eine einheitliche Auslegen dessen, was „katholisch“ ist; abweichende Meinungen in „Grundfragen des Glaubens“ sind nicht zugelassen.	Gemeinsam ist allen evangelischen Kirchen der Bezug auf den Vorrang der Bibel vor allen Kirchenordnungen; es gibt aber Teilkirchen z. B. Lutheraner, Reformierte, Baptisten, Mennoniten, Evangelikale, Freikirchen usw.
Gesellschaftliche Konsequenzen	
Größere Nähe zu kirchlichen Leitungsämtern (Papst, Bischöfe). Frömmigkeit und Befolgung der (Kirchen-)Gebote als Garantie für ein glückliches Leben im Jenseits (Himmel).	Größere Nähe zu staatlichen Institutionen.Unbefangener und freierer Zugang zu den Wissenschaften. Dem Reformator Calvin folgend gelten Fleiß und Erfolg im Geschäftsleben als Zeichen göttlicher Auserwählung.
Ideal: Frömmigkeit und Abwendung von der sündigen Welt.	Ideal: Frömmigkeit und Zuwendung zur Welt.

1. Vergleicht die Erscheinungsformen miteinander und benennt die wesentlichen Unterschiede.

Methode Ein Referat halten

Referieren, präsentieren, verstehen
Sicher habt ihr schon häufig im Unterricht Referate gehört oder selbst gehalten. Warum ist das zuweilen langweilig und manchmal auch ganz spannend? Oft werden Referate nur vom Blatt abgelesen oder „heruntergeleiert“. Der Sachverhalt ist schwer verständlich und das Interesse der Zuhörer erlahmt schnell. Interessanter und besser zu verstehen sind Referate dann, wenn sie lebendig vorgetragen werden, einen logischen Aufbau haben und der Vortrag durch Medien (Bilder, Karten, Tabellen, Grafiken usw.) unterstützt wird.
So könnt ihr vorgehen:

1. Schritt Voraussetzungen klären

- Welches Ziel soll das Referat haben?
- Für wen wird präsentiert?
- Welche Informationen sollen dargestellt werden?
- Welche Medien sollen eingesetzt werden?
- Wie viel Zeit steht zur Verfügung?

2. Schritt Informationen sammeln und ordnen

- Material sammeln (Schulbuch, Sachbücher, Lexika, Internet).
- Informationen ordnen und auswerten.

3. Schritt Referat formulieren

- Referat sinnvoll gliedern: Einleitung – Hauptteil – Schluss.
- Texte formulieren (kurze, leicht verständliche Sätze schreiben).
- Vortrag visualisieren: Bilder, Grafiken, Statistiken, Karten aufbereiten.
- Welche technischen Geräte (z. B. Tafel, Overheadprojektor, Beamer) werden benötigt?

4. Schritt Präsentieren

- „Sprech“-Kärtchen mit Gliederungspunkten zu Hilfe nehmen.
- Referat möglichst ruhig und frei vortragen, Blickkontakt zu den Zuhörern halten.
- Gelegenheit zu Fragen und zur Diskussion geben, Rückmeldungen zum Referat erfragen.

[1] Sebastian unterstützt sein Referat durch Bilder. *Foto.*

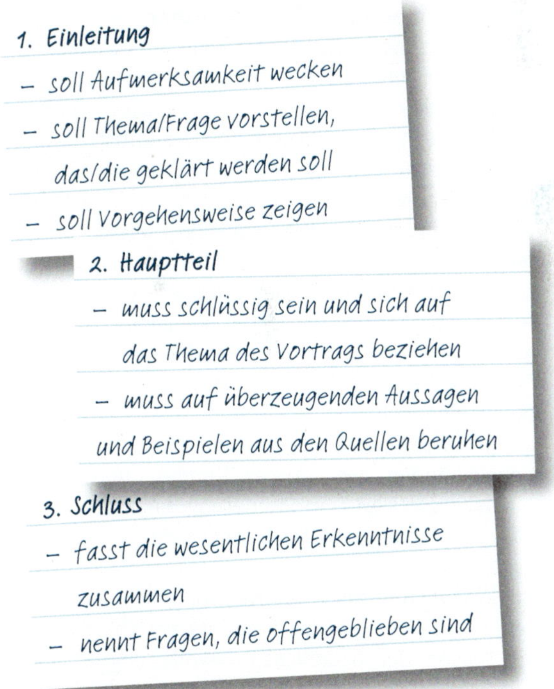

[2] Der Aufbau der Präsentation.

1. Ihr könnt an folgenden Themen üben, ein Referat zu halten:
   - Die Lage der römischen Kirche vor der Reformation
   - Person und Leistung Luthers
   - Politische Auswirkungen der Reformation im Europa des 16./17. Jahrhunderts.

Für die Präsentation der Wahlseiten (siehe S. 90 – 95) könnt ihr hier Anregungen für einen besseren Vortrag finden.

Der Bauernkrieg

[1] Bauern bei der Zinsabgabe. *Holzschnitt, 15. Jh.*

Die Bauern berufen sich auf Luther

Mit Staunen hatte die Landbevölkerung gesehen, dass die früher unantastbare römische Kirche kritisiert wurde. Auch hörten sie von Luthers Schrift „Von der Freiheit des Christenmenschen“. Der Christ, so hatte Luther geschrieben, ist im Glauben nur an das Wort Gottes gebunden, sonst aber ein freier Mensch und niemandem untertan. Frei sein – das wollten sie schon lange. Persönlich frei, und vor allem befreit von den hohen Abgaben und lästigen Frondiensten! Eine Welle der Begeisterung ging durch das Land: „Als Adam grub und Eva spann, wo war da der Edelmann?“, so fragten die Bauern, die ihre Abhängigkeit nicht mehr hinnehmen wollten.

Die unzufriedenen Bauern hatten sich schon früher in Geheimbünden wie „Armer Konrad“ und „Bundschuh“ organisiert – in Erinnerung daran wuchs ihre Wut über die ungerechten Verhältnisse.

Rückforderung der alten Rechte

Seit Beginn des 16. Jahrhunderts verschärften sich die Klagen der bäuerlichen Bevölkerung über die Leibeigenschaft, über immer höhere Abgaben an die Grundherren und die Beschneidung der alten Rechte. Dies waren unter anderem: freie Nutzung der Allmende (Wälder und Wiesen) und der Gewässer.

Forderungen der Bauern

Immer wieder war es zu vereinzelten Aufständen gekommen, die aber schnell niedergeschlagen wurden. Seit 1524 verschärfte sich die Situation vor allem im Südwesten Deutschlands.

Bekannt wurden die „12 Artikel“ des Memminger Handwerksgesellen Sebastian Lotzer. Er fasste die Forderungen unterschiedlicher Bauerngruppen zusammen und gab ihnen so ein einheitliches Programm.

[2] Forderungen der Bauern (Auszug):

- Pfarrer sollen von der Gemeinde gewählt und bei ungebührlichem Verhalten auch von dieser abgesetzt werden.
- Die Bauern leisten weiterhin den „großen Zehnt“, davon wird der Pfarrer versorgt. Überschüsse sollen der Armenfürsorge dienen, alle anderen Abgaben sollen gestrichen werden.
- Mönche und Nonnen sind „unnütz“, deshalb sollen die Klöster aufgehoben werden und deren Besitz der Allgemeinheit zugeführt werden.
- Die Leibeigenschaft soll aufgehoben werden. Die Bauern sollen heiraten und wegziehen dürfen, wie sie wollen.
- Gerichtsurteile sollen nach feststehenden Grundsätzen gefällt werden.
- Die Allmenden werden wieder der Gemeindeverwaltung unterstellt.
- Jagd, Fischfang und Holznutzung des Waldes steht allen zu.

Zit. nach: Buszello/Blickle/Endres (Hrsg.), Der deutsche Bauernkrieg. UTB, Paderborn, München ³1995

[3] Bauer mit der Freiheitsfahne. *Kolorierter Holzschnitt, 1522.*

1. Weist nach, wie die Reformation das Denken der Bauern beeinflusste.
2. Notiert, welche „alten Rechte“ in Text 2 angemahnt wurden.

[4] Aufständische Bauern umringen einen Ritter. *Holzschnitt.*

„Gnade Dir Gott, Du Ritterschaft ..."

Die Grundherren – unter ihnen auch viele Klöster – verspürten überhaupt kein Interesse, den Forderungen der Bauern nachzugeben. Wütende, bewaffnete Gruppen von Bauern und Stadtbewohnern nahmen nun ihr Recht in eigene Hände. Sie bewaffneten sich mit Äxten, Knüppeln und Sensen und griffen ihre Zwingherren an. In Schwaben, im Elsass, in Franken und Thüringen kam es zu blutigen Aufständen.

Luther stellt sich auf die Seite der Obrigkeit

Luther – der nur eine „geistige" Freiheit gemeint hatte – stellte sich gegen die politischen Forderungen der Bauern und besonders gegen ihren gewaltsamen Widerstand. Er schrieb 1552: „Wider die mörderischen und räuberischen Rotten der Bauern".

Niederlage und Strafgericht

Militärisch konnten sich die Aufständischen auf Dauer nicht durchsetzen. Zwar gab es Anfangserfolge und manche Burg und manches Kloster ging in Flammen auf. Aber viele Tausende – man schätzt ca. 70 000 – bezahlten den Traum von der neuen Freiheit für den „gemeinen Mann" mit ihrem Leben.

In Gefangenschaft geratene Anführer wurden gefoltert und hingerichtet. Die Überlebenden mussten hohe Summen als Schadensersatz aufbringen. Obwohl schließlich der ein oder andere Missstand abgestellt wurde, änderten sich die Verhältnisse nicht grundlegend. Bitterkeit und Hoffnungslosigkeit machten sich breit.

[5] Bauernführer Jäcklein Rohrbach wird 1525 in Neckargartach bei lebendigem Leib verbrannt. *Kolorierte Zeichnung von 1550.*

Wählt einen der folgenden Arbeitsaufträge aus:

- Versetzt euch in die Stimmung der unterlegenen Bauern:
  a) Wie werden sie ihre Zukunft eingeschätzt haben?
  b) Wie könnten sie Luthers Verhalten beurteilt haben?
- Vergleicht Abbildung 4 und 5 und schreibt einen kurzen Bericht zu den dargestellten Aktionen.

Wahlseite Ketzer

Hier kommen wieder sechs Wahlseiten!

Wie ihr damit umgeht, könnt ihr auf S. 239 noch mal nachlesen.

1. Informiert euch anhand des Textes und der Abbildungen über Ketzer und präsentiert eure Ergebnisse euren Mitschülern.

Sorge um den wahren Glauben?

Nicht erst in Zeiten der Reformation gab es religiösen Streit. Wie die Bibel zu verstehen und was der richtige Glaube sei, wurde schon öfter unterschiedlich ausgelegt. Wer von der offiziellen, d. h. katholischen Kirchenmeinung abwich, galt als Ketzer oder wurde als Häretiker* bezeichnet.

Viele ernsthafte Theologen und Gläubige sahen sich wegen dieses Vorwurfs harter Verfolgung ausgesetzt. Verweigerten sie den Widerruf ihrer Ansichten, drohte ihnen die Todesstrafe durch Verbrennung auf dem Scheiterhaufen.

Eine eigene kirchliche Behörde – die Inquisition – untersuchte die strittigen Fälle. Bei den Verhören wurde auch grausam gefoltert, um Geständnisse oder Widerrufe zu erpressen.

Bekannte Personen, die als Ketzer angegriffen wurden, waren z. B. Jeanne d'Arc, die Wissenschaftler Giordano Bruno und Galileo Galilei, Theologen wie Jan Hus, John Wyclif oder ganze Gemeinschaften wie die Katharer, Waldenser, Hussiten, die Templer oder die Wiedertäufer.

[1] Die Verbrennung des Jan Hus beim Konzil von Konstanz 1415. *Aus einer Handschrift, 15. Jh.*

*
Häretiker
Griech.: eterodoxia; dt. verschiedene Meinung, auch: Abweichler, Ketzer.

Heute wird die Inquisition kritisch gesehen. Oft ging es nicht nur um reine Glaubensfragen, sondern auch um Geld, Macht und Herrschaft. Selbst der Orden der Dominikaner – der viele Inquisitionsprozesse begleitete – entschuldigte sich im Jahr 2000 „wegen der verheerenden Folgen dieses Tuns … Folter, Verstümmelung und Tötung haben unendliches Leid über zahllose Menschen gebracht." (Erklärung des Provinzkapitels der deutschen Dominikaner-Provinz Teutonia).

[2] Ein Beispiel: Giordano Bruno (1548–1600)

*„Wer richtig urteilen will, muss sich von allen Vorurteilen frei machen können, muss die eine wie die andere Behauptung zunächst als gleichermaßen möglich gelten lassen können und vollständig jede Glaubensgewohnheit fahren lassen können, die er von Kindheit an in sich aufgenommen hat."**

1563 mit 15 Jahren trat er in den Dominikanerorden ein und erhielt den Ordensnamen Giordano. Den Orden verließ er 1580 wegen seines Konflikts mit den kirchlichen Autoritäten. Der Mensch solle nach der Erkenntnis der Natur streben und nicht nach der Erkenntnis eines übernatürlichen Wesens. Bruno wurde von der katholischen Kirche zeitlebens verfolgt und gehetzt.

1575 entzog sich Bruno durch Flucht einer Anklage wegen Ketzerei und lehrte in vielen europäischen Ländern an Universitäten seine Naturphilosophie. 1592 lockte ihn die Inquisition nach Venedig und beschuldigte ihn der Gotteslästerung. Nach einem langen Prozess wurde er am 17. Februar 1600 in Rom auf dem Scheiterhaufen verbrannt. … Der Mord an Giordano Bruno wurde von der katholischen Kirche bis heute mit keinem Wort bedauert und Bruno bis heute nicht rehabilitiert.

© Bibliographisches Institut AG, Mannheim, und Duden Paetec GmbH, Berlin. www.schuelerlexikon.de

(Zit. nach: H. Weinelt: Giordano Bruno, Kämpfer und Märtyrer für die Freiheit des Geistes, in: Abenteuer Philosophie, Nr. 80, 2006)*

Wahlseite Hexenwahn in Europa

1. Informiert euch anhand des Textes und der Abbildungen über die Hexenverfolgung in Europa und präsentiert eure Ergebnisse euren Mitschülern.

Angst vor Schadenszauber

Der Hexenaberglaube ist uralt und weltweit verbreitet. Ursprünglich waren nicht nur „böse" Menschen gemeint. Wahrsager, Heilkundige und Hebammen, Schamanen und Sterndeuter wurden dazu gerechnet. Erst mit der Verbreitung des Christentums wurden solche Menschen zunehmend als Gefährten des Teufels angesehen.

In Sagen und Märchen waren es dann meist Fabelwesen wie Elfen, Trolle und Zwerge, die mit dem Übersinnlichen in Berührung kamen.

[1] Hexen. *Kupferstich, Hans Baldung Grien, 1545.*

Unwissenheit und Aberglaube

Die Menschen des Mittelalters lebten in einer unaufgeklärten Zeit, wo zum Verständnis vieler Probleme das nötige Wissen fehlte. Deswegen waren Wunderglaube und Angst vor Zauberei weit verbreitet wie die Furcht vor dem „bösen Blick", Hexenkünsten, Schadenszauber usw.

Meist wurden Frauen beschuldigt, Hexen zu sein. Das hing auch mit dem Bild zusammen, das Kirche und Gesellschaft zu dieser Zeit von der Frau vermittelten: Sie galt als Verführerin wie die biblische Eva – ganz im Gegensatz zur reinen Jungfrau Maria, der Mutter Gottes.

Hexenprozesse

Schnell konnte ein Mensch in Verdacht geraten, eine Hexe zu sein: Eine Frau hatte eine Fehlgeburt und wusste genau, dass ein buckliger Mann sie angeblich mit dem bösen Blick verhext hatte; Kräuterfrauen hatten eine Behandlung mit Salben und Tees durchgeführt und gerieten in Verdacht, Gift zu mischen; einem Bauern starb eine Kuh und er war sich sicher, dass ein rothaariges Mädchen aus dem Dorf Zaubersprüche gemurmelt hatte.

Natürlich war das großer Unsinn. Gründe für die Beschuldigungen waren oft Neid, Missgunst, wirtschaftliche Konkurrenz oder Geldgier (Belohnung).

Nach „peinlicher Befragung" und Folter gaben die gequälten Opfer meistens alles zu, was der Folterer hören wollte. Blieb eine angebliche Hexe stark und wies die unsinnigen Anschuldigungen zurück, so kam sie keineswegs frei. Die Kraft, die Qualen standhaft auszuhalten, konnte sie nur vom Teufel, ihrem Freund, bekommen haben. Deshalb musste sie erst recht auf den Scheiterhaufen!

In Europa fielen etwa 40 000 bis 60 000 Menschen dem Hexenwahn zum Opfer, im Reich waren es schätzungsweise 25 000.

[2] Eine mit Eisenklammern und Ketten gefesselte Hexe im Bamberger Hexenhaus. *Kupferstich, um 1600.*

Wahlseite Glaubensflüchtlinge

1. Informiert euch anhand des Textes und der Abbildungen über Glaubensflüchtlinge und präsentiert eure Ergebnisse euren Mitschülern.

Seit der Glaubensspaltung hatte sich auch die Gesellschaft gespalten: in „Altgläubige“ (Katholiken) und „Protestanten“ (darunter: Lutheraner, Reformierte und verschiedene Freikirchen). Die Gegenreformation in Frankreich und im Deutschen Reich wollte die Abweichler unbedingt in den alten Glauben zurückzwingen. Letztlich sollten die Landesfürsten nun bestimmen, welcher Glaube in ihrem Territorium erlaubt war (siehe S. 84). Vor allem die Anhänger der neuen Religion waren üblen Schikanen ausgesetzt. Die betroffenen Gläubigen zogen sich jetzt zu geheimen Treffen zurück oder packten ihre Sachen, verließen ihre Heimat und suchten ein neues Zuhause. Das sogenannte „ius emigrandi“, d. h. Recht auf Auswanderung, erlaubte dies nach Zahlung bestimmter Abgaben. Das Wort „Emigranten“ für Auswanderer hat sich bis heute erhalten.

Salzburger Protestanten

Als besonders intolerant erwiesen sich die Salzburger Fürstbischöfe. In mehreren Wellen – von 1588 bis 1731 – drängten sie ihre protestantischen Untertanen außer Landes. Die ausgewiesenen Emigranten zogen unter anderem nach Nordosten, in die von der Pest entvölkerten Gebiete Ostpreußens. Die evangelischen Landesherren nahmen sie hier nicht nur aus Glaubenssolidarität auf. Die Fähigkeiten der Flüchtlinge und ihre Arbeitskraft waren ein wertvolles Kapital für den (Wieder-)Aufbau entvölkerter Landstriche.

[1] Protestanten verlassen 1731/32 Salzburg. *Kupferstich, 1732.*

Hugenotten und Waldenser

Nach vielen bürgerkriegsähnlichen Konflikten entschied sich der französische König 1685, den noch geltenden Toleranzbeschluss („Edikt von Nantes“) aufzuheben. Die Protestanten, Hugenotten genannt, waren nun zahlreichen Übergriffen ausgesetzt. Schließlich verließen 170 000 Franzosen ihre Heimat und flüchteten in Gebiete, wo sie ihre Religion ausüben konnten. Ihnen schlossen sich die ebenfalls verfolgten Waldenser aus dem Piemont (Norditalien) an. Der Neuanfang in den fremden Ländern war hart. Zwar konnte man nun seinen Glauben frei leben. Aber die Bevölkerung betrachtete die Flüchtlinge auch kritisch als unliebsame Konkurrenz. Als in der Stadt Magdeburg ein Brand ausbrach, rief die Bevölkerung den Feuerwehrleuten zu: „Lasst die Franzosen brennen!“

[2] Kurfürst Friedrich Wilhelm von Brandenburg empfängt die französischen Flüchtlinge vor seinem Schloss. *Holzstich nach einem Gemälde von Hugo Vogel, 1885.*

[3] Ein Historiker schrieb über diese Zeit:

Glaubensflüchtlinge gehören in Europa zum Erscheinungsbild des konfessionellen Zeitalters wie Bilderstürme, Kirchenbann und Zwangsbekehrung.

Joachim Bahlke, 2002, zit. nach: www.uni-protokolle.de/nachrichten/die/9595

- Heute nutzen Wanderer die ehemalige Fluchtroute als „Kulturwanderweg der Hugenotten und Waldenser“.
- Spuren der Waldenser-Siedlungen finden sich entlang des Emigrationsweges (www.hugenotten-waldenserpfad.eu).

Wahlseite Thomas Müntzer

1. Informiert euch anhand des Textes und der Abbildungen über Thomas Müntzer und präsentiert eure Ergebnisse euren Mitschülern.

[1] Thomas Müntzer (1489–1525). *Kupferstich von C. van Sichem, 1608.*

Reformator und Revolutionär

Der junge Müntzer studierte Theologie und wurde Priester. Die Bibel kannte er perfekt und legte sie radikal aus: Jesus sei im Stall geboren, deshalb sei er immer aufseiten der unterdrückten und verarmten Menschen. Reiche seien ihm ein Gräuel. Auch die Fürsten hätten nur eine Daseinsberechtigung, wenn sie die sozialen Probleme anpackten und sich für die Reformation und gegen die katholische Papstkirche einsetzten. Seinen Kollegen, den Wittenberger Reformator Martin Luther, griff er mit scharfen Worten an. Er nannte ihn „Lästermaul", „Dr. Lügner" und „Erzteufel". Müntzer ärgerte Luthers Versuch, die Fürsten zur Unterstützung der Reformation, aber nicht für eine Veränderung der Gesellschaft zu gewinnen. Das schien ihm Verrat am Programm der Bibel zu sein. Auch musste er öfter die Stelle wechseln, weil er mit seinen Predigten aneckte. So zum Beispiel in der Stadt Zwickau, wo er gleichzeitig mit dem Pfarrer Egranus, den Franziskanermönchen und dem Stadtrat Ärger bekam. Die Stadt musste er schließlich verlassen, weil er des Aufruhrs verdächtigt wurde.

Prediger der Bauernaufstände

Den letzten Schritt tat Thomas Müntzer, als er sich scharf gegen die Fürsten wandte.

[2] An Ernst zu Heldrungen, Graf Mansfeld, schrieb er 1525:

Sag an, du elender, dürftiger Madensack, wer hat dich zu einem Fürsten des Volks gemacht, welch's Gott mit seinem teuren Blut erworben hat? ... Da sollst du verfolgt und ausgerottet werden ... Du bist ein schädlicher Staubbesen der Freunde Gottes.

Zit. nach: Thomas Müntzer. Schriften und Briefe. Kritische Gesamtausgabe, hg. von Günther Franz. Gütersloher Verlagshaus, Gütersloh 1968

In Mühlhausen – seinem letzten Zufluchtsort – führte er neue gesellschaftliche Formen ein: Vorrechte wurden abgeschafft, Klöster aufgelöst und für Obdachlose und Arme gesorgt. Ein revolutionäres Programm!

Die Schlacht von Frankenhausen

Müntzer war mit seinen Bauern unter einer weißen Fahne in die Schlacht gezogen, auf der ein Regenbogen und die Worte: „Das Wort des Herrn bleibt in Ewigkeit" abgebildet waren. Die Schlacht ging verloren, 6000 Bauern wurden getötet, Müntzer als Rädelsführer wurde gefangen genommen und hingerichtet.

[3] Thomas Müntzer predigt. *Holzschnitt von 1527, nachträgl. koloriert.*

Wahlseite Landsknechte und Musketiere

1. Informiert euch anhand des Textes und der Abbildungen über Landsknechte und Musketiere und präsentiert eure Ergebnisse euren Mitschülern.

Alte Kämpfer in einer neuen Zeit

Die gepanzerten, auf ihren Pferden herandonnernden Ritter waren lange Zeit eine überlegene Macht gewesen. Aber die Landsknechte (Fußsoldaten) rüsteten auf: Mit langen Spießen trafen sie die Pferde oder holten mit Hellebarden die Reiter aus dem Sattel.

Auch sogenannte Fernwaffen waren ein Problem für die Ritter geworden: Bogenschützen zum Beispiel deckten die Reiter mit einem Pfeilhagel ein – die Geschosse der schweren Langbögen hatten eine starke Durchschlagskraft. Aus Armbrüsten abgeschossene Bolzen konnten die Körperpanzer durchschlagen.

[1] Muskete. *Druck, 1608.*

[2] Lagerleben im Dreißigjährigen Krieg. *Lithografie, 19. Jh.*

Handfeuerwaffen und Musketiere

Mit dem Aufkommen von Feuerwaffen (Arkebusen, Musketen, Flinten) war die Überlegenheit der gepanzerten Reiter endgültig dahin. Kugeln aus Stein oder Blei trafen noch nach über 100 Metern – zwar nicht zielgenau, aber im Kugelhagel vieler Schützen standen die Chancen schlecht, nicht getroffen zu werden. Und – die Bedienung der neuen Waffen war leicht zu erlernen und benötigte kein jahrelanges Training.

Landsknechte – reisende Krieger

Durch die gewachsene Bedeutung der Fußsoldaten waren jetzt Kämpfer nötig, die zunächst nur für einen Krieg in einem bestimmten Zeitraum und gegen Bezahlung (Sold) angeworben wurden. Bald merkte man jedoch, dass es praktischer war, diese Söldner für längere Zeit als Gruppe zusammenzuhalten.

Nun wurde ein Soldatenlager die Heimat der Landsknechte – ein Tross von Helfern und Familienangehörigen zog mit: Schmiede, Marketenderinnen (zum Verkauf der nötigsten Waren), Feldscherer zum Versorgen der Verletzungen, Prostituierte, Feldgeistliche und Ehefrauen mit Kindern gehörten nun zur Truppe.

[3] Ein Landsknecht und seine Frau. *Holzschnitt um 1550.*

Kriegsunternehmer verdienen am Krieg

Das Aufstellen und Unterhalten größerer Soldatentruppen war teuer und erforderte eine genaue Organisation. Die Fürsten übertrugen deshalb Kriegsunternehmern gegen Bezahlung die Aufgabe, Truppen zusammenzuhalten. Für die Soldaten verbesserte sich dadurch die Lage nicht. Häufig mussten sie auf ihren Sold warten – dann waren Plünderungen die einzige Entschädigung für ihren Einsatz. Schlechte Versorgung und Seuchen zehrten an der Gesundheit. Für Lagerromantik war kein Platz. Meist ging es ums tägliche Überleben.

Wahlseite Neues Lebensgefühl „Barock"

1. Informiert euch anhand des Textes und der Abbildungen über barocke Kunst und präsentiert eure Ergebnisse euren Mitschülern.

[1] Handtuchhalter: Wer sich die Hände abtrocknete, sah sich „mitten im Leben" an den Tod erinnert. *18. Jh.*

[2] Wieskirche bei Steingaden, Bayern; erbaut 1745–1754. *Foto.*

[3] Schloss des Fürstbischofs von Münster; erbaut 1767–1787 von Architekt Johann Conrad Schlaun. *Foto.*

Vanitas – „Alles ist nichtig!"

Die Vergänglichkeit des irdischen Lebens war den Menschen des 16. und 17. Jahrhunderts ständig vor Augen. Das Thema kannten sie schon aus den Predigten: „Mitten im Leben sind wir vom Tod umgeben."
Jetzt hatten große Umwälzungen stattgefunden und alte Sicherheiten zerstört: Die Glaubenseinheit war mit der Reformation verschwunden, Herrschaften wechselten, Kriege und Hungersnöte entvölkerten Deutschland in weiten Teilen. Flüchtlinge und Bettler zogen durch die Lande. Woran sollte man sich noch halten?

Barocke* Kunst

Schwingende bewegte Formen, kostbares Material, ein Feuerwerk des Lichts – alles diente der Steigerung der Sinneseindrücke. Baukunst, Malerei und Skulpturen (Figuren) sollten zusammenwirken. Die barocken Künstler spielten mit dem schönen Schein: Holz wurde wie Marmor bemalt, aus den Bildern ragten Hände und Füße von Engeln, sodass die Malerei noch lebendiger wirkte. Der wieder selbstsicher gewordenen katholischen Kirche dienten die neuen Formen des Kirchbaus als Machtbeweis („Ecclesia triumphans" = die triumphierende Kirche).
Geistliche und weltliche Fürsten ließen sich groß angelegte Paläste bauen, die noch wuchtiger wirkten, weil auf der Fassade (Vorderseite) mächtige barocke Säulen mehrere Stockwerke einfassten.

Was ihr noch tun könnt …

- Barockmusik hören (z. B. „Brandenburgisches Konzert Nr. 6" von Johann Sebastian Bach, „Feuerwerksmusik" von Georg Friedrich Händel); sucht im Internet Hörproben bzw. Videos dazu.

*
Barock
Der Begriff kommt aus dem Portugiesischen: barocco = unregelmäßige Perle. Er bezeichnet einen Kunststil (ca. 1600–1770), der möglichst große Prachtentfaltung sucht: Farben, Formen und Licht werden in üppiger Weise kombiniert.

Der Dreißigjährige Krieg

[1] Söldner plündern einen Bauernhof. *Gemälde von Sebastian Vrancx, ca. 1620.*

Die Machtfrage

Die Spannungen zwischen dem Kaiser und den Landesherren führten zu einem großen Krieg, in den sich auch andere europäische Staaten einmischten (Dänemark, Schweden, Frankreich und Spanien). Es bildete sich eine evangelische Gruppe („Union") und eine katholische Gruppe („Liga"), die den Kaiser unterstützte.

Im Grunde ging es aber um die Machtfrage: Würden der katholische Kaiser und die ihm nahestehenden Fürsten die Oberhand behalten oder würden die protestantischen Fürsten ihre Unabhängigkeit von Kaiser und Kirche absichern können?

Vielen Menschen, die jetzt dreißig Jahre lang Krieg und Elend ertragen mussten, war der Konflikt ziemlich egal – nur ausweichen konnten sie ihm nicht. Die Folgen des Krieges waren verheerend: Ein Teil der deutschen Lande lag danach verwüstet völlig am Boden, große Teile seiner Bevölkerung waren zu Tode gekommen, die Wirtschaft weitgehend ruiniert. Die Überlebenden waren verzweifelt oder von der Größe des Schreckens abgestumpft.

1. Fühlt euch in die Lage von Menschen in den Dörfern und Städten ein, die von wechselnden Heerhaufen angegriffen werden. Fertigt dazu eine Tagebuchnotiz.

Wie konnte es dazu kommen?

Der zusammenfassende Ausdruck „Dreißigjähriger Krieg" meint eigentlich eine Reihe von nacheinander ablaufenden kriegerischen Auseinandersetzungen zwischen 1618 und 1648. Es gab Zwischensiege, Teil-Friedensabkommen und wieder aufflammende neue Kriegshandlungen, bis nach vielen Jahren 1648 endlich ein abschließender Friedensschluss das Gemetzel beendete.

Historiker meinen heute, dass ganz unterschiedliche Gründe das Geschehen bestimmten:

1. Konfessionelle Unterschiede: der Gegensatz zwischen katholischem und protestantischem Glauben.
2. Politische Spannungen im Reich: der alte Gegensatz zwischen kaiserlichem Machtanspruch und den Interessen der Fürsten, Städte usw.
3. Wirtschaftliche Interessen: Die protestantischen Fürsten wollten die ihnen zugefallenen kirchlichen Besitztümer behalten; die Flussmündungen, z. B. in Norddeutschland und Nordwesteuropa (Niederlande), waren für den neuen Seehandel über den Atlantik interessant geworden. Hier hatten die Hansestädte, aber auch Dänen und Schweden Ansprüche.
4. Interessen der europäischen Nachbarn: Die Herrscherfamilie der Habsburger stellte nicht nur den deutschen Kaiser, sondern beherrschte neben Österreich auch Spanien und Teile der Niederlande. Das ärgerte Frankreich, aber auch die auf Unabhängigkeit drängenden Schweizer und Niederländer.

Alle Interessen vermischten sich zu einem unentwirrbaren, explosiven Knäuel – das angeblich nur durch Krieg gelöst werden konnte.

2. Untersucht die Materialien A–D auf Seite 97:
   a) Welches Kriegsziel/Eigeninteresse nennt der jeweilige Sprecher?
   b) Zu welchem der oben genannten Gründe 1 bis 4 passt die jeweilige Äußerung (auch Mehrfachnennungen möglich).

Die Interessen der Kriegsparteien

[A] Kaiser Ferdinand II.

Ich kann nicht zulassen, dass die Fürsten immer mächtiger werden. Zuerst wollen sie über die Religion alleine bestimmen und demnächst wollen sie selbstständig sein. Da wird mein großes Reich, das ich von meinen Vätern geerbt habe, schnell auseinanderfallen. Denen muss ich ein für alle Mal zeigen, dass der Kaiser das Sagen hat. Ein Kaiser – eine Religion!

[B] Friedrich von der Pfalz, genannt der „Winterkönig".

Bisher war Ferdinand König von Böhmen. Aber der kümmerte sich nicht darum, dass die Adligen in Böhmen das Recht hatten, bei der Regierung kräftig mitzubestimmen. Er hat sogar die Bauern auf seinen Gütern gezwungen, den katholischen Glauben anzunehmen. Da haben die böhmischen Adligen mich zu ihrem König erwählt. Diese Chance lasse ich mir nicht entgehen.

[C] König Gustav Adolf v. Schweden.

Wir Schweden werden in den deutschen Krieg eingreifen. Schließlich müssen wir unsere Glaubensbrüder, die Protestanten, unterstützen. Und außerdem ist das eine gute Gelegenheit, ein Stück Land dazuzubekommen. Wir sind an Norddeutschland interessiert.

[D] Kardinal Richelieu aus Frankreich.

Dieser Krieg ist für Frankreich eine gute Gelegenheit dafür zu sorgen, dass die Familie Ferdinands, die Habsburger, ihre Macht in Europa nicht noch weiter ausbauen. Für uns ist es günstig, wenn wir uns mit Schweden zusammentun. Der Gustav Adolf ist zwar Protestant, aber was soll's. Vielleicht können wir ja das Gebiet am Rhein erobern.

Wählt einen der folgenden Arbeitsaufträge aus:

- Entwerft Sprechblasentexte für die Betroffenen des Krieges (Abb. 2).
- Schreibt eine Tagebuchnotiz eines Pfarrers, der sich zur Situation äußert. Ihr könntet so beginnen: *Viele Jahrzehnte geht jetzt schon der Glaubensstreit, aber nun …*

[2] Ein Bauer, eine Bürgerin und ein Söldner. *Illustration.*

Quellen Das Gesicht des Krieges

1. Wählt eine der folgenden Quellen aus, gebt kurz den Inhalt wieder und erklärt ihre Aussage zum Dreißigjährigen Krieg. Tauscht anschließend die Ergebnisse aus.

[1] Das Leid der Zivilbevölkerung: Flucht vor Soldaten. *Stich, 1643.*

[2] Zitate von Zeitgenossen zum Dreißigjährigen Krieg:

„Lutherisch, päpisch und calvinisch,
diese Glauben alle drei,
sind vorhanden, doch ist Zweifel,
wo das Christentum denn sei."
(Friedrich v. Logau, 1604–1655)

„Der eine stirbt in der Wiegen, der ander in der Jugend auf dem Bett, der dritte am Strick, der vierte am Schwert, der fünffte auff dem Rad."
(Hans J. Chr. v. Grimmelshausen, 1622–1676)

[3] Ein Historiker schrieb über die Geldentwertung – „Wipper" und „Kipper":

Die fürstlichen Herren brauchten die edlen Metalle, die im „guten" Geld steckten, um ihre Aufrüstung zu finanzieren. Landauf, landab wurde das gute, edelmetallhaltige Geld eingesammelt, auf der Waagschale gewogen („gewippt") und in Kisten versenkt („gekippt"), bevor das Volk neue Münzen bekam. Sie hatten den gleichen Nominalwert [= aufgeprägter Wert] und glänzten, weil sie neu und teilweise mit Glanzstoffen bearbeitet waren – statt Silber enthielten sie aber noch billiges Kupfer.
Die schlechte Münzqualität führte zu einer rasanten Teuerung ... und verursachte ... einen größeren ökonomischen [= wirtschaftlichen] Schaden als der Krieg selbst. [Man] schätzt, dass der Dreißigjährige Krieg insgesamt Deutschland wirtschaftlich stärker und länger geschädigt habe als die beiden Weltkriege des 20. Jahrhundert zusammen.
Wolfgang Mayer, Kipper und Wipper, in: G wie Geschichte, Heft 6/2002. Sailer-Verlag, Nürnberg, S. 45

[4] Ein Schrecken ohne Ende – Tränen des Vaterlands, von Andreas Gryphius, 1636:

... Die Türme stehn in Glut,
die Kirch ist umgekehrt,
Das Rathaus liegt im Graus,
die Starken sind zerhaun,
Die Jungfrauen sind geschändet,
und wo wir hin nur schaun,
Ist Feuer, Pest und Tod,
der Herz und Geist durchfährt.
Hier durch die Schanz und Stadt
Rinnet allzeit frisches Blut
Dreimal sind schon sechs Jahr',
als unsrer Ströme Flut
Von Leichen fast verstopft
Sich langsam fort gedrungen ...
Zit. nach: Karl Otto Conrady (Hrsg.), Der neue Conrady. Artemis & Winkler, Düsseldorf/Zürich 2000, S. 168 (sprachlich bearbeitet)

[5] Bericht über die Hungersnot in der Stadt Breisach, 1638:

Es sind vast alle hund und katzen in der statt verspeiset worden. Es sind etliche tausendt roß, kie, ochßen, kälber und schaffsheiten verspeißet und gefressen worden. Den 10 Christmonet sind allein ... 8 namhaffte burgers [kinder] verlohren und vermutlich gefressen worden, weil niemand gewust, wo sie hinkomen, ohne der frümde und betlerskinder, davon niemand kein wissenschafft hatt.
Zit. nach: Gerd Zillhardt (Hrsg.), Der Dreißigjährige Krieg in zeitgenössischer Darstellung. Hans Heberles „Zeitregyster" (1618–1672). Stadtarchiv Ulm, Ulm 1975, S. 176

Wann hat das Morden ein Ende?

Ein verwüstetes Land

Nach und nach war die Lage in den durch den Krieg verwüsteten Gebieten so schlimm geworden, dass selbst die Soldaten sich kaum noch ernähren konnten. Die Truppen hatten bis dahin „aus dem Land gelebt" und hinterließen nun eine ausgeplünderte und verarmte Bevölkerung. Seuchen – wie die Pest – wüteten unter den Überlebenden. Nürnberg beispielsweise verlor bei der Pestepidemie von 1634 die Hälfte seiner Einwohner.

Größte Erschöpfung und ein allgemeines Gefühl der Sinnlosigkeit machten sich breit. Ein umfassender Niedergang von Wirtschaft, Kultur und Moral lähmte das gesamte Land. Nun endlich schien bei den Kriegsparteien die Einsicht einzukehren, dass die Weiterführung des Krieges keinen Sinn mehr machte.

1. Abbildung 1 stellt das Deutsche Reich als bedrängte Frau dar. Beschreibt das Bild in allen Einzelheiten. Welche Geschichte wird erzählt?
   (Tipp: Auf dem Sprechband aus dem Mund der weiblichen Figur ist drei Mal das Wort „Friede" abgebildet. Die hebräischen Buchstaben am oberen Bildrand formen das Wort „Jahwe" (Name Gottes).

[1] Das „Friedewünschende Teutschland". *Kupferstich von Johannes Rist, 1647.*

Bevölkerungsverluste

Als die Kämpfe zu Ende gingen, blieben große Teile Deutschlands ruiniert zurück. Die Experten sind sich nicht ganz einig, ein wie großer Teil der Bevölkerung durch Krieg, Mord und Hunger zu Tode gekommen war. Schätzungen reichen bis zu einem Drittel der Gesamtbevölkerung.

Es kam aber auch vor, dass die überlebenden Bewohner ganzer Dörfer sich eine neue Heimat suchten, weil die Lage ihrer Siedlung in der Nähe einer Heerstraße einfach zu gefährlich war.

Zudem mussten viele Menschen ihre angestammte Heimat wegen ihres Glaubens verlassen. Allein in Franken wurden 100 000 Glaubensflüchtlinge aufgenommen.

Es waren jedenfalls nicht alle Gebiete in gleicher Weise von Entvölkerung bzw. Bevölkerungsverschiebung betroffen.

2. Zeigt an der Karte 2, in welcher Richtung die „Achse der Entvölkerung" durch Deutschland lief. Sucht die besonders betroffenen Gebiete im Atlas und notiert die entsprechenden Landstriche namentlich; war eure Wohngegend betroffen?

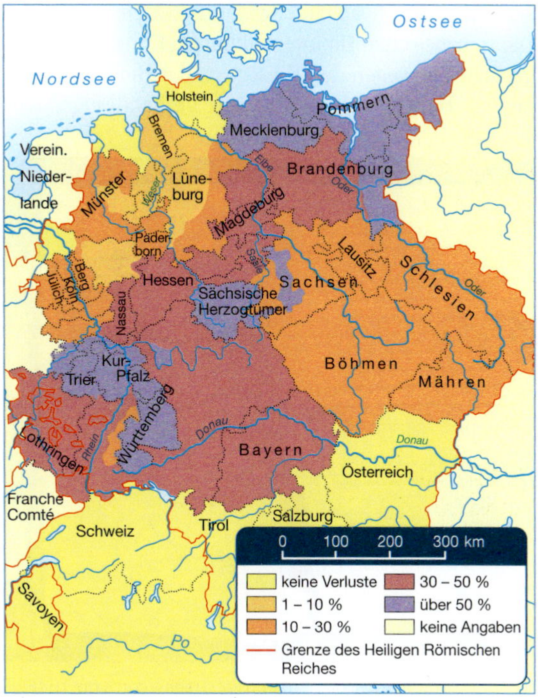

[2] Bevölkerungsverluste im Dreißigjährigen Krieg.

Endlich Frieden!

[1] Der Friedensschwur von Münster. Das Bild zeigt den Abschluss der Verhandlungen zwischen Spanien und den Niederlanden. *Ölgemälde von Gerard ter Borch, 1648.*

Zähe Verhandlungen

Vier Jahre war verhandelt worden. Dazu hatten sich Abgesandte aller wichtigen Kriegsteilnehmer in zwei Städten versammelt, die unzerstört geblieben waren: Ins katholische Münster waren unter anderen die Spanier und Niederländer gekommen, ins evangelische Osnabrück die Schweden und Dänen. Auch kaiserliche und päpstliche Gesandte waren anwesend. Die französischen Diplomaten hatten Kontakt zu allen gesucht, die gegen den Kaiser aus der Herrscherfamilie der Habsburger waren. Die Verhandlungsdokumente waren von „Friedensreitern" zwischen den beiden Städten befördert worden.

[2] Das Osnabrücker Exemplar des Friedensvertrages von von 1648. *Faksimile.*

Der Westfälische Friede – das Ergebnis

Viele Fragen des politischen und religiösen Zusammenlebens wurden geklärt. Mit der Botschaft vom endgültigen Frieden ritten Boten in alle Himmelsrichtungen, um die erlösende Nachricht zu verkünden.

Kaiser:
Er ist der eigentliche Verlierer der großen Auseinandersetzung und wird in Zukunft ein in 300 Herrschaftsgebiete zersplittertes Reich regieren. Ohne Zustimmung der Fürsten wird er wenig entscheiden können (z. B. Gesetze erlassen, Steuern erheben).

Fürsten:
Sie werden auf ihrem „Territorium" (Gebiet) selbstständig; viele können ihre Ländereien vergrößern. Sie dürfen künftig eigene Armeen unterhalten und mit ausländischen Mächten Verträge schließen. Allen Reichsgesetzen müssen sie vorher zustimmen.

Kirche:
Der Augsburger Religionsfrieden von 1555 wird auch auf das reformierte Bekenntnis (Calvin) ausgedehnt. Das Kirchengut bleibt so verteilt, wie es 1624 im Besitz der jeweiligen Fürsten war. Der Papst ist mit dieser Regelung höchst unzufrieden.

Nachbarstaaten:
Die Schweiz und die Niederlande werden unabhängig. Frankreich, Dänemark und Schweden gewinnen Land dazu. Ihre größte Beruhigung: Vom zersplitterten Deutschen Reich kann keine Gefahr mehr ausgehen. Das Reich ist handlungsunfähig geworden.

1. Beurteilt, wer eurer Meinung nach in diesem Konflikt auf der Gewinner- bzw. auf der Verliererseite steht.

[3] Der Friedensbote von Münster. *Kolorierter Holzschnitt von Max Anton Hannas, 1648.*

2. Erklärt die Aussage von Abbildung 3, indem ihr die Einzelheiten einbezieht:
   a) unterer Bildrand: Was erzählen die Bildelemente? Was das Schiff mit der Friedensfahne?
   b) links oben: Was könnte die Erscheinung der geflügelten Fama (Figur des Ruhms) mit der Reichsfahne und dem Siegeslorbeer bedeuten?
   c) Welche Hauptstädte werden im Bild genannt und warum?
   d) rechts oben: Auf was könnte die Erscheinung des Gottes Hermes/Merkur* mit der Nachricht „Pax" (Friede) hinweisen?

Der Neubeginn

[4] Der Historiker Wolfgang Burth schrieb über die Folgen des Krieges für die Bauern:

Insgesamt, so widersprüchlich das klingt, ging der Bauernstand … gefestigter aus dem Krieg hervor, als er hineingegangen war: Die Lebenshaltungskosten waren gesunken, bäuerliche Arbeitskraft stärker nachgefragt, durch Kauf oder Pacht eines eigenen Hofes konnten viele landlose … Bauern materiell und sozial aufsteigen.

… Der Wiederaufbau geschah relativ schnell …, große „Ehefreudigkeit" und starkes Bevölkerungswachstum [sorgten dafür], dass kaum Wüstungen auf die Dauer übrig blieben.

W. Burth, „Ich bet' zur heiligen Jungfrau etc.", in: Geschichte lernen, 65 (1998). Friedrich Verlag, Seelze, S. 46 (bearb.)

3. Stellt die Aussagen von Wolfgang Burth (Text 4) der verbreiteten Meinung gegenüber, alle Bauern seien Opfer des Krieges gewesen.

Auswirkungen des Friedensvertrags

- Die Territorialherrschaften (zum Teil Vorläufer der heutigen Bundesländer) werden gestärkt; die Fürsten gewinnen mehr Macht gegenüber dem Kaiser.
- Als Spätfolge konnte sich in Deutschland erst 1871 ein einheitlicher Staat bilden.
- Schwächung Deutschlands im Handel: Wichtige Flussmündungen werden von ausländischen Staaten kontrolliert.
- Die religiösen Auseinandersetzungen sind erst einmal beendet bzw. gemildert.
- Und: Es folgen 150 Jahre Friedenszeit.

4. Notiert in eigenen Worten die Auswirkungen des Friedensvertrags.

Wählt einen der folgenden Arbeitsaufträge aus:

- Schreibt einen Bericht über die Ergebnisse des Westfälischen Friedens aus dem Blickwinkel des französischen Verhandlungsführers an seinen König.
- Spielt eine Unterhaltung in einer Gastwirtschaft in Münster: Verschiedene Gäste sprechen über den vergangenen Krieg und den neuen Frieden.

*

Hermes/Merkur
Hermes ist der griechische, Merkur der römische Schutzgott des Verkehrs, der Reisenden und Kaufleute.

Geschichte aktiv

Denkt auch daran, euer Portfolio zu führen:
- schöne Ergebnisse in Text und Bild
- Lernerfahrungen zum Thema „Reformation, Bauernkrieg und Dreißigjähriger Krieg“

Zeitungen und Flugblätter nachempfinden

- Fertigt zu einem Thema/Ereignis eine Zeitungsseite/Flugblatt, mit der/dem ihr versucht, die Leser für den Vorgang zu interessieren.

Luther in Worms

Widerruft er? Todesurteil liegt in der Luft

Vor dem Reichstag
Heute erschien, gekleidet in seine Mönchskutte, Luther vor dem Kaiser. Auf einer Bank lagen alle von ihm verfassten Bücher. Als er gefragt wurde, ob er widerrufe, lehnte er dies ab. In der Stadt kam es danach zu einem Tumult. Soldaten schrien „ins Feuer mit ihm“.
Damit ist sein Schicksal besiegelt. Es ist wohl nur noch eine Frage der Zeit, bis der Kaiser die Reichsacht verhängt.

Letzte Meldung:
Luther entführt
Gut unterrichtete Kreise vermuten, dass sein Landesherr Kurfürst Friedrich von Sachsen Luther zu seiner Sicherheit entführen ließ.

[1] Zeitungsseite.

Lebensdaten/Informationen von Persönlichkeiten der Zeit suchen

- Sucht in Bibliotheken oder im Internet nach Lebensbeschreibungen von Personen, die euch interessieren.
  - Stellt sie der Klasse vor.
  - Fertigt Artikel für euer Portfolio

  Beispiele: Martin Luther, Johannes Calvin, Katharina von Bora, Thomas Müntzer, Ignatius von Loyola, Kaiser Karl V., Friedrich von Spee, Katharina Henoth, Kardinal Richelieu, Albrecht von Wallenstein, Johannes Kepler.

Jugendbücher lesen und vorstellen

Zum Beispiel:
- Arnulf Zitelmann, **Widerrufen kann ich nicht. Die Lebensgeschichte des Martin Luther.** Beltz, Weinheim 1999
- Andreas Venzke, **Luther und die Macht des Wortes.** Arena, Würzburg 2007
- Ders., **„Ich will donnern über sie!“ Die Lebensgeschichte des Thomas Müntzer.** Beltz, Weinheim 1999
- Tilman Röhrig, **In 300 Jahren vielleicht.** Arena, Würzburg 2010

Filme (DVD) ansehen und besprechen

Ihr könnt einen Film gemeinsam oder evtl. auch in privaten Gruppen ansehen und dann der Klasse berichten. Beispiele:
- **Luther**, mit Joseph Fiennes als Luther (2004)
- **Wallenstein**, 4 Teile (ZDF 1978)
- **Mutter Courage und ihre Kinder** (DEFA 1959)
- **Die Deutschen, Teil 5: Wallenstein und der Krieg** (ZDF 2008)

Projekte entwerfen und durchführen

Zum Beispiel:
- Eine Gegend Deutschlands während des Dreißigjährigen Krieges
- Barocke Spuren in unserer Umgebung
- Die Einnahme Magdeburgs durch Tillys Truppen
- Das Ende der Ritter – Söldner führen Krieg

Bildergeschichten (Comics) entwerfen

- Fertigt einen Comic mit typischen Figuren (siehe Abb. 2) aus der Reformationszeit, dem Bauernkrieg und dem Dreißigjährigen Krieg an.

[2] Strichzeichnungen.

Lieder über die Reformationszeit bzw. den Bauernkrieg deuten und vortragen

- Viele der Lieder zu den Personen und Geschehnissen des 16. Jahrhunderts stammen aus späteren Zeiten (19./20. Jahrhundert).
  Ihr könnt Texte interpretieren, Melodien hören, selbst singen oder vortragen.
  Beispiele:

Die Glocken stürmten vom Bernwardsturm

1. Die Glocken stürmten vom Bernwardsturm,
   Der Regen durchrauschte die Straßen.
   Und durch die Glocken und durch den Sturm,
   Gellte des Urhorns blasen.

2. Das Büffelhorn, das so lang geruht,
   Veit Stoßperg nahm's aus der Lade.
   Das alte Horn, es brüllte nach Blut
   Und wimmerte: „Gott genade!"

3. Ja, gnade dir Gott, du Ritterschaft!
   Der Bauer stund auf im Lande,
   Und tausendjährige Bauernkraft
   Macht Schild und Schärpe zu Schande.

4. Die Klingsburg hoch am Berge lag,
   Sie zogen hinauf in Waffen,
   Auframmte der Schmied mit einem Schlag
   Das Tor, das er fronend geschaffen.

5. Dem Ritter fuhr ein Schlag ins Gesicht,
   Ein Spaten ihm zwischen die Rippen,
   Er brachte das Schwert aus der Scheide nicht
   Und nicht den Fluch von den Lippen.

6. Aufrauschte die Flamme mit aller Kraft,
   Brach Balken, Bogen und Bande,
   Ja, gnade dir Gott, du Ritterschaft:
   Der Bauer stund auf im Lande!

Börries Freiherr von Münchhausen, 1921

Sucht dazu MP3-Aufnahmen oder Aufnahmen im Internet.

Kinderlied

Die Schweden sind gekommen,
Haben alles mitgenommen,
Haben's Fenster eingeschlagen,
Haben's Blei davongetragen,
Haben Kugeln daraus gegossen
Und die Bauern erschossen.

Zit. nach: Herbert Langer, Hortus Bellicus. Bertelsmann 1982, S. 259

- Weitere Beispiele könnt ihr im Internet finden:
  - Vom Barette schwankt die Feder
  - Trum-trum, terum tum tum
  - Geyers schwarzer Haufen

Karikaturen suchen

- In der Bibliothek, in alten Geschichtsbüchern oder im Internet. Beispiele:

[3] Der Papst als Antichrist.
Holzschnitt, um 1500.

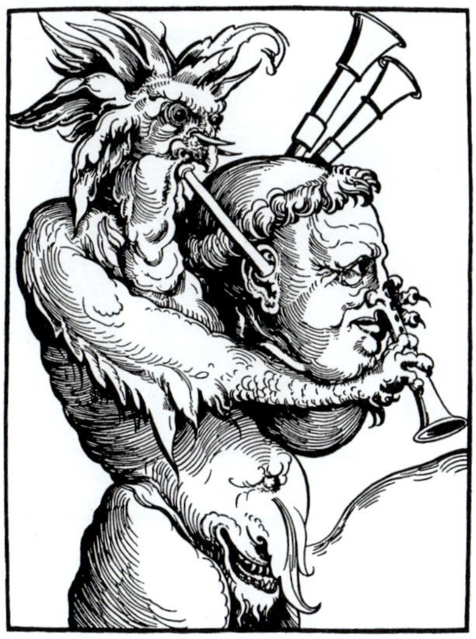

[4] Luther als Dudelsack des Teufels.
Holzschnitt, 1525.

Das kann ich!

[1] Ein Treffen zwischen Franz I. von Frankreich und Papst Leo X. im Palazzo Publico 1516.
Gemälde von Giovanni Bilivert, 1624/27.

[2] Ausschnitt aus einem Holzschnitt von Lucas Cranach dem Älteren, 1521. Im Text des Flugblattes heißt es u. a.: „Hier sitzt der Antichrist im Tempel Gottes, der Ablässe und Bischofsämter verkauft … Er befiehlt, seine Stimme wie die Stimme Gottes zu hören."

[3] Martin Luther.
Porträt von Lucas Cranach d. Älterem, 1529.

[4] Kanzel in der Clemenskirche in Münster, erbaut in der 1. Hälfte des 18. Jahrhunderts. *Foto.*

[5] Forderungen der Bauern (Auszug):

- Pfarrer sollen von der Gemeinde gewählt und bei ungebührlichem Verhalten auch von dieser abgesetzt werden.
- Die Bauern leisten weiterhin den „großen Zehnt", davon wird der Pfarrer versorgt. Überschüsse sollen der Armenfürsorge dienen, alle anderen Abgaben sollen gestrichen werden.
- Mönche und Nonnen sind „unnütz", deshalb sollen die Klöster aufgehoben werden und deren Besitz der Allgemeinheit zugeführt werden.
- Die Leibeigenschaft soll aufgehoben werden. Die Bauern sollen heiraten und wegziehen dürfen, wie sie wollen.
- Gerichtsurteile sollen nach feststehenden Grundsätzen gefällt werden.
- Die Allmenden werden wieder der Gemeindeverwaltung unterstellt.
- Jagd, Fischfang und Holznutzung des Waldes steht allen zu.

Zit. nach: Buszello/Blickle/Endres (Hrsg.), Der deutsche Bauernkrieg. UTB, Paderborn, München ^{3}1995

Sachkompetenz

1. Nennt (mindestens zwei) Gründe, warum die Kirche von reformwilligen Theologen und vielen anderen Menschen kritisiert wurde. Zieht Abbildung 1 und 2 als Hilfe heran.
2. Wer war Martin Luther (siehe Abb. 3)?
3. Luthers „Programm" (Thesen) stand in wichtigen Punkten im Gegensatz zur Kirche. Erklärt die drei Hauptaussagen mithilfe der Stichworte: Glaube, Gnade, Bibel.
4. Da Luther seine Thesen nicht widerrufen wollte, drohten ihm Ausschluss aus der Kirche und die Ächtung durch den Kaiser. Welche Interessen verhinderten seine Verhaftung?
5. Notiert, was bei einem Scheitern der Reformation zu erwarten gewesen wäre: Nennt eine religiöse (theologische) und eine strafrechtliche (juristische) Folge; zieht gegebenenfalls Seite 90 heran.
6. Im Kapitel habt ihr erfahren, dass der Dreißigjährige Krieg ganz verschiedene Ursachen hatte: Nennt zu jedem der drei Stichpunkte mindestens ein Beispiel: a) religiöse Ursachen, b) politische Ursachen, c) wirtschaftliche Ursachen.
7. Beschreibt die Folgen des Westfälischen Friedens für das Deutsche Reich und für Europa insgesamt. Verwendet bei eurer Antwort in beliebiger Reihenfolge die Begriffe: Unabhängigkeit, Landgewinn, Flussmündungen – Handel, „zerrissenes Deutschland", lange Friedenszeit.

Methodenkompetenz

8. Welche drei Teile sollte ein Referat in der Regel haben?
9. Nennt zwei Methoden, wie ein Referat sicherer und interessanter vorgetragen werden kann.

Urteilskompetenz

10. Die Lage der Bauern und der ländlichen Bevölkerung war in der frühen Neuzeit aus vielerlei Gründen oft schwierig. Der Druck entlud sich in Bauernaufständen.
    Erklärt, wieso die Reformation die Unzufriedenheit noch verschärfte. Lest dazu noch mal die Forderungen der Bauern (Text 5).
11. Welche Rolle spielte die Kunst des Barock bei dem Versuch der katholischen Kirche, Gläubige zu überzeugen (siehe auch Abb. 4)?

Handlungskompetenz

12. Notiert Punkte, wie ein Informationsblatt, eine Zeitungsseite oder ein Flugblatt zum Thema „Reformation und Bauernkrieg" hergestellt und in der Schule verbreitet werden könnte.

Die Französische Revolution

Der Sturm auf die Bastille

Am 14. Juli 1789 eroberte das Volk von Paris das königliche Staatsgefängnis, die Bastille. Mit diesem Ereignis begann die Französische Revolution, in der die Menschen für Freiheit, Gleichheit und Brüderlichkeit kämpften. Was hatte die Menschen dazu gebracht, sich gegen König und Staat aufzulehnen? Wer führte sie an? Was geschah mit den Bewachern der Bastille?

1. Beschreibt das Gemälde und klärt, welchen Eindruck der Maler beim Betrachter hervorrufen wollte.
2. Erläutert, was ihr unter den Begriffen Freiheit, Gleichheit und Brüderlichkeit versteht.

Die Oper am Platz der Bastille, erbaut 1989. *Foto.*

Schauplatz Der Sturm auf die Bastille

[1] Ein Redner ruft am 12. Juli 1789 im Garten des Palais Royal das Volk zu den Waffen. *Zeitgenössischer Stich.*

Die Bastille

Im Juli 1789 lag große Unruhe über der französischen Hauptstadt Paris. Seit Wochen war das Brot für die 500 000 Einwohner knapp und kostete doppelt so viel wie in normalen Zeiten. Der König ließ Truppen zusammenziehen.

[2] Der englische Arzt Dr. Rigby, der sich 1789 in Paris aufhielt, berichtet in einem Brief an seine Frau und seine Töchter:

Anfang Juli kamen wir in Paris an. Schon eine Zeit lang vorher hatten sich in ganz Frankreich Symptome [Anzeichen] der Erregung im öffentlichen Geist gezeigt; eine allgemeine Unzufriedenheit, die das Volk immer lauter und lauter zum Ausdruck brachte, war hervorgetreten ... Um bei der ersten Gärung, die diese Lage hervorrufen musste, dabei zu sein, eilten wir in das Palais Royal [Königlicher Palast] ..., als die ganze Masse von Neuem aufgerührt wurde durch das Auftreten eines Mannes in einem grünen Rock, dessen Haltung und ganzes Benehmen von äußerster Bestürzung sprach. „Zu den Waffen, Bürger", rief er, „die Dragoner [Soldaten] haben auf das Volk in den Tuileriengärten gefeuert und ich bin selbst verwundet worden", wobei er auf sein Bein zeigte. Das wirkte wie ein elektrischer Schlag ... Von diesem Augenblick an konnte nichts die Wut des Volkes im Zaume halten; sie ergossen sich in die Straßen mit dem Ruf: Zu den Waffen! Zu den Waffen! Jedes Haus, das so aussah, als ob es irgendwelche liefern könnte, wurde sofort betreten, die Läden der Büchsenmacher wurden geplündert und in sehr kurzer Zeit füllten sich die Hauptstraßen mit lärmenden Menschen aus dem niederen Volk, die mannigfach mit Flinten, Schwertern, Piken ... bewaffnet waren. ... Das ganze Geschäftsleben kam sofort zum Stillstand und alle Läden schlossen. Diese und ähnliche Umstände deuteten genügend auf den Grad der Beunruhigung hin, die durch alle Klassen der Bevölkerung ging.

Zit. nach: Die Französische Revolution. Ein Lesebuch, hrsg. von U. F. Müller. Piper, 2. Aufl., München 1989, S. 40 ff.

Am 14. Juli 1789 zogen mehrere Tausend Menschen zur Bastille, dem verhassten Staatsgefängnis in Paris, das für viele als Symbol (Kennzeichen) für die absolute Macht des Königs galt. Man vermutete, dass dort eine große Zahl von politischen Gegnern des Absolutismus gefangen gehalten wurde.

[3] Über die Ereignisse am 14. Juli 1789 berichtet ein anderer Augenzeuge:

... Die Menge und die Verwegensten begeben sich zum Invalidenhaus; man verlangt Waffen vom Gouverneur ... Kaum hat man Waffen, so geht's zur Bastille. Der Kommandant, Graf de Launay, der gewiss überrascht war, hunderttausend Flinten mit Bajonetten zu sehen, muss sehr in Verwirrung gewesen sein. Man knallt ein oder zwei Stunden drauf los, man schießt von den Türmen herunter, was sich dort sehen lässt; Graf Launay ergibt sich; er lässt die Zugbrücke herunter ... Es grenzt ans Wunderbare, um halb drei war die Bastille schon genommen. Die Bastille hätte sich sechs Monate halten können, aber sie wurde von Bürgersleuten und führerlosen Soldaten genommen, ohne einen einzigen Offizier! ... Herrn de Launay macht man zum Gefangenen, führt ihn zum Stadthaus und schlägt ihn unterwegs halbtot. Man gibt ihm den Rest auf dem Greveplatz und ein Schlächter schneidet ihm den Kopf ab.

Zit. nach: Wolf Dietrich Behschnitt, Die Französische Revolution. Klett, Stuttgart 1979, S. 44

1. Schildert nach Text 2 die Stimmung in Paris unmittelbar vor dem Sturm auf die Bastille.
2. Beschreibt Abbildung 4. Wie sind die Unterschiede zur Darstellung des Ereignisses auf den Seiten 106/107 zu erklären?
3. Beurteilt die Szene in Abbildung 5. Wie wirkt sie auf euch?

[4] Der Sturm auf die Bastille am 14. Juli 1789. *Zeitgenössischer Kupferstich von J. P. Laminit.*

[5] Der Kopf des Kommandanten wurde auf Lanzen gespießt durch Paris getragen. *Zeitgenössischer Stich.*

[7] Die Einnahme der Bastille und die Verhaftung des Gouverneurs de Launay. *Ölgemälde von Charles Thévenin.*

[6] Was unmittelbar nach der Erstürmung der Bastille geschah, berichtet wiederum der englische Arzt Dr. Rigby:

Die Bastille ist genommen und die Tore sind offen … Auf einen Schlag brach der Jubel los; jede erdenkliche Art, in der sich die entzücktesten Freudengefühle äußern können, waren allenthalben zu sehen und zu hören. Rufe und Schreie, Springen und Umarmen, Lachen und Weinen, jeder Ton und jede Geste … offenbarten in der bunt durcheinander gemischten Menge ein so augenblickliches und einstimmiges Aufwallen äußerster Freude, wie es, sollte ich meinen, nie zuvor von Menschenkindern erlebt worden ist. …

Zit. nach: Die Französische Revolution. Ein Lesebuch, hrsg. von U. F. Müller. Piper, 2. Aufl., München 1989, S. 49

Wählt einen der folgenden Arbeitsaufträge aus:

- Erstellt eine Stichwortliste der Ereignisse am 14. Juli 1789. Benutzt dazu die Materialien 3 bis 7.
- Erfindet mithilfe der Materialien ein Interview mit einem Soldaten der Wachmannschaft. So könnte das Interview beginnen: *Wo befanden Sie sich, als die Massen auf die Bastille zukamen?*

Orientierung

- **1776**
  Die 13 Neuengland-Kolonien in Nordamerika geben in einer Unabhängigkeitserklärung die Loslösung von England bekannt und verkünden die Menschenrechte.

- **1789**
  Mit den Schlagworten „Freiheit, Gleichheit, Brüderlichkeit“ befreit sich Frankreich von der absoluten Monarchie und beginnt seinen Weg zur Demokratie. Das Volk erstürmt am 14. Juli 1789 die Bastille, kurz danach werden die „Menschen- und Bürgerrechte“ verkündet.

- **1792**
  Mit dem Ruf „Das Vaterland ist in Gefahr“ ziehen die Franzosen in den Krieg. Die Revolution wird über die Grenzen Frankreichs nach Europa getragen.

- **1793**
  König Ludwig XVI. wird hingerichtet.
  Frankreich ist eine Republik.

- **1794**
  Mit der Hinrichtung Robespierres endet die Schreckensherrschaft der Jakobiner. Das Terrorregiment hatte etwa 35 000 Menschen das Leben gekostet.

- **1799**
  Der junge General Napoleon Bonaparte stürzt die Regierung.

- **1804**
  Napoleon krönt sich selbst zum Kaiser.

- **1806**
  Napoleon erobert mit seinen Truppen weite Teile Europas. Das „Heilige Römische Reich Deutscher Nation“ hört auf zu bestehen. Nach der vernichtenden Niederlage von Jena und Auerstedt werden in Preußen gesellschaftliche Reformen eingeleitet.

- **1812**
  Vernichtende Niederlage Napoleons in Russland.

- **1813**
  Niederlage Napoleons in der Völkerschlacht bei Leipzig.

- **1815**
  In der Schlacht von Waterloo wird Napoleon erneut besiegt und muss in die Verbannung gehen.

[1] Zeittafel Französische Revolution und Zeitalter Napoleons.

Revolution
Mit der Bezeichnung Revolution (von lat. revolvere = umwälzen) ist heute die grundlegende Umgestaltung eines bestehenden Zustandes gemeint. Die politische Revolution erstrebt eine bewusste, totale und endgültige Umwälzung der politischen und gesellschaftlichen Verhältnisse. Dabei ist meist Gewalt im Spiel. Die bloße Beseitigung eines Diktators oder den Umsturz einer Regierung bezeichnet man eher als Revolte oder Staatsstreich. Historisch besonders bedeutsam waren die Französische Revolution (ab 1789) und die Russische Revolution (1917).

1. Ermittelt aus der Zeitübersicht: Wie viele Jahre liegt der Beginn der Französischen Revolution zurück? Wie lange dauerte die Revolution vom Sturm auf die Bastille bis zur Regierungsübernahme durch Napoleon?
2. Ordnet die folgenden Bilderklärungen dem jeweils passenden Bild in der Zeittafel 1 zu: Kaiserkrönung Napoleons, Der dritte Stand trägt die Lasten, Hinrichtung König Ludwigs XVI., Napoleon zu Pferde, Einberufung der Generalstände, Russlandfeldzug 1812, Ausmarsch der Kriegsfreiwilligen in Paris.

Wählt einen der folgenden Arbeitsaufträge aus:

- Schreibt den Lückentext zur „Revolution“ ab und setzt die folgenden Begriffe an der richtigen Stelle ein:
  Umsturz – totale – Ordnung – Umwälzung.

  Das Wort Revolution stammt aus dem Lateinischen und bedeutet **. . .** Im politischen Bereich ist die Revolution der gewaltsame **. . .** der bestehenden politischen und sozialen **. . .** Es geht um die bewusste, **. . .** und endgültige Veränderung der Verhältnisse.

- Schreibt nach dem Text oben eine Erklärung des Begriffs „Revolution“ mit eigenen Worten.

Die Französische Revolution

Seit etwa 150 Jahren herrschten in Frankreich – und in den meisten anderen Ländern Europas – Könige „von Gottes Gnaden“ mit unumschränkter, absoluter Macht. Der König umgab sich mit einem riesigen Hofstaat. Der Bau des Schlosses Versailles, die Hofhaltung und die vielen Kriege verschlangen Unsummen. Dabei musste nur der dritte Stand der Bürger und Bauern Steuern zahlen, die Adligen und Geistlichen aber nicht. Die Kritik am Absolutismus wurde immer größer.
Als die aufgebrachten Bürger von Paris am 14. Juli 1789 die Bastille erstürmten und man dem König davon berichtete, rief er: „Aber das ist ja eine Meuterei!“ Der Zeremonienmeister antwortete ihm: „Nein, Sire, das ist eine Revolution!“
Was wollten die Revolutionäre? Welche Menschenrechte wurden erkämpft? Warum wurde der König hingerichtet? Wer war Napoleon? Was passierte in Deutschland zu dieser Zeit? Mit diesen und anderen Fragen beschäftigt sich das Kapitel.

Wichtige Kompetenzen in diesem Kapitel

Sachkompetenz

- Die Ursachen und den Verlauf der Französischen Revolution und den Weg Frankreichs zur Republik erläutern
- Wichtige Etappen der Entwicklung der Menschenrechte benennen

Methodenkompetenz

- Aus Karikaturen Informationen entnehmen und Erkenntnisse gewinnen

Urteilskompetenz

- In Grundzügen die Bedeutung der Französischen Revolution für die politische Kultur in Europa beurteilen

Handlungskompetenz

- Auf der Grundlage des geschichtlichen Wissens Ereignisse und Entscheidungssituationen nachgestalten, Problemlösungen entwickeln und begründet Entscheidungen treffen

Der Absolutismus

[1] König Ludwig XIV. *Gemälde von Hyacinthe Rigaud, 1701.*

1. Beschreibt Abbildung 1. Achtet besonders auf die Kleidung, auf Mimik (Gesichtsausdruck) und Gestik (Körperhaltung) des Königs. Begründet, warum das Bild als Demonstration königlicher Macht diente.

Wichtige Begriffe

Absolutismus
Uneingeschränkte Herrschaft eines Monarchen (Königs).

Stand
Gesellschaftsgruppe (z. B. Adel-, Bürger-, Bauernstand), zu der man durch seine Geburt gehört.

Klerus
Geistlichkeit, erster Stand.

Versailles
Während der Herrschaft Ludwigs XIV. erbautes Schloss in der Nähe von Paris.

Leibeigenschaft
Persönliche Unfreiheit von Bauern, die von einem Grundherrn abhängig sind.

Privilegien
Vorrechte für einzelne Personen oder Gruppen.

Der König

Vor der Französischen Revolution wurde Frankreich von einem König beherrscht. Der König fühlte sich von Gott berufen und hielt die gesamte Staatsmacht in seiner Hand. Er konnte Gesetze erlassen und sie durchführen lassen. Der König war gleichzeitig auch der oberste Richter. Alle anderen Menschen sah er als seine Untertanen an. Diese unbeschränkte Regierungsform wird Absolutismus genannt. Als Begründer und bedeutendster Vertreter des Absolutismus gilt Ludwig XIV. (1638–1715).

Beamte und Soldaten

Die Anordnungen des Herrschers wurden von treu ergebenen Staatsdienern, den Beamten, ausgeführt. Die Beamten sorgten z. B. dafür, dass die Untertanen Steuern bezahlten oder dass an den Grenzen Zölle auf Waren erhoben wurden. Um seine Macht zu stützen, unterhielt der König auch in Friedenszeiten ein stehendes Heer von ca. 400 000 jederzeit verfügbaren Berufssoldaten.

Schloss Versailles

König Ludwig XIV. lebte im Schloss Versailles, das er sich vor den Toren von Paris hatte bauen lassen. Hier war er umgeben von Tausenden von Adligen, die es als eine Ehre ansahen, in der Nähe des Königs zu leben und ihn zu bedienen. Zur Unterhaltung des Hofes fanden oft Tanzveranstaltungen, Theateraufführungen oder Feuerwerke statt. Als am 14. Juli 1789 mit dem Sturm auf die Bastille die Revolution begann, war der nun regierende König Ludwig XVI. mit seinem Gefolge gerade auf der Jagd.

Die ständische Gesellschaft

Seit Jahrhunderten war die Bevölkerung Frankreichs in Stände eingeteilt. Zum ersten Stand gehörten die Geistlichen (Klerus). Der Adel bildete den zweiten Stand. Alle übrigen Menschen wurden dem dritten Stand zugerechnet. Es konnten reiche Kaufleute oder Professoren, Anwälte oder Ärzte ebenso wie Handwerker, Bauern oder Diener sein. Bettler, Gaukler oder Spielleute galten als standeslose Außenseiter der Gesellschaft.

Die Masse der Bevölkerung lebte als Bauern oder Tagelöhner auf dem Land. Die Bauern waren meist Leibeigene eines Grundherrn. Sie durften z. B. nicht wegziehen oder mussten den adligen Grundherrn um eine Erlaubnis zur Heirat fragen. Sie hatten zahlreiche Dienste und Abgaben zu leisten.

Die Angehörigen des ersten und zweiten Standes genossen besondere Rechte (Privilegien). Vor allem wa-

[2] Das Austernessen. *Gemälde von Jean-François Troy (1679–1752).*

[3] Die Bauernmahlzeit. *Gemälde von Louis Le Nain, 17. Jh.*

ren sie weitgehend von der Zahlung der Steuern befreit. Sie wurden bei der Vergabe hoher Staatsämter in der Kirche, Verwaltung oder Armee bevorzugt. Fast die gesamte Steuerlast musste vom dritten Stand getragen werden.

2. Beschreibt die Abbildungen 2 und 3. Vergleicht die Personen (Kleidung, Mimik, Gestik), die Umgebung sowie die Speisen und Getränke. Beurteilt die Situation der abgebildeten Gruppen.
3. Beschreibt das Schaubild 4 mit eigenen Worten. Ihr könntet so beginnen: *An der Spitze des Staates steht der König. Seine Herrschaft wird gestützt …*
4. Errechnet aufgrund der Tabelle (Abb. 5), wie viele Menschen zum ersten, zweiten und dritten Stand gehörten.

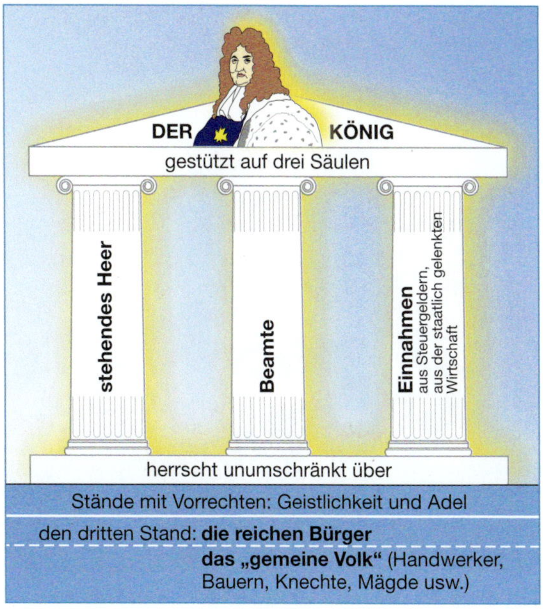

[4] Die absolutistische Staatsordnung.

Wählt einen der folgenden Arbeitsaufträge aus:

- Entwerft auf der Grundlage der Tabelle (Abb. 5) ein Schaubild zur Ständeordnung im Absolutismus. Wendet die Methode von Seite 242 an.
- Schreibt zu der Abbildung 2 oder 3 Gespräche zwischen den Personen auf oder erfindet Comics.

Bevölkerungsgruppe	Anzahl
Klerus	200 000
Adel	78 000
Beamte	300 000
Militär	650 000
Seefahrer, Fischer	320 000
Professoren, Anwälte, Apotheker, Ärzte	100 000
Kaufleute, Handwerker, Finanzberufe	4 080 000
Viehbauern, Ackerbauern, Weinbauern	6 630 000
Landarbeiter, Tagelöhner	10 000 000
Bedienstete	2 076 000

[5] Berufstätige und ihre Familien in Frankreich um 1778.

Amerika kämpft um seine Unabhängigkeit

[1] Unabhängigkeitserklärung. *Gemälde von John Trumbull.*

Die Amerikaner erklären ihre Unabhängigkeit
Zur gleichen Zeit, als in Frankreich und im übrigen Europa Könige und Fürsten mit absoluter Macht herrschten, erklärten am anderen Ende der Welt die amerikanischen Neuengland-Staaten ihre Unabhängigkeit vom englischen König. Zugleich verkündeten sie die Menschenrechte.

[2] Aus der Unabhängigkeitserklärung vom 4. Juli 1776:
Folgende Wahrheiten halten wir für selbstverständlich: Alle Menschen sind gleich geschaffen. Sie sind von ihrem Schöpfer mit unveräußerlichen Rechten ausgestattet. Dazu gehören Leben, Freiheit und Streben nach Glück. Zur Sicherung dieser Rechte sind unter den Menschen Regierungen eingesetzt, die ihre rechtmäßige Macht aus der Zustimmung der Regierten herleiten. Wenn eine Regierungsform diese Zwecke gefährdet, ist es das Recht des Volkes, sie zu ändern oder abzuschaffen und eine neue Regierung einzusetzen.
Danach verkünden wir ..., dass diese vereinigten Kolonien freie und unabhängige Staaten sind, ... dass sie losgelöst sind von aller Pflicht gegen die britische Krone, dass jede politische Verbindung zwischen ihnen und dem Staate Großbritannien ein für alle Mal aufgehoben ist. ...
Zit. nach: Herbert Schambeck/Helmut Widder/Marcus Bergmann (Hg.), Dokumente zur Geschichte der Vereinigten Staaten von Amerika. Duncker & Humblot, Berlin 1993, S. 113 ff.

1. Klärt Text 2: Welche Rechte werden den Menschen verliehen? Was bedeuten sie im Einzelnen? Von wem bekommen die Menschen die Rechte? Auf welche Weise sollen diese Rechte gesichert werden? Was soll geschehen, wenn die Regierung die Rechte des Volkes nicht beachtet? Warum wird die Urkunde als „Unabhängigkeitserklärung" bezeichnet?
2. Beschreibt Abb. 3 und vermutet, was Menschen mit einem Denkmalsturz ausdrücken wollen.

[3] Sturz des Denkmals König Georgs III. von England 1776 in New York. *Zeitgenössisches Gemälde.*

[4] Ankunft weißer Siedler in Amerika 1620. *Lithografie von 1876.*

[5] William Penn schließt 1683 mit den Indianern einen Vertrag über immerwährende Freundschaft und Frieden. *Kolorierter Kupferstich 1775.*

Europäer besiedeln Nordamerika

Wie war es zur Gründung der Vereinigten Staaten und zur Erklärung der Menschenrechte gekommen? Als Christoph Kolumbus im Jahr 1492 Amerika entdeckte, war das Land ausschließlich von den indianischen Ureinwohnern besiedelt. Danach machten sich Auswanderer aus Europa auf den Weg in die „Neue Welt". 1607 gründeten Siedler mit Erlaubnis des englischen Königs eine erste Handelsniederlassung an der Ostküste: Jamestown. 1620 landete das englische Schiff „Mayflower" mit der religiösen Gruppe der Pilgerväter, die in ihrer Heimat verfolgt wurden, an der Ostküste. Den Pilgervätern folgten immer neue Gruppen von Einwanderern. Sie alle träumten von einem Leben in Freiheit mit einem guten Einkommen. Land, Klima und Sprache waren für die meisten europäischen Siedler zunächst eigenartig und fremd. Aber viele der in Nordamerika ansässigen Indianerstämme halfen den Europäern. Sie verkauften ihnen Nahrungsmittel und Land zur Besiedlung.

Von den Neuengland-Kolonien zu den Vereinigten Staaten

Allmählich entstanden an der Ostküste 13 Neuengland-Kolonien, die vom englischen König abhängig waren. Schon 1619 tagte in Jamestown ein Parlament nach englischem Vorbild, das das Zusammenleben der Menschen regeln sollte. In einem siebenjährigen Krieg (1756–1763) eroberte England von Frankreich die nordamerikanischen Gebiete bis zum Missouri und bis Kanada. Die Siedler in den Neuengland-Kolonien sollten die hohen Kriegskosten durch Zölle und Steuern auf Zucker, Kaffee, Wein oder Stoffe bezahlen. Als die Kolonisten auch noch für Zeitungen, Rechnungen und Verträge eine Stempelsteuer entrichten sollten, kam es zum Streit. Mit der Losung „No taxation without representation" („Keine Steuern ohne Vertretung im Parlament") weigerten sie sich, Steuern zu zahlen, solange sie nicht im englischen Parlament vertreten waren. Der König verzichtete auf die Steuern, bis auf die Teesteuer. Am 16. Dezember 1773 schlichen sich als Indianer verkleidete Kolonisten auf drei englische Teeschiffe und warfen 342 Teekisten unter dem Beifall der Menge ins Meer. Der „Boston Tea Party" folgten bewaffnete Auseinandersetzungen mit englischen Truppen. Zwischen 1775 und 1783 kam es zwischen den Kolonisten und England zum amerikanischen Unabhängigkeitskrieg. Unter Führung des späteren Präsidenten George Washington (1732 bis 1799) siegten die schlecht ausgebildeten, aber von der Idee der Unabhängigkeit und Freiheit begeisterten Siedlertruppen. 1783 musste der englische König die Niederlage seiner Truppen eingestehen und die amerikanische Unabhängigkeit anerkennen.

[6] Die Boston Tea Party 1773. *Zeitgenössische Darstellung.*

3. Beschreibt die Bilder und beurteilt die dargestellten Ereignisse hinsichtlich ihrer Bedeutung für die Entwicklung Nordamerikas.

Wählt einen der folgenden Arbeitsaufträge aus:

- Erstellt mithilfe des Autorentextes eine Zeitleiste (Jahreszahlen, Ereignis).
- Erfindet zur Boston Tea Party eine Rundfunkreportage und tragt sie in der Klasse vor.

Kritik und Krise

[1] Ein hoher Würdenträger huldigt dem französischen König Ludwig XVI. *Gemälde, etwa 1774.*

[3] „Hoffentlich ist bald Schluss". *Kolorierte Karikatur, anonym 1789.*

1. Beschreibt Abbildung 1. Welchen Eindruck wollte der Maler beim Betrachter hervorrufen?
2. Beschreibt Abbildung 3. Diskutiert, ob der Zeichner eher ein Anhänger oder ein Gegner des Absolutismus war.

„Von Gottes Gnaden"

„Wir, Ludwig von Gottes Gnaden König von Frankreich" – so stand es unter den Gesetzen und Briefen, die der König unterschrieb.

[2] Über die königliche Macht schrieb der Hofprediger Jacques-Bénigne Bossuet 1709:

Die königliche Gewalt ist erstens heilig, zweitens väterlich, drittens unumschränkt. Die Fürsten handeln als Diener Gottes und als dessen Stellvertreter auf Erden. ... Der Fürst braucht niemandem Rechenschaft abzulegen über das, was er verfügt ... Gott nur kann über die Entscheidungen der Herrscher und über ihre Person richten. Die Untertanen sind dem Fürsten unbedingten Gehorsam schuldig. Es gibt nur eine Ausnahme hinsichtlich des Gehorsams, den man dem Fürsten schuldig ist, nämlich wenn er etwas gebietet, was gegen Gott ist.

Zit. nach: Geschichte in Quellen, Band 3, bearbeitet von Fritz Dickmann. bsv, München 1970, S. 429 f.

3. Welche Rollen spielen in Text 2 Gott, der Fürst und die Untertanen?

Die Aufklärung

Kam die Herrschaft des Königs tatsächlich direkt von Gott? War es richtig, dass ein einziger Mensch alle Gewalt besaß? Solche und ähnliche Fragen wurden im 18. Jahrhundert von Philosophen gestellt, die davon ausgingen, dass alle Menschen mit Vernunft begabt sind und von Natur aus die gleichen Rechte besitzen. Sie wandten sich mit ihren Schriften gegen jede Form von Aberglauben und Ungerechtigkeit. Diese neue Denkrichtung wird als „Aufklärung" bezeichnet.

[4] Der Philosoph Jean-Jacques Rousseau (1712–1778) schrieb 1762 über die „Naturrechte" des Menschen:

Der Mensch wird frei geboren und überall ist er in Ketten ... Solange ein Volk gezwungen wird zu gehorchen und gehorcht, so tut es wohl; sobald es aber das Joch abwerfen kann und es abwirft, so tut es besser ... Auf seine Freiheit verzichten heißt auf seine Menschheit, die Menschenrechte ... zu verzichten ... Eine solche Entsagung ist mit der Natur des Menschen unvereinbar.

Wenn es aber schon schwierig ist, einen großen Staat gut zu regieren, so ist es noch weit schwieriger, dass er von einem einzigen Mann gut regiert wird ...

Zit. nach: Jean-Jacques Rousseau, Der Gesellschaftsvertrag. Klett, Stuttgart 1966, S. 33 ff.

[5] Der Philosoph Charles de Montesquieu (1689–1755) schrieb 1748:

Wenn die gesetzgebende Gewalt mit der ausführenden in einer Person ... vereinigt ist, dann gibt es keine Freiheit, weil man fürchten kann, derselbe Herrscher ... werde tyrannische Gesetze geben, um sie tyrannisch auszuführen. Es gibt auch keine Freiheit, wenn die richterliche Gewalt nicht von der gesetzgebenden und von der ausführenden Gewalt getrennt ist ... Alles wäre verloren, wenn ein und derselbe Mensch ... diese drei Gewalten ausübte, die gesetzgebende, die ausführende und die richterliche Gewalt ...

Zit. nach: Irmgard und Paul Hartig, Die Französische Revolution. Klett, Stuttgart 1990, S. 13

4. Formuliert den Hauptgedanken Rousseaus mit eigenen Worten.
5. Nennt die drei Gewalten, von denen Montesquieu spricht. Warum sollen die Gewalten getrennt sein?

Kritik

Die Schriften der Aufklärung wurden in den Häusern wohlhabender Bürger, in Cafés und bald auch auf offener Straße diskutiert. Soldaten, die unter der Führung des französischen Generals Lafayette im amerikanischen Unabhängigkeitskrieg gekämpft hatten, verbreiteten die Ideen von Freiheit und Gleichheit in ihrer Heimat.

Die Staatskrise

1788/89 stand Frankreich vor dem Ruin. Die Ausgaben für die teure Hofhaltung, das stehende Heer oder die zahlreichen Kriege hatten die Schuldenlast des Staates in 15 Jahren verdreifacht. Mehr als die Hälfte der Ausgaben musste für die Tilgung der Staatsschulden aufgewendet werden. Die meisten Bauern, Handwerker oder Tagelöhner waren völlig verarmt und konnten keine höheren Abgaben aufbringen. Aber die Adligen und Geistlichen weigerten sich, auf ihre Vorrechte zu verzichten. Was sollte nun werden?

6. Fasst die Missstände in Frankreich in Stichworten zusammen.

Wählt einen der folgenden Arbeitsaufträge aus:

- Schreibt die Äußerungen aus Abbildung 6 in zwei Spalten unter den Überschriften „Absolutismus" und „Aufklärung" auf.
- Beschreibt die Szene aus Abbildung 6 und gestaltet sie als Rollenspiel. Haltet euch dabei an die Anweisungen auf den Rollenkarten.

Rollenkarte 1
François, Bauernsohn, 25 Jahre alt, hitzköpfig
- Einstellung: Adlige sind alle Verbrecher.
- Ziel: Jeder soll hinziehen können, wohin er will, keine Heiratserlaubnisse notwendig, weniger Dienste und Abgaben.

Rollenkarte 2
Herr Maral, Rechtsanwalt, 35 Jahre alt, gebildet, klug
- Einstellung: So wie es ist, kann's nicht bleiben.
- Ziel: Abschaffung der Stände und der Vorrechte, will politisch mitreden können.

Rollenkarte 3
Graf von A., 60 Jahre alt, eingebildet, herablassend
- Einstellung: Alles soll so bleiben, wie es ist.
- Ziel: Adel ist etwas Besonderes, zahlt keine Steuern, Bauern müssen Dienste und Abgaben leisten.

Rollenkarte 4
Amélie, Marktfrau, 30 Jahre alt, aufbrausend
- Einstellung: Frauen sind Männern rechtlos ausgeliefert.
- Ziel: Frauen dürfen bei der Heirat mitreden, müssen gleiche Rechte haben wie die Männer.

[6] Café der Patrioten. *Zeitgenössische Zeichnung.*

Der Sturm bricht los

[1] Die Eröffnung der Generalstände am 5. Mai 1789 in Versailles. Links oben im Bild thront König Ludwig XVI. über allen Anwesenden. Vorn am Tisch hält Finanzminister Necker eine Rede. Links unten im Bild sitzen mit dem Rücken zum Betrachter die Geistlichen, in der Mitte die Vertreter des dritten Standes, im Hintergrund ist der Adelsstand zu sehen. *Gemälde von Auguste Couder, 1839.*

Die Generalstände

Am 5. Mai 1789 zogen je 300 Vertreter des ersten und zweiten Standes und 600 Vertreter des dritten Standes feierlich in das Schloss von Versailles ein. Erstmals seit 150 Jahren hatte ein König wieder die Generalstände einberufen. Der Adelsstand und die Geistlichen hatten prächtige Gewänder angelegt. Die Vertreter des dritten Standes kamen in der vorgeschriebenen schwarzen Kleidung. Aus ganz Frankreich brachten sie über 40 000 Beschwerdehefte mit. Darin war von viel Not und Unterdrückung der einfachen Menschen die Rede: hohe Steuern, zu viele Abgaben und Dienste, ungerechte Landverteilung, kein Jagdrecht und vieles mehr. Aber der König und der Finanzminister sprachen vom Staatsbankrott und von neuen Steuern. Darüber sollten die Stände getrennt beraten und abstimmen. Doch die Abgeordneten des dritten Standes forderten gemeinsame Beratungen und eine Abstimmung nach Köpfen. Schließlich erklärten sie sich zusammen mit einigen Priestern und niedrigen Adligen zur „Nationalversammlung". Nicht der König, sondern die Nationalversammlung sollte das Land vertreten. Wie würde der König darauf reagieren?

1. Beschreibt die Sitzung der Generalstände am 5. Mai 1789 im Stil einer Radioreportage. Nehmt Abbildung 1 zu Hilfe. So könntet ihr beginnen: *Der König hat hoch über den Abgeordneten Platz genommen. Zu seinen Füßen …*

Der Ballhausschwur

Der König ließ den Sitzungssaal sperren. Daraufhin zogen die Abgeordneten am 20. Juni 1789 in eine Turnhalle, das Ballhaus, um. Dort leisteten sie einen gemeinsamen Eid: „Wir schwören feierlich, nicht eher auseinanderzugehen, bis Frankreich eine Verfassung besitzt, die allen Franzosen die Bürgerrechte garantiert. Niemand wird uns daran hindern!" In einem Taumel der Begeisterung umarmten sich Vertreter des Adels, der Geistlichkeit und des Bürgerstandes.

2. Vergleicht die Abbildungen 1 und 2. Worin unterscheidet sich die Szene im Ballhaus grundlegend von der Eröffnung der Generalstände?

Der König gibt nach

Am 23. Juni 1789 hielt der König erneut eine Rede vor den Abgeordneten der drei Stände. Am Schluss

[2] Der Schwur im Ballhaus am 20. Juni 1789. *Gemälde von Jacques-Louis David, um 1791.*

rief er: „Ich befehle Ihnen, sich sofort zu trennen und sich morgen früh in den für jeden Stand bestimmten Saal zu begeben." Als der König den Raum verlassen hatte, wollte der Großzeremonienmeister des Königs den Versammlungsort räumen lassen. Da trat der zum dritten Stand übergetretene Graf Mirabeau vor: „Wir werden nur der Macht der Bajonette weichen!" Die anderen Abgeordneten riefen: „Dies ist der Wille der Versammlung!" Schließlich gab der König nach und erkannte die Nationalversammlung an.

Der Sturm auf die Bastille

Nach dem Sieg der Abgeordneten über den König griff das Volk von Paris am 14. Juli 1789 zu den Waffen und eroberte das verhasste Staatsgefängnis, die Bastille. Das Datum markiert den eigentlichen Beginn der Französischen Revolution. Heute feiern die Franzosen den 14. Juli als Nationalfeiertag.

Die Revolution auf dem Land

Von Paris aus griff die Revolution auf ganz Frankreich über. Die Bauern zogen zu den Schlössern ihrer Grundherren und forderten die Herausgabe der Urkunden, worin ihre Abgaben und Dienstleistungen verzeichnet waren, und verbrannten sie. Die Bauern weigerten sich, weiter Steuern oder Abgaben zu zahlen. An vielen Orten gingen die Schlösser in Flammen auf. Unter diesem Druck hob die Nationalversammlung am 4. August 1789 die Leibeigenschaft auf. Die Grundherren waren fortan nicht mehr die Richter auf dem Land. Jetzt durften die Bauern auch das Wild auf ihrem eigenen Grund und Boden jagen. Von den Abgaben mussten sie sich allerdings gegen eine Geldabgabe freikaufen, was vielen wegen ihrer Armut nicht möglich war.

3. Beschreibt und deutet die Abbildung 3.

Wählt einen der folgenden Arbeitsaufträge aus:

- Schreibt zum Ballhausschwur einen zusammenhängenden Artikel für die Zeitung.
- Erstellt zu den auf dieser Doppelseite dargestellten Ereignissen eine Stichwortliste (Datum, Ereignis).

[3] Bauern stürmen das Schloss ihres Grundherrn. *Stich eines unbekannten Künstlers.*

Freiheit – Gleichheit – Brüderlichkeit

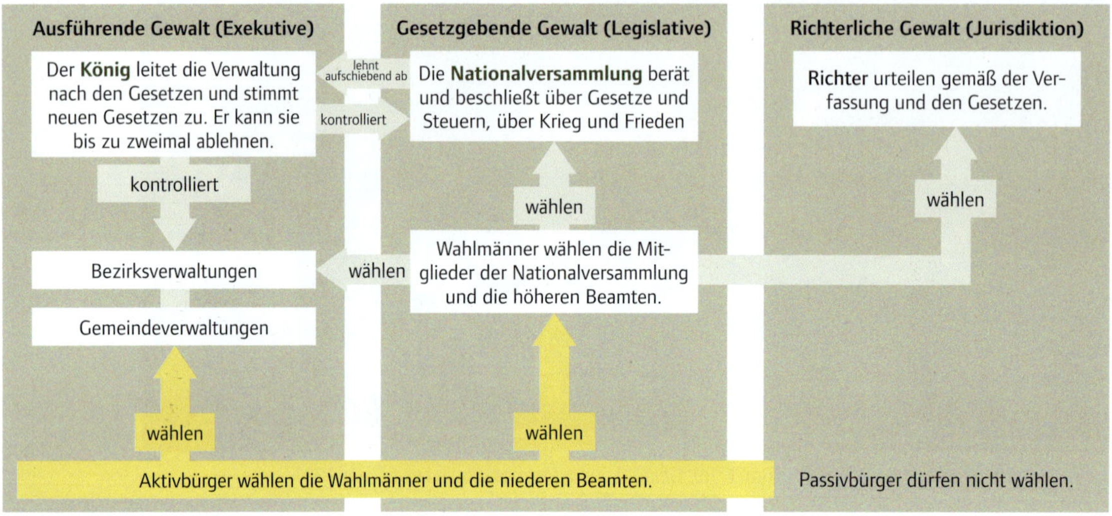

[1] Die französische Verfassung von 1791. *Schaubild.*

Die Menschen- und Bürgerrechte

[2] **Am 26. August 1789 beschloss die Nationalversammlung die „Erklärung der Menschen- und Bürgerrechte" (Auszug):**

Artikel 1: Die Menschen sind und bleiben von Geburt an frei und gleich an Rechten …

Artikel 2: Das Ziel jeder politischen Vereinigung besteht in der Erhaltung der natürlichen und unantastbaren Menschenrechte. Diese Rechte sind Freiheit, Sicherheit und Widerstand gegen Unterdrückung.

Artikel 4: Die Freiheit besteht darin, alles tun zu können, was dem Anderen nicht schadet.

Artikel 7: Kein Mensch kann anders als in den gesetzlich … verfügten Fällen und vorgeschriebenen Formen angeklagt, verhaftet und gefangen genommen werden …

Artikel 10: Niemand darf wegen seiner Meinung, selbst religiöser Art, belangt werden …

Artikel 11: Freie Gedanken- und Meinungsfreiheit ist eines der kostbarsten Menschenrechte; jeder Bürger kann daher frei schreiben, reden und drucken …

Zit. nach: Europäische Geschichte. Quellen und Materialien, hrsg. von H. Schulze und I. Paul. bsv, München 1994, S. 533 f. (übers. von W. Lautemann/J. Cornelissen)

*

Verfassung
Grundsätze eines Staates über die Regierungsform und die Rechte der Staatsbürger.

Monarchie/konstitutionelle Monarchie
Eine Monarchie ist ein Staat mit einem Monarchen (König, Fürst) als Oberhaupt. In einer konstitutionellen Monarchie sind die Rechte des Königs durch eine Verfassung eingeschränkt.

1. Klärt im Gespräch, was mit den Begriffen Freiheit, Gleichheit, Sicherheit gemeint ist.
2. Prüft nach, in welchen Punkten die Menschen- und Bürgerrechte im Gegensatz zur absolutistischen Herrschaftsauffassung stehen.

Die Verfassung von 1791

Die Menschen- und Bürgerrechte sollten dem einzelnen Menschen Schutz gegen Unfreiheit und Unterdrückung geben. Aber noch immer regierte Ludwig XVI. als absoluter König. Deshalb war es das Ziel der von der Nationalversammlung am 3. September 1791 beschlossenen Verfassung*, die Macht des Königs einzuschränken. Sein Titel lautete jetzt: „Durch Gottes Gnaden und die Verfassungsgesetze König der Franzosen". Der König konnte nun selbst keine Gesetze mehr erlassen oder Gerichtsurteile fällen. Aber er stand noch an der Spitze der ausführenden Gewalt (Exekutive). Damit löste die konstitutionelle Monarchie* den Absolutismus als Staatsform ab. Von den 25 Millionen Franzosen besaßen nur 4 Millionen Aktivbürger das Wahlrecht. Alle Bürger, die keine oder nur geringe Steuern zahlten, durften nicht wählen.

3. Klärt, wessen Gedanken in den Menschen- und Bürgerrechten bzw. in der Verfassung von 1791 besonders verwirklicht sind (vergleicht mit S. 116).
4. Übertragt das Verfassungsschaubild (Abb. 1) in euer Heft und erläutert es mit eigenen Worten. Ihr könntet so beginnen: *Die Staatsgewalt ist aufgeteilt in gesetzgebende Gewalt …*

Methode Karikaturen deuten

Was sind Karikaturen?

Die meisten Menschen im 18. Jahrhundert konnten weder lesen noch schreiben. Deshalb wurde die Kritik am Absolutismus nicht nur in Büchern geäußert, sondern auch in Zeichnungen zum Ausdruck gebracht. Solche Zeichnungen werden Karikaturen genannt. Es gab sie schon seit dem 16. Jahrhundert, aber jetzt kamen sie richtig in Mode. Karikaturen zeigen Personen, Ereignisse oder Zustände häufig in übertriebener, verzerrter Darstellung, die oft (aber nicht immer) komisch wirkt und den Betrachter zum Lachen bringt. Dabei geht es dem Zeichner darum, seine Meinung zu einer Sache darzustellen.

Eine Karikatur beschreibt nicht nur, sondern urteilt. Um verstanden zu werden, bedienen sich Karikaturisten bestimmter Stilmittel. Dazu gehört häufig die Übertreibung, z. B. von körperlichen Eigenschaften bestimmter Personen (übergroße Ohren, lange Nasen usw.). Oft werden historische Personen (z. B. Könige), Figuren aus Märchen („Hans im Glück") oder Tiere als Symbolfiguren* (z. B. „Berliner Bär") herangezogen, um eine Sache zu veranschaulichen. Die Arbeitsschritte helfen euch, eine Karikatur zu deuten.

1. Schritt Beobachten

- Betrachtet die Karikatur so genau wie möglich und notiert euren ersten Eindruck.

2. Schritt Beschreiben

- Beschreibt so genau wie möglich, was abgebildet ist (Personen, Tiere, Gegenstände) und wie es abgebildet ist (z. B. Mimik, Gestik). Was geschieht? Wird eine Handlung deutlich? Welche Texte gehören zum Bild?

3. Schritt Deuten

- Welche Bedeutung haben die abgebildeten Personen, Tiere oder Gegenstände? Welche Bedeutung hat die Handlung?

4. Schritt Einordnen

- Auf welche Situation oder Ereignisse beziehen sich die Aussagen der Karikatur?

5. Schritt Werten

- Welche Position bezieht die Karikatur zum Thema? Wie seht ihr das Problem?

1. Beschreibt und deutet Abbildung 1 mithilfe der Arbeitsschritte. Ihr könntet so beginnen: *Die Karikatur zeigt drei männliche Personen und mehrere Tiere in einer Landschaft, die mit einer offenen Säulenhalle dekoriert ist. Die aktive Person im Vordergrund links ist mit einer roten Jacke …*
2. Beschreibt und deutet Abbildung 2.

[1] „So kann es nicht weitergehen". *Karikatur 1789.*

[2] Das Erwachen des dritten Standes. *Karikatur 1789.*

*
Symbol
Wort, Form, Gegenstand oder Vorgang, der nicht für sich allein steht, sondern eine verborgene Bedeutung hat. Beispiel: Das Kreuz ist Symbol des Christentums.

Menschenrechte früher und heute

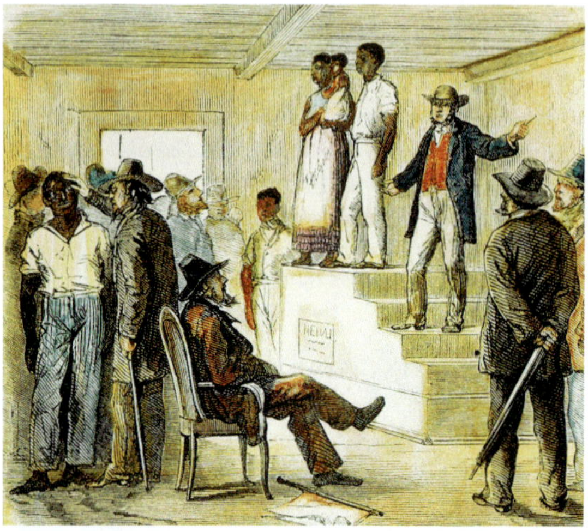

[1] Sklavenversteigerung in den USA. *Holzstich um 1800.*

[3] Dieser kambodschanische Junge hatte eine Hand voll Reis gestohlen. *Heimlich aufgenommenes Foto von 1984.*

1. Beschreibt eure eigenen Gefühle beim Betrachten der Abbildungen 1 und 3.

Menschenrechte haben Geschichte

[2] Chronik der Menschenrechte seit dem 17. Jahrhundert.

1628 Petition of Rights (England)
Schutz vor willkürlicher Festnahme und Inhaftierung, keine Hinrichtung ohne öffentliche Verhandlung, Steuern müssen durch das Parlament genehmigt werden.

1679 Habeas-Corpus-Akte (England)
Inhaftierte mussten innerhalb von drei Tagen einem Richter vorgeführt werden und durften nicht außer Landes gebracht werden.

1689 Bill of Rights (England)
Redefreiheit im Parlament, gegen den Absolutismus.

1776 Unabhängigkeitserklärung (USA)
Recht auf Leben, Freiheit, Streben nach Glück; Gewaltenteilung.

1789 Erklärung der Menschen- und Bürgerrechte (Frankreich)
Die Menschen sind von Geburt an frei und gleich; Sicherheit, Religionsfreiheit, Meinungsfreiheit.

1791 Erklärung der Rechte der Frau und Bürgerin (Frankreich)
„Die Frau ist frei und dem Manne gleich an Rechten" (Olympe de Gouges).

1948 Erklärung der Menschenrechte der Vereinten Nationen (siehe Text 4)

Verfassertext

[4] Erklärung der Menschenrechte der Vereinten Nationen vom 10. Dezember 1948:

Art. 1: Alle Menschen sind frei und gleich an Würde und Rechten geboren …

Art. 3: Jeder Mensch hat das Recht auf Leben, Freiheit und Sicherheit der Person.

Art. 4: Niemand darf in Sklaverei oder Leibeigenschaft gehalten werden.

Art. 5: Niemand darf der Folter oder grausamer, unmenschlicher oder erniedrigender Behandlung oder Strafe unterworfen werden.

Art. 6: Alle Menschen sind vor dem Gesetz gleich …

Art. 9: Niemand darf willkürlich festgenommen, in Haft gehalten oder des Landes verwiesen werden.

Art. 13: Jeder Mensch hat das Recht auf Freizügigkeit und freie Wahl seines Wohnsitzes innerhalb eines Staates …

Art. 14: Jeder Mensch hat das Recht, in anderen Ländern vor Verfolgung Asyl zu suchen und zu genießen.

Art. 18: Jeder Mensch hat Anspruch auf Gedanken-, Gewissens- und Religionsfreiheit …

Art. 19: Jeder Mensch hat das Recht auf freie Meinungsäußerung …

Zit. nach: Fritz Hartung, Die Entwicklung der Menschen- und Bürgerrechte von 1776 bis zur Gegenwart. Vandenhoek & Ruprecht, Göttingen 1972, S. 145ff.

2. Tragt die Chronologie der Menschenrechte in eine Zeitleiste ein.
3. Lest die Artikel aus Text 4 laut vor. Klärt, gegen welche Artikel bei den Abbildungen 1 und 3 verstoßen wird.

[5] Das UN-Wappen.

[6] Ban Ki-moon (geb. 1944), seit 2007 UN-Generalsekretär. *Foto.*

Die UNO als Garant der Menschenrechte?

Die UNO (United Nations Organization), oder kurz UN genannt, ist eine Vereinigung von Staaten zur Sicherung des Weltfriedens und zur Förderung der internationalen Zusammenarbeit, der heute fast alle Staaten der Erde angehören. Der Hauptsitz der UNO ist in New York (USA).

[7] UN-Generalsekretär Ban Ki-moon sagte in einer Erklärung zum Tag der Menschenrechte am 10. Dezember 2010:

Die Menschenrechte sind die Grundlage von Freiheit, Frieden, Entwicklung und Gerechtigkeit – und das Herz der Arbeit der Vereinten Nationen auf der ganzen Welt. ... Menschenrechtsverteidiger sind unterschiedlich. Sie können Teil einer zivilgesellschaftlichen Organisation sein, ein Journalist oder auch ein einzelner Bürger, der durch den Missbrauch in seiner Umgebung angespornt wird, etwas zu tun. ...Menschenrechtsverteidiger spielen eine entscheidende Rolle im Kampf gegen Diskriminierung. Sie ermitteln gegen Verstöße und helfen Opfern, Gerechtigkeit und Unterstützung zu erlangen. Zu oft birgt ihre Arbeit ein enormes Risiko. Menschenrechtsverteidiger werden belästigt, ihrer Arbeitsplätze beraubt und zu Unrecht verhaftet. In vielen Ländern werden sie gefoltert, geschlagen und ermordet. ...

Zit. nach: http://www.unric.org/de (UNRIC/340)

4. Erklärt, welchen Stellenwert der UN-Generalsekretär den Menschenrechten einräumt?
5. Klärt: Wer kann ein Menschenrechtsverteidiger sein? Was tun solche Menschen? Welche Risiken gehen sie ein?
6. Veranstaltet ein „Brainstorming" und stellt eine Liste zusammen unter der Überschrift: Was könnten wir gegen die Verletzung von Menschenrechten tun?

Amnesty International

AMNESTY INTERNATIONAL

Die Menschenrechtsorganisation kämpft seit Jahrzehnten für die Einhaltung und Durchsetzung der Menschenrechte. Die Zentrale ist in London. Auch in Deutschland gibt es eine Abteilung. Amnesty berichtet im Internet, im Fernsehen, in Zeitungen oder Büchern über Menschenrechtsverletzungen. Die Organisation fordert Menschen weltweit auf, gegen Unrecht einzutreten. Viele Staaten sehen sich gezwungen, dem öffentlichen Druck nachzugeben und Gefangene freizulassen. Ein Beispiel für die erfolgreiche Arbeit von Amnesty ist die äthiopische Journalistin Serkalem Fasil, die wegen regierungskritischer Artikel verhaftet wurde und zum Tode verurteilt werden sollte. Im Gefängnis brachte sie ein Kind zur Welt. Auf Druck zahlreicher Unterstützer von Amnesty wurde sie 2007 freigelassen.

[8] Masken mit dem Gesicht des chinesischen Friedensnobelpreisträgers Liu Xiaobo, der 2009 zu elf Jahren Haft verurteilt wurde – Amnesty fordert seine Freilassung. *Foto.*

Wählt einen der folgenden Arbeitsaufträge aus:

- Informiert euch auf der Internetseite von Amnesty International Deutschland (http://www.amnesty.de) über Aktivitäten und Mitmach-Möglichkeiten. Gestaltet dazu Plakate.
- Erarbeitet auf der Basis der Informationen von Amnesty International einen Plan für eine Aktion und tragt ihn in der Klasse vor.

Frauen fordern Rechte

[1] Zug der Frauen von Paris nach Versailles am 5. Oktober 1789.
Zeitgenössische Darstellung.

[2] Triumphale Rückkehr der Marktfrauen aus Versailles.
Zeitgenössische Darstellung.

1. Beschreibt Abbildung 1 und vermutet, um was es auf dem Bild gehen könnte.

Frauen in der Revolution

Vor der Revolution waren die Frauen fast ganz und gar rechtlos. Selbst verheiratete Frauen durften ohne die Zustimmung ihres Ehemanns keinerlei Rechtsgeschäfte abschließen. Verließ der Mann seine Frau, hatte sie kein Recht auf Unterhalt und bekam keinen Anteil am Vermögen der Familie. Auch mit dem Beginn der Revolution hatte sich die Lage der Frauen kaum verändert. Noch immer waren sie von allen politischen Aktivitäten ausgeschlossen.

Auf nach Versailles!

Ludwig XVI. zögerte seine Zustimmung zu den Beschlüssen der Nationalversammlung vom August 1789 immer wieder heraus. Er ließ in der Nähe seines Schlosses in Versailles Truppen aufmarschieren. Wollte er die Revolution mit Waffengewalt beenden? In Paris war das Brot knapp und teuer. Jetzt machten sich die Marktfrauen auf den Weg nach Versailles. Unterwegs kamen nach und nach immer mehr Frauen hinzu. Bald waren sie im Besitz von Gewehren und Kanonen. Als der König von der Jagd zurückkehrte, wurde er schon von den Frauen erwartet. Er versuchte in einer Rede, die Menge zu beruhigen. Da rief jemand: „Der König nach Paris! Der König nach Paris!" Schließlich gab der König nach und fuhr mit seiner Familie nach Paris. Im Triumphzug kehrten die Frauen zur Hauptstadt zurück.

Frauen fordern Mitbestimmung

Jetzt wurden in vielen Städten Frauenklubs gegründet, die sich aktiv für die Rechte der Frauen einsetzten. Olympe de Gouges wurde zur bekanntesten Frauenrechtlerin der Revolution. Aber schon 1793 wurden alle Frauenklubs verboten. Viele Frauen – auch Olympe de Gouges – wurden verfolgt und hingerichtet.

[3] 1791 hatte sie die „Erklärung der Rechte der Frau und der Bürgerin" verfasst:

Artikel 1: Die Frau ist frei geboren und bleibt dem Mann gleich an Rechten.
Artikel 2: Ziel und Zweck jedes politischen Zusammenschlusses ist der Schutz der natürlichen und unveräußerlichen Rechte sowohl der Frau als auch des Mannes. Diese Rechte sind: Freiheit, das Recht auf Eigentum, Sicherheit und besonders das Recht auf Widerstand gegen Unterdrückung.
Zit. nach: Paul Noack, Olympe des Gouges. dtv, München 1992, S. 164ff.

2. Vergleicht Text 3 mit Text 2 auf Seite 120. Worin bestehen die Ähnlichkeiten und die Unterschiede?

Wählt einen der folgenden Arbeitsaufträge aus:

- Schreibt zum Marsch der Frauen nach Versailles (Abb. 1) einen Zeitungsartikel.
- Erfindet zu der Abbildung 1 oder 2 einen Comic mit Sprech- und Denkblasen.

[4] Maximilian Robespierre und Olympe de Gouges. *Illustration.*

„Mann, bist du fähig, gerecht zu sein?"

Die führenden männlichen Revolutionäre sprachen den Frauen alle politischen Mitwirkungsrechte ab. Statt in Frauenklubs zu gehen und dort politische Reden zu halten, sollten die Frauen lieber zu Hause bleiben und ihre Männer und Kinder versorgen.

Das folgende Streitgespräch zwischen Olympe de Gouges und dem Revolutionsführer Maximilian Robespierre (siehe S. 128) ist frei erfunden:

[5] Oktober 1793 – Robespierre sitzt in einem Pariser Cafe und liest. Da stürmt Madame de Gouges herein und nimmt an seinem Tisch Platz. Es beginnt ein erregtes Gespräch:

Robespierre: Guten Tag, Madame. Ich freue mich, Sie kennenzulernen. Aber Sie kommen mir sehr aufgeregt vor. Was ist passiert?

O. de Gouges: Guten Tag, Monsieur. Hören Sie! Sie sind einer der mächtigsten Männer von Frankreich. Aber was tun Sie für uns Frauen? Nichts …

Robespierre: Madame, ich bin der Meinung, dass Frauen nicht …

O. de Gouges: Ja, so habe ich es mir vorgestellt. Haben Sie etwa vergessen, was wir Frauen im Oktober '89 für die Revolution getan haben? Und jetzt …

Verfassertext

3. Setzt das erfundene Streitgespräch fort. Informiert euch vorher über die Argumente von Frauen und Männern anhand der Materialien auf dieser Doppelseite. Schreibt das Streitgespräch auf und spielt es in der Klasse vor (diese Aufgabe kann man auch gut in Gruppen bearbeiten).

[6] Frauenklub. *Zeichnung 1792/93.*

[7] Aus einer Rede des Vorsitzenden des Pariser Stadtrates, Chaumette, vom 15. November 1793:

… Hat die Natur den Männern die häuslichen Aufgaben anvertraut? Hat sie uns Brüste gegeben, um unsere Kinder zu säugen? Nein! Sie hat zum Mann gesagt: Sei Mann. Die Jagd, die Landwirtschaft, die politischen Aufgaben … das ist dein Reich. Sie hat zur Frau gesagt: Sei Frau. Die liebevollen Sorgen, die der Kindheit geschuldet sind, die verschiedenen Haushaltsdinge, die süßen Sorgen der Mutterschaft – das sind deine Arbeiten.

Zit. nach: Ulrich F. Müller, Die Französische Revolution, München 1988, S. 250

[8] Aus der Vorrede zur „Erklärung der Rechte der Frau und Bürgerin" von O. de Gouges (1791):

Mann, bist du fähig, gerecht zu sein? … Sag an, wer hat dir die selbstherrliche Macht verliehen, mein Geschlecht zu unterdrücken? Einzig der Mann hat sich aus dieser Ausnahme ein Prinzip zurechtgeschustert. Wunderlich, blind, aufgebläht und entstellt von seiner Wissenschaft, fällt er in diesem Jahrhundert der Aufklärung und Vernunft in gröbste Unwissenheit zurück und glaubt, despotisch über ein Geschlecht verfügen zu können, das alle intellektuellen Fähigkeiten besitzt.

Zit. nach: Geschichte auch für Mädchen, hrsg. von der Parlamentarischen Staatssekretärin für die Gleichstellung von Frau und Mann beim Ministerpräsidenten des Landes Nordrhein-Westfalen, Düsseldorf 1989, S. 31

[9] Aus einer Bittschrift von Frauen um das Recht auf Ehescheidung von 1790:

… wenn ihr selbst zugebt, dass die Frauen ihre Ehemänner verlassen werden, so doch deshalb, weil die Ehemänner Tyrannen sind, die das Gesetz dazu ermächtigt. … Wir werden aus der Ehe etwas Aufrichtiges machen, sowohl die Eigenart eines jeden als auch die Liebe werden zurate gezogen werden …

a. a. O., S. 28

Frankreich wird Republik

[1] Die Nationalgarde zieht in den Krieg. *Montage zum Gemälde von Leon Cogniet, 1836.*

1. Beschreibt Abbildung 1. Welche Stimmung soll das Bild vermitteln?
2. Lest den einmontierten Text der „Marseillaise" (gedichtet und erstmals in Marseilles gesungen, heute Nationalhymne Frankreichs) laut vor. Wozu sollte das Lied auffordern? Nehmt Stellung zum Text.

Gegner der Revolution in Frankreich

Nicht alle Menschen waren mit der Revolution einverstanden. Nachdem die Nationalversammlung die Enteignung der Kirchengüter beschlossen hatte, verweigerte die Hälfte aller Geistlichen den Eid auf die Verfassung.

Als sich die Versorgung mit Lebensmitteln verschlechterte, weigerten sich im Westen Frankreichs kirchen- und königstreue Bauern, für die Revolution gegen ausländische Truppen zu kämpfen. Immer wieder kam es zu Unruhen und Aufständen, die von der Regierung brutal niedergeschlagen wurden.

Revolution und Krieg

Die europäischen Staaten außerhalb Frankreichs wurden von absoluten Königen und Fürsten regiert. Sie fürchteten, dass sich die Ideen der Revolution auch in ihren Ländern ausbreiten könnten. Viele französische Adlige, die ins Ausland geflohen waren, verstärkten die feindselige Haltung gegenüber Frankreich. Um einer Kriegserklärung der verbündeten ausländischen Fürsten zuvorzukommen, beschloss die Nationalversammlung 1792, mit dem Krieg zu beginnen. Jetzt erfasste eine nationale Begeisterung die Franzosen. Mit dem Ruf „Das Vaterland ist in Gefahr" meldeten sich Zehntausende von Freiwilligen zu den Waffen.

Zu Beginn des Krieges waren die Berufsarmeen der verbündeten Österreicher und Preußen überlegen. Aber dann eroberte die französische Revolutionsarmee Belgien, das Rheinland und stieß bis Frankfurt am Main vor.

3. Fasst zusammen, welche Haltung für den Erfolg der französischen Armeen verantwortlich war.

[2] Hinrichtung Ludwigs XVI. am 21. Januar 1793. *Zeitgenössischer Stich.*

Der König auf der Flucht

Die Verfassung von 1791 hatte die absolute Macht des Königs stark eingeschränkt. Der König musste sich an die Gesetze halten und war nicht mehr der oberste Richter. Ludwig XVI. wollte sich nicht damit abfinden. Er nahm Kontakt zu französischen Adligen auf, die jetzt im Ausland lebten. In der Nacht vom 20. Juli 1791 floh der König mit seiner Familie, wurde aber kurz vor der deutschen Grenze erkannt und als Gefangener nach Paris zurückgebracht.

Anklage und Hinrichtung

Seit dem Beginn des Krieges gegen die verbündeten Fürstenheere stand der König unter dem Verdacht, mit den Feinden gemeinsame Sache zu machen. Als der feindliche Oberkommandierende damit drohte, Paris zu zerstören, falls der königlichen Familie etwas zustoßen würde, stürmten Revolutionäre das Stadtschloss des Königs. Bei den Gefechten mit der königlichen Leibgarde kamen 400 Menschen ums Leben. Jetzt wurde der König für abgesetzt erklärt. Bei dem Prozess gegen ihn stimmte eine knappe Mehrheit für die Todesstrafe. Am 21. Januar 1793 wurde Ludwig XVI. hingerichtet. Frankreich war nun eine Republik, ein Staat ohne König.

4. Beschreibt Abbildung 2 und nehmt zur Hinrichtung Ludwigs XVI. und zum Problem der Todesstrafe aus heutiger Sicht Stellung.

Wählt einen der folgenden Arbeitsaufträge aus:

- Lest die Äußerungen der Personen in Abbildung 3 laut vor. Zu welchen Bevölkerungsgruppen gehören sie? Welche Meinung könnt ihr unterstützen, welche lehnt ihr ab?
- Erstellt eine Tabelle und beschreibt in Stichworten die in Abbildung 3 dargestellten Personen genauer (Mimik, Gestik, Kleidung usw.), ordnet ihnen jeweils einen der Begriffe Bürger, Adlige, Bauer, Kleinbürgerin und die Hauptaussage aus den Sprechblasen zu.

[3] Stimmen zur Hinrichtung des Königs. *Illustrationen.*

Freiheit durch Terror?

[1] Georges Danton (1759–1794), Rechtsanwalt, galt in der Revolution als großer Redner, der die Volksmassen begeisterte; gründete das Revolutionstribunal, das Tausende in den Tod schickte; wurde durch Robespierre gestürzt und 1794 auf der Guillotine hingerichtet.

[2] Maximilien Robespierre (1758–1794), Rechtsanwalt aus Arras, wurde 1789 Mitglied des Jakobinerklubs, er betrieb die Hinrichtung des Königs, war als Vorsitzender des Wohlfahrtsausschusses für die Terrorherrschaft verantwortlich; 1794 gestürzt und auf der Guillotine hingerichtet.

[3] Guillotine. *Zeichnung.*

1. Beschreibt die Funktion der Guillotine (Abb. 3) und klärt, warum die Maschine von ihrem Erfinder als „Fortschritt" empfunden wurde.

Die Herrschaft der Jakobiner

Der Krieg bedrohte Frankreich von außen. Im Land selbst gab es gegenrevolutionäre Aufstände. Die Lebensmittel wurden knapp und das Geld verlor seinen Wert. In dieser schwierigen Situation riss die radikale* Gruppe der Jakobiner (benannt nach ihrem Versammlungsort, dem Kloster St. Jakob) unter Führung von Georges Danton und Maximilien Robespierre die Macht an sich. Die Jakobiner beriefen sich auf die Schriften der Aufklärung und setzten sich für eine Volksherrschaft ein. Der von Robespierre geleitete Wohlfahrtsausschuss wurde zur eigentlichen Regierung in Frankreich. 1793 wurde ein Gesetz gegen die Verdächtigen erlassen. Als verdächtig galten alle Personen, die sich durch ihr Verhalten oder durch ihre Beziehungen, ihre mündlichen oder schriftlichen Äußerungen als Feinde der Freiheit zu erkennen gaben. Jetzt hatte ein Angeklagter, der als Verdächtiger vor dem Revolutionstribunal stand, kaum eine Chance. Meistens lautete das Urteil: Tod durch die Guillotine*. Fast täglich wurden Todesurteile vollstreckt. Die Schreckensherrschaft der Jakobiner kostete etwa 35 000 Menschen das Leben.

*

radikal
Bis auf die Wurzel, bis zum Äußersten gehend.

Guillotine
Hinrichtungsgerät der Revolution, benannt nach dem Erfinder, dem Arzt Guillotin.

Terror
Schreckensherrschaft.

[4] Maximilien Robespierre sagte in einer Rede am 5. Februar 1794 über die Grundsätze seiner Politik:

Welches Ziel also streben wir an? Den friedlichen Genuss der Freiheit und Gleichheit … Wir wollen eine Ordnung der Dinge, in der alle niederen und grausamen Leidenschaften unbekannt sind, wo aber zu allen wohltätigen und großherzigen Leidenschaften gesetzlich aufgefordert wird, wo der Ehrgeiz nur der Wunsch nach Ruhm und nach dem Dienst des Vaterlandes ist. … Bezwingt die Feinde der Freiheit durch Terror* und ihr habt recht, denn ihr seid die Gründer der Republik. …

Zit. nach: Geschichte in Quellen, Bd. 4, hg. v. Wolfgang Lautenmann u. a. bsv, München, 1981, S. 392

[5] Der Revolutionär Camille Desmoulins hatte in einer Rede 1793 erklärt:

Die Freiheit ist das Glück, ist die Vernunft, ist die Gleichheit, ist die Gerechtigkeit, die Erklärung der Rechte … Ihr wollt eure Feinde mit der Guillotine austilgen. Hat man je einen größeren Aberwitz gesehen? Könnt ihr einen Einzigen auf dem Schafott umbringen, ohne euch unter seinen Verwandten oder Freunden zehn Feinde zu machen?

Zit. nach: Die Französische Revolution 1789–1799. Ein Lesebuch, hg. v. U. F. Müller. Piper, München 1988, S. 258

2. Tragt die Texte 4 und 5 vor der Klasse vor.
3. Vergleicht die in den Texten 4 und 5 vorgetragenen Ansichten und beurteilt sie.

[6] Gefangene, die auf das Verhör vor dem Revolutionstribunal oder auf ihren Abtransport zur Hinrichtung warten. *Zeitgenössisches Gemälde.*

[7] Camille Desmoulins schrieb am 1. April 1794 aus dem Gefängnis in einem Brief an seine Frau Lucile:

Du kannst dir nicht vorstellen, was es bedeutet, im Gefängnis zu sein, ohne zu wissen warum, ohne dass man verhört worden wäre, ohne eine einzige Zeitung zu bekommen! Das heißt zugleich leben und tot sein, das heißt nur existieren, um zu spüren, dass man in einem Sarg liegt … Man ruft mich … Gerade eben haben mich die Kommissare der Regierung verhört. Es wurde mir nur eine Frage gestellt: Ob ich mich gegen die Republik verschworen hätte. Wie lachhaft! Kann man den reinsten Republikanismus derart beleidigen! Ich sehe, welches Schicksal mich erwartet. Leb wohl. … Obwohl ich sterben muss, glaube ich, dass es einen Gott gibt. Mein Blut wird meine Fehler, meine menschlichen Schwächen tilgen; und das Gute in mir, meine Tugenden*, meine Freiheitsliebe, wird Gott belohnen. Ich werde Dich einmal wiedersehen, o Lucile!

Zit. nach: Die Französische Revolution. Ein Lesebuch mit zeitgenössischen Berichten und Dokumente. Reclam, Stuttgart 1989, S. 344 ff.

[8] Königin Marie Antoinette wird am 16. Oktober 1793 zur Hinrichtung gefahren. *Szene mit Jane Seymour aus dem Spielfilm „Die Französische Revolution, 1989".*

[9] Platz der Revolution. *Szene mit Jane Seymour aus dem Spielfilm „Die Französische Revolution, 1989".*

Camille Desmoulins wurde am 5. April 1794 zusammen mit seinem Freund Danton hingerichtet. Seine Ehefrau, die gegen die Verhaftung ihres Mannes protestiert hatte, erlitt wenige Tage später das gleiche Schicksal.

4. Erörtert, warum es Desmoulins so schwer fiel, seine Verhaftung und seine Verurteilung zu begreifen.
5. Diskutiert, ob Gewalt als Mittel in der Politik eine Rolle spielen darf oder nicht.

Das Ende der Schreckensherrschaft

Nachdem die französische Revolutionsarmee die äußeren Feinde besiegt hatte, konnten die Jakobiner ihre Terrormaßnahmen nicht länger aufrechterhalten. Am 27. Juli 1794 wurde Robespierre verhaftet und am Tag darauf hingerichtet. Damit war die Schreckensherrschaft zu Ende. Die Regierung wurde einem fünfköpfigen Direktorium übertragen.

Wählt einen der folgenden Arbeitsaufträge aus:

- Schreibt zu einer der Abbildungen 6 bis 9 ein Interview mit einem Gefangenen oder Zuschauer.
- Schreibt einen Brief, den Lucile an ihren Mann Camille Desmoulin ins Gefängnis geschrieben haben könnte.

Was ihr noch tun könnt …

- Schreibt mithilfe der Materialien dieser Doppelseite ein Film-„Drehbuch" zum Alltag der Revolution: Verhaftung, Verhör, Verurteilung, Fahrt zur Hinrichtung, Guillotine.

*

Tugend
Tüchtigkeit, etwas Wertvolles.

Wahlseite Eine Adlige

Hier kommen wieder sechs Wahlseiten!

Wie ihr damit umgeht, könnt ihr auf S. 239 noch mal nachlesen.

1. Informiert euch anhand des Erzähltextes und der Bilder über die Lebensweise und Anschauungen einer Adligen.
2. Gebt eure Informationen in geeigneter Form an die anderen Schülerinnen und Schüler weiter.

[1] Adlige Dame mit Hündchen.
Gemälde von François Boucher, um 1740.

[3] Das könnte eine Adlige erzählen:
Also, vor der Revolution wusste jeder in Frankreich, wohin er gehörte. Unser guter König Ludwig regierte den Staat nach seinem Willen und alle anderen Menschen waren seine Untertanen. Ich hatte das Glück in seiner Nähe am Hofe von Versailles leben zu dürfen. Ach, was waren das für herrliche Zeiten! Schon früh morgens sprangen meine Dienerinnen um mich herum, um mir die Perücke zu frisieren und mir die passenden Kleider zu reichen. Dann ging ich in das Gemach der Königin, um ihr beim Ankleiden zu helfen. Nach der Messe gab es dann ein großes Frühstück mit Austern und Champagner. Über Tag war ich oft dabei, wenn der König auf die Jagd ritt. Abends gab es Konzerte, Ballettaufführungen oder Theaterstücke. An die großen Hofbälle und Feuerwerke will ich gar nicht erst denken …
Und jetzt? Seitdem die Revolution im Gange ist, führen Leute das große Wort, die nicht einmal lesen und schreiben können. Heute ist die Bezeichnung „Aristokrat" [Adliger] ein Schimpfwort und kann unsereins den Kopf kosten. Ständig werden wir verdächtigt, eine Gegenrevolution machen zu wollen oder mit den geflüchteten Adligen im Ausland gemeinsame Sache zu machen. Wer unter Verdacht steht, ist seines Lebens nicht mehr sicher. Auf ihn wartet die Guillotine.
Verfassertext, nach Quellen zusammengestellt

[2] Die Erziehung bei den Reichen. Ein junger Adliger wird von einem Hauslehrer unterrichtet. Hinter ihm beobachten ein Geistlicher und die Eltern die Szene.
Gemälde von Noel Hallé, 1765.

Wahlseite Eine Bäuerin

1. Informiert euch anhand des Erzähltextes und der Bilder über die Lebensweise und Anschauungen von einer Bäuerin.
2. Gebt eure Informationen in geeigneter Form an die anderen Schülerinnen und Schüler weiter.

[1] **Das könnte eine Bäuerin erzählen:**
Viele Menschen sind unzufrieden mit der Revolution. Sie schimpfen über hohe Preise für Lebensmittel, den Krieg oder den Terror, den die Jakobiner mit der Guillotine veranstalten. Dabei sollten sie einmal daran denken, wie es uns vor der Revolution ging.
Ich musste Steuern an den Staat bezahlen und über 100 Tage im Jahr an den Straßen des Königs arbeiten. Ein Teil der Ernte ging an den adligen Grundherrn und zwei- oder dreimal in der Woche musste ich auf den Feldern der Adligen Frondienste leisten. Manchmal bekamen wir die Anweisung, mit Stöcken auf die Teiche zu schlagen, damit die hohen Herrschaften nicht von dem Quaken der Frösche gestört wurden. Wenn die Kaninchen oder Vögel dem Bauern das Saatgut wegfraßen, konnte er nur machtlos zusehen, denn er besaß nicht das Jagdrecht. Mein Vater ist von einem Wildhüter ohne Vorwarnung niedergeschossen worden, weil er ein Kaninchen erschlug, das auf seinen Feldern wühlte. Wollte ein Bauernkind heiraten, musste erst eine Genehmigung des Grundherrn eingeholt werden – gegen Gebühr, versteht sich.
Man wird jetzt vielleicht verstehen, warum wir Bauern in der Revolution die Schlösser der Adligen stürmten und die Papiere verbrannten, die unsere Unfreiheit bestätigten. Seit dem 4. August 1789 ist die Leibeigenschaft aufgehoben, wir dürfen jetzt auf unserem Grund und Boden jagen und der Adlige ist nicht mehr unser Richter. Aber von den Abgaben an den Grundherrn muss man sich freikaufen. Dazu sind viele Bauern zu arm.
Verfassertext, nach Quellen zusammengestellt

[2] Die Gemüsebäuerin. *Gemälde von Jacques-Louis David, um 1790.*

[3] Die Scheune. Für viele Knechte und Mägde waren Scheunen nicht nur Arbeits-, sondern auch Wohnraum. *Gemälde von Hubert Robert, um 1790.*

Wahlseite Ein Pfarrer

[1] Soldaten verfolgen Priester. *Karikatur um 1792.*

1. Informiert euch anhand des Erzähltextes und der Bilder über die Lebensweise und die Ansichten des Pfarrers.
2. Gebt eure Informationen in geeigneter Form an die anderen Schülerinnen und Schüler weiter.

[3] Das könnte ein Pfarrer erzählen:

Ich bin katholischer Pfarrer einer Gemeinde auf dem Lande. Ich kenne die kleinen Leute, die Bauern, die Knechte und Mägde sehr gut. Ich sehe sie nicht nur sonntags in der Messe, bei Kindtaufen, Hochzeiten oder Beerdigungen, sondern sie kommen auch zu mir, wenn ich ihnen einen Brief vorlesen oder schreiben soll. So war das bisher, aber mit der Revolution hat sich alles geändert.

Am Anfang war ich noch ganz auf der Seite des dritten Standes, denn ich wusste ja, wie sehr die einfachen Menschen auf dem Lande von den Grundherren ausgebeutet wurden. Aber dann hat man uns Geistlichen unseren Grundbesitz abgenommen. Statt der Ernteabgaben von den Bauern bekamen wir jetzt ein Gehalt vom Staat. Die Trauungen sollten auch von staatlichen Beamten vorgenommen werden und nicht mehr von uns Priestern. Unsere Bischöfe wurden nun nicht mehr vom Papst, sondern von der Regierung ernannt. Um uns Priester in den Griff zu bekommen, sollten wir einen Eid (Schwur) auf die Verfassung ablegen. Da auch der Papst gegen die Verfassung war, habe ich wie viele andere den Eid verweigert. Als ich aber hörte, dass Hunderte von Priestern im September 1792 in Pariser Gefängnissen ermordet worden waren, bekam ich es mit der Angst und legte den staatlichen Eid doch noch ab. Das haben mir die Leute in der Gemeinde aber sehr übel genommen. Seitdem will niemand mehr in der Messe dienen, ich werde öffentlich als Schuft bezeichnet und musste mich verstecken, um nicht misshandelt zu werden.

Verfassertext, nach Quellen zusammengestellt

[2] Bauern verstecken einen Priester. *Gemälde von Charles Fortin, 1853.*

Wahlseite Eine Marktfrau

[1] Der Platz vor den Pariser Markt-Hallen. *Gemälde von Nicolas Bernard Lépicié, 1779.*

1. Informiert euch anhand des Erzähltextes und des Bildes über den Alltag und die Ansichten der Marktfrau.
2. Gebt die Informationen an die anderen Schülerinnen und Schüler weiter, z. B. könntet ihr ein Streitgespräch auf dem Markt über die Vor- und Nachteile der Revolution führen.

[2] **Das könnte eine Marktfrau erzählen:**
Ich arbeite in den Markthallen von Paris, dort, wo täglich Fleisch und Fisch, Obst und Gemüse und viele andere Waren angeboten werden. Jetzt kommen die Frauen meistens schon im Morgengrauen, um sich in die langen Schlangen vor den Läden einzureihen. Seitdem wir Krieg haben, sind die Lebensmittel knapp und oft sehr teuer. Viele Menschen sind unzufrieden. Noch gestern konnte ich hören, wie sich einige Frauen darüber beklagten, dass es kein Fleisch mehr gab. „Da ging es uns unter dem König ja noch besser", schrie eine Handwerkersfrau. „So, meinst du das wirklich, Bürgerin?", fragte da eine andere Frau zurück. „Denkt doch nicht immer nur ans Essen. Schließlich hat die Revolution doch einiges erreicht. Früher waren wir alle nur Untertanen. Heute sind alle Menschen frei und gleich und können ihre Volksvertreter selbst wählen." „So ein Unsinn!", spottete die Handwerkersfrau, „wir Weiber dürfen doch gar nicht wählen und unsere Männer auch nicht – oder zahlt einer von euren Kerlen so viele Steuern, dass er wählen darf?" „Aber dafür sind wir ja jetzt so frei", spottete eine Dritte, „wenn du etwas gegen unsere weise Regierung sagst, bist du bald auf der Guillotine und die macht mit einem scharfen Schnitt dann alle Menschen gleich." Die Umstehenden lachten, aber es war ein nachdenkliches Lachen.
Verfassertext, nach Quellen zusammengestellt

3. Beschreibt Abbildung 1 so genau wie möglich.
4. Stellt die Argumente für und gegen die Revolution gegenüber.

Wahlseite Ein Jakobiner

[1] Ein Angeklagter vor dem Revolutionstribunal. *Zeitgenössischer kolorierter Stich.*

1. Informiert euch anhand des Erzähltextes über die Anschauungen eines Jakobiners.
2. Gebt eure Informationen an die anderen Schülerinnen und Schüler weiter, z. B. könntet ihr eine Rede halten, mit der ein Jakobiner versucht, die Terrormaßnahmen der Regierung zu begründen.

[2] Das könnte ein Jakobiner erzählen:
Ich bin Mitglied des Jakobinerklubs, den man als eine politische Partei bezeichnen kann. Der Name ist nach unserem Versammlungsort entstanden, dem ehemaligen Kloster Sankt Jakob in Paris. Wie einige andere Jakobiner bin ich von Beruf Rechtsanwalt und wurde im Mai 1789 als Abgeordneter des dritten Standes in die Generalstände gewählt. Am Absolutismus hat mich immer maßlos geärgert, dass ich zwar gebildeter und klüger war als so mancher adlige Hohlkopf, aber trotzdem keine politischen Rechte hatte. Solche Zustände dürfen nie wieder zurückkehren.
Seit 1792 sind wir im Krieg mit Österreich und Preußen. Viele Adlige sind ins Ausland geflohen und hetzen die fremden Mächte gegen uns auf. Aber nicht nur von außen droht uns Gefahr. In Frankreich selbst gibt es viele, die die alten Zustände wieder einführen möchten. Das werden wir Jakobiner aber nicht zulassen. Verdächtig macht sich, wer in Volksversammlungen durch boshafte Bemerkungen, Hetz- und Protestrufe Verwirrung stiftet. Verhaftet und angeklagt wird auch, wer mit ehemaligen Adligen oder mit antirevolutionären Priestern umgeht. Wir werden Frankreich eher in einen Leichenacker verwandeln, als die Ziele der Revolution aufzugeben. Für uns ist der Schrecken nichts anderes als die strenge, unbeugsame Gerechtigkeit. Viele meinen, wir seien Schlächter, weil wir die Guillotine einsetzen. Dabei vergessen sie, welche schrecklichen Hinrichtungsarten es früher gab. Dagegen ist die Guillotine schnell und schmerzlos.
Verfassertext, nach Quellen zusammengestellt

3. Beschreibt Abbildung 1 und schildert die Gefühle der Richter und des Angeklagten.
4. Erklärt die politischen Ansichten des Jakobiners. Beurteilt: Worin liegt die Gefahr für Andersdenkende?

Wahlseite Eine Sansculottin

1. Informiert euch anhand des Erzähltextes und der Bilder über die Lebensweise und Anschauungen einer Sansculottin.
2. Gebt eure Informationen an die anderen Schülerinnen und Schüler weiter, z. B. könntet ihr mit einem Aufnahmegerät ein Interview aufzeichnen (eine Sansculottin wird nach ihren Ansichten befragt).

[1] **Das könnte eine Sansculottin erzählen:**
Man nennt mich eine Sansculottin. Wörtlich übersetzt heißt Sansculotte „Ohne Hosen". Natürlich gehen unsere Männer nicht ohne Hosen, aber sie verschmähen die Kniebundhosen und Seidenstrümpfe, die die adligen Angeber und reichen Bürger immer noch anziehen. Wir Sansculottinnen gehören zu den Kleinbürgern. Wir tragen einfache Kleider und auf dem Kopf eine rot-weiße Haube mit dem Abzeichen der Revolution. Ich lebe mit meiner Familie hier in Paris im fünften Stock eines Mietshauses. Anders als die reichen Nichtstuer wissen wir Sansculotten, wie man einen Acker pflügt, wie man schmiedet, sägt, feilt, ein Dach deckt, Schuhe macht und wie man bis zum letzten Tropfen sein Blut für das Wohl der Republik vergießt. Für mich sind alle Menschen gleich. Deswegen kann ich nicht einsehen, warum ich noch jemanden mit „Sie" anreden soll. Ich duze alle Leute, nenne sie „Bürger" und nicht „Herr". Wenn der Stadtrat von Paris oder der Wohlfahrtsausschuss eine Sitzung abhält, sind wir Weiber auf der Tribüne. Und wehe den Männern, die da Unsinn reden. Da pfeifen und johlen wir so lange, bis der Redner aufhört. Ich hasse die Adligen, die dicken Kaufleute, die eingebildeten Rechtsverdreher, die vollgefressenen Ladenbesitzer und alle faulen Bürohengste. Wenn es nach denen ginge, wäre die Revolution schon 1791 zu Ende gewesen. Da haben sie eine Verfassung gemacht, bei der nur die Bürger mit der dicken Brieftasche wählen durften. Diese Leute denken nicht an die Revolution, sondern nur an ihren Besitz. Übrigens: Ein Sansculotte hat immer seinen Säbel blank, um allen Feinden der Revolution die Ohren abzuschneiden.
Verfassertext, nach Quellen zusammengestellt

3. Beschreibt die Abbildungen 2 und 3. Was könnt ihr besser erklären, wenn ihr zuvor den Text 1 gelesen habt?
4. Listet auf, wodurch sich Sansculotten von den Bürgern unterscheiden.

[2] Zwei Sansculotten. *Zeitgenössische Zeichnung.*

[3] Französische Bürger tanzen um einen Freiheitsbaum. Links ist ein Sansculotte erkennbar. *Kolorierte Radierung, 1793.*

Napoleon – Herrscher Europas

[1] Napoleon im Krönungsornat. *Gemälde von François Gérard, 1805.*

1. Beschreibt und vergleicht Abbildung 1 mit dem Bild von Ludwig XIV. auf Seite 112.

Napoleon

Am 9. November 1799 vertrieb der junge General Napoleon Bonaparte (1769–1821) mithilfe seiner Soldaten die Regierung und ließ sich zum Konsul ernennen. Er war im Volk beliebt, denn er hatte 1795 einen Aufstand gegen die Revolution niedergeschlagen und in vielen Schlachten gegen die verbündeten ausländischen Fürstenheere gesiegt. Nach den Unruhen sehnten sich die Menschen nach einem neuen „starken Mann". Im Jahr 1804 krönte sich Napoleon in der Kathedrale von Notre-Dame zu Paris selbst zum Kaiser. Frankreich war wieder eine Monarchie. War jetzt alles wieder so wie vor der Revolution?

Napoleon – Retter oder Zerstörer der Revolution?

Napoleon erklärte die Revolution für beendet. Die Staatsmacht stand unter seiner Kontrolle. Dabei konnte sich der Kaiser vor allem auf die ihm treu ergebene Armee stützen. Die Teilung der Gewalten in gesetzgebende, ausführende und richterliche Gewalt wurde aufgehoben. Freie Wahlen und Pressefreiheit gab es nicht mehr. Aber die Freiheit der Person, die Gleichheit vor dem Gesetz und das Recht auf Eigentum blieben bestehen. Frankreich wurde in etwa gleich große Verwaltungsbezirke (Departements) mit einer zentral gelegenen Verwaltungshauptstadt eingeteilt. Innerhalb dieser Departements gab es Unterbezirke und Gemeinden. Über die Besetzung der hohen Ämter in der Verwaltung, Polizei und Armee entschied Napoleon selbst. 1804 erschien eine Gesetzessammlung, der „Code Napoleon", worin die Rechte der einzelnen Personen und Fragen des Eigentums geregelt waren.

2. Zeichnet eine Tabelle in euer Heft und stellt zum Thema „Napoleon – Retter oder Zerstörer der Revolution?" zusammen:

Was blieb von der Revolution?	Was wurde abgeschafft?	Was wurde neu eingeführt?

3. Beurteilt die Frage, ob durch Napoleon alles wieder so wurde, wie es vor der Revolution war.

Europa unter der Herrschaft Napoleons

Schon als junger Mann war Napoleon zum General der Revolutionstruppen aufgestiegen. Die Soldaten verehrten den klein gewachsenen Heerführer, der ihnen in zahlreichen Schlachten alles abverlangte, aber auch das Gefühl gab, für eine große Sache zu kämpfen. Mit seinen Truppen eroberte Napoleon große Teile Europas. Um seine Macht zu sichern, setzte er seine Brüder oder enge Vertraute zu Herrschern in den von Frankreich abhängigen Ländern ein.

[2] Napoleons Einzug in Düsseldorf im Jahr 1811. *Kolorierter Kupferstich von J. Petersen.*

Napoleon verändert die deutsche Landkarte

Nach seinen militärischen Siegen zwang Napoleon die deutschen Fürsten, das linke Rheinufer an Frankreich abzutreten. In diesen Gebieten galt nun französisches Recht. Zwar erhielten die Menschen keine politische Mitbestimmung, aber sie waren persönlich frei. Die Menschen durften jetzt ihren Wohnsitz frei wählen, jeder war vor dem Gesetz gleich, jede Ehe musste nun vor dem Staat geschlossen werden. Auch die Leibeigenschaft der Bauern wurde abgeschafft. Der Kirchenbesitz fiel an den Staat. Die Fürsten in den linksrheinischen Gebieten verloren ihr Land, wurden aber in Gebieten rechts des Rheins mit enteigneten Ländereien der Kirche entschädigt. Etwa 300 kleine Herrschaften verschwanden von der Karte. Drei Millionen Menschen bekamen neue Herrscher.
1806 schlossen sich 16 süd- und westdeutsche Staaten zum Rheinbund zusammen und erklärten ihren Austritt aus dem „Heiligen Römischen Reich deutscher Nation“. Die Rheinbundstaaten stellten sich unter den Schutz Napoleons und verpflichteten sich, Frankreich mit Soldaten für kommende Kriege zu unterstützen. Damit war das 1000 Jahre alte Reich der Deutschen zerfallen. Kaiser Franz II. legte daraufhin die Kaiserkrone nieder.

4. Vergleicht die Karten 3 und 4. Welche grundlegenden Veränderungen haben sich ergeben?
5. Findet aus Karte 4 heraus, welche Königreiche (Kgr.) es 1810 in Deutschland gab. Welches war das größte und bedeutendste Königreich? Zu welchen Ländern gehören die Städte Köln, Münster, Bremen, Hamburg, Berlin, Leipzig, München?
6. Stellt gegenüber, was für die Menschen in den von Frankreich eroberten Gebieten positiv war und was sie wohl als negativ empfanden.

Wählt einen der folgenden Arbeitsaufträge aus:

- Beschreibt den Einzug Napoleons in Düsseldorf aus der Sicht eines deutschen Zuschauers oder eines französischen Soldaten.
- Erkundigt euch in einem Lexikon oder anderen Informationsquellen über den Lebenslauf Napoleons und tragt eure Ergebnisse in der Klasse vor.

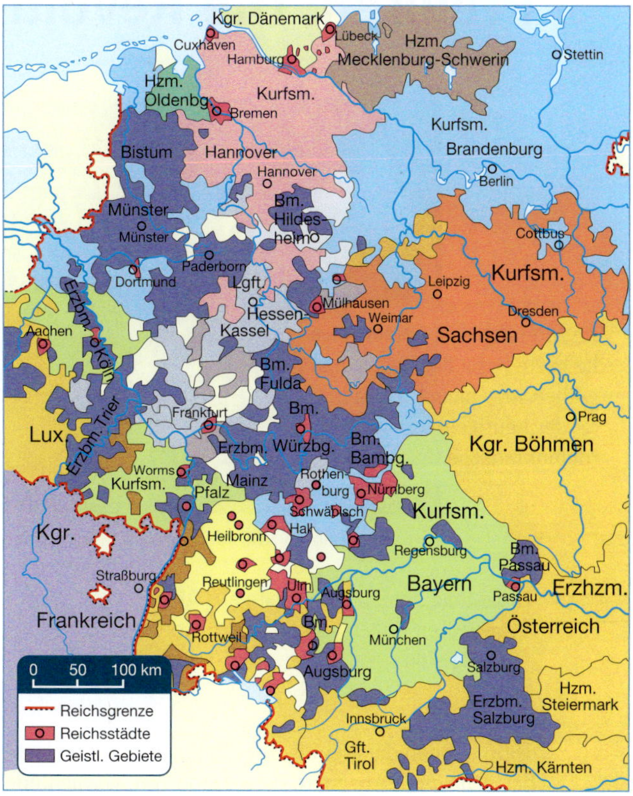

[3] Deutschland um 1789. *Karte.*

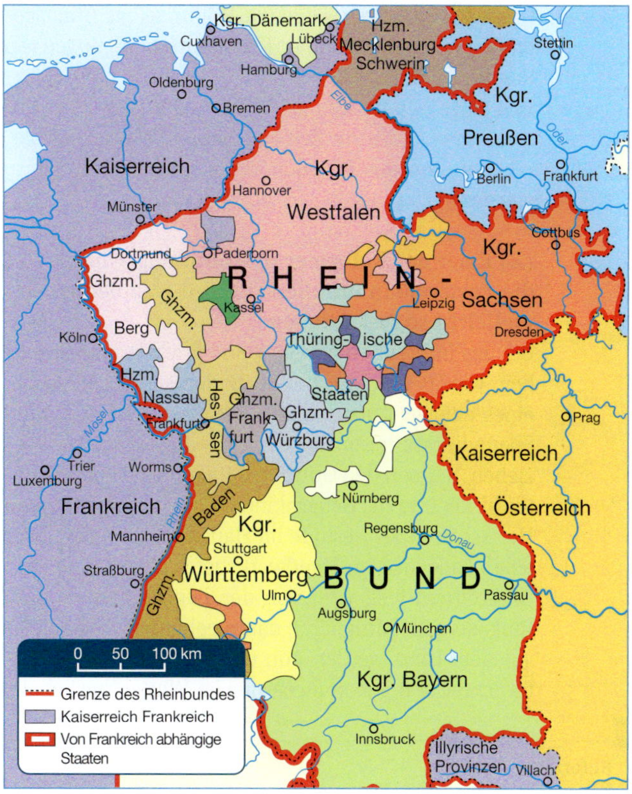

[4] Deutschland um 1810. *Karte.*

Preußen: Die Revolution von oben

[1] Vom Stein im Kreis der preußischen Reformer. *Stich.*

1. Lest die Sprechblasentexte aus Abbildung 1 mit verteilten Rollen vor. Erläutert, worum es in der Diskussion geht.

Preußen

1806 wurden die preußischen Truppen in der Schlacht bei Jena und Auerstedt von Napoleon vernichtend geschlagen. Preußen, einst durch sein Militär berühmt und neben Österreich der mächtigste Staat in Deutschland, verlor jetzt die Hälfte seines Staatsgebiets und musste hohe Kriegsentschädigungen an Frankreich bezahlen.
Wie hatte es dazu kommen können? Wie war der Zustand des Landes zur Zeit Napoleons? Was musste geschehen, um aus Preußen einen modernen Staat zu machen?

[2] Einer der Reformer in Abbildung 1 hätte die Zustände in Preußen zur Zeit Napoleons vielleicht so beschrieben:

Bei uns in Preußen gibt es keine Freiheit und Gleichheit wie in Frankreich. Die Bauern sind Leibeigene eines adligen Gutsbesitzers, bei dem sie Hand- und Spanndienste leisten müssen. Sie dürfen nicht wegziehen, müssen den Gutsherrn um eine Heiratserlaubnis bitten und die Bauernkinder sind verpflichtet, den Herrschaften als Gesinde im Haushalt zu dienen. Wer einen Laden, einen Handwerksbetrieb oder eine Fabrik eröffnen will, wird von der Zunft, einer Einrichtung aus dem Mittelalter, daran gehindert. Die Kinder auf dem Land werden von ehemaligen Soldaten unterrichtet und gehen meist nur im Winter zur Schule, weil sie im Sommer in der Landwirtschaft arbeiten müssen. Unsere früher so siegreiche Armee hat versagt, weil niemand wirklich begeistert in den Kampf gegen die Franzosen gezogen ist. Die einfachen Soldaten müssen sich einer sehr strengen Disziplin unterwerfen und dürfen bei jeder Gelegenheit verprügelt werden.
Verfassertext, nach Quellen zusammengestellt

*** Reform**
Erneuerung, Veränderung, Verbesserung

Die Ziele der Reformer

Nach der Niederlage gegen Napoleon beauftragte der König von Preußen 1807 den Reichsfreiherrn Karl vom und zum Stein (1757–1831) mit der Leitung der Staatsgeschäfte. Stein leitete eine grundlegende Reform* des preußischen Staates ein. Sein Nachfolger Karl August Fürst von Hardenberg (1750–1822) führte als Staatskanzler die Reformen weiter.
Die leitenden Gedanken und Ziele der Stein-Hardenbergschen Reformen waren:

- In Preußen sollen Freiheit und Gleichheit herrschen. Nur freie Staatsbürger sind bereit, sich für ihren Staat einzusetzen.
- Die Vorrechte des Adels sollen abgeschafft werden. Der Zugang zu Ämtern und Ansehen soll sich nach Verdienst und Fähigkeit, nicht nach der Geburt, richten.
- Der König soll nach demokratischen Grundsätzen herrschen.
- Die Reformen sollen ohne Gewalt und Blutvergießen als eine „Revolution von oben" durchgesetzt werden.

2. Stellt in Stichworten die in Text 2 genannten Missstände und die Ziele der Reformer gegenüber.
3. Erläutert den Begriff „Revolution von oben" mit eigenen Worten.

Die wichtigsten Reformen

Agrarreformen (1807/1811)
- Die Bauern werden persönlich frei und dürfen vom Hof fortziehen.
- Bauern und adlige Gutsherren dürfen jetzt ein Gewerbe betreiben.
- Gegen das Abtreten von Land können sich die Bauern von den bisherigen Diensten und Abgaben freikaufen.

Städteordnung (1808)
- Jeder, der in einer Stadt ein Haus besitzt, erlangt das volle Bürgerrecht.
- Sämtliche Bürger bilden die Bürgerschaft und können die Stadtverordneten wählen.
- Die Stadtverordneten haben das Recht, über sämtliche Gemeindeangelegenheiten zu bestimmen.

Bildungsreform (1809/10)
- Das Bildungswesen ist gegliedert in Volksschule, Gymnasium und Universität.
- Die Ausbildung der Volksschullehrer wird verbessert.
- Die Reifeprüfung (Abitur) wird als Zugangsvoraussetzung für die Universität eingeführt.

Gewerbereform (1810/11)
- Wer einen Gewerbeschein erwirbt, kann ein Gewerbe (z. B. Handwerk, Handel) ausüben.
- Es gibt das Recht auf freie Berufswahl und freien Wettbewerb.
- Die Zünfte verlieren ihre Vorrechte. Die Mitgliedschaft ist freiwillig.

Judenemanzipation (1812)
- Die Juden werden freie, gleichberechtigte Staatsbürger und dürfen Haus- und Grundbesitz erwerben.
- Die freie Religionsausübung wird garantiert.
- Jüdische Bürger dürfen jedes Gewerbe ausüben.

Heeresreform (1813)
- Abschaffung der Prügelstrafe in der Armee.
- Auch Nichtadlige können Offizier werden.
- Einführung der allgemeinen Wehrpflicht.

Verwaltungsgliederung (1816)
1816 wurden in den preußischen Provinzen Rheinland und Westfalen Regierungsbezirke eingerichtet. Die Karte (3) zeigt den Zuschnitt der heutigen Regierungsbezirke in Nordrhein-Westfalen.

[3] Die Regierungsbezirke in Nordrhein-Westfalen.

Die durch die Reformen angestrebten Veränderungen waren für ihre Zeit sehr fortschrittlich und ebneten den Weg zu einer modernen Wirtschafts- und Sozialordnung. Das Versprechen, eine demokratische Verfassung einzuführen, wurde jedoch nicht eingelöst.

4. Vergleicht die Reformen mit den Leitgedanken und Zielen der Reformer. Beurteilt, ob die Ziele erreicht wurden oder nicht.

Wählt einen der folgenden Arbeitsaufträge aus:

- Ordnet die dargestellten Reformen in eine Tabelle ein:

Jahr	Bezeichnung	Inhalt
1807	Agrarreform	Freiheit für Bauern, Freikauf von Abgaben und Dienste

- Legt zu einer ausgewählten Reform eine Vorher-nachher-Beschreibung an.
  Beispiel: *Vor den Agrarreformen waren die Bauern Leibeigene eines Gutsbesitzers. Sie konnten nicht … Nach der Bauernbefreiung …*

Was ihr noch tun könnt …

- Ermittelt, in welchem Regierungsbezirk ihr wohnt und welche Aufgaben die Bezirksregierung hat.
- Findet heraus, welche Bedeutung die drei Teile im oben dargestellten Wappen von NRW haben.

Befreiungskriege

[1] Aufruf zum Kampf gegen Napoleon an einer preußischen Universität. *Gemälde von A. Kampf, um 1913.*

[2] „Episode vom Rückzug Kaiser Napoleons aus Russland, 1812". *Gemälde von Johann Hari.*

[3] Breslau in den Tagen der Erhebung. *Farbdruck nach einem Aquarell von Richard Knötel, um 1890.*

Widerstand gegen die Herrschaft Napoleons

Napoleon war es gelungen, mit seinen Truppen weite Teile Europas zu erobern und in diesen Ländern manche Errungenschaften der Französischen Revolution einzuführen. Die Franzosen wurden deshalb von vielen Menschen als Befreier begrüßt. Aber die Fremdherrschaft war für die Menschen auch bedrückend, deshalb kam es schon früh zum Widerstand: Seit 1808 führten die Spanier einen Kleinkrieg gegen die Franzosen. 1809 erhoben sich die Tiroler unter Führung von Andreas Hofer. Aber am Ende scheiterte der Widerstand gegen die fremden Eroberer.
In Deutschland hofften viele Menschen, dass mit der Befreiung von Napoleon auch ein einheitlicher deutscher Nationalstaat errichtet werden könnte.

[4] Gedicht von Ernst Moritz Arndt (1813, Auszüge):

Des Deutschen Vaterland

Was ist des Deutschen Vaterland?
Ist's Preußenland, ist's Schwabenland?
Ist's, wo am Rhein die Rebe blüht?
Ist's, wo am Belt die Möwe zieht?
O nein! Nein! Nein!
Sein Vaterland muss größer sein.
...
Das ganze Deutschland soll es sein!
O Gott vom Himmel, sieh darein
Und gib uns rechten deutschen Mut,
Dass wir es lieben treu und gut.
Das soll es sein!
Das ganze Deutschland soll es sein!

Deutschland! Deutschland, Texte aus 500 Jahren von Martin Luther bis Günter Grass, hrsg. von Heinz Ludwig Arnold. Fischer Taschenbuch, Frankfurt 2002, S. 213 f.

1. Lest Text 4 laut vor und klärt einzelne geografische Bezeichnungen. Wie beantwortet Arndt die selbst gestellte Frage: „Was ist des Deutschen Vaterland?"

Die Freiheitskriege

Die katastrophale Niederlage Napoleons im Feldzug gegen Russland (1812) war das Signal für die Erhebung seiner Gegner (vor allem Preußen, Russland, England): In der Völkerschlacht bei Leipzig (1813) und nochmals in der Schlacht von Waterloo (1815) wurden die französischen Truppen besiegt. Napoleon musste in die Verbannung gehen.

2. Beschreibt die Abbildungen 1 bis 3 und deutet die darin zum Ausdruck kommende Stimmung.

Geschichte aktiv

Diese Seite richtet sich an alle, die sich für das Thema „Französische Revolution" besonders interessieren, die gern recherchieren, lesen, zeichnen, Musik hören, Filme anschauen … Ihr könnt die Anregungen vielleicht in oder außerhalb der Schule, allein, zu zweit oder in der Gruppe aufnehmen und die Ergebnisse in der Klasse vorstellen.

Denkt auch daran, euer Portfolio zu führen:
- schöne Ergebnisse in Text und Bild
- Lernerfahrungen zum Thema „Französische Revolution"

Jacques-Louis David – ein Künstlerporträt erstellen

Zahlreiche Gemälde aus der Zeit der Französischen Revolution und Napoleons stammen von J.-L. David. Vielleicht möchtet ihr seine Werke und seinen Lebensweg im Internet recherchieren und als Computer-Präsentation in der Klasse vorstellen.

Jugendbücher lesen und vorlesen

Viele spannende Jugendbücher beschäftigen sich mit der Zeit der Französischen Revolution.
Hier ist eine kleine Auswahl:
- Inge Ott, **Freiheit! Sechs Freunde in den Wirren der Französischen Revolution**. Verlag Freies Geistesleben, Stuttgart 2012
- Georg Popp (Hg.), **Die Großen der Menschenrechte**. Arena, Würzburg 1996
- Karla Schneider, **Die abenteuerliche Geschichte der Filomena Findeisen**. Beltz, Weinheim 2001
- Veit Veltzke, **An der Seite Napoleons. Die Abenteuer eines rheinischen Jungen**. Böhlau Verlag, Köln, Weimar, Wien 2007
- Simone van der Vlugt, **Paris 1789. Das zweite Leben der Baronesse Sandrine**. Bertelsmann, München 2000
- Cili Wethekam, **Mamie 1780–1794**. dtv, München 1995

Musik der Zeit anhören

Musik aus der Zeit der Französischen Revolution und Napoleons kann man als CD oder im Internet abspielen. Berühmte Beispiele:
- Ludwig van Beethoven: **3. Sinfonie: Eroica**
- Ders.: **Wellingtons Sieg oder die Schlacht von Vittori**
- Peter Tschaikowski: **Ouvertüre 1812**

Spielfilme oder Theaterstücke auf Video anschauen

Mit den Ereignissen der Revolution oder den Schlachten Napoleons befassen sich aufwendige Spielfilme oder Theaterstücke, die oft als DVDs erhältlich sind. Beispiele:
- **Die Französische Revolution** (mit Klaus-Maria Brandauer und Jane Seymour)
- **Waterloo** (mit Rod Steiger als Napoleon)
- **Krieg und Frieden** (mehrere Fassungen, die bekannteste ist die Hollywood-Verfilmung von 1956)
- **Dantons Tod** (Schauspiel von Georg Büchner)

Symbole der Revolution recherchieren, zeichnen, malen, basteln

In der Revolution spielten die drei Farben Blau-Weiß-Rot (Trikolore) eine bedeutende Rolle für das Zusammengehörigkeitsgefühl der Menschen.
Vielleicht macht es euch Spaß, Fahnen, Mützen, Kokarden und anderes zu recherchieren, zu zeichnen oder zu basteln.

Das kann ich!

Bastille	Staat ohne König	Republik	Staatsform vor der Revolution
Revolution	radikaler politischer Klub	Guillotine	Abgeordnete der drei Stände
Absolutismus	Hinrichtungsgerät	Jakobiner	Erneuerung, Umgestaltung
Generalstände	Schreckensherrschaft	Terror	Staatsordnung, Grundgesetz
Verfassung	Staatsgefängnis in Paris	Reform	Umwälzung aller Verhältnisse

[1] Begriffe und ihre Bedeutung.

[2] Der Sturm auf die Bastille. *Zeitgenössisches Gemälde.*

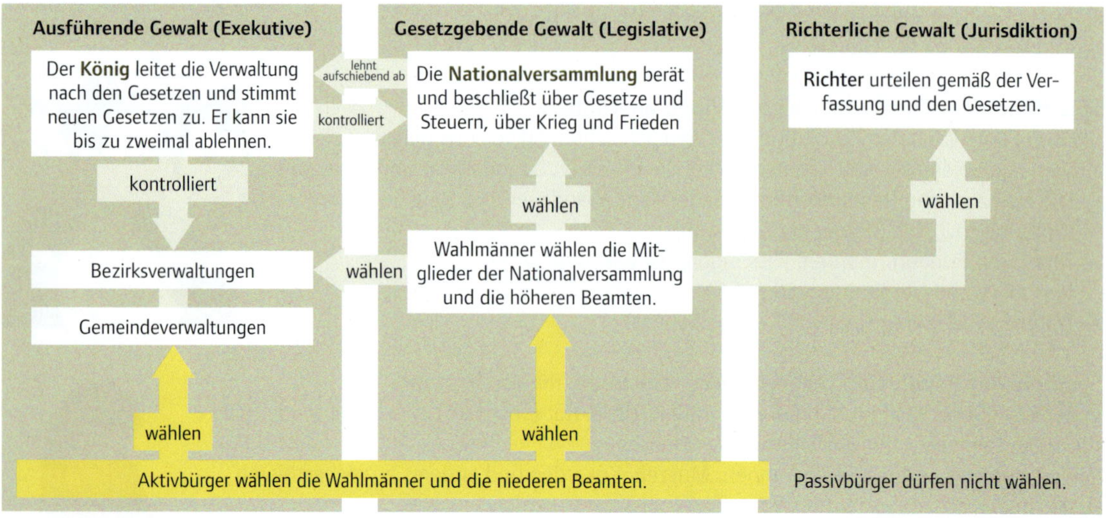

[3] Verfassung Frankreichs von 1791. *Schaubild.*

[4] Frankreich auf dem Gipfel seines Ruhms.
Karikatur von James Gillray, 1793.

[5] Am 26. August 1789 beschloss die Nationalversammlung die „Erklärung der Menschen- und Bürgerrechte" (Auszug):

Artikel 1: Die Menschen sind und bleiben von Geburt an frei und gleich an Rechten …

Artikel 2: Das Ziel jeder politischen Vereinigung besteht in der Erhaltung der natürlichen und unantastbaren Menschenrechte. Diese Rechte sind Freiheit, Sicherheit und Widerstand gegen Unterdrückung.

Artikel 4: Die Freiheit besteht darin, alles tun zu können, was dem Anderen nicht schadet.

Artikel 7: Kein Mensch kann anders als in den gesetzlich … verfügten Fällen und vorgeschriebenen Formen angeklagt, verhaftet und gefangen genommen werden …

Artikel 10: Niemand darf wegen seiner Meinung, selbst religiöser Art, belangt werden …

Artikel 11: Freie Gedanken- und Meinungsfreiheit ist eines der kostbarsten Menschenrechte; jeder Bürger kann daher frei schreiben, reden und drucken …

Zit. nach: Europäische Geschichte. Quellen und Materialien, hrsg. von H. Schulze und I. Paul. bsv, München 1994, S. 533 f. (übers. von W. Lautemann/J. Cornelissen).

Sachkompetenz

1. Ordnet den Begriffen in Abbildung 1 die jeweils richtige Bedeutung zu.
2. Beschreibt in Stichworten, was sich hinter diesen Begriffen zur amerikanischen Geschichte verbirgt: Mayflower – Kolonien – Boston Tea Party – Unabhängigkeitserklärung.
3. Ordnet die unten im Kasten angegebenen Ereignisse in der richtigen zeitlichen Reihenfolge. Wenn möglich, setzt noch die Jahreszahlen hinzu.

- Der Sturm auf die Bastille
- Die Verkündung der Menschen- und Bürgerrechte
- Die Einberufung der Generalstände
- Napoleon wird Kaiser
- König Ludwig XVI. wird hingerichtet
- Verbannung Napoleons
- Frankreich wird Republik

4. Beschreibt und deutet das in Abbildung 2 dargestellte Ereignis.
5. Beschreibt und erklärt das Schaubild 3.
6. Findet nach Text 5 heraus, worin die Grenzen der Freiheit bestehen. Findet ein Beispiel aus eurem Alltag.
7. Nennt Stationen der Entwicklung der Menschenrechte (Jahreszahl, Bezeichnung des jeweiligen Textes).
8. Nennt drei wichtige Reformen in Preußen (Bezeichnung, Inhalt in Stichworten).

Methodenkompetenz

9. Beschreibt und deutet die Karikatur 4 mithilfe der Methode „Karikaturen deuten" (siehe S. 121).

Urteilskompetenz

10. Beurteilt die Bedeutung der Französischen Revolution für die politische Kultur in Europa. Benutzt dazu folgende Stichworte: Ende des Absolutismus, Menschenrechte durchgesetzt, Verfassung mit Gewaltenteilung, Republik als Staatsform, Reformen in Preußen.

Handlungskompetenz

11. Entwerft ein Plakat, worin Aktionen zum Schutz der Menschenrechte vorgeschlagen werden.

Um Einheit und Freiheit

Das Wartburgfest

Am 18. Oktober 1817 trafen sich Studenten und Professoren auf der Wartburg bei Eisenach, um ein Fest zum Andenken an die Völkerschlacht bei Leipzig und das 300. Jubiläum der Reformation durch Luther zu feiern. Am Abend wurden Bücher und andere Gegenstände verbrannt (siehe Abb. rechts).

1. Betrachtet das Bild auf der gegenüberliegenden Seite und beschreibt die Personen (Mimik, Gestik, Kleidung, Haltung usw.), die gerade stattfindende „Aktion" und die Stimmung.
2. Vermutet, um welche Personen es sich handelt.

Schauplatz Das Wartburgfest

[1] Zug der Studenten zur Wartburg. *Zeitgenössischer kolorierter Holzstich.*

[3] Fahne der Jenaer Burschenschaft von 1816.
Die Fahne enthält die schwarz-rot-goldenen Uniformfarben des „Freikorps Lützow", eines Militärverbandes, in dem viele Studenten gegen Napoleon gekämpft hatten. *Foto.*

1. Beschreibt die in Abbildung 1 dargestellte Stimmung.

Studenten für Freiheit und Einheit

1815 schlossen sich in Jena Studenten der Universität zur „Allgemeinen Deutschen Burschenschaft" zusammen. Ihr Leitspruch lautete „Ehre, Freiheit, Vaterland". Als Farben ihrer Verbindung wählten sie Schwarz-Rot-Gold, die Uniformfarben junger Soldaten, die im Freikorps Lützow gegen Napoleon gekämpft hatten. Die in der Burschenschaft zusammengeschlossenen Studenten setzten sich für einen einheitlichen deutschen Nationalstaat ein, wünschten eine Verfassung und mehr Freiheitsrechte für die Bürger.

Am 18. Oktober 1817 trafen sich etwa 500 Studenten und einige Professoren zu einem Fest auf der Wartburg bei Eisenach, um das 300-jährige Jubiläum der Reformation durch Luther und den 4. Jahrestag der Völkerschlacht bei Leipzig zu feiern.

[2] Über den Verlauf des Festes berichtete ein Augenzeuge, Professor Lorenz Oken, später in einer Zeitschrift:

Am 18. [Oktober] zogen die auf dem Markt um 9 Uhr versammelten Studenten auf die Burg, die Fahne und Musik voraus. Wir mit ihnen …

Als alles zur Ruhe gekommen war, hielt ein Student ungefähr diese Rede: über den Zweck der Zusammenkunft der gebildeten Jünglinge aus allen Kreisen und Volksstämmen des deutschen Vaterlandes, über das verkehrte Leben früher, über den Aufschwung und die erfasste Idee des deutschen Volkes jetzt, über verfehlte und getäuschte Hoffnungen, über die Bestimmung der Studierenden und die gerechten Erwartungen, welche das Vaterland an sie mache … Die Anwesenden und wir Männer waren zu Tränen gerührt …

Nach 7 Uhr zogen die Studenten, jeder mit einer Fackel, also deren etwa an 600, auf den Berg, zu den Siegesfeuern, wo der Landsturm schon versammelt war. Oben wurden Lieder gesungen und wieder eine Rede von einem Studenten gehalten, die wir nicht gehört, die aber allgemein als besonders kräftig gerühmt worden ist. Darauf wurde Feuergericht gehalten über folgende Stücke, die zuerst an einer Mistgabel hoch in die Höhe gehalten dem versammelten Volke gezeigt und dann unter Verwünschungen in die Flamme geworfen wurden.

Es waren die Abgebrannten diese: ein hessischer Zopf, ein Ulanenschnürleib, ein österreichischer Korporalstock … K. L. v. Haller: Restauration der Staatswissenschaft …, Kotzebue: Geschichte des deutschen Reiches [Anm.: Das waren fürstenfreundliche Bücher].

Zit. nach: Manfred Görtemaker, Deutschland im 19. Jahrhundert. Opladen 1989 (2. Aufl.), S. 72 f.

2. Berichtet über den Verlauf des Wartburgfestes nach Text 2 mündlich im Stil einer Rundfunkreportage. Ihr könntet so beginnen: *Liebe Hörerinnen und Hörer, ich stehe hier in Eisenach auf dem Marktplatz …*

[4] Verbrennung von Büchern, Zöpfen und Korsetts.
Zeichnung nach einem Holzstich von 1891.

Wählt einen der folgenden Arbeitsaufträge aus:

- Schreibt mithilfe der Abbildungen und des Textes den rechts stehenden Zeitungsartikel zu Ende.
- Schreibt – als Spitzel – einen Brief an euren Fürsten über die „staatsgefährdenden Umtriebe der Studenten“ (ein Spitzel übertreibt gern!).

Thüringer Anzeiger

Behördlich genehmigte Zeitung

Eisenach, den 20. Okt. 1817

Feuergericht der Studenten auf der Wartburg – wie werden die Fürsten reagieren?

Was so friedlich und festlich begann, endete mit einem schrillen Misston: Am Abend des Wartburgfestes (unsere Zeitung berichtete schon gestern darüber) warfen …

Orientierung

[1] Der Deutsche Bund 1815–1866.

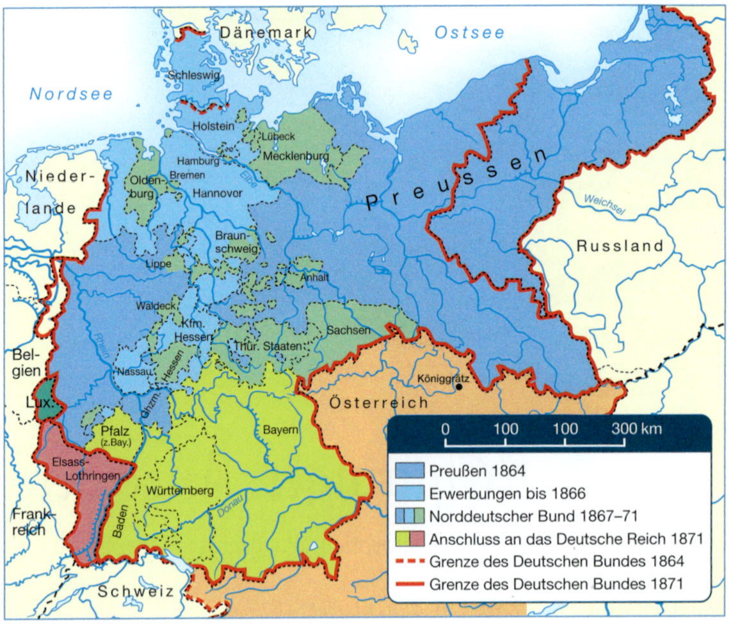

[2] Das deutsche Kaiserreich 1871.

1. Entscheidet nach der Karte 1, welche der folgenden Staaten zum Deutschen Bund gehörten: Preußen, Niederlande, Sachsen, Württemberg, deutscher Teil Österreichs, Belgien, Bayern, Hannover. Findet aus Karte 2 heraus, welcher Großstaat 1871 nicht mehr dazugehörte. Welcher Staat nimmt die größte Fläche ein?
2. Findet nach den Karten 1 und 2 heraus, welche beiden Einzelstaaten im Deutschen Bund von 1815 die größte Bedeutung hatten.
3. Findet im Vergleich der beiden Karten die bedeutendsten Veränderungen zwischen 1815 und 1871 heraus.

1815
Der Wiener Kongress ordnet die Landkarte Europas neu; Deutschland hat 39 Einzelstaaten.

1817
Beim Wartburgfest demonstrieren Studenten und Professoren für Freiheit und Einheit.

1819
Die Fürsten erlassen die Karlsbader Beschlüsse: Verbot der Burschenschaften, Pressezensur, Überwachung der Universitäten.

1830
Revolutionen und Aufstände in Frankreich, Polen, Belgien

1832
„Hambacher Fest": Großdemonstration mit 30 000 Teilnehmern für Freiheit und Einheit

1844
Aufstand der Weber in Schlesien

1848/49
Revolution in Frankreich, Österreich und Deutschland; zum ersten Mal wird in Deutschland ein Parlament gewählt, das in der Frankfurter Paulskirche tagt.

1862
Otto von Bismarck wird Ministerpräsident von Preußen.

1864
Einigungskrieg gegen Dänemark

1866
Einigungskrieg gegen Österreich

1870
Einigungskrieg gegen Frankreich

1871
Im Spiegelsaal von Versailles wird das deutsche Kaiserreich ausgerufen.

[3] Zeitleiste Revolution 1848/49 und deutsche Einigung.

4. Zeichnet eine Zeitleiste ins Heft und tragt die Jahreszahlen und Ereignisse ein.

Revolution und deutsche Einigung

Die Zeit nach der Französischen Revolution war in Deutschland durch den Kampf um mehr demokratische Rechte und einen einheitlichen Nationalstaat bestimmt. In der Revolution von 1848/49 erkämpfte das Volk zum ersten Mal in der deutschen Geschichte die Bildung eines aus frei gewählten Abgeordneten bestehenden Parlaments, der Nationalversammlung. Die Gründung eines Nationalstaats scheiterte aber am Widerstand der Fürsten.

Durch Kriege gegen Dänemark, Österreich und Frankreich gelang es schließlich Preußen 1871, ein deutsches Kaiserreich unter seiner Führung zu gründen. Aber wurde damit auch der Wunsch des Volkes nach mehr Freiheit und Gleichheit erfüllt?
Damit beschäftigt sich dieses Kapitel.

Wichtige Kompetenzen in diesem Kapitel

Sachkompetenz

- Den deutschen Demokratieversuch und das Scheitern in der Revolution von 1848 beschreiben und erklären
- Den deutschen Einigungsprozess von 1871 beschreiben und erklären

Methodenkompetenz

- Politische Dichtung deuten

Urteilskompetenz

- Das damalige und heutige Demokratieverständnis am Beispiel des deutschen Einigungsprozesses von 1871 bewerten

Handlungskompetenz

- Eigene Medienprodukte zu fachgebundenen Sachverhalten selbstständig erstellen und präsentieren (z. B. Computerpräsentationen, Wandzeitungen, Referate)

Die Restauration und ihre Gegner

[1] Klemens Fürst Metternich (1773–1859).
Gemälde von 1815.

[2] Sitzung der Fürsten auf dem Frankfurter Bundestag.
Anonymer Stich, Ende 19. Jh.

Der Wiener Kongress

Nach dem Sieg über Napoleon trafen sich 1814/15 in Wien die Herrscher und Gesandten der europäischen Staaten zu einem Kongress. Unter der Führung des österreichischen Staatskanzlers Metternich wurde die Landkarte Europas neu geordnet. Der Wunsch der Völker nach mehr Freiheit, Gleichheit und nationaler* Einheit erfüllte sich nicht. Vielmehr wurden die alten Zustände, wie sie vor der Revolution geherrscht hatten, wieder hergestellt. Die Zeit von 1815 bis 1848 wird deshalb als „Restauration" (lat. restaurare = wieder herstellen) bezeichnet.

Der Deutsche Bund

Die Herrscher wollten in der Mitte Europas kein mächtiges geeintes Deutschland haben. Deshalb wurde der Deutsche Bund, ein lockeres Staatenbündnis aus 39 Einzelstaaten unter der Führung Österreichs gegründet. An der Spitze der Einzelstaaten standen Könige und Fürsten mit absoluter Regierungsgewalt. Jeder dieser Staaten, ob Königreich oder kleine Grafschaft, hatte eigene Regierungen, Gesetze, Maße und Währungen. Zahlreiche Zollgrenzen behinderten den Reise- und Güterverkehr. Gemeinsame Angelegenheiten der Einzelstaaten wurden auf dem Frankfurter Bundestag von den fürstlichen Herrschern und Gesandten beschlossen. Den größten Einfluss hatte der österreichische Staatskanzler Metternich.

*

Nation
Verbund von Menschen gemeinsamer kultureller und staatlich-politischer Entwicklung, Gesamtheit der Staatsangehörigen eines Landes.

1. Ein Händler soll Waren von Kiel (Herzogtum Holstein) nach Freiburg (Großherzogtum Baden) bringen. Durch welche Staaten muss er reisen, wie oft muss er seinen Pass vorzeigen und Zoll bezahlen? Benutzt die Karte 1 von S. 148.
2. Beschreibt Abbildung 2.

[3] Der Staatswissenschaftler Karl Ludwig v. Haller äußerte sich 1816 in seinem Buch „Restauration der Staatswissenschaften":

1. Die Fürsten herrschen nicht aus anvertrauten Rechten. ... Es ist ihnen keine Gewalt vom Volk übertragen worden ..., sondern sie besitzen diese Macht ... von der Natur ...

2. Das Volk ist ursprünglich nicht vor dem Fürsten, sondern im Gegenteil der Fürst vor dem Volk, gleich wie der Vater vor den Kindern, der Herr vor den Dienern, überall der Obere vor den Untergebenen, die Wurzel und der Stamm vor den Ästen, Zweigen und Blättern existiert.

Zit. nach: Geschichte in Quellen, hg. v. Wolfgang Lautemann u. a., Band 5. bsv, München 1980, S. 70

3. Erklärt, in welchem Verhältnis – nach Ansicht Hallers – Fürst und Volk zueinander stehen.

[4] Kokarde und Schärpe in den „Deutschen Farben" Schwarz-Rot-Gold. *Pfalz 1832.*

Die Liberalen

Vor allem junge Menschen, die in den Befreiungskriegen gegen Napoleon gekämpft hatten, waren enttäuscht von den politischen Verhältnissen.

[5] In den „Grundsätzen und Beschlüssen des achtzehnten Oktobers" aus dem Jahr 1817 vertraten die in Burschenschaften organisierten Studenten folgenden Standpunkt:

Der Wille des Fürsten ist nicht das Gesetz des Volkes, sondern das Gesetz des Volkes soll der Wille des Fürsten sein … Freiheit und Gleichheit ist das Höchste, wonach wir zu streben haben … Das Recht in freier Rede und Schrift seine Meinung über öffentliche Angelegenheiten zu äußern, ist ein unveräußerliches Recht jedes Staatsbürgers, das ihm unter allen Umständen zustehen muss. Dieses Recht muss das Wahlrecht des Bürgers ergänzen, wenn er die reelle Freiheit behalten soll … Von dem Ländchen, in welchem wir geboren sind, wollen wir niemals das Wort Vaterland gebrauchen. Deutschland ist unser Vaterland.

Zit. nach: Hans Ehrenreich, Heinrich Luden und sein Einfluss auf die Burschenschaften, in: Quellen und Darstellungen zur Geschichte der Burschenschaften und der deutschen Einheitsbewegung, Bd. 4. Winter, Heidelberg 1913, S. 118

4. Erklärt, warum es sich bei dem Text 5 um einen „Gegentext" zu Text 3 handelt. Nennt stichwortartig die politischen Hauptforderungen der Studenten.
5. Welcher der beiden Auffassungen stimmt ihr zu. Begründet eure Meinung!

Außer den Studenten gehörten auch viele andere Bürger zur Gruppe derer, die gegen die Macht der Fürsten aufbegehrten. In dieser Zeit betraten auch Frauen die politische Bühne und forderten ihre Rechte. Sie alle einte der Wunsch nach mehr persönlicher Freiheit. Sie wurden Liberale* genannt.

[6] Demonstrierende Bürger mit der schwarz-rot-goldenen Fahne. *Ausschnitt aus einer Federlithografie.*

Einigkeit und Recht und Freiheit

Viele Menschen wünschten sich auch einen einigen deutschen Nationalstaat – ein „Vaterland", in dem man sich frei bewegen konnte, ohne Zollschranken, mit einer einheitlichen Regierung und Verfassung. Als gemeinsames Erkennungszeichen setzten sich schnell die schwarz-rot-goldenen Farben in Fahnen, Kokarden oder anderen Symbolen durch.
1841 dichtete August Heinrich von Fallersleben „Das Lied der Deutschen".

[7] Das Lied der Deutschen, 3. Strophe:

Einigkeit und Recht und Freiheit
Für das deutsche Vaterland!
Danach lasst uns alle streben
Brüderlich mit Herz und Hand!
Einigkeit und Recht und Freiheit
Sind des Glückes Unterpfand.
Blüh im Glanze dieses Glückes,
Blühe, deutsches Vaterland!

Diese Strophe bildet heute in der Vertonung von Joseph Haydn die deutsche Nationalhymne.

Wählt einen der folgenden Arbeitsaufträge aus:

- Zeichnet ein oder mehrere Symbole aus Abbildung 4 und 6 ab und malt ein modernes Erkennungszeichen aus unserer Zeit (z. B. Fan-Schal) dazu.
- Lernt die 3. Strophe des Deutschlandliedes auswendig. Vielleicht könntet ihr sie auch gemeinsam singen?

*
Liberale
Vom Lateinischen liberalis = die Freiheit betreffend.

Unterdrückung und Protest

[1] Ermordung des Dichters Kotzebue durch den Studenten Carl Ludwig Sand. *Kupferstich 1819.*

[2] Der Denker-Club, auch eine neue deutsche Gesellschaft. *Karikatur, um 1820.*

Die Karlsbader Beschlüsse

Am 23. März 1819 ermordete der Student Carl Ludwig Sand den Dichter August von Kotzebue, der die Burschenschaften regelmäßig verspottet hatte. Viele Studenten vermuteten, Kotzebue sei ein Spion, weil er jahrelang im Dienst des russischen Zaren gestanden hatte. Für seine Mordtat wurde Sand 1820 hingerichtet.

Die Bluttat war für den Fürsten Metternich der willkommene Anlass, im Deutschen Bund gegen den revolutionären Geist der Studenten und der Liberalen vorzugehen. 1819 wurden die „Karlsbader Beschlüsse" erlassen.

1. Lest die Beschlüsse (Abb. 3) mit verteilten Rollen laut vor und fasst sie in vier Stichpunkten zusammen.
2. Vermutet, was die Karlsbader Beschlüsse für liberale Bürger bedeuten konnten und wie sie auf die Anordnungen reagierten.
3. Untersucht die Karikatur 2 und setzt ihre Aussage in Beziehung zu den Karlsbader Beschlüssen.

[3] Studenten und Professoren lesen die Karlsbader Beschlüsse. *Zeichnung.*

*

Zensur
Staatliche Überwachung von Veröffentlichungen in Zeitungen oder Büchern durch beauftragte Zensoren, die auch Teile von Artikeln herausstreichen konnten.

[4] Redner auf dem Hambacher Fest. *Holzstich um 1880.*

Das Hambacher Fest

Im Jahr 1830 brachen in Frankreich, Polen und Belgien Revolutionen aus. Der französische König wurde gestürzt. Jetzt forderten auch immer mehr Deutsche die Abschaffung der Karlsbader Beschlüsse und eine Verfassung für ganz Deutschland. Als die beiden liberalen Journalisten Johann Georg August Wirth und Philipp Jakob Siebenpfeiffer zu einem politischen Fest einluden, kamen fast 30 000 Menschen. Es waren Männer und Frauen aus verschiedenen Ständen, darunter Handwerker, Kaufleute, Bauern oder Ärzte, die am 27. Mai 1832 mit Musik und schwarz-rot-goldenen Fahnen zur Ruine des Hambacher Schlosses hinaufgingen.

[5] Dort hielt Philipp Jakob Siebenpfeiffer folgende Rede (Auszug):

Vaterland – Freiheit – ja! ... Seit das Joch des fremden Eroberers abgeschüttelt ist, erwartet das deutsche Volk von seinen Fürsten ... die Einheit; es sieht sich getäuscht. Die Natur der Herrschenden ist Unterdrückung, der Völker Streben ist Freiheit ...

Und es wird kommen der Tag ..., wo der Deutsche vom Alpengebirge und der Nordsee, vom Rhein, der Donau und der Elbe den Bruder im Bruder umarmt, wo die ... Schlagbäume verschwinden ... Wo das deutsche Weib nicht mehr die dienstpflichtige Magd des herrschenden Mannes, sondern die freie Genossin des freien Bürgers, unsern Söhnen und Töchtern schon als stammelnden Säuglingen die Freiheit einflößt ... Wo der Bürger ... dem Gesetze gehorcht und auf den Tafeln des Gesetzes den eigenen Willen liest und im Richter den frei gewählten Mann seines Vertrauens erblickt ...

Zit. nach: Johann Georg August Wirth, Das Nationalfest der Deutschen zu Hambach. Meininger, Nachdruck der Orig.-Ausgabe Neustadt a. d. W., S. 34 ff.

Die Antwort der Fürsten ließ nicht lange auf sich warten. Metternich nahm das Hambacher Fest zum Anlass, um noch schärfere Unterdrückungsmaßnahmen beschließen zu lassen. Vor allem wurde die Rede- und Versammlungsfreiheit aufgehoben und die Pressezensur weiter verschärft. Menschen, die für Freiheit und Einheit demonstrierten, verschwanden in Gefängnissen. Viele flohen über die Grenzen in die Schweiz, nach Frankreich oder wanderten nach Amerika aus.

4. Nennt einige Hauptgedanken aus der Rede von Siebenpfeiffer (Text 5).

Wählt einen der folgenden Arbeitsaufträge aus:

- Informiert euch über Protestveranstaltungen, Demonstrationen oder Bürgerinitiativen in der Gegenwart und stellt das Ergebnis an einem Beispiel in der Klasse vor.
- Informiert euch über eine Protestveranstaltung in der Gegenwart und zeigt Gemeinsamkeiten und Unterschiede zum Hambacher Fest auf.

Wohlstand und Armut

[1] Biedere Bürger gehen vom Stammtisch nach Hause. Der Wirt wünscht „angenehme Ruh", der Hausdiener leuchtet den Gästen heim, der Nachtwächter zieht mit Horn und Hund seine Runde. *Holzschnitt von Adrian Ludwig Richter, um 1835.*

Biedermeier: Der Rückzug ins Private

Viele Menschen zogen sich von der Politik zurück. Sie nahmen die Einschränkungen der Freiheit hin, solange der Staat sie in ihrem Privatleben in Ruhe ließ. Vielen genügte es, Erfolg in ihrem Beruf zu haben, eine Familie zu gründen und ein gemütliches Heim zu besitzen. Geselligkeit fand man oft in Vereinen oder im Wirtshaus. Wohlhabende Bürger kleideten sich mit Frack und Zylinder. Für Frauen waren Rüschenkleider, Hüte und Schillerlockenfrisuren in Mode. Wer es sich leisten konnte, stattete sein Wohnzimmer mit einem Klavier, Polstersofa, Schreibsekretär und Bücherregal aus. Die Kunst und die gesamte Lebensart dieser Zeit wird „Biedermeier" genannt.

1. Betrachtet Abbildung 1, beschreibt die dargestellten Personen und findet heraus, ob die Szene der beschriebenen Lebensart des Biedermeier entspricht.
2. Beschreibt die einzelnen Elemente von Abbildung 2 so genau wie möglich (Personen, Kleidung, Tätigkeiten, Ausstattung des Raumes). Warum kann man hier von einer typischen Biedermeierszene sprechen? Was ist dabei anders als bei einem Sonntagnachmittag in eurer Familie?

[2] „Die gute alte Zeit". Das Innere einer Bürgerwohnung im Biedermeierstil. *Gemälde, um 1835.*

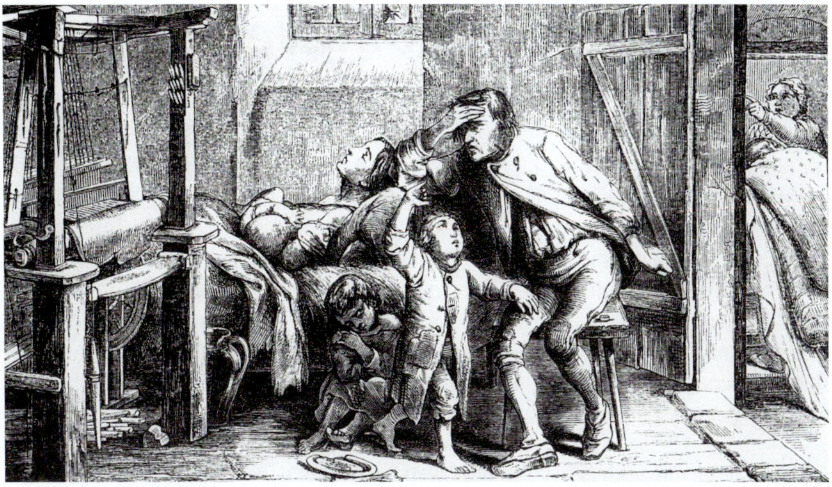

[3] Weberelend: der Tod der Weberfrau. *Holzschnitt aus den 1840er-Jahren.*

Soziale Probleme in der Stadt

Nur die wenigsten Stadtbewohner konnten sich in der ersten Hälfte des 19. Jahrhunderts einen behaglichen Biedermeier-Lebensstil leisten. Die Stadt Köln hatte um 1820 etwa 50 000 Einwohner. Davon gehörten beispielsweise nur 2 Prozent zur bürgerlichen Oberschicht, 22 Prozent wurden als selbstständige Handwerker und Ladenbesitzer zum Mittel- und Kleinbürgertum gezählt, 76 Prozent gehörten als Handwerksgesellen, Tagelöhner, Dienstboten oder Fabrikarbeiter zur Unterschicht. Die vielen kleinen Handwerksbetriebe sahen sich der oft übermächtigen Konkurrenz der neu entstandenen Fabriken gegenüber, die ihre Waren in großen Mengen zu niedrigeren Preisen herstellen konnten. Viele Handwerker gerieten in Armut und gaben ihren Betrieb auf.

3. Beschreibt Abbildung 3. Welche Probleme ergeben sich aus der Situation für den Mann und die Kinder?

Armut auf dem Land

Noch schwieriger als in der Stadt gestaltete sich die soziale Lage der Unterschichten auf dem Land. Die meisten Kleinbauern konnten von der Landwirtschaft allein nicht leben und waren auf den Nebenverdienst durch Garnspinnen oder Weben von Leinen in Heimarbeit angewiesen. In England wurden aber bereits Textilien mit Maschinen schneller und billiger hergestellt. Als die Fabrikwaren den europäischen Markt überschwemmten, gerieten die Heimarbeiter ins Elend.

Der Weberaufstand

In Schlesien war die Not der Weber besonders groß. Das Überangebot an Arbeitskräften erlaubte es den Verlegern als Abnehmer fertiger Waren, die Preise für die handgewebte Leinwand immer mehr herabzusenken. Als der Hunger der Menschen zu groß wurde, überfielen die Weber 1844 die Häuser der Reichen und plünderten sie. Das preußische Militär schlug den Aufstand mit blutiger Gewalt nieder. Es gab 11 Tote und über 100 Verletzte. Einige hundert Weber wurden verhaftet und erhielten Gefängnisstrafen bis zu acht Jahren.

[4] Weberauszug im Jahr 1844. *Radierung von Käthe Kollwitz, 1895.*

4. Beschreibt Abbildung 4 und beurteilt Ursachen, Verlauf und Ende des Weberaufstandes.

Wählt einen der folgenden Arbeitsaufträge aus:

- Stellt die soziale Schichtung* Kölns in einem Schaubild dar.
- Errechnet, wie viele Menschen in Köln zu den einzelnen Schichten gehörten.

*
soziale Schichtung
Gruppen oder Klassen von Menschen in einer Gesellschaft, geordnet nach Einkommen und Ansehen.

Methode Politische Dichtung verstehen

Nicht nur Unterhaltung

Viele Künstler möchten das Publikum nicht nur unterhalten, sondern auch Botschaften oder Einsichten vermitteln. Sie üben Kritik an herrschenden Zuständen. Die Werke von Schriftstellern enthalten häufig politische Aussagen über gesellschaftliche Zustände, die Politik der Regierenden oder Verstöße gegen Menschenrechte. Dadurch kam es immer wieder zu Konflikten zwischen den Künstlern und den Herrschenden. Das ist in diktatorisch regierten Ländern auch heute noch so.

In der Zeit von 1815 bis 1848 war es besonders schwierig und riskant, politische Dichtung zu verbreiten. Zu den prominentesten Dichtern, denen es gelang, ihre Werke trotz strenger Zensur zu veröffentlichen, gehörten Heinrich Heine und Georg Büchner. Beide mussten ins Exil* gehen.

Der folgende Text stammt von dem Arzt und Dichter Georg Büchner (1813–1835). Nach der Veröffentlichung der Flugschrift „Der Hessische Landbote" wurde er steckbrieflich gesucht und musste in die Schweiz fliehen. Dort starb er im Alter von nur 23 Jahren an Typhus. Zu seinen bedeutendsten Werken gehören die Theaterstücke „Woyzeck" und „Dantons Tod".

[1] Georg Büchner: „Friede den Hütten, Krieg den Palästen!" (Untertitel aus „Der Hessische Landbote", 1835):

Das Leben der Vornehmen ist ein langer Sonntag, sie wohnen in schönen Häusern, sie tragen zierliche Kleider, sie haben feiste Gesichter und reden eine eigene Sprache; das Volk aber liegt vor ihnen wie Dünger auf dem Acker. … Das Leben der Bauern ist ein langer Werktag; Fremde verzehren seine Äcker vor seinen Augen, sein Leib ist eine Schwiele, sein Schweiß ist das Salz auf dem Tisch des Vornehmen. … Wer sind denn die, welche diese Ordnung gemacht haben, und die wachen, diese Ordnung zu erhalten? Das ist die Großherzogliche Regierung. …

Sehet an das von Gott gezeichnete Scheusal, den König Ludwig von Baiern, den Gotteslästerer, der redliche Männer vor seinem Bild niederzuknien zwingt und die, welche die Wahrheit bezeugen, durch meineidige Richter zum Kerker verurteilen lässt; das Schwein, das sich in allen Lasterpfützen von Italien wälzte, den Wolf, der sich für seinen Hofstaat für immer jährlich fünf Millionen durch meineidige Landstände verwilligen lässt, und fragt dann: „Ist das eine Obrigkeit von Gott zum Segen verordnet?"

Zit. nach: Georg Büchner, Werke und Briefe, Münchner Ausgabe. Hanser, München 1988, S. 39 ff.

Die folgenden Arbeitsschritte helfen euch dabei, politische Dichtung besser zu verstehen:

1. Schritt Text in den geschichtlichen Zusammenhang einordnen

- Welche Hinweise zum Leben des Dichters sind wichtig?
- In welcher Zeit ist das Werk entstanden? Welche politischen und gesellschaftlichen Zustände waren damals vorherrschend?

2. Schritt Textinhalt erschließen

- Welche Wörter sind unbekannt und müssen nachgeschlagen werden?
- In welche Sinneinheiten ist der Text gegliedert?
- Welche allgemeinen Probleme werden genannt?
- Welche Einzelheiten sind wichtig?
- Welche geschichtlichen Hintergründe sind zum Verständnis des Textes wichtig?

3. Schritt Politische Ziele und Absichten klären

- Wer sind die Adressaten/Leser des Textes?
- Gegen wen richten sich einzelne Aussagen?
- Mit welchen sprachlichen Mitteln wendet sich der Autor gegen seine Gegner? (z. B. Schimpfwörter, Ironie*)?
- Welche Wirkung soll erzielt werden?

4. Schritt Text kritisch bewerten

- Ist die im Text geübte Kritik berechtigt?
- Sind die sprachlichen Mittel verständlich und geeignet, die beabsichtigte Wirkung zu erzielen?

1. Bearbeitet den Text 1 in der Reihenfolge der Arbeitsschritte. Nehmt ein Wörterbuch zu Hilfe.

*

Exil
Ort, an den man geht, wenn man seine Heimat verlassen muss.

Ironie
Sprachliches Mittel, bei der oft das Gegenteil von dem Gemeinten gesagt wird; hinter Ernst versteckter Spott.

Geschichte aktiv

Diese Seite richtet sich an alle, die sich für das Thema „Revolution in Deutschland 1848/49 und deutsche Einigung 1871“ besonders interessieren, die gern etwas recherchieren, zeichnen, schreiben, singen …
Ihr könnt die Anregungen vielleicht in oder außerhalb der Schule, allein, zu zweit oder in der Gruppe aufnehmen und die Ergebnisse in der Klasse vorstellen.

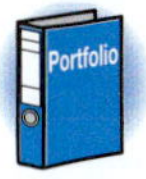

Portfolio

Denkt auch daran, euer Portfolio zu führen:
- schöne Ergebnisse in Text und Bild
- Lernerfahrungen zum Thema „Revolution 1848/49 und deutsche Einigung 1871“

Beschäftigung mit dem „Biedermeier“
Viele Menschen sammeln Möbelstücke oder Porzellan aus der Biedermeierzeit. Das könntet ihr tun:
- ▶ Darstellungen von Frauen und Familien in der Kunst des Biedermeiers erkunden und dokumentieren.
- ▶ Biedermeier-Kleidung recherchieren und selbst Zeichnungen anfertigen.
- ▶ Biedermeier-Möbel zeichnen, ausschneiden und „Kasten-Zimmer“ (z. B. Schuhkarton) dekorieren.

Jugendbücher lesen und vorlesen
Spannende Jugendbücher beschäftigen sich mit der Zeit zwischen 1815 und 1848. Hier sind einige Beispiele:
- ▶ Elke Hermannsdörfer, **Lina Karsunke**. dtv-junior, München 1987
- ▶ Heinz Honies, **Ideen können nicht erschossen werden** … 1848. Breitschopf-Verlag, Wien/Stuttgart 1988
- ▶ Klaus Kordon, **1848 – die Geschichte von Jette und Frieder**. Beltz (Gulliver), Weinheim 2011
- ▶ Martin Selber, **Ich bin ein kleiner König. Heinrich und die Revolution**. rororo Rotfuchs, Reinbek 1988

Musik hören und selber singen
Viele Lieder aus der Zeit von 1815 bis 1871 kann man als CD oder im Internet abspielen und mitsingen. Beispiele:
- ▶ Die Gedanken sind frei
- ▶ Deutschlandlied
- ▶ Fürsten zum Land hinaus
- ▶ Üb' immer Treu und Redlichkeit

Spurensuche im Archiv oder Museum
Wie lebten die Menschen zwischen 1815 und 1871 bei uns auf dem Land oder in unserer Stadt? Gab es auch bei uns die Revolution? Wie wurde die Reichsgründung aufgenommen? Bei der Recherche helfen euch die Mitarbeiter des Stadtarchivs oder eines Museums.

Wahlseite Heinrich von Gagern

Hier kommen wieder sechs Wahlseiten!

Wie ihr damit umgeht, könnt ihr auf S. 239 noch mal nachlesen.

1. Findet heraus, was über Herkunft, Bildung und Lebensweg Heinrich von Gagerns ausgesagt wird.
2. Klärt, welche Einstellungen zu Politik und Gesellschaft deutlich werden.
3. Versucht, die politische Meinung möglichst knapp und genau zu kennzeichnen, z. B. rückwärtsgewandt, fortschrittlich …
4. Stellt eure Ergebnisse der Klasse in geeigneter Form (z. B. Referat, Wandzeitung, Plakat) vor.

Lebensweg

Heinrich von Gagern wurde am 20. August 1799 als Sohn eines adligen Diplomaten und Politikers in Bayreuth geboren, wohin die Familie vor den Truppen Napoleons geflohen war. Nach der Gymnasialzeit ging Heinrich schon mit 13 Jahren in München auf eine Militärschule und nahm 1815 als Unterleutnant an der Schlacht von Waterloo gegen Napoleon teil. Danach begann er mit dem Studium der Rechtswissenschaften in Heidelberg, Göttingen und Jena und rückte in den Vorstand der Burschenschaften auf. Nach dem Studium arbeitete von Gagern als Beamter im Staatsdienst von Hessen-Darmstadt. Seine politische Karriere begann 1832 mit der Wahl zum Mitglied des hessischen Landtages. In der Revolution stieg von Gagern zum leitenden Minister von Hessen-Darmstadt auf. Den Höhepunkt seiner Laufbahn erreichte er am 19. Mai 1848: Heinrich von Gagern wurde zum Präsidenten der Frankfurter Nationalversammlung, des ersten deutschen Parlaments, gewählt. Von ihm stammte die Idee, durch die Wahl eines „Reichsverwesers" eine vorübergehende Zentralgewalt zu schaffen. Die Wahl fiel auf den österreichischen Erzherzog Johann. Dadurch wurde die Frage, ob Deutschland zukünftig ein Staat mit oder ohne Österreich sein sollte, noch schwieriger. Schließlich entschied man sich für die kleindeutsche Lösung unter Führung von Preußen (vgl. S. 167). Mit der Ablehnung der Kaiserkrone durch den preußischen König Friedrich Wilhelm IV. waren auch von Gagerns politische Vorstellungen gescheitert. Er zog sich ins Privatleben zurück.

[1] Wilhelm Heinrich August Freiherr von Gagern (1799–1880). *Lithografie.*

[2] In einem Brief an seinen Vater schrieb Heinrich von Gagern am 17. Juni 1818:

Wir wünschen unter den einzelnen Staaten Deutschlands einen größeren Gemeinsinn … keine eigene Politik der einzelnen Staaten, sondern das engste Bundesverhältnis; überhaupt, wir wünschen, dass Deutschland ein Land und das deutsche Volk als ein Volk angesehen werden könne. … Wir wünschen eine Verfassung für das Volk nach dem Zeitgeiste und nach der Aufklärung desselben, nicht dass jeder Fürst seinem Volke gibt, was er Lust hat und wie es seinem Privatinteresse dienlich ist. Überhaupt wünschen wir, dass die Fürsten davon ausgehen und überzeugt sein möchten, dass sie des Landes wegen, nicht aber das Land ihretwegen existiere. …

Zit. nach: Manfred Görtemaker, Deutschland im 19. Jahrhundert. Leske und Budrich, Opladen 1986, S. 70

[3] Über von Gagerns Entscheidung für eine kleindeutsche Lösung und für die Wahl des preußischen Königs zum deutschen Kaiser äußerte sich der österreichische Graf von Eckstädt in einem Brief vom 20. Januar 1849:

Der arme Gagern! Wie beschämend wird das Erwachen aus seinen Träumen sein! … Begreift man denn nicht, dass der König von Preußen, wenn er das gagernsche Fabrikat der Kaiserkrone mit seiner angestammten Königskrone vertauschen wollte, ein Spielball der Parteien werde und als Souverän sein eigenes Todesurteil unterschreiben würde?

Zit. nach: Die Deutsche Revolution 1848/49 in Augenzeugenberichten, hg. v. Hans Jessen. Rauch, Düsseldorf 1968, S. 296 f.

[4] Heinrich von Gagern inmitten von Abgeordneten der Frankfurter Nationalversammlung. *Zeitgenössische Darstellung.*

Wahlseite Heinrich Heine

1. Findet heraus, was über Herkunft, Bildung und Lebensweg von Heine ausgesagt wird.
2. Klärt, welche Einstellungen zu Politik und Gesellschaft deutlich werden.
3. Versucht die politische Meinung möglichst knapp und genau zu kennzeichnen, z. B. rückwärtsgewandt, fortschrittlich …
4. Stellt eure Ergebnisse der Klasse in geeigneter Form (z. B. Referat, Wandzeitung, Plakat) vor.

Lebensweg

Heinrich Heine wurde am 13. Dezember 1797 in Düsseldorf geboren. Er studierte nach einer kaufmännischen Lehre in Bonn, Göttingen und Berlin Rechtswissenschaft und trat 1825 vom jüdischen zum christlichen Glauben über. Zu dieser Zeit hatte ein Jude kaum eine Chance, in den öffentlichen Dienst übernommen zu werden. Nun kamen die ersten Gedichte und Reisebeschreibungen zur Veröffentlichung. Darin sparte Heine nicht mit Kritik am Staat oder an der Kirche, was ihn schon früh in Konflikt mit der staatlichen Zensur brachte. Seine Werke versprühen romantischen Zauber ebenso wie beißenden Spott und Ironie. Seit 1831 lebte Heine in Paris im Exil. 1835 wurden seine Veröffentlichungen offiziell verboten. Aber dennoch gelang es ihm weiterhin, seine Schriften in Deutschland zu verbreiten. Heine setzte sich sehr für die deutsch-französische Verständigung ein. Die letzten Jahre seines Lebens war Heine schwer krank ans Bett gefesselt. Er starb am 17. Februar 1756 in Paris.

[2] Nach dem Weberaufstand von 1844 schrieb Heine sein Gedicht „Die schlesischen Weber“ (zweite Fassung von 1847):

Im düstern Auge keine Träne,
Sie sitzen am Webstuhl und fletschen die Zähne:
Deutschland, wir weben dein Leichentuch,
Wir weben hinein den dreifachen Fluch –
Wir weben, wir weben!
Ein Fluch dem Gotte, zu dem wir gebeten
In Winterskälte und Hungersnöten;
Wir haben vergebens gehofft und geharrt,
Er hat uns geäfft und gefoppt und genarrt –
Wir weben, wir weben!
Ein Fluch dem König, dem König der Reichen,
Den unser Elend nicht konnte erweichen,
Der den letzten Groschen von uns erpresst
Und uns wie Hunde erschießen lässt –
Wir weben, wir weben!
Ein Fluch dem falschen Vaterlande,
Wo nur gedeihen Schmach und Schande,
Wo jede Blume früh geknickt,
Wo Fäulnis und Moder den Wurm erquickt –
Wir weben, wir weben!
Das Schiffchen fliegt, der Webstuhl kracht,
Wir weben emsig Tag und Nacht –
Altdeutschland, wir weben dein Leichentuch,
Wir weben hinein den dreifachen Fluch,
Wir weben, wir weben!

Zit. nach: Heinrich Heine, Sämtliche Gedichte in zeitlicher Folge. Insel, Frankfurt 1997, S. 491 f.

[1] „So sah ich aus, heute Morgen, den 6. April 1829. H. Heine.“ *Federzeichnung von Franz Kugler, 1829.*

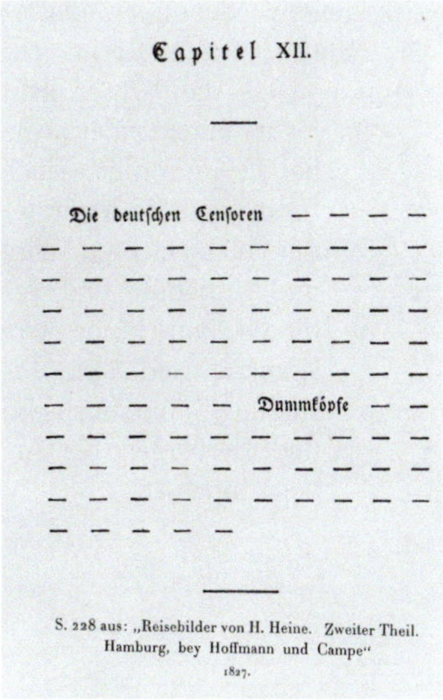

Capitel XII.

Die deutschen Censoren – – – –
– –
– – – – – Dummköpfe – –
– –

S. 228 aus: „Reisebilder von H. Heine. Zweiter Theil. Hamburg, bey Hoffmann und Campe“ 1827.

[3] Heinrich Heines Parodie auf die deutschen Zensoren, 1827.

Wahlseite Fanny Lewald

1. Findet heraus, was über Herkunft, Bildung und Lebensweg von Fanny Lewald ausgesagt wird.
2. Klärt, welche Einstellungen zu Politik oder Gesellschaft deutlich werden.
3. Versucht, die politische Meinung möglichst knapp und genau zu kennzeichnen, z. B. rückwärtsgewandt, fortschrittlich …
4. Stellt eure Ergebnisse der Klasse in geeigneter Form (z. B. Referat, Wandzeitung, Plakat) vor.

Lebensweg

Fanny Lewald wurde am 24. März 1811 in Königsberg geboren. Der Vater war ein reicher jüdischer Kaufmann. In der Schule fiel sie durch Intelligenz, Fleiß und Wissensdrang auf. Dennoch musste sie diese schon mit 14 Jahren verlassen und sich häuslichen Aufgaben widmen. Als sie sich mit 17 Jahren in einen Theologiestudenten verliebte, brach der Vater die Beziehung schnell ab, erlaubte ihr aber, zum Christentum überzutreten. Ein neuer Lebensabschnitt begann, als ihr Vetter August Lewald, der Chefredakteur einer Zeitung war, ihre literarische Begabung entdeckte und sie bat, einen Artikel für sein Blatt zu schreiben. In ihrem ersten Roman „Clementine" machte sie die Situation der Juden in der Gesellschaft zum Thema. Der zweite Roman „Jenny" beschäftigte sich mit der Unterdrückung der Frauen. Bei einer Italienreise im Jahr 1845 verliebte sie sich in den Schriftsteller Adolf Stahr, konnte ihn aber erst nach dessen Scheidung heiraten (1855). Das Ehepaar unternahm gemeinsam viele Reisen durch Europa. Fanny Lewald veröffentlichte zahlreiche Romane, Erzählungen und Abhandlungen, in denen sie sich immer wieder mit Frauenfragen beschäftigte. Sie trat für das Recht auf Ehescheidung ein, „wenn die Liebe die Partner nicht mehr miteinander verband". Sie forderte auch für die Töchter der ärmeren Volksschichten Lehre und Ausbildung und regte die Einrichtung von Kranken- und Altersversorgung, Speisehäusern und Herbergen für Arbeiterinnen an.

[1] Fanny Lewald (1811–1889).
Stahlstich von August Küssener, 1850.

[2] Das Ehepaar Heinrigs mit zwei Söhnen.
Gemälde von Kaspar Benedikt Beckenkamp, 1824.

[3] In ihrer Schrift „Für und wider die Frauen" schrieb Fanny Lewald 1875:

Und wir Frauen sitzen und sitzen von unserm siebzehnten Jahre ab und warten und warten und hoffen und harren in müßigem Brüten von einem Tage zum andern, ob denn der Mann noch nicht kommt, der uns genug liebt, um sich unserer Hilflosigkeit zu erbarmen … Man fand es furchtbar, dass ein Pflanzer einem Neger, der etwa mit schönen Anlagen für die Mechanik, mit einem ungewöhnlichen Scharfblick für die Erkenntnis von Krankheiten, mit einer großen Gewandtheit für kaufmännische Verhandlungen geboren war, sagen konnte: Du baust Zucker, du baust Baumwolle … Man weinte über Onkel Tom in seiner Hütte und sagte einer Tochter, die vielleicht ein medizinisches Genie oder ein großes kaufmännisches Talent war: Du strickst Strümpfe, du lernst den Haushalt führen; du bekommst Unterricht, der so weit langt, dass du einsehen kannst, was für dich wünschenswert und zu erreichen wäre, wenn man es dir möglich machte, deine Fähigkeiten zu entwickeln, aber entwickeln darfst du sie nicht – denn du bist ein Weib …

Zit. nach: Preußen – Versuch einer Bilanz, hg. v. Gottfried Korff/Weinfried Ranke, Bd. 3. Rowohlt, Reinbek bei Hamburg 1981, S. 280f.

Wahlseite Mathilde Franziska Anneke

1. Findet heraus, was über Herkunft, Bildung und Lebensweg von M. F. Anneke ausgesagt wird.
2. Klärt, welche Einstellungen zu Politik und Gesellschaft deutlich werden.
3. Versucht, die politische Meinung möglichst knapp und genau zu kennzeichnen, z. B. rückwärtsgewandt, fortschrittlich …
4. Stellt eure Ergebnisse der Klasse in geeigneter Form (z. B. Referat, Wandzeitung, Plakat) vor.

Lebensweg

Mathilde Franziska Anneke wurde am 3. April 1817 bei Blankenstein in Westfalen als Tochter eines Gutsverwalters geboren. Sie genoss eine freizügige Erziehung und eine Schulbildung durch Privatlehrer, interessierte sich früh für Literatur und Kunst. Als ihr Vater in Geldschwierigkeiten geriet, musste sie in die Heirat mit einem wesentlich älteren, reichen Adligen einwilligen. Nach der Geburt ihrer Tochter Jenny und gerade mal einjähriger Ehe entschloss sie sich zu einem damals sehr ungewöhnlichen Schritt: Sie reichte die Scheidung ein. Zwar gab es das Scheidungsrecht schon seit 1794, aber dass eine Frau davon Gebrauch machte, schockierte. Gesellschaftliche Ächtung und Armut waren der Preis für die persönliche Freiheit. Den Unterhalt für sich und ihre kleine Tochter verdiente sie sich nun mit dem Schreiben von Artikeln für die „Kölnische Zeitung" und die „Augsburger Allgemeine Zeitung". Bald lernte sie Fritz Anneke kennen, einen wegen seiner revolutionären Ansichten aus der Armee entlassenen Offizier. Die beiden heirateten und ließen sich in Köln nieder, wo sie einen sozialrevolutionären Klub gründeten, aus dem später der „Kölner Arbeiterverein" hervorging. Im Frühjahr 1849 beteiligte sich Mathilde Anneke zusammen mit ihrem Mann an den letzten revolutionären Erhebungen in der Pfalz.

Nach dem gescheiterten Kampf emigrierten die beiden in die USA, wo sie sich in der amerikanischen Frauenbewegung engagierte und die erste „Deutsche Frauenzeitung" herausgab.

[1] Mathilde Franziska Anneke (1817–1884). *Illustration.*

[2] Mathilde Franziska Anneke zu Pferd als Offizier in der Revolutionsarmee. *Lithografie 1849.*

[3] In ihrer Schrift „Das Weib im Konflikt mit den sozialen Verhältnissen" schrieb Mathilde Franziska Anneke 1847:

Warum erscheinen die Ansichten, die den Männern seit Jahrhunderten bereits angehören durften, einem Staat gerade bei den Frauen so gefährlich? Weil die Wahrheit uns befreit von dem trüglichen Wahn, dass wir dort oben belohnt werden für unser Lieben und Leiden, für unser Dulden und Dienen; weil sie uns zu der Erkenntnis bringt, dass wir gleichberechtigt sind zum Lebensgenusse wie unsere Unterdrücker, dass diese es nur waren, die die Gesetze machten und sie uns gaben, nicht zu unserem, nein zu ihrem Nutzen und Frommen. … Warum auch sollte das Weib überhaupt die schweigsame Dulderin sein? Warum noch länger die demütige Magd, die ihrem Herrn die Füße wäscht? Es gilt, die Stellung des Weibes innerhalb der Gesellschaft zu vertreten. Es gilt, die äußeren Rechte des Weibes gegen die Gewalten dieser Erde offen zu verteidigen.

Zit. nach: Nadja Herrnstadt, Emanzipation im Vormärz, in: Unzeit des Biedermeiers, hg. v. Helmut Bock. Urania, Leipzig/Jena/Berlin 1985, S. 268 f.

Wahlseite Friedrich Harkort

1. Findet heraus, was über Herkunft, Bildung und Lebensweg von Harkort ausgesagt wird.
2. Klärt, welche Einstellungen zu Politik und Gesellschaft deutlich werden.
3. Versucht, die politische Meinung möglichst knapp und genau zu kennzeichnen, z. B. rückwärtsgewandt, fortschrittlich …
4. Stellt eure Ergebnisse der Klasse in geeigneter Form (z. B. Referat, Wandzeitung, Plakat) vor.

Lebensweg

Friedrich Harkort wurde am 22. Februar 1793 als Sohn eines Gutsbesitzers und Kaufmanns bei Hagen geboren. Er besuchte die dortige Gewerbeschule und begann mit 15 Jahren eine kaufmännische Lehre. Doch seine eigentlichen Interessen lagen eher im technisch-konstruktiven Bereich. Anhand von Zeitschriften und Büchern informierte sich Harkort über die technisch-industrielle Entwicklung in England und gründete in Wetter an der Ruhr das erste Eisenindustrie-Werk in Westfalen.

In den kommenden Jahren erbaute er Walzwerke, Maschinen- und Dampfkesselfabriken. Schon seit den 1820er-Jahren setzte er sich für den Bau von Eisenbahnen ein und ließ eigene Dampfschiffe bauen. Als Unternehmer ging er zwar mehrmals bankrott, bemühte sich aber besonders um die Verbesserung der sozialen Lage seiner eigenen Belegschaft und der Arbeiter insgesamt. Der häufig als „Vater des Ruhrgebiets" bezeichnete Harkort war als Abgeordneter des preußischen Landtages und des Reichstages auch politisch tätig.

[1] Harkorts Fabrik in Wetter an der Ruhr. *Gemälde von Alfred Rethel, 1864.*

[2] Friedrich Harkort (1793–1880). *Gemälde von Georg W. Volkhardt.*

[3] Über die Soziale Frage äußerte sich Harkort 1844 in der Schrift „Über die Hindernisse der Zivilisation und Emanzipation der unteren Klassen":

Der Staat muss einschreiten, um fernerem Verderben zu wehren, damit der Strom des Pauperismus [Armut] nicht unaufhaltsam wachsend die gesegneten Augen des Vaterlandes Unheil bringend überschwemme … Vom Staate verlangen wir, dass er nicht alleingebietend, sondern auch helfend und fördernd einschreite. Zunächst muss die Regierung mit aller Strenge das Gesetz hinstellen und handhaben: dass durchaus keine Kinder vor zurückgelegter Schulzeit in Fabriken angestellt werden dürfen. Den Eltern muss unerbittlich das Recht genommen sein, ihre Kinder als Sklaven an die Industrie zu verkaufen … Selbst gehöre ich zu den Leitern der Industrie, allein von Herzen verachte ich jede Schaffung von Werten und Reichtümern, die auf Kosten der Menschenwürde, auf Erniedrigung der arbeitenden Klassen begründet ist. Zweck der Maschine ist, den Menschen der tierischen Dienstbarkeit zu entheben, nicht ärgere Fron zu schaffen … Demnächst muss die Dauer der Arbeit, wenigstens ein Maximum, gesetzlich festgestellt werden, eine Wohltat, die selbst dem Sklaven Amerikas zuteil wird … Ebenso gut wie das Gesetz den Sonntag zur Ruhe bestimmt, kann es den Feierabend feststellen … Außer den festen Löhnen wäre der Arbeit ein Anteil am Gewinn zuzugestehen, und Fleiß und Tätigkeit würden Wunder tun … In solcher Weise würde es möglich, die Monopole des Reichtums zu brechen, die dem Lande nur verderbliche Früchte bringen …

Zit. nach: Carl Jantke/Dietrich Hilger (Hg.), Die Eigentumslosen. Der deutsche Pauperismus und die Emanzipationskrise in Darstellungen und Deutungen zeitgenössischer Literatur. Alber, Freiburg/München 1965, S. 95

Wahlseite Friedrich Engels

1. Findet heraus, was über Herkunft, Bildung und Lebensweg von Engels ausgesagt wird.
2. Klärt, welche Einstellungen zu Politik und Gesellschaft deutlich werden.
3. Versucht, die politische Meinung möglichst knapp und genau zu kennzeichnen, z. B. rückwärtsgewandt, fortschrittlich …
4. Stellt eure Ergebnisse der Klasse in geeigneter Form (z. B. Referat, Wandzeitung, Plakat) vor.

Lebensweg

Friedrich Engels wurde am 28. September 1820 als Sohn eines wohlhabenden Textilfabrikanten in Barmen (heute Teil von Wuppertal) geboren. Nach der Schule absolvierte er eine kaufmännische Lehre in Bremen. 1842 lernte er Karl Marx kennen. Von 1842 bis 1844 arbeitete Engels im väterlichen Zweigbetrieb in Manchester. Dort lernte er die sozialen Verhältnisse der englischen Fabrikarbeiter kennen (vgl. S. 201), die er in dem Buch „Die Lage der arbeitenden Klassen in England" zusammenfasste. Im Jahr 1844 traf er wiederum mit Karl Marx zusammen. Jetzt entwickelte sich eine lebenslange Freundschaft und Zusammenarbeit. 1847 traten sie dem „Bund der Gerechten" bei, der sich schon bald „Bund der Kommunisten" nannte und für den die beiden Freunde das „Kommunistische Manifest" als Programm entwarfen. Diese Schrift erläuterte die kommunistischen Ideen. Es wurde in viele Sprachen übersetzt. Während der Revolution von 1848 in Deutschland (vgl. S. 164) arbeitete Engels als Redakteur an der von Marx herausgegebenen „Neuen Rheinischen Zeitung" mit. 1849 beteiligte er sich aktiv an den Aufständen in Baden und der Pfalz. 1850 kehrte er in die väterliche Firma nach Manchester zurück, was ihm die Möglichkeit bot, Marx finanziell zu unterstützen. 1869 schied er endgültig aus dem Betrieb aus, arbeitete danach als Sekretär im Generalrat der „Internationalen Arbeiterassoziation" und widmete sich nun ganz seiner schriftstellerischen und wissenschaftlichen Arbeit. Engels gilt heute neben Marx als Begründer des wissenschaftlichen Sozialismus.

[1] Friedrich Engels (1820–1895).
Foto, um 1850.

[2] Aus dem „Manifest der Kommunistischen Partei" von 1848, verfasst von Karl Marx und Friedrich Engels:

Ein Gespenst geht um in Europa – das Gespenst des Kommunismus. Alle Mächte des alten Europa haben sich zu einer heiligen Hetzjagd gegen dies Gespenst verbündet … Die Geschichte aller bisherigen Gesellschaft ist die Geschichte von Klassenkämpfen. Freier und Sklave … Baron und Leibeigner, Zunftbürger und Gesell, kurz, Unterdrücker und Unterdrückte standen in stetem Gegensatz zueinander, führten einen ununterbrochenen, bald versteckten, bald offenen Kampf, einen Kampf, der jedes Mal mit einer revolutionären Umgestaltung der ganzen Gesellschaft endete oder mit dem gemeinsamen Untergang der kämpfenden Klassen … Unsere Epoche … zeichnet sich jedoch dadurch aus, dass sie die Klassengegensätze vereinfacht hat. Die ganze Gesellschaft spaltet sich mehr und mehr in zwei große feindliche Lager, in zwei große, einander direkt gegenüberstehende Klassen: Bourgeoisie [das wohlhabende Bürgertum] und Proletariat [abhängige, besitzlose Arbeiter]. … Die Kommunisten verschmähen es, ihre Ansichten und Absichten zu verheimlichen. Sie erklären es offen, dass ihre Zwecke nur erreicht werden können durch den gewaltsamen Umsturz aller bisherigen Gesellschaftsordnung. Mögen die herrschenden Klassen vor einer kommunistischen Revolution zittern. Die Proletarier haben nichts in ihr zu verlieren als ihre Ketten. Sie haben eine Welt zu gewinnen. Proletarier aller Länder, vereinigt euch!

Zit. nach: Karl Marx/Friedrich Engels, Ausgewählte Werke, Bd. 1. Dietz, Berlin 1972, S. 17ff.

[3] Kinderarbeit in einer englischen Baumwollspinnerei.
Stahlstich von Th. Onwyn, 1840.

Die Revolution 1848

[1] Barrikadenkämpfe zwischen Bürgern und Militär in der Nacht vom 18. zum 19. März 1848. *Farblithografie 1848.*

[2] Aufstände in Europa 1848.

1. Beschreibt nach Abbildung 1 den Barrikadenkampf in Berlin.

*

Republik
Staatsform ohne Monarchen (z. B. König).

Barrikade
Eine Hürde, ein Hindernis, um einen Gegner abzuhalten.

Revolution in Paris und Wien

Im Frühjahr 1848 kam es in ganz Europa zu revolutionären Unruhen. Am 24. Februar besiegten Studenten, Arbeiter, Handwerker und Tagelöhner in Paris das Militär. Der König musste abdanken und ins Ausland flüchten. Damit war Frankreich eine Republik*. Die Nachricht von der erneuten Revolution in Frankreich verbreitete sich in Windeseile. Am 13. März lieferten sich in Wien Studenten und liberale Bürger Straßenkämpfe mit der Armee. Schließlich trat die Regierung zurück. Fürst Metternich flüchtete nach England.

Berlin 1848

Der Funke der Revolution sprang auch auf Berlin über. Die Bürger demonstrierten für die Presse- und Versammlungsfreiheit und forderten die Wahl eines deutschen Parlaments. Am 18. März verkündete König Friedrich Wilhelm IV. die Aufhebung der Zensur und versprach, sich für eine Verfassung einzusetzen. Als sich etwa 10 000 Menschen vor dem Berliner Schloss versammelten, um dem König zu danken, fielen – vermutlich aus Versehen – zwei Schüsse.
Die Bürger fühlten sich verraten, griffen zu den Waffen und errichteten Barrikaden*. Bei den anschließenden blutigen Barrikadenkämpfen gegen die Armee fielen fast 200 Bürger. Am Tag darauf wurden die Toten vor dem Schloss aufgebahrt. Als der König erschien, riefen die Menschen: „Die Mütze herab!" Der König nahm zu Ehren der Toten seine Mütze ab. Die Revolution hatte einen ersten Sieg errungen. Jetzt sprang der Funke auch auf andere deutsche Großstädte über. In den ländlichen Gebieten blieb es dagegen meist ruhig.

2. Vermutet, welche Bedeutung das Abnehmen der Mütze durch den König für die Bürger hatte.
3. Erstellt eine zeitlich geordnete Liste der auf der Karte 2 eingetragenen Aufstände:

Datum	Stadt	Land

Wählt einen der folgenden Arbeitsaufträge aus:

- Schildert die in Abbildung 1 dargestellten Ereignisse als Rundfunkreportage.
- Schreibt einen Brief über die Totenfeier aus der Sicht eines Zuschauers an eine(n) Freund/in.

Die deutsche Nationalversammlung in der Paulskirche zu Frankfurt

Unter dem Druck der bewaffneten Auseinandersetzungen gaben die Fürsten in den deutschen Einzelstaaten den Forderungen der Revolutionäre nach und stimmten der Bildung eines frei gewählten Parlaments*, der deutschen Nationalversammlung, zu. Dafür durften sie ihren Thron behalten und übten weiterhin die Befehlsgewalt über ihre Armee aus. Innerhalb weniger Wochen wurden Wahlkreise gebildet und Kandidaten aufgestellt. Da es noch keine Parteizugehörigkeit gab, wurden vor allem solche Kandidaten bevorzugt, die ein öffentliches Amt innehatten und in der Bevölkerung bekannt waren. Wählen durften alle, die eine selbstständige Tätigkeit ausübten und über ein Mindesteinkommen verfügten. Besitzlose und Frauen waren von der freien und geheimen Wahl ausgeschlossen.
Am 18. Mai 1848 versammelten sich die 573 Abgeordneten der deutschen Nationalversammlung zum ersten Mal in der Paulskirche zu Frankfurt am Main.

[3] Einzug des Parlaments in die Paulskirche, 1848. *Holzstich nach einer Zeichnung von Fritz Bergen.*

4. Vermutet, warum man nicht in einem eigenen Parlamentsgebäude tagte, sondern in einer Kirche.
5. Welcher der heutigen Wahlrechtsgrundsätze „frei, allgemein, gleich, geheim, unmittelbar" galt damals nicht? Wie beurteilt ihr das?
6. Notiert in Stichworten die Erwartungen bzw. Forderungen der Abgeordneten aus Abbildung 4.

[4] Abgeordnete in der Paulskirche, 1848. *Illustration.*

Parlament
Sammelbegriff für gewählte Volksvertretungen.

Die Nationalversammlung

[1] Blick in die Nationalversammlung. Man hatte die Paulskirche als Versammlungsort gewählt, weil es in Frankfurt keinen Saal gab, der groß genug für alle Abgeordneten war. *Kolorierter Stich, 1848.*

1. Beschreibt Abbildung 1. Nutzt dazu die Begriffe: Paulskirche, Rundbau, Säulen, Abgeordnete, Redner, Präsident, Zuschauer, Wappen, Fahnen.

Die Arbeit des Parlaments

Die erste Sitzung der Nationalversammlung verlief turbulent. Die Abgeordneten kannten sich noch nicht untereinander und wussten nicht, welche Plätze sie einnehmen sollten. Wegen des allgemeinen Lärms konnten sich die Redner nur schwer verständlich machen. Die Zuschauer auf den oberen Rängen wurden unruhig. Das änderte sich mit der Wahl des hessen-darmstädtischen Staatsministers Heinrich von Gagern zum Präsidenten.

[2] Über den zweiten Sitzungstag am 19. Mai 1848 berichtete ein Augenzeuge:

Alle Anwesenden fühlten sich in einer anderen Verfassung als tags vorher; es herrschte durchaus Ordnung, Ruhe und doch in den Reden ein freier Geist. ... Als neuer provisorischer Präsident wurde mit großer Stimmenmehrheit der bekannte, ja berühmte Staatsminister von Gagern gewählt. Seine Wahl war in mehreren Klubversammlungen vorbereitet worden. Es scheint ein ausgezeichneter Mann von energischer Kraft und wahrhafter Würde des Charakters zu sein. ... In seiner Antrittsrede hat Heinrich von Gagern die für die Zukunft entscheidenden, häufig zitierten Worte ausgesprochen: Wir haben die größte Aufgabe zu erfüllen. Wir sollen schaffen eine Verfassung* für Deutschland, für das gesamte Reich. Der Beruf und die Vollmacht zu dieser Schaffung liegt in der Souveränität* der Nation.

Zit. nach: Die Deutsche Revolution 1848/49 in Augenzeugenberichten, herausgegeben von Hans Jessen. Karl Rauch Verlag, Düsseldorf 1968, S. 134f.

*

Verfassung
Grundgesetz, Staatsordnung.

Souveränität
Herrschaftsgewalt eines Staates, Unabhängigkeit.

[3] Die Berufe der Abgeordneten:

173 Verwaltungsbeamte, 124 Lehrer und Professoren, 110 Richter und Staatsanwälte, 106 Rechtsanwälte, 56 Unternehmer und Kaufleute, 43 adlige und bürgerliche Großgrundbesitzer, 35 Akademiker ohne Berufsangabe („Schriftsteller"), 29 Offiziere und Diplomaten, 23 Ärzte, 20 Journalisten, 16 evangelische Pfarrer, 4 Handwerksmeister, 3 Bauern, (44 können nicht zugeordnet werden)

Zit. nach: H.-U. Wehler, Deutsche Gesellschaftsgeschichte, Bd. 2. C. H. Beck, München ²1989, S. 739f.

Die Grundrechte

Nach langen Diskussionen wurden im Dezember 1848 die „Grundrechte des deutschen Volkes" beschlossen. Dazu gehörten:

- Aufhebung des Adelsstandes, Abschaffung der Standesvorrechte
- Freiheit der Person
- Unverletzlichkeit der Wohnung
- Recht auf freie Meinungsäußerung in Wort, Schrift, Druck und bildlicher Darstellung
- Versammlungsfreiheit
- Glaubens- und Gewissensfreiheit

2. Erläutert, warum die Schaffung einer „Verfassung für Deutschland" als schwierige und „größte Aufgabe" (Text 2) empfunden wurde.
3. Formuliert die Grundrechte als ganze Sätze.

Wählt einen der folgenden Arbeitsaufträge aus:

- Fertigt eine Skizze des Abgeordnetensaals und tragt die in Arbeitsauftrag 1 erwähnten Begriffe (z. B. Abgeordnete) ein.
- Stellt die Berufe der Abgeordneten in einem Schaubild dar.

[4] Eine Abordnung der Frankfurter Nationalversammlung bietet König Friedrich Wilhelm IV. am 3. April 1849 die Kaiserkrone an. *Gemälde, 19. Jh.*

Monarchie oder Republik? Kleindeutsch – großdeutsch?

Wie sollte der Staat regiert werden? Viele Abgeordnete wollten einen König oder Kaiser an der Spitze des Staates sehen. Ein anderer Teil sprach sich gegen die Monarchie aus und befürwortete eine Republik mit einem gewählten Präsidenten an der Spitze. Sollte Deutschland künftig ohne Österreich auskommen oder würde ein großdeutsches Reich unter der Führung Österreichs entstehen?

Ein König will nicht Kaiser werden

Am 28. März 1849 verabschiedete die Nationalversammlung eine Reichsverfassung. Darin wurde eine konstitutionelle Monarchie als Staatsform festgelegt. Außerdem hatte sich die kleindeutsche Lösung (ohne Österreich) durchgesetzt. Mit 290 Stimmen bei 248 Enthaltungen wurde der preußische König Friedrich Wilhelm IV. zum künftigen Kaiser der Deutschen gewählt. Der König lehnte das Angebot jedoch ab.

[5] Schon in einem Brief vom 13. Dezember 1848 hatte sich Friedrich Wilhelm IV. dazu so geäußert:

… Einen solchen Reif aus Dreck … gebacken soll ein rechtmäßiger König von Gottesgnaden und nun gar der König von Preußen sich geben lassen …? Ich sage es Ihnen …, soll die tausendjährige Krone deutscher Nation wieder einmal vergeben werden, so bin ich es und meinesgleichen, die sie vergeben werden; und wehe dem, der sich anmaßt, was ihm nicht zukommt.

Zit. nach: Leopold von Ranke, aus dem Briefwechsel Friedrich Wilhelms IV. mit Bunsen. 1847, S. 60

4. Erläutert nach Text 5, warum der König die Kaiserkrone ablehnte.
5. Deutet die Karikatur 6.

[6] Der „kleene Hampelmann" (Gagern) hat dem König eine Krone geschnitzt und „nu will er se nich!" Die Figur rechts trägt eine Pickelhaube als Symbol für Preußen. *Karikatur, 1849.*

Das Scheitern der Revolution

Nach der Ablehnung der Kaiserkrone traten die meisten Abgeordneten aus der Nationalversammlung aus. Nur etwa 100 Abgeordnete zogen nach Stuttgart um und bildeten dort ein „Rumpfparlament", das aber schon bald durch württembergische Truppen mit Gewalt aufgelöst wurde.

In Sachsen, in Baden und der Pfalz kam es 1849 erneut zu Aufständen, die jedoch vom Militär blutig niedergeschlagen wurden. Viele der Aufständischen wurden hingerichtet oder kamen für Jahre ins Gefängnis. Andere flüchteten ins Ausland oder wanderten nach Amerika aus. Der Versuch, den Deutschen Freiheit und Einheit zu bringen, war gescheitert.

6. Deutet die Körperhaltung der Bürger in Abb. 7.
7. Erklärt mit eigenen Worten, warum die Revolution von 1848/49 scheiterte.

[7] Übergabe der Festung Rastatt in Baden an die preußischen Belagerer unter der Führung von Prinz Wilhelm von Preußen. *Neuruppiner Bilderbogen (Ausschnitt), 1849.*

„… durch Eisen und Blut!“

Die Reaktion

Nach dem Scheitern der Revolution von 1848/49 reagierten die Monarchen mit harten Zwangsmaßnahmen, um ihre alte Macht wieder herzustellen: Berufsverbote für freiheitlich gesinnte Demokraten, Pressezensur, Überwachung von Vereinen. Aber der wirtschaftliche und technische Fortschritt ließ sich nicht aufhalten. In den einzelnen Ländern gab es Parlamente, die über die Staatsausgaben zu entscheiden hatten. Der Wunsch nach nationaler Einheit und einer freiheitlichen Ordnung blieb lebendig.

Der Retter in der Not

1862 kam es in Preußen zwischen dem Landtag und dem König zu einem Konflikt, bei dem die Abgeordneten sich weigerten, die Ausgaben für das Militär zu erhöhen. In höchster Not berief der König Otto von Bismarck zum preußischen Ministerpräsidenten.

[1] Otto von Bismarck, *Gemälde, um 1870.*

Otto von Bismarck (1815–1898) war ein preußischer Landadliger. Er galt als konservativer Verfechter der Monarchie. Er diente dem König zunächst als Gesandter beim Bundestag in Frankfurt, später in der russischen Hauptstadt St. Petersburg, danach in Paris.

[2] In einer Rede vom 30. September 1862 erklärte Bismarck:

Preußen muss seine Kraft zusammenfassen und zusammenhalten auf den günstigen Augenblick, der schon einige Male verpasst ist; Preußens Grenzen nach den Wiener Verträgen sind zu einem gesunden Staatsleben nicht günstig; nicht durch Reden und Majoritätsbeschlüsse [Mehrheitsbeschlüsse] werden die großen Fragen der Zeit entschieden – das ist der große Fehler von 1848 und 1849 gewesen –, sondern durch Eisen und Blut.

Zit. nach: Manfred Görtemaker, Deutschland im 19 Jahrhundert. Leske und Budrich, Opladen ²1986, S. 193

1. Klärt, was Bismarck mit den „Wiener Verträgen“ gemeint haben könnte. Was bedeutet es, wenn er von „Eisen und Blut“ spricht?
2. Deutet die Karikatur (Abb. 3). Nehmt dabei auch Bezug zur Rede Bismarcks (Text 2).

[3] „Deutschlands Zukunft“ – „Kommen die Deutschen unter einen Hut? Ich glaube, sie kommen unter eine Haube!“ Gemeint ist hier der preußische Militärhelm, die Pickelhaube. *Karikatur.*

Österreich wird verdrängt

Beim Kampf zwischen Preußen und Österreich um die Vorherrschaft im Reich suchte Bismarck schon bald die militärische Entscheidung. Die schon im Krieg gegen Dänemark (1864) hinzugewonnenen Gebiete Schleswig, Holstein und Lauenburg verwaltete Preußen noch gemeinsam mit Österreich. Aber im „Bruderkrieg“ von 1866 besiegten die überlegenen Preußen in nur wenigen Wochen die österreichischen Truppen. Österreich schied aus dem Reichsgebiet aus.

[4] Feierlicher Empfang der siegreichen preußischen Truppen am 21. September 1866 in Berlin. *Foto.*

[5] Bismarck und die deutsche Einheit. Bismarck reicht der deutschen Symbolgöttin Germania das geschärfte Reichsschwert. *Stich nach einem Gemälde, Ende 19. Jh.*

[6] „Unsere Fahne – trotz alledem." Straßenszene in Straßburg von 1871. *Gemälde von A. Lemercie.*

[7] Abschied. „Lebewohl!", sagt der übermütige deutsche Soldat. „Nein, wir treffen uns wieder. Besuche müssen erwidert werden!", antwortete der französische Soldat. *Französische Karikatur, 1872.*

Krieg mit Frankreich

Die nördlich des Mains liegenden deutschen Staaten bildeten jetzt den Norddeutschen Bund unter Führung Preußens und mit Bismarck als Kanzler. 1870 kam es zum Krieg mit Frankreich, der von beiden Seiten gewollt war und eine Welle nationaler Begeisterung auslöste. Auch die süddeutschen Staaten eilten Preußen mit Truppen zu Hilfe. Dank der neuen Eisenbahnlinien vollzog sich der Aufmarsch der deutschen Truppen bis an die französische Grenze mit unerwarteter Geschwindigkeit. In der entscheidenden Schlacht von Sedan wurde der französische Kaiser mit 100 000 Soldaten gefangen genommen. Frankreich wurde wieder zur Republik und musste nach der Kapitulation harte Friedensbedingungen hinnehmen: Zahlung hoher Kriegsentschädigungen und die Abtretung von Elsass-Lothringen mit der alten Reichsstadt Straßburg. Warnende Stimmen, die darin bereits den Grundstock für den nächsten Krieg sahen, konnten sich nicht durchsetzen. Eine tiefe Feindschaft trennte nun die beiden Völker.

Mit dem militärischen Sieg war der Weg nach Paris frei. Im Schloss Versailles wurde am 18. Januar 1871 die Gründung des Deutschen Reiches ausgerufen.

3. Versucht Abbildung 6 zu erklären: Was bedeutet der Titel? Welche Bedeutung haben die blau-weiß-roten Farben? Welche Absicht verfolgte der Maler?
4. Deutet die Karikatur (Abb. 7).
5. Erläutert, was die Abbildung 5 ausdrücken wollte.

Wählt einen der folgenden Arbeitsaufträge aus:

- Legt eine Zeitleiste an und tragt die Stationen der Reichseinigung von 1862 bis 1870/71 in Stichworten ein.
- Gestaltet mithilfe von Materialien dieser Doppelseite eine Powerpoint-Präsentation oder ein Plakat über Ereignisse und Personen von 1862 bis 1870/71.

Die Reichsgründung

[1] Ausrufung des deutschen Kaiserreichs im Spiegelsaal von Versailles am 18. Januar 1871. Kaiser Wilhelm I. (mit weißem Bart) ist auf dem Podest im Zentrum zu sehen. Daneben steht mit erhobener Hand der Großherzog von Baden. Bismarck ist mit weißer Uniform abgebildet. *Gemälde von Anton von Werner, 1885.*

1. Beschreibt Abbildung 1. Welche Stimmung vermittelt das Bild? Vermutet, warum Bismarck in weißer Uniform hervorgehoben wird, obwohl er tatsächlich wie die Umstehenden eine dunkle Uniform trug.

Im Spiegelsaal von Versailles

[2] Der Maler Anton von Werner berichtete als Augenzeuge von der Ausrufung des Kaiserreichs am 18. Januar 1871:

… [ich] erwachte aus meiner Vertiefung erst, als der Großherzog von Baden neben König Wilhelm trat und mit lauter Stimme in den Saal hineinrief: „Seine Majestät, Kaiser Wilhelm der Siegreiche, Er lebe hoch!" Ein dreimaliges Donnergetöse unter dem Geklirr der Waffen antwortete darauf, ich schrie mit und konnte natürlich nicht zeichnen; von unten her antwortete wie ein Echo sich fortpflanzend das Hurra der dort aufgestellten Truppen. Der historische Akt war vorbei; es gab wieder ein Deutsches Reich und einen deutschen Kaiser!

Zit. nach: Die Gründung des Deutschen Reiches 1870/71 in Augenzeugenberichten, hrsg. u. eingel. v. Ernst Deuerlein. Rauch Verlag, Düsseldorf 1970, S. 305f.

[3] Kaiser Wilhelm schrieb in einem Brief an seine Frau vom 18. Januar 1871 über seine Gefühle:

Eben kehre ich vom Schlosse nach vollbrachtem Kaiserakt zurück! Ich kann Dir nicht sagen, in welcher morosen [mürrischen] Emotion ich in diesen letzten Tagen war, teils wegen der hohen Verantwortung, die ich nun zu übernehmen habe, teils und vor allem über den Schmerz, den preußischen Titel [die Königskrone] verdrängt zu sehen!

Zit. nach: Briefe Kaiser Wilhelms des Ersten, hrsg. v. Erich Brandenburg. Insel, Leipzig 1911, S. 254

[4] Otto von Bismarck erinnerte sich ebenfalls an den Verlauf der Zeremonie:

Seine Majestät hatte mir diesen Verlauf so übel genommen, dass er beim Herabtreten von dem erhöhten Stande der Fürsten mich, der ich allein auf dem freien Platze davor stand, ignorierte, an mir vorbeiging, um den hinter mir stehenden Generalen die Hand zu bieten …

Zit. nach: Otto von Bismarck, Gedanken und Erinnerungen. Reden und Briefe. Safari Verlag, Berlin, ohne Jahr, S. 255

2. Erläutert nach Text 2, welchen Augenblick der Maler in seinem Gemälde (Abb. 1) festgehalten hat.
3. Erklärt, was der Kaiser mit dem „preußischen Titel" meinte und warum er in solch schlechter Stimmung war (Text 3).
4. Vermutet, warum der Kaiser Bismarck ignorierte und welche Empfindungen der Kanzler dabei hatte (Text 4).
5. Schreibt in Stichworten auf, was an der Feier zu kritisieren wäre: Welche Gruppen fehlten? Wo findet die Feier statt? Wen wird das ärgern? Was empfanden die Fürsten der übrigen deutschen Staaten?

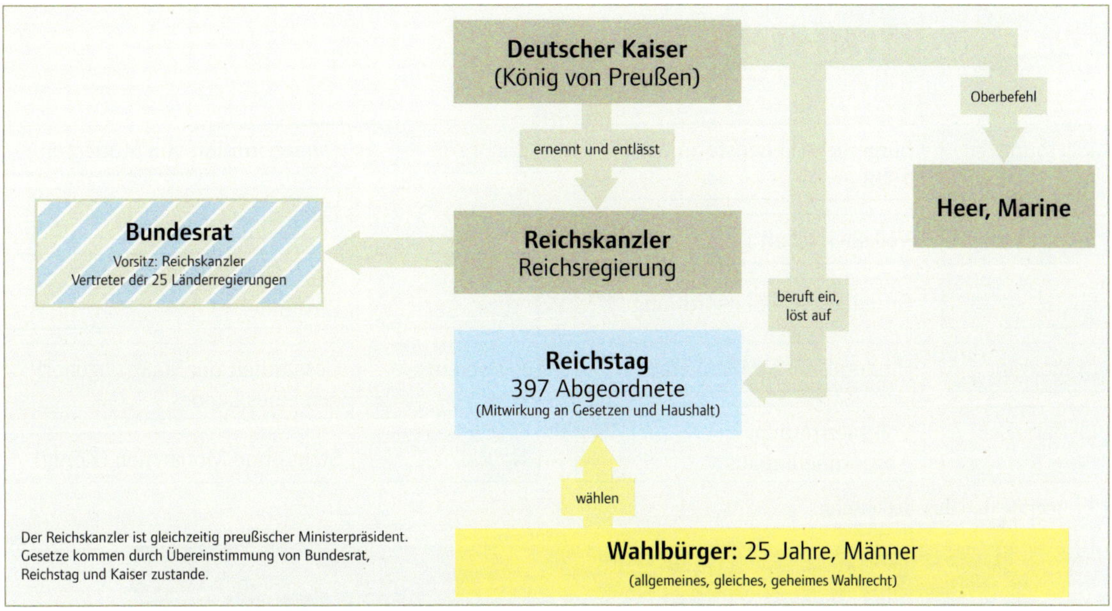

[5] Die Reichsverfassung von 1871. *Schaubild.*

Begeisterung und Kritik

Die meisten Menschen in Deutschland nahmen die Reichsgründung mit Begeisterung auf, denn nun war endlich ihr Traum von einem einheitlichen deutschen Nationalstaat Wirklichkeit geworden. Aber waren damit auch die Forderungen nach mehr Freiheit für die Bürger und nach einer demokratischen* Regierungsform erfüllt?

In der Reichsverfassung von 1871 fehlten die Grundrechte, wie sie die Frankfurter Nationalversammlung 1848 festgelegt hatte (siehe S. 166). Die männlichen Bürger konnten die Abgeordneten des Reichstages wählen. Die vom Reichstag beschlossenen Gesetze musste der Bundesrat, eine Vertretung der Fürsten aus den einzelnen Bundesländern, bestätigen. Der Kaiser war nicht nur der höchste Repräsentant des Staates, sondern auch Oberbefehlshaber der Armee. Der Kaiser konnte den Reichstag einberufen oder auflösen. Er ernannte den Reichskanzler, der die Regierungsgeschäfte führte.

[6] Der Vorsitzende der Sozialdemokraten (SPD) August Bebel kommentierte 1874 die Reichsgründung und den neuen Staat:

Das durch „Eisen und Blut" mühsam zusammengeschweißte Reich ist kein Boden für bürgerliche Freiheit, geschweige für die soziale Gleichheit. Staaten werden mit den Mitteln erhalten, durch die sie gegründet wurden. Der Säbel stand als Geburtshelfer dem „Reich" zur Seite, der Säbel wird es ins Grab begleiten.

Zit. nach: August Bebel, Die Sozialdemokratie im deutschen Reichstag, Bd. 1. Vorwärts, Berlin 1909, S. 3 f.

6. Beurteilt, ob die Reichsverfassung (Abb. 5) heutigen demokratischen Vorstellungen entspricht. Berücksichtigt dabei auch die Kritik von Bebel (Text 6).
7. Versetzt euch in die Lage einer der folgenden Personen und beurteilt aus ihrer Sicht den neuen Staat. Tragt das Ergebnis als Gruppe in der Klasse vor:
   - Franzose aus Straßburg (wurde 1871 deutscher Staatsbürger).
   - Frau aus Baden (hat 1848 auf den Barrikaden gekämpft, darf nicht wählen).
   - Bayer aus München (mag die Preußen nicht).
   - Arbeiter aus Hamburg (Anhänger der SPD).
   - Industrieller aus Wuppertal (ist für freien Warenverkehr).

Wählt einen der folgenden Arbeitsaufträge aus:

- Übertragt das Verfassungsschaubild (Abb. 5) ins Heft und nennt die Aufgaben der einzelnen Verfassungsorgane (Reichstag, Reichskanzler usw.).
- Schreibt einen Zeitungskommentar zur Verfassung von 1871.

*

Demokratie
Volksherrschaft; Regierungs- und Staatsform, in der die Staatsgewalt vom Volk ausgeht und bei der die Regierung direkt oder indirekt von der Mehrheit des Volkes gewählt wird. Zur Demokratie gehören auch die Grundrechte der Bürger.

Das kann ich!

Wartburgfest	bürgerliche Lebensform vor 1848
Restauration	Volksherrschaft
liberal	Grundgesetz, Staatsordnung
Demokratie	Hindernis im Straßenkampf
Biedermeier	Volksvertretung, Abgeordnetenhaus

Barrikade	Demonstration von Studenten
Republik	freiheitlich
Verfassung	Wiederherstellung alter Zustände
Parlament	Gesamtheit der Staatsangehörigen eines Landes
Nation	Staat ohne Monarchen (König)

[1] Begriffe und ihre Bedeutung.

[2] Die Ausrufung des Kaiserreichs am 18. Januar 1871 im Spiegelsaal des Schlosses Versailles. *Gemälde von Anton von Werner, 1877. Das farbige Originalgemälde wurde im Zweiten Weltkrieg zerstört.*

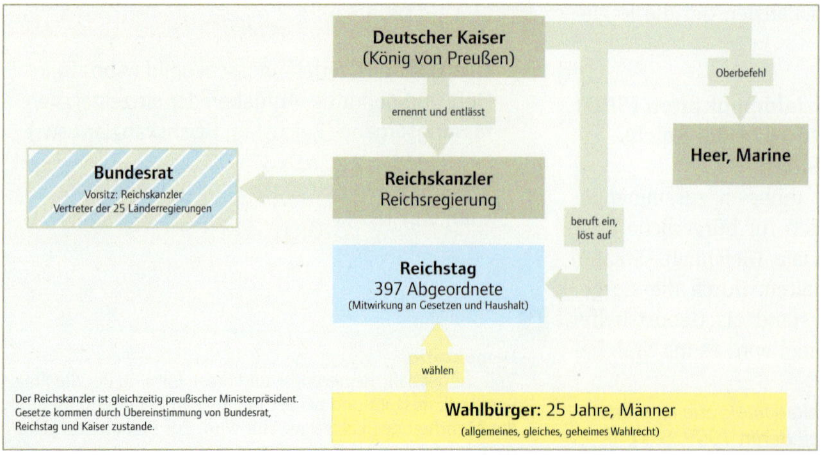

[3] Die Verfassung von 1871. *Schaubild.*

- Einberufung der Frankfurter Nationalversammlung
- Einigungskrieg gegen Österreich
- Wiener Kongress
- Hambacher Fest
- Karlsbader Beschlüsse
- Ausrufung des Kaiserreichs
- Wartburgfest

[4] Ereignisse.

[5] Die Karlsbader Beschlüsse

Am 23. März 1819 ermordete der Student Carl Ludwig Sand den ... August von Kotzebue, der die Burschenschaften regelmäßig verspottet hatte. Viele Studenten vermuteten, Kotzebue sei ein ..., weil er jahrelang im Dienst des russischen Zaren gestanden hatte. Für seine Mordtat wurde Sand 1820 hingerichtet. Die Bluttat war für den Fürsten ... der willkommene Anlass, im Deutschen ... gegen den revolutionären Geist der Studenten und der Liberalen vorzugehen. 1819 wurden die „Karlsbader Beschlüsse" erlassen. Danach wurden die Burschenschaften verboten. Zeitungen und Bücher wurden nun unter eine strenge ... gestellt. Die ... wurden überwacht. Eine zentrale Untersuchungskommission sollte die revolutionären ... verfolgen.

Bund Metternich Umtriebe Dichter
Zensur Spion Universitäten

[6] Die Gedanken sind frei

Die Gedanken sind frei, wer kann sie erraten,
sie fliehen vorbei wie nächtliche Schatten.
Kein Mensch kann sie wissen, kein Jäger erschießen
mit Pulver und Blei: Die Gedanken sind frei.

Ich denke, was ich will und was mich beglücket,
doch alles in der Still' und wie es sich schicket.
Mein Wunsch und Begehren kann niemand verwehren,
es bleibet dabei: Die Gedanken sind frei!

Und sperrt man mich ein im finsteren Kerker,
das alles sind rein vergebliche Werke,
denn meine Gedanken, sie reißen die Schranken
und Mauern entzwei: Die Gedanken sind frei.

Drum will ich auf immer den Sorgen entsagen
und will mich auch nimmer mit Grillen mehr plagen.
Man kann ja im Herzen stets lachen und scherzen
Und denken dabei: Die Gedanken sind frei!

Volksweise

Der Text wurde 1780 zum ersten Mal auf Flugblättern veröffentlicht. Im Zeitraum zwischen 1810 und 1820 entstand die Melodie dazu. Abgedruckt wurde das Lied 1842 von Hoffmann von Fallersleben (Verfasser des Deutschlandliedes) und Ernst Richter in „Schlesische Volkslieder". Heute sind mehrere Versionen mit 3 bis 5 Strophen verbreitet.

Sachkompetenz

1. Ordnet den Begriffen ihre Bedeutung zu (1).
2. Ordnet die in 4 angegebenen Ereignisse in der richtigen zeitlichen Reihenfolge. Wenn möglich, setzt noch die Jahreszahlen hinzu.
3. Erklärt die Verfassung von 1871 nach dem Schaubild 3.
4. Beschreibt die Ausrufung des Kaiserreichs nach Abbildung 2.
5. Schreibt den Lückentext (Text 5) ab und fügt die darunter stehenden Begriffe an der richtigen Stelle ein:

Methodenkompetenz

6. Deutet das Lied „Die Gedanken sind frei" (Text 6) mithilfe der Methode „Politische Dichtung verstehen" (siehe S. 156).
7. Deutete die Karikatur 7 mithilfe der Methode Seite 121.

[7] Der Denkerklub. *Karikatur um 1820.*

Urteilskompetenz

8. Beurteilt mithilfe des Schaubildes (Abb. 3), ob die Verfassung von 1871 – nach unserer heutigen Auffassung – als demokratisch angesehen werden kann.

Handlungskompetenz

9. Skizziert auf einem DIN-A4-Blatt eine Wandzeitung oder ein Plakat zu einem der folgenden Themen: Unterdrückung und Protest, Die Revolution von 1848/49, Die Reichseinigung.

Industrielle Revolution

Die Fabrik

Die rauchenden Schornsteine der Fabriken wurden im 19. Jahrhundert zum Symbol des Fortschritts. Aus bescheidenen Anfängen entwickelten sich vielfach in kürzester Zeit riesige Industrieanlagen. Für viele Menschen entstanden völlig neuartige Arbeitsmöglichkeiten unter stark veränderten Bedingungen. Nun konnten Produkte in großen Mengen zu niedrigen Preisen hergestellt werden. Doch all diese Veränderungen hatten auch ihre Schattenseiten.

1. Schildert, wie das Bild auf euch wirkt.
2. Beschreibt das Gemälde genauer. Versucht unter anderem die Absicht des Malers herauszufinden. Mit welchen Mitteln soll welche Wirkung erzielt werden?

Schauplatz Die Fabrik

[1] Walzwerk um 1875. *Gemälde von Adolph von Menzel.*

Arbeit im Takt der Maschinen

Zu Beginn des Industriezeitalters im 19. Jahrhundert kamen viele junge Leute zum Arbeiten in die neuen Industriegebiete. Hier erwarteten sie streng geregelte Arbeitszeiten, ungewohnt lange Anmarschwege von der Wohnung zur Fabrik und eine Tätigkeit, die vom Tempo der Maschinen bestimmt wurde. Für viele war das eine große Umstellung im Vergleich zu ihren bisherigen Beschäftigungen auf dem Land oder in einer kleinen Werkstatt. Auch hatten sie zuvor in der Großfamilie mit mehreren Generationen gelebt, wo gegenseitige Unterstützung selbstverständlich war. Diese durch die Fabrikarbeit veränderte Lebensweise brachte neue Bevölkerungsgruppen hervor: Arbeiter, Angestellte und Unternehmer.

[2] Arbeiter bei BASF, Ludwigshafen (Text zusammengestellt nach der Arbeitsordnung der BASF von 1891). *Foto, um 1900.*

1. Beschreibt Abbildung 1. Achtet genau auf einzelne Personen und ihre Tätigkeiten.
2. Schildert die Stimmung eines ehemaligen Landarbeiters nach zwei Wochen Fabrikarbeit.
3. Macht euch die Zeitangaben im Bericht des Arbeiters (Abb. 2) klar und vergleicht mit einem Berufstätigen aus eurer Familie.

Was ihr noch tun könnt …

- Sich über heutige Arbeitszeiten und Löhne in der Industrie informieren (Arbeitsamt, Familie …).
- Berufstätige nach ihren Rechten und Pflichten im Betrieb befragen.

Wir haben im Betrieb einige strenge Regeln. Unsere Arbeitszeit dauert von morgens 6 Uhr bis abends 6 Uhr als Tagschicht oder von abends 6 Uhr bis morgens 6 Uhr als Nachtschicht. Pausen sind von 8 bis 8 ½ Uhr, von 12 bis 1 Uhr und noch eine viertelstündige Vesperpause gegen 4 Uhr. Geldstrafen von 20 Pfennig bis zur Hälfte des durchschnittlichen Tagesarbeitsverdienstes muss zahlen, wer zu spät zur Arbeit kommt oder zu früh weggeht, wer in einem Raum angetroffen wird, wo er nichts zu arbeiten hat, wer Streit sucht oder seine Mitarbeiter in der Arbeit stört, wer sich oder den Arbeitsplatz nicht sauber hält, Tabak raucht, schläft oder untätig ist, wer ungehorsam ist gegen seine Vorgesetzten, lärmt oder sich ungebührlich beträgt …

Vorgesetzte und Kollegen

Wir, die Unternehmer, sind zur Spitzengruppe der Gesellschaft aufgestiegen. Einige sind sogar in den Adelsstand erhoben worden. Wir haben nicht nur das Geld zur Gründung von Fabriken, oft sind wir auch gleichzeitig Erfinder und Techniker. Ohne uns gäbe es den ganzen Fortschritt nicht!

[3] Unternehmerehepaar aus Siegburg (Rheinland), um 1860. *Foto.*

Unser Lohn reicht kaum zum Leben. Unsere Arbeitszeit ist höher und die Versorgung bei Krankheit oder im Alter schlechter als bei den Angestellten.

[5] Arbeiter im Schienenwalzwerk von Krupp. *Foto, um 1900.*

Für die Verwaltungsarbeit in den Büros der Fabriken braucht man uns, die Angestellten. Wir machen die Buchführung, schreiben Briefe an Kunden und Lieferanten und führen die Lohnlisten. Natürlich kann man an in so verantwortungsvollen Stellen nur Männer gebrauchen. Firmen, die schon diese neumodischen Schreibmaschinen angeschafft haben, lassen diese Geräte von den viel billigeren Frauen bedienen. Auch die Ingenieure und Werkmeister gehören zu unserer Gruppe. Wir haben den Arbeitern gegenüber viele Vorteile: Uns Spezialisten entlässt man nicht so schnell und wir werden besser bezahlt. Auch haben wir Anspruch auf bezahlten Urlaub.

[4] Angestellte bei der BASF, Ludwigshafen, um 1900. *Foto.*

[6] Lohnliste Feuerwerkslaboratorium in Siegburg, 1918.

Wochenlohn:	
Arbeiterinnen	57,60 Mark
Arbeiter unter 20 Jahre	60,00 Mark
Arbeiter über 20 Jahre	88,80 Mark
Monatsgehalt für Angestellte:	
Direktor	1200 Mark
Betriebsleiter	650 – 900 Mark
Meister	550 Mark
Hausdiener, Pförtner und Nachtwächter	350 – 400 Mark
Schreiberinnen (je nach Alter)	150 – 250 Mark

4. Stellt die Unterschiede im Aussehen der Personen und Arbeitsplätze von Abbildung 1 bis 5 fest.
5. Vergleicht die Löhne mit den Gehältern in Text 6.

Wählt einen der folgenden Arbeitsaufträge aus:

- Schreibt die Arbeitsordnung (2) als Aushang auf ein großes Blatt. Beurteilt sie aus heutiger Sicht und begründet, warum solche Regelungen vielleicht nötig waren.
- Macht eine Liste, in der ihr die Unterschiede zwischen Arbeitern und Angestellten gegenüberstellt.

Orientierung

[1] Industriegebiete in Europa 1800 – 1900.

1. Stellt fest, wo sich Industrien in Europa konzentrierten und in welchen Gebieten es kaum Industrie gab (Karte 1).
2. Listet deutsche Industriegebiete auf, getrennt nach Schwerindustrie (mit Eisenerz- und Kohlevorkommen) und Textilindustrie.
3. „Lest" die Statistiken, indem ihr Einzelaussagen macht, z. B.: *1780 arbeiteten 65 % der Menschen in der Landwirtschaft, 1970 nur noch 5 %.*
4. Sucht auf der Karte 1 die in Tabelle 2 genannten Städte. Begründet den Bevölkerungsanstieg mithilfe der Tabellen 3 und 4.

[2] Städte in Deutschland und England.
(Einwohner in Tausend)

	1800	1850	1880	1900
Berlin	172	419	1122	1889
Hamburg	130	132	290	706
Essen	4	9	57	119
London	959	2336	3830	4537
Manchester	77	336	462	544
Liverpool	82	397	624	685

[3] Wer arbeitet wo?

	Landwirtschaft	Gewerbe	Dienstleistungen
1780	65 %	19 %	16 %
1850	55 %	24 %	21 %
1900	38 %	37 %	25 %
1935	30 %	38 %	32 %
1970	5 %	48 %	47 %

[4] Stadt-Land-Verteilung der deutschen Bevölkerung.

	Land/ Kleinstadt	Mittelstadt	Großstadt
1810	90 %	9 %	1 %
1880	78 %	14 %	8 %
1925	60 %	15 %	25 %

5. Vergleicht die Karte 1 mit einer Atlaskarte und stellt fest, welche Industrien in Nordrhein-Westfalen liegen.

1769
Dampfmaschine

1785
Mechanischer Webstuhl

1789
Französische Revolution

1814
Eisenbahn in England

1834
Deutscher Zollverein

1835
Eisenbahn in Deutschland

1837
Telegraf

1838
Fotografie

1844
Aufstand schlesischer Weber

1848
Erstes gesamtdeutsches Parlament (Paulskirche)

1861
Telefon

1863
Erste deutsche Arbeiterpartei

1871
Reichsgründung

1877
Verbrennungsmotor

1878
Sozialistengesetze (bis 1890)

1881
Erste Straßenbahn

ab 1883
Sozialversicherung

1885
Automobil

1893
Dieselmotor

1894
Flugapparat

[5] Zeittafel Industrialisierung.

Industrielle Revolution

Die technische Entwicklung des 19. Jahrhunderts verlief so rasant und brachte derart einschneidende Veränderungen mit sich, dass man von einer Revolution sprechen kann, nämlich der Industriellen Revolution.

In diesem Kapitel erfahrt ihr, wie und in welchen Gegenden sich Technik entwickelt hat und wie sich die Arbeits- und Lebensbedingungen der Menschen dadurch verändert haben.

Wichtige Kompetenzen in diesem Kapitel

Sachkompetenz

- Wesentliche Merkmale der Industriellen Revolution und ihre Auswirkungen auf die Lebenswelt der Menschen erklären
- Über die Veränderungen einer Region berichten können
- Soziale Missstände und Lösungsversuche benennen

Methodenkompetenz

- Ein überschaubares Projekt planen, durchführen und präsentieren
- In der Industriefotografie eine neue Quellengattung kennenlernen

Urteilskompetenz

- Die Folgen der Industriellen Revolution für Mensch und Natur bewerten
- Die Anfänge von Reformen im Sozialsystem einschätzen

Handlungskompetenz

- Fachbezogene Projekte planen und durchführen
- Eigene Recherchen in Medienprodukten vornehmen und angemessen präsentieren

Vorindustrielle Arbeitswelt

[1] Zirkelschmiede-Werkstatt. *Gemälde, 19. Jh.*

[3] Schusterlehrling hütet Kleinkind. *Gemälde, 19. Jh.*

1. Beschreibt, wie in den Abbildungen die vorindustrielle Arbeitswelt dargestellt ist.

Geborgenheit im Handwerksbetrieb?

Neben der Arbeit in der Landwirtschaft war die vorindustrielle Arbeitswelt von überwiegend handwerklicher Tätigkeit geprägt. Wohnung und Arbeitsplatz waren hierbei nicht voneinander getrennt. Lehrlinge und vielfach auch die Gesellen lebten mit im Haushalt des Meisters. Oftmals arbeitete die gesamte Familie für den Betrieb.

Alle Handwerker waren in Zünften organisiert. Die Zunft regelte Inhalte und Dauer der Ausbildung oder Qualität und Preis der Waren. Durch Zulassungsbeschränkungen hielt sie die Konkurrenz in Grenzen. Vor allem aber sorgte die Zunft für gegenseitige Hilfe und Unterstützung in Notsituationen.

2. Beschreibt, was die Unterbringung der Gesellen oder Lehrlinge im Haushalt des Meisters bedeuten konnte.
3. Schildert, welche Vor- und Nachteile die Zugehörigkeit zu Zünften haben konnten.
4. Vergleicht die Zünfte mit heutigen ähnlichen Einrichtungen (z. B. Industrie- und Handelskammer).

[2] Oft wurden Lehrlinge zu Familienarbeiten herangezogen. So erinnerte sich Karl Friedrich von Kloeden 1874 an seine Lehrzeit:

Allein meine Arbeit wurde mit jedem Tage mehr durch andere Aufträge unterbrochen. Die Familie hatte nämlich kein Dienstmädchen … Ich hatte alles Nötige einzuholen: Kaffee, Sirup, Bäckerwaren, Fleisch, Gemüse usw. … Ich hatte des Mittags Messer und Gabeln zu putzen … Abends musste ich mich noch hinstellen und das Schuhwerk für die ganze Familie putzen, die Kleider reinigen usw.

Karl Friedrich von Kloeden, Jugenderinnerungen, hg. v. Max Jähns. Grunow, Leipzig 1874, S. 182 f.

Fabrik ohne Maschinen

Seit sich Staatsoberhäupter im 17. Jahrhundert verstärkt für die Wirtschaft interessierten und sogar selber als Unternehmer auftraten (= Merkantilismus), wurden immer mehr fabrikähnliche Einrichtungen geschaffen. Hier stellte eine größere Anzahl von Arbeitskräften Produkte arbeitsteilig in Mengen her. Solche Produktionsstätten heißen Manufakturen. Sämtlichen Fertigungsbetrieben, egal ob Werkstatt oder Manufaktur, war gemeinsam, dass sie ohne nennenswerte Maschinen auskommen mussten.

5. Nennt den Unterschied von Handwerksbetrieb und Manufaktur.

[4] Seidenmanufaktur, 1698. *Kupferstich von Christoph Weigel (1654–1725).*

[5] Früher Versuch mit Dampfkraft (1629).

[7] Windmühlen bei Berlin um 1800.

Antriebskräfte

Spätestens seit der Antike suchen die Menschen nach Maschinen, die ihnen die Arbeit erleichtern können. Besonders wichtig schien die Entwicklung eines für vielerlei Aufgaben geeigneten Antriebs. Neben der Muskelkraft von Mensch und Tier spielten dabei Wind und Wasser eine bedeutende Rolle.

Weder Wind noch Wasser sind zuverlässige und gleichmäßig verfügbare Energiequellen. Segelschiffe, die tagelang nicht von der Stelle kommen, oder Windmühlen, die den Müller zum Nichtstun verdammen, sind die Folge. Die Wasserkraft konnte zumindest teilweise gesteuert werden, indem man die Gewässer aufstaute und gezielt auf die Mühlräder leitete. Doch gegen Frost im Winter oder Trockenheit im Sommer war man machtlos.

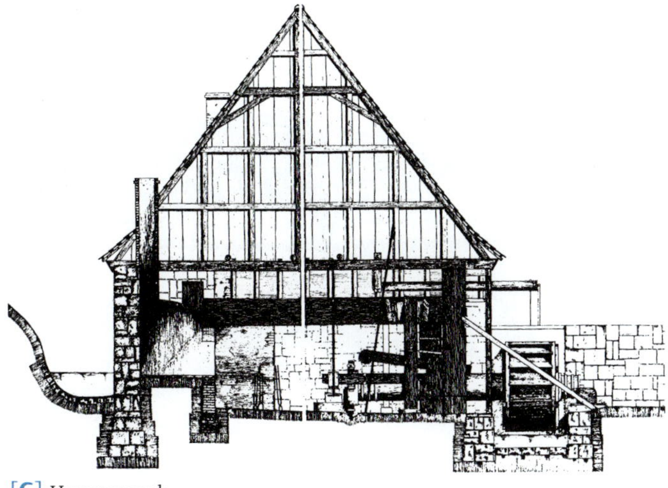

[6] Hammerwerk.

6. Beschreibt, wie die Wasserräder in den Abbildungen 6 und 8 ihre Arbeit leisten.

Wählt einen der folgenden Arbeitsaufträge aus:

- Beschreibt, wie in einer Manufaktur ein Möbelstück arbeitsteilig hergestellt werden könnte.
- Gebt eine Beschreibung der Funktionen in Abbildung 5. Beginnt so: *Wasser im Kessel A wird erhitzt, der Dampf D wird auf das Schaufelrad E geleitet …*

[8] Papiermacher. *Holzschnitt, 1568.*

Vorreiter England

Vom Spinnrad zur Textilfabrik

[1] Handspinnrad. *Foto, um 1920.*

[2] Modell der Spinnmaschine „Jenny" mit Handbetrieb von etwa 1770. Um 1764 konstruierte ein Weber auf der Basis des Handspinnrads eine Maschine, bei der bis zu 36 Spindeln gleichzeitig gedreht werden konnten. Eine Weiterentwicklung schaffte bis zu 130 Spindeln – immer noch mit Handantrieb! Um 1788 wurden rund 20 000 „Jennys" im Einsatz gezählt.

Textilindustrie als Vorkämpferin

Jahrhundertelang waren Garn und Stoffe in Heimarbeit hergestellt worden, meistens auf dem Land als zusätzliche Erwerbsquelle.

„Verleger" zogen über die Dörfer, kauften die fertige Ware auf und lieferten gleichzeitig neues Rohmaterial. Die Heimarbeiter hatten keine Wahl, sie mussten die Preise dieser Verleger akzeptieren.

England entwickelte sich schon seit dem 15. Jahrhundert zum führenden Zentrum der Verarbeitung von Schafwolle. Die Schafzucht wurde ständig erweitert und die Verarbeitung der Wolle immer mehr spezialisiert. Zusätzlich kamen aus den Kolonien große Mengen Schaf- und Baumwolle. Um 1775 arbeiteten etwa 10 Prozent der Bevölkerung in der Tuchproduktion, das waren rund 800 000 bis 900 000 Menschen.

Die meisten Arbeitskräfte waren mit dem Spinnen der Fäden beschäftigt. Doch mit dem Spinnrad konnte man nur einen Bruchteil der Garnmenge herstellen, die der Weber in derselben Arbeitszeit benötigte. Dieses technische Ungleichgewicht machte eine Verbesserung der Spinnleistung dringend notwendig.

Verschiedene Konstruktionen wetteiferten miteinander und es entstanden leistungsfähige Maschinen für die Textilverarbeitung. Sie waren entscheidend am Aufschwung der nun einsetzenden Baumwollindustrie beteiligt.

1. Beschreibt die Arbeitsweise von Handspinnrädern.
2. Vergleicht die Spinnmaschinen in den Abbildungen 2 bis 4.
3. Erklärt das Missverhältnis in der Leistung von Spinnern und Webern.

[3] Spinnmaschine, England 1836.

[4] Spinnmaschine in einer Textilfabrik bei Euskirchen, um 1900. *Foto.*

[5] James Watt (1736–1819).
Gemälde von Friedrich Breda, 1792.

[6] Dampfmaschine von Thomas Newcomen. *Stich, 1717.*

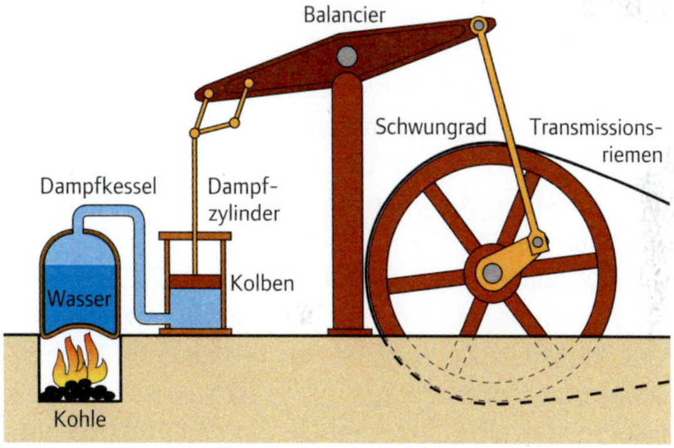

[7] Funktionszeichnung der Dampfmaschine von James Watt.

Eine grundlegende Erfindung

Dem Engländer James Watt gelang es 1769, eine leistungsfähige Dampfmaschine zu konstruieren. Er hatte hierfür die ältere Erfindung des Ingenieurs und Schmieds Newcomen aufgegriffen und weiterentwickelt. Damit konnte nun eine Reihe anderer Geräte angetrieben werden. Schon bald setzte man im Bergbau Dampfmaschinen ebenso ein wie in der Landwirtschaft. Vor allem aber bildeten sie für die nun zahlreich entstehenden Fabriken in den schnell wachsenden Industriestädten die technische Grundlage.
Da es in England große Steinkohlenvorkommen gibt, mangelte es auch nicht am nötigen Brennstoff für die Dampferzeugung.

4. Beschreibt das Prinzip der Dampfmaschine mithilfe der Abbildungen 6 und 7.
5. Nennt Gründe für die Vorreiterrolle Englands bei der Industrialisierung.

Britisches Unternehmertum

Einige englische Unternehmer verstanden es meisterhaft, zukunftsweisende Konstruktionen zu erkennen oder selber zu ersinnen, die notwendigen Fachleute für die Umsetzung der Ideen und auch noch die Geldgeber für ihre Unternehmensgründungen zu finden und die Maschinen zu vermarkten.
Im Lauf der nächsten Jahrzehnte wurde die Maschinentechnik von England aus in andere Länder verbreitet. Unternehmer oder die Erfinder selbst sorgten durch persönliche Kontakte für den Absatz.
Mit Informationsschriften war man vorsichtig, denn wie leicht hätten Fachkräfte eine solche Maschine nachbauen können! Daher waren selbst in den Patentschriften selten Konstruktionszeichnungen zu finden.

Warum gerade England?

- Im 18. Jahrhundert den Staaten auf dem Kontinent wirtschaftlich weit überlegen
- Hohe Gewinne (= Kapital) aus gut organisierter Landwirtschaft, Seefahrt, Handel und Gewerbe
- Keine staatlich gelenkten Manufakturen wie auf dem Festland: gesamte Wirtschaft in Privathand
- Strenge Orientierung am Markt und Interesse an einer Steigerung von Produktion und Nachfrage
- Religiöse Überzeugung, dass Erfolg als äußeres Zeichen für Gottes Gnade gilt

Wählt einen der folgenden Arbeitsaufträge aus:

- Lasst James Watt in einer Spielszene seine Erfindung vorstellen.
- Zeichnet die Dampfmaschine von James Watt in euer Heft.

Wegbereiter

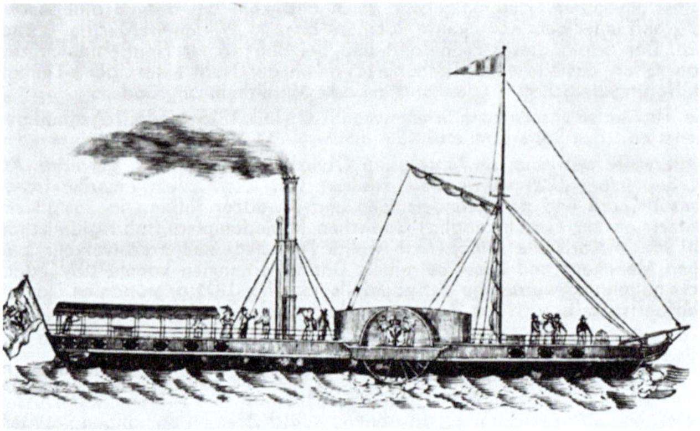

[1] Die Concordia fährt 1827 als erstes Dampfschiff auf dem Rhein. *Um 1830.*

Die Dampfmaschine lernt schwimmen und laufen
Im Jahr 1809 hatte der Amerikaner Robert Fulton das erste Dampfschiff gebaut. Einige Jahre später fuhr der erste Dampfer auf dem Rhein. Eine Reihe namhafter Schifffahrtslinien entstand nun und für lange Zeit war der Rhein nicht nur für den Güter-, sondern vor allem auch für den Personentransport ein sehr wichtiger Verkehrsweg.
1814 schaffte es der Engländer George Stephenson, die Dampfmaschine auf Räder zu setzen und sie so in eine kraftvolle Zugmaschine zu verwandeln. Es mangelte zwar in den Jahren zuvor nicht an Versuchen, insbesondere für den Bergbau, ein dampfgetriebenes Schienenfahrzeug zu entwickeln, doch erst die Erfindung Stephensons erwies sich als praxistauglich.

Die erste Eisenbahn in Deutschland
Hauptsächlich auf Schiffen wurde 1835 das Material für den Bau der ersten deutschen Eisenbahn (Nürnberg – Fürth) herbeigeschafft. 3000 Zentner Schienen kamen aus einem Eisenwerk bei Neuwied am Mittelrhein. Durch den Transport waren sie derart verbogen, dass sie zuerst wieder gerade geklopft werden mussten. Die Lokomotive war von Stephenson entworfen worden und kam aus England, dem einzigen Land, wo damals Eisenbahnen gebaut wurden. Auch der erste Lokführer war Engländer und wurde „mitgeliefert"; immerhin hatte er den Zusammenbau der in 100 Einzelteile zerlegten Lieferung zu überwachen.

Eine Industrie kommt in Fahrt
Bevor in Deutschland um 1835 die ersten Schienen verlegt wurden, führten die nüchtern kalkulierenden Planer der Eisenbahn Nürnberg – Fürth 40 Tage lang eine Verkehrszählung auf der 6 Kilometer langen Hauptverbindungsstraße zwischen diesen beiden Städten durch. Das Ergebnis: Die Route wurde im Schnitt von 1184 Personen täglich zu Fuß benutzt, 494 Personen fuhren in Kutschen, weitere 108 in Frachtwagen. Damit war klar: Die Eisenbahn konnte ein Massenverkehrsmittel werden.
Nach anfänglichem Misstrauen wuchs das Schienennetz mit atemberaubendem Tempo. Die meisten frühen Strecken entstanden aufgrund von Privatinitiativen. Viele Geldgeber erwarben Beteiligungen zur Finanzierung (= Aktiengesellschaften).
Die politische Zersplitterung im 19. Jahrhundert war zunächst ein Hindernis beim Eisenbahnbau. Unter anderem führte die Wahl unterschiedlicher Spurweiten bei der späteren Verknüpfung der Strecken zu teuren Umwegen.

1. Betrachtet die Abbildungen 1 und 2 und vergleicht sie mit heutigen Verkehrsmitteln.
2. Beurteilt die Bedeutung der Dampfschifffahrt, vergleicht mit den Transportmöglichkeiten in der Zeit davor (Mengen, Zeit, Zuverlässigkeit …).

[2] Die erste Eisenbahn in Deutschland: Abfahrt des Eröffnungszuges von Nürnberg nach Fürth am 7. 12. 1835. *Lithografie.*

Energielieferant Kohle

Die Eisenbahn wurde zum Wegbereiter der Industrialisierung, die in Deutschland erst um 1830 einsetzte. Die ersten großen Industriebetriebe entstanden – ähnlich wie in England – in Gebieten mit reichen Kohlevorkommen, z. B. an Ruhr und Saar. Kohle war nicht nur zum Betreiben der Dampfmaschinen wichtig, sondern auch für die Hochöfen, in denen das Eisenerz für die Schwerindustrie geschmolzen wurde.

[3] Weichen für die Zukunft? Ähnlich wie es auch heute bei umwälzenden technischen Neuerungen geschieht, wurde damals die Eisenbahn heiß diskutiert, hier einige Zitate:

- „Die Ruhe und Gemütlichkeit leiden darunter. Kann mir keine große Glückseligkeit vorstellen, ob man einige Stunden früher in Potsdam ankommt oder nicht." (König Friedrich Wilhelm III. von Preußen)
- „Ich will keine Eisenbahn in meinem Lande, ich will nicht, dass jeder Schuster und Schneider so rasch reisen kann wie ich." (König Ernst August von Hannover)
- „Die sämtlichen Ruhrzechen erhielten durch eine Eisenbahn den unschätzbaren Vorteil eines raschen, regelmäßigen Absatzes unter großen Frachtersparungen …" (Fabrikant Friedrich Harkort)

Verfassertext

3. Versucht, die Aussagen aus damaliger Sicht zu begründen. Wie wirken die Argumente heute auf euch?

[5] Der Oberauer Tunnel. Der Tunnel wurde 1837 erbaut und hat eine Länge von 512 m. *Gemälde von Karl Böttinger, 1839.*

[6] Eisenbahnnetz in Deutschland (in Kilometern).

1840	1850	1860	1870	1880	1890	1900
549	5822	11 026	18 560	33 865	41 818	49 878

Wählt einen der folgenden Arbeitsaufträge aus:

- Beschreibt die Rolle der Eisenbahn für die Industrialisierung. Verwendet dabei Tabelle 6 und folgende Stichpunkte:
  Transport von Arbeitskräften, Rohstoffen und Produkten – Erschließung abgelegener Gebiete – Geräte, Material und Arbeitsplätze für Bau und Betrieb von Bahnlinien.
- Denkt euch Quizfragen aus mit folgenden Begriffen als Antwort: Eisenbahn – Dampfmaschine – Dampfschiff – James – England – Aktiengesellschaft.

[4] Die Müngstener Brücke, erbaut von 1893 bis 1897, ist die höchste Eisenbahnbrücke Deutschlands. *Foto.*

Methode Ein Projekt durchführen

Beispiel: Firmengeschichten erforschen

Laura und Mirko sind zufrieden mit ihrem Praktikumsplatz. In dem modernen Betrieb werden Druckfarben hergestellt und in alle Welt geliefert. Doch nun überlegen die beiden, wie sie ihren Praktikumsbericht so ergänzen können, dass er sich von den übrigen abhebt. Eine Zufallsentdeckung hilft ihnen. Mirko hat neulich in der Verwaltung einen alten gerahmten Briefbogen bemerkt. Daraus ließe sich doch was machen! Nun dürfen sie aus dem Firmenarchiv Pläne, Zeichnungen, Fotos und einige Beispiele aus alten Geschäftsbüchern kopieren. Zwei Wochen später hängen sie in der Klasse eine Collage mit der Firmengeschichte „ihres" Betriebes auf und erhalten dafür viel Anerkennung.

Nun wollen auch die übrigen Schülerinnen und Schüler die Firmengeschichten ihrer Praktikumsbetriebe erkunden oder durch Recherchen bei anderen alteingesessenen Betrieben am Ort ergänzen. Die Ergebnisse sollen dann zu einer kleinen Wirtschaftsgeschichte des Ortes zusammengetragen und zum Elternsprechtag präsentiert werden.

1. Lest das Beispiel (Abb. 1) durch.
2. Besprecht, wie man Projektergebnisse für die Öffentlichkeit gestalten könnte.
3. Denkt über Mittel nach, die Sachverhalte anschaulich machen, z. B. Maschinen oder Leute bei der Arbeit abbilden; Produktionsschritte skizzieren, beschreiben oder in einfacher Form vorführen; Produkte oder Rohstoffe zeigen; Geräte ausleihen bzw. nachbauen.

Geschichte der Kattunfabrik Siegfeld in Siegburg

1824 wird ein Großhandel für Leinen- und Baumwollstoffe (Kattun) in Köln gegründet.

1833 werden die Stoffe selbst gefärbt und bedruckt.

1838 wird eine eigene Weberei eröffnet.

1840 beschäftigt die Fabrik schon 410 Arbeiter, deshalb wird in Siegburg ein großes Grundstück gekauft und zügig bebaut.

1843 wird eine Krankenversicherung eingerichtet.

1844 geht eine der ersten Dampfmaschinen im Rheinland in Betrieb. 1853 bekommt die Fabrik Gasbeleuchtung.

1854 gibt es eine Kantine und einen Laden mit verbilligten Lebensmitteln.

1895 kommt der Eisenbahnanschluss.

1911 wird auf dem Fabrikgelände ein chemisches Laboratorium eingerichtet.

1914 wird die Kattunproduktion eingestellt.

Heute produziert das Siegwerk Druckfarben.

[1] Die Wandzeitung zur Geschichte der Kattunfabrik Siegfeld in Siegburg, erarbeitet von Laura und Mirko, 9 b.

Schritte zum erfolgreichen Projekt

Projektarbeit bedeutet, ein selbst gewähltes Thema oder einen Projektauftrag nach genauer Planung zielgerichtet und selbstverantwortlich aufzubereiten und zu dokumentieren.

Folgende Schritte können euch dabei helfen:

1. Schritt Planung

- Einigung auf Thema, Zielsetzung, mögliche Schwerpunkte, Einteilung der Arbeitsgruppen, den Arbeitszeitraum sowie auf einen geeigneten Rahmen für die Präsentation.
- Realisierungsmöglichkeiten erkunden: Arbeitsmöglichkeiten, Anlaufstellen, Interviewpartner ausfindig machen, Genehmigungen einholen, Unterstützung (evtl. Geldgeber) finden.
- Gliederung bzw. Ablaufplan, verbindliche Regeln und Zeitrahmen erstellen.

2. Schritt Durchführung

- Inhalte recherchieren und Material beschaffen:
  a) in Archiven, Bibliotheken, Medien, im Internet usw.,
  b) Interviews führen (dazu evtl. Fragebogen entwickeln),
  c) Leihgaben erbitten oder Duplikate bzw. Modelle selber herstellen,
  d) Experten einladen.
- Zwischenstopps einlegen und Schwierigkeiten sowie weitere Schritte besprechen.
- Gesammeltes Material sichten, auswerten und Einzelergebnisse zusammenstellen.
- Präsentation vorbereiten:
  a) Ausstellung (Stellwände und Vitrinen besorgen, Wandleisten anbringen ...),
  b) Powerpoint- oder Internetpräsentation zusammenstellen,
  c) Vortrag (Beamer oder OHP besorgen),
  d) Wandzeitung, Broschüre oder Flyer (Papier und Kopiermöglichkeit organisieren ...).

3. Schritt Präsentation

- Materialien nach Ablaufplan zusammenstellen.
- Bei Ausstellungen an Besucherbetreuung und Begleit-/Erschließungsmaterial denken.

4. Schritt Auswertung

- Bisherige Arbeit beurteilen und bewerten: Was lief gut? Was sollte beim nächsten Mal anders werden?

[2] Schülerinnen der 9b besprechen ihre Projektarbeit. *Foto.*

[3] Schülerinnen und Schüler suchen an einem Computer in der Schulbibliothek nach Informationen für ihr Projekt. *Foto.*

Auch die folgenden sechs Wahlseiten bieten mit ihrem Thema „Entwicklung einer Industrieregion" Anregungen für projektorientiertes Arbeiten. Das Material der Buchseiten kann hierfür beliebig durch eigene Recherchen abgewandelt und ergänzt werden.

Wahlseite Bergbau im Ruhrgebiet

Hier kommen wieder sechs Wahlseiten!

Wie ihr damit umgeht, könnt ihr auf S. 239 noch mal nachlesen.

1. Stellt der Klasse die Entwicklung des Ruhrgebiets von 1840 bis etwa zum Jahr 2000 vor.

Schwarzes Gold

Südlich der Ruhr wurde im ursprünglich landwirtschaftlichen Gebiet seit dem ausgehenden Mittelalter Kohle abgebaut. Dort reichten die Vorkommen bis an die Oberfläche und konnten im Tagebau abgetragen werden. Von hier aus ziehen sich die Kohleschichten (= Flöze) in nördlicher Richtung immer tiefer schräg in die Erde, bis sie nördlich der Lippe eine Tiefe von mehr als 1000 Meter erreichen. Der technische Fortschritt machte den Abbau auch in diesen extrem tiefen Schichten möglich, sodass das „Revier" im Laufe der Zeit ständig weiter nach Norden gewandert ist.

2. Beschreibt Karte 1 und vergleicht mit Karte 2.
3. Vermutet, wieso durch die Kohlevorkommen hier auch andere Industrien entstanden sind.

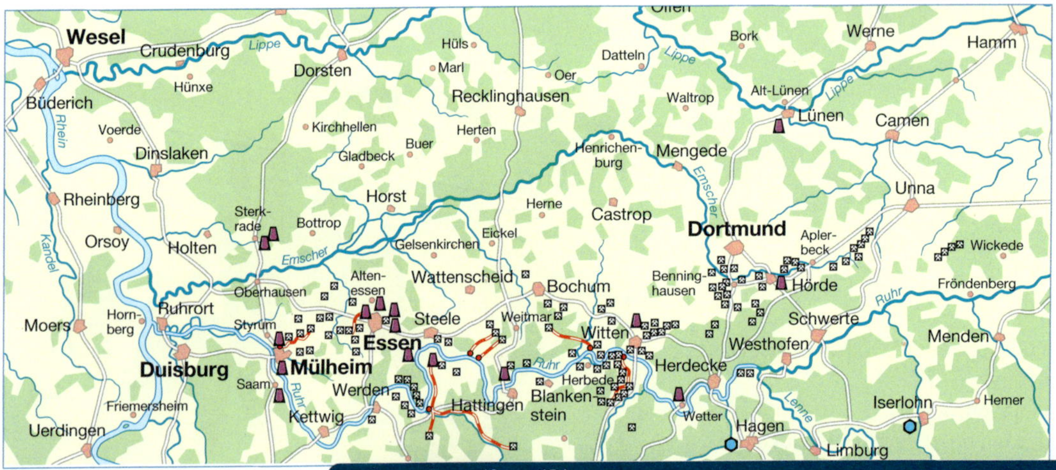

[1] Das Ruhrgebiet um 1840.

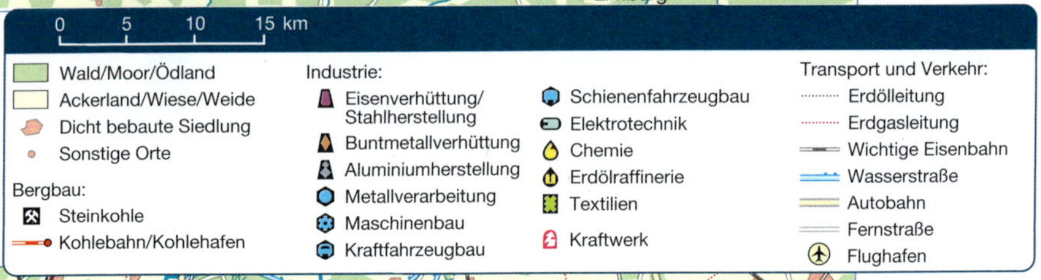

[2] Das Ruhrgebiet um 2000.

Wahlseite Industrie im Ruhrgebiet

1. Wertet die Materialien dieser Seite aus und gebt der Klasse einen Überblick über die Entwicklung der Industrialisierung im Ruhrgebiet.

[1] Rohstahlerzeugung im Ruhrgebiet.

	1880	1890	1896
Tonnen	2 000 000	3 800 000	6 000 000

[2] Umweltbewusstsein 1890 – ein Spaziergang durch Schalke:

Der Naturgenuss war nicht ungetrübt, denn schon damals engten im Osten und im Westen lange Häuserreihen den Horizont ein; die Halden, Schlote und Gebäude der Kohlen- und Eisenwerke hoben sich düster gegen den Himmel ab und grauschwarze Rauchfahnen hingen im Wind ... 1918 hatte sich die Situation grundlegend verändert; es war nicht mehr möglich, denselben Weg zu gehen, ganze Abschnitte waren verbaut und unzugänglich, ... die Gesamtheit der in solchen Gegenden zusammengeballten Industrien vertilgt als eingeschworener Todfeind die Natur, sodass auch nicht ein Rest früherer Schönheit und Eigenart übrig bleibt.

Zit. nach: F. Brüggemeier und T. Rommelspacher, Umwelt. In: W. Köllmann (Hrsg.), Das Ruhrgebiet im Industriezeitalter, Bd. 2. Düsseldorf 1990, S. 512 f.

[3] Hauer bei der Arbeit „vor Ort“. 1855 arbeiteten an der Ruhr 23 000 Beschäftigte im Bergbau. 1955 waren es rund 494 000 Leute. *Foto, um 1920.*

[4] Zeche im Ruhrgebiet. *Foto, um 1920.*

[5] Teile des Stahlwerks Krupp in Essen um 1880.

[6] Zeitraffer der Industrieentwicklung im Ruhrgebiet.

Ab **1760** organisiert und fördert der preußische Staat den Steinkohleabbau;
ab **1820** werden Großbetriebe zur Eisenverarbeitung und Stahlerzeugung gegründet;
ab **1850** wächst das Eisenbahnnetz und hat hohen Bedarf an Material (z. B. Eisen für Schienen und Brücken) bei gleichzeitiger Verbesserung der Transportmöglichkeiten;
ab **1855** bis zum Jahr **1957** wächst die Fördermenge der Kohle von 3,3 Mio. Tonnen auf 123,2 Mio. Tonnen;
ab **1900** wird Ruhrkohle für die Gas- und Stromerzeugung genutzt;
um **1920** vereinigen sich Betriebe der Schwerindustrie zu Großkonzernen (z. B. Vereinigte Stahlwerke AG);
ab **1925** siedelt sich Chemische Industrie an.

Wahlseite Wohnen im Revier

1. Informiert die Klasse über die Wohnverhältnisse im Ruhrgebiet des 19. Jahrhunderts.

[1] Arbeiterwohnungen der Firma Krupp, Essen. Die Siedlung wurde 1871 erbaut. *Foto, um 1910.*

[2] Neue Wohnsiedlungen bei einem Stahlwerk in Bochum. *Postkarte, um 1900.*

Ist ja sehr eng hier, aber eine größere Wohnung können wir nicht bezahlen. Nicht jeder hat das Glück, in einer der neuen Arbeitersiedlungen wie drüben bei Krupp in Essen unterzukommen. In manchen Städten sollen sich die Leute sogar einfache Bretterbuden auf freiem Feld zusammengezimmert haben.

[3] Durchgang zum Hinterhof. *Foto, um 1900.*

[4] Die Fabrikantenfamilie Krupp zog 1873 in die „Villa Hügel". Der Firmengründer wohnte noch in einem kleinen Haus auf dem Fabrikgelände. *Foto.*

Fabriken lassen die Städte wachsen

Die Städte änderten im 19. Jahrhundert ihr altes Aussehen. Weil die Fabriken Verdienstmöglichkeiten boten, zogen viele Menschen vom Land in die Städte. Diese Industriearbeiter bildeten eine völlig neue Bevölkerungsgruppe.

Obwohl emsig gebaut wurde und neue Stadtviertel entstanden, herrschte Wohnungsnot. Grundstücks- und Baupreise stiegen. Die Industrievororte mit Fabriken und Arbeiterwohnungen entwickelten sich in verkehrsgünstigen Lagen an den Flüssen oder an einer Bahnlinie.

Die Preise für Lebensmittel waren in der Stadt höher als auf dem Land, wo manches selber angebaut werden konnte.

2. Erörtert, was vonseiten der Stadt getan werden muss, wenn die Bevölkerungszahl ansteigt.
3. Beschreibt und vergleicht die Wohnverhältnisse in Abbildung 1–4.
4. Ein junger Mann aus einem westfälischen Dorf kommt zum Arbeiten in die Stadt. Schreibt seinen Brief an die Familie.

Wahlseite Stadtentwicklung

1. Stellt der Klasse die Stadt des Industriezeitalters vor.

Städte im Wandel

Mit dem Anwachsen der Städte nahmen auch die Verwaltungsaufgaben zu. Neue öffentliche Gebäude wie z. B. Bahnhöfe, Postämter, Museen oder Versicherungs- und Gerichtsgebäude wurden errichtet. Sie waren aufwendig verziert, sodass auch Schulen, Turnhallen oder Schwimmbäder alten Palästen ähnelten. Die Bauherren wollten damit die Bedeutung ihrer Stadt unterstreichen oder auf ihre Zuverlässigkeit hinweisen.
In den Stadtzentren siedelten sich Banken, Warenhäuser und Verwaltungseinrichtungen an. Daneben gab es Kleinbetriebe und bürgerliche Wohnhäuser. Draußen im Grünen entstanden die Villenviertel der wohlhabenden Bevölkerung.
Neue Aufgaben stellten sich der Stadtverwaltung auch z. B. mit der Energie- und Wasserver- und -entsorgung, der Abfallbeseitigung und der Verkehrserschließung und -anbindung.

2. Beschreibt die Bauwerke (Abb. 2 – 4) aus der sogenannten „Gründerzeit" und vergleicht mit modernen Gebäuden.
3. Vergleicht die Stadt um 1900 mit heutigen Städten (Was kann man wo erledigen? Wer wohnt heute wo?).

[1] **Bevölkerungsentwicklung.**

	um 1800	1900	2000
Bochum	1636	65554	391147
Dortmund	4000	250000	580000
Duisburg	5000	100000	514915

Was ihr noch tun könnt …

- Sucht Gebäude aus der Zeit um 1900 in eurer oder der nächstgelegenen Stadt; zeichnet oder fotografiert sie.

[2] Oberrealschule in Bochum, 1898 (seit 1927 Goethe-Schule). *Foto.*

[3] Geschäftsstraße in Bochum, 1900. *Foto.*

[4] Städtisches Hallenbad in Bonn, 1916. *Foto.*

Wahlseite Niedergang an der Ruhr

1. Erläutert der Klasse den Wandel im Ruhrgebiet.
2. Listet die Folgen für den gesamten Ort auf, wenn der größte Arbeitgeber „dichtmacht" (denkt an Händler, Handwerker, Steuereinnahmen ...).
3. Spielt eine Stammtischszene zur Lage im Revier mit Walter Kaminski und seinen ehemaligen Kollegen.

[1] Walter Kaminski aus Bochum, 78 Jahre, erinnert sich:

1938 bin ich in die Lehre gegangen, ich war gerade 14 geworden und hatte noch viel vor. Niemand hat damals geahnt, dass Bergbau und Schwerindustrie im Ruhrgebiet eines Tages am Ende sein könnten. Was haben wir Kumpel nach dem Krieg die Ärmel hochgekrempelt und geschuftet, um aus den Schutthaufen wieder moderne Betriebe zu machen. Anfang der 50er-Jahre konnte ein Junge nichts Besseres tun, als auf der Zeche anzufangen. Und was haben wir demonstriert und gekämpft, als die ersten Schließungen drohten. Na ja, aus und vorbei!

Gespräch mit Verfasserin, September 2002

Wer braucht denn noch Kohle?

Schon Ende der 50er-Jahre des 20. Jahrhunderts stellten immer mehr Haushalte und Betriebe ihre Heizungen von Kohle auf Öl um. Auch die Bahn ersetzte die Dampflok durch Diesel- oder Elektrolokomotiven. Die Nachfrage nach dem „schwarzen Gold" ging rapide zurück und die ersten Zechen wurden geschlossen. Ab 1968 geriet auch die Stahlindustrie in Schwierigkeiten. Kohle und Stahl kamen weitaus billiger aus dem Ausland. Um konkurrenzfähig zu bleiben, wurden in den Berg- und Stahlwerken modernste Maschinen eingesetzt. Die Folge waren Entlassungen und weitere Schließungen. 1997 wurden bundesweit noch 48 Millionen Tonnen Kohle von 84 000 Beschäftigten gefördert. 2001 lag die Fördermenge bei rund 27 Millionen Tonnen und die Beschäftigtenzahl sank auf 44 000 Leute.

[2] Zeitungsausschnitt vom Mai 2000.

Jobs für Bergleute gesucht

CASTROP-RAUXEL. Die Zeit drängt. Bis zum Jahresende müssen noch für zahlreiche Bergbaubeschäftigte neue Arbeitsplätze gefunden werden.
16 Jahre nach dem Aus für die letzte Zeche ERIN ist unsere Stadt nach wie vor eng mit dem Bergbau verknüpft. 1000 Castrop-Rauxeler sind als Auspendler noch direkt in der Montanindustrie [Bergbau und Hüttenwesen] der Region tätig. Viele von ihnen sind von den Stilllegungen ... betroffen. Insgesamt baut die Deutsche Steinkohle AG bis Anfang 2001 an der Ruhr 10 000 Arbeitsplätze ab ...

WAZ, 25. 5. 2000.

[3] Sprengung einer Industrieanlage im Ruhrrevier. *Foto.*

[4] Zeitschriftentitel vom Februar 1966. *Foto.*

WEBCODE: GR649044-192

Wahlseite Das neue Ruhrgebiet

1. Berichtet der Klasse über den Wandel im Ruhrgebiet.

[1] Kunsteisbahn auf dem Gelände der ehemaligen Kokerei „Zollverein" in Essen. *Foto.*

[2] Förderturm der Zeche Zollverein. *Foto.*

Ich arbeite hier im CentrO als Verkäuferin. Mein Großvater hat noch auf diesem Gelände in der Kokerei geschuftet. Das sind natürlich jetzt hier ganz andere Arbeitsplätze, Dienstleistungen eben. Für Industriearbeiter ist da nicht viel zu holen. Viele wurden arbeitslos, als es mit der Schwerindustrie hier am Ende war.

[3] Freizeit- und Shoppingzentrum CentrO in Oberhausen. *Foto.*

Genügen die Alternativen?

Streiks und Demonstrationen der Betroffenen konnten die Stilllegungen von Zechen nicht verhindern. Doch den Verantwortlichen wurde bewusst, dass Alternativen hermussten.

So zeigt sich überall da, wo noch vor wenigen Jahren Schwerindustrie angesiedelt war, heute ein völlig anderes Bild.

Ob CentrO in Oberhausen, Autofabrik in Bochum, Designerbüros oder Yachthafen in Duisburg sowie zahlreiche Industriemuseen und Freizeitparks, der alte „Ruhrpott" ist nicht wiederzuerkennen, und bietet viele neue und attraktive Möglichkeiten. Dennoch ist die Arbeitslosigkeit überdurchschnittlich hoch.

[5] Duisburg, Innenhafen. *Foto.*

[4] Zum Beispiel: Die Geschichte der Zeche Zollverein.

1847 Franz Haniel gründet die erste Schachtanlage.
1881 werden drei weitere Schachtanlagen in Betrieb genommen.
1900 5355 Bergleute fördern jährlich 1,7 Millionen Tonnen Kohle; größte Zeche im Ruhrgebiet.
1920 geht die Zeche „Zollverein" als Hüttenzeche im Stahlkonzern Phönix AG auf.
1926 wird sie zusammen mit anderen Großunternehmen zur Vereinigten Stahlwerke AG, dem weltweit zweitgrößten Stahlkonzern.
1932 wird die größte Steinkohlenförderanlage der Welt in Betrieb genommen, ein technisches Meisterwerk mit einer täglichen Fördermenge von 12 000 Tonnen Kohle.
1986 am 23. Dezember wird die Zeche „Zollverein" stillgelegt und unter Denkmalschutz gestellt.
1998 wird die Stiftung Zollverein gegründet, um das Kulturdenkmal als Museum zu erhalten.

Methode Fotos als Geschichtsquellen

[1] Kesselhaus einer Dampfmaschine, um 1900.

[2] Verwaltung einer Weberei, 1906.

[3] Belegschaftsfoto, um 1900.

Wie objektiv ist das Objektiv?

Abbildungen in unterschiedlichen Techniken sind wichtige Geschichtsquellen. Sie zeigen die Dinge anschaulicher, als das mit Texten möglich ist. Doch auch bei Bildern muss man misstrauisch sein; oft schon haben z. B. Maler ihre zahlenden Auftraggeber vorteilhafter dargestellt, als sie in Wirklichkeit waren, oder es wurden Dinge gemeinsam auf einem Bild vereinigt, die so nie zusammen gewesen sind. Aber auch beim Foto sind Täuschungen möglich.

Die frühe Fotografie, die selber ein „Kind" der Industrialisierung ist, lehnte sich in ihrer Ausdrucksweise zunächst eng an die Malerei an. Für Porträts beispielsweise wurden die Personen in feierlicher Haltung vor einem besonderen Hintergrund arrangiert. Teilweise hatte das aber auch technische Gründe. Lange Belichtungszeiten machten es erforderlich, dass die Kamera auf einem Stativ in Position gebracht wurde. Die zu fotografierenden Personen mussten geduldig sein und minutenlang stillhalten. Schnappschüsse und überraschende Situationsaufnahmen waren unter diesen Umständen gar nicht möglich.
Wie bei Texten gilt daher auch hier: Zu ein und demselben Thema solltet ihr möglichst viele Bildbeispiele miteinander vergleichen.

Mithilfe der folgenden Arbeitsschritte könnt ihr Fotos untersuchen. Zumeist stehen nicht alle Informationen zum einzelnen Bild zur Verfügung. Dennoch werden euch wenige Angaben – zusammen mit der Prüfung des Motivs und der Bildaussage – reichen, um festzustellen, wie „objektiv" das Objektiv ist.

1. Wertet einige der Beispielfotos mithilfe der Schritte auf der rechten Seite aus.
2. Erprobt die Auswertungstechnik an weiteren Fotos aus diesem Buch.

Auswertungsschritte

1. Schritt Bedingungen klären

- Wer hat fotografiert (Fotograf/Fotokünstler, Amateur/Privatperson; in wessen Auftrag)?
- Wann wurde die Fotografie gemacht (Datum, Tages-/Jahreszeit, Anlass)?
- Wo wurde fotografiert (Innenraum: Atelier oder „normales“ Umfeld; Außenaufnahme)?
- Wie wurde fotografiert (Blickwinkel: Augenhöhe, von unten/oben; Tele- oder Weitwinkelaufnahme)?
- Natürliches oder künstliches Licht? Sind Bearbeitungen erkennbar oder zu vermuten (Fotomontage, Retusche, Kolorierung)?

2. Schritt Motiv beschreiben

- Was ist dargestellt (Personen, Gegenstände/Gebäude, Landschaft)?
- Ist ein Thema erkennbar?
- Welche Bildteile sind vorhanden und wie sind sie aufeinander bezogen (z. B. Personengruppen, Personen und Gegenstände/Gebäude ...; im Vorder-/Hintergrund, im Mittelfeld ...)?
- Welche Einzelheiten sind für meine Fragestellung wichtig (z. B. Gebäude oder Fahrzeuge im Hintergrund, Kleidung, Frisuren ...)?

3. Schritt Bildaussage deuten

- Welche Gesamtaussage macht das Bild?
- Wie genau informiert es über die eigene Fragestellung?
- Wird die Aussage durch Vergleich mit anderen Abbildungen bestätigt, ergänzt oder widerlegt?
- Welche Zusatzinformationen sind nötig?
- Welche Absicht ist erkennbar?
- Was soll gezeigt, was verborgen werden?

[4] Einweihung einer neuen Dampfmaschine, um 1900.

[5] Weberei, 1906.

Fotografie – eine neue Erfindung

Um 1835 gelang es dem Maler Louis Daguerre auf lichtempfindlichen Kupferplatten aufgenommene Bilder dauerhaft zu fixieren. Auf dieser Basis wurde die Fotografie weiterentwickelt. Bereits in den 1850er-Jahren verdrängte die Papierfotografie die „Daguerreotypie“. Als Negativ wurde zunächst eine Glasplatte verwendet. Wegen der aufwendigen Technik blieb die Fotografie erst einmal auf Fotografen und Studios beschränkt. Der Amerikaner George Eastman erfand Ende des 19. Jahrhunderts den Rollfilm auf Gelatinebasis. Er ersetzte die schweren Glasplatten. Was nun noch fehlte, war eine einfache Kamera. Sie kam mit der Kodak, die Eastman 1888 mit dem Slogan auf den Markt brachte: „You press the button – we do the rest!“

Eingriffe in die Natur

[1] Bahntrassenbau bei Nürnberg. *Aquarell von Carl Herrle, 1853.*

[2] Braunkohletagebau um 1907. *Foto.*

1. Beschreibt die Abbildungen 1 und 2 und vermutet, wie die jeweilige Landschaft vor und nach den Bauarbeiten ausgesehen hat.

Umweltschutz

Nicht immer sieht oder riecht man „Umweltsünden". Vielfach rächt sich die Natur erst nach Jahren. Auch war die anfängliche Begeisterung über viele Neuerungen größer als die Wahrnehmung negativer Folgen. Massive Eingriffe in die Landschaft brachte der Bau von Fernstraßen und Bahntrassen mit sich. Insbesondere die Eisenbahn benötigte eigene Verkehrswege, wobei außer den Trassen im Gelände auch noch eine Vielzahl von Brücken und Tunnel gebaut werden mussten.

Der erhöhte Bedarf an Energie einerseits, andererseits aber auch die Weiterentwicklung der Abbaugeräte sorgten um 1900 für eine enorme Ausdehnung des Tagebaus (z. B. Braunkohle, Sand, Kies, Bims). Erst in unserer Zeit versucht man, die zerklüftete Landschaft durch aufwendige Maßnahmen in den alten Zustand zurückzuversetzen (= Renaturierung).

Aber auch Flussbegradigungen und Kanalbauten zerstörten Lebensräume für Tiere und Pflanzen. Sie sind, beispielsweise an Rhein, Saar und Mosel, bis heute verantwortlich für Überschwemmungen.

2. Erläutert genauer, welche Folgen Eingriffe in die Natur haben; vielleicht kennt ihr auch Beispiele aus jüngster Zeit (z. B. Talsperren, Landebahnen, ICE-Trassen, Bahnhöfe).
3. Entwerft für Erna E. (Text 3) einen Leserbrief an die örtliche Zeitung.

[3] Industrieabwässer wie auch die Abwässer der Städte flossen ungeklärt in die Bäche und Flüsse. Erna E., 78, Anwohnerin einer Eifeler Tuchfabrik, erinnerte sich in einem Gespräch, um 1960:

Wir wussten immer ganz genau, wann die gefärbt haben. Dann war hier der Bach blau oder grün, manchmal auch irgendwie schmutzig-rot. Fische gibt es da drin immer noch keine!

Interview der Verfasserin mit Erna E.

[4] Karikatur zur Verschmutzung der Themse, 1845.

[5] Luftverschmutzung um 1900. *Gemälde.*

[6] Qualm und Lärm belasteten die Anwohner entlang der Eisenbahnstrecken. *Foto.*

Keine Luft zum Atmen

Neben der Gewässerverschmutzung ist auch die Luftverschmutzung bis heute ein ernstes Problem. Erkrankungen der Atemwege, aber auch Haut- und Augenreizungen sind darauf zurückzuführen. Die Ursachen finden sich überall dort, wo Verbrennungsprozesse stattfinden. In nennenswertem Umfang begann die Luftverschmutzung mit der Dampfmaschine. Bald schon kamen die Kraftwerke hinzu mit ihren Antrieben für die Stromgeneratoren.

Seit im Jahr 1885 das erste Automobil auf die Straße kam, haben auch die Autoabgase einen hohen Beitrag zur Umweltverschmutzung geleistet. Heute wissen wir, wie sehr der bei jeder Verbrennung anfallende Ausstoß von Kohlendioxid (CO_2) unser Klima in Bedrängnis bringt. Doch nicht nur in der Luft und in den Gewässern finden sich die Abfälle der Industrialisierung. Reststoffe wanderten auf Halden, sickerten in den Boden und vergiften bis heute das Grundwasser. Schließlich belasteten Maschinen, Eisenbahnen und Autos die Umwelt zusätzlich mit ihrem hohen Lärmaufkommen.

4. Beschreibt Abbildung 5 und erklärt, was die Qualmwolken anrichten können.
5. Versucht einen Zusammenhang zwischen der Massenproduktion von Waren und den Umweltproblemen herzustellen.

Wählt einen der folgenden Arbeitsaufträge aus:

- Schreibt Rollenkarten zu Abbildung 4 und spielt ein Gespräch zwischen dem „Flussgott" und dem Herrn auf dem Schiff.
- Macht eine Liste aller in diesem Kapitel angesprochenen Umweltprobleme und ihrer Ursachen; schlagt Lösungen vor.

Was ihr noch tun könnt …

- Euch genauer über den Treibhauseffekt informieren.
- Heutige Umweltprobleme und Möglichkeiten der Energiegewinnung erkunden.

[7] Autounfall mit Todesopfern. *Foto 1913.*

Die Not der Arbeiterfamilien

[1] Kinder arbeiten in einem englischen Bergwerk, um 1850. *Farblithografie.*

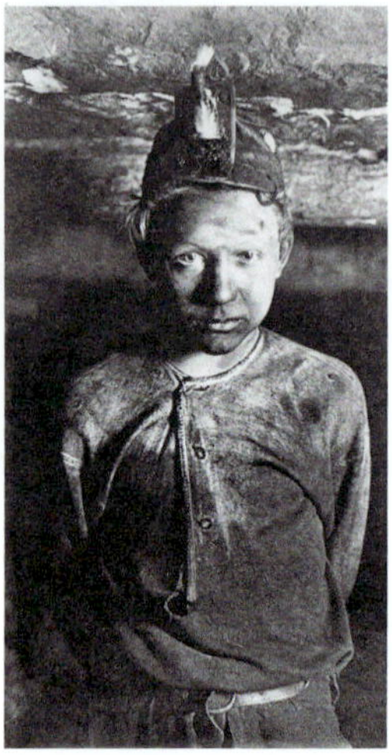

[2/3] Arbeitende Kinder in der Baumwollspinnerei und im Bergbau. *Fotos, um 1910.*

1. Beschreibt die Abbildungen 1 – 3.

Kinderarbeiter

Die Einkommen der Arbeiterfamilien waren oft so gering, dass auch die Kinder zum Lebensunterhalt beitragen mussten. Besonders im Bergbau und in der Textilindustrie wurden ihre kleinen Hände oder die geringe Körpergröße gebraucht. Vor allem waren sie von den Unternehmern als billige Arbeitskräfte geschätzt.

Im Rheinland und in Westfalen leisteten noch bis weit ins 20. Jahrhundert hinein viele Kinder in Ziegeleien, bei der Tongewinnung und in der Zigarrenindustrie gesundheitsgefährdende Arbeiten.

Erst allmählich wurde Kinderarbeit durch Gesetze eingeschränkt. So durften in Preußen seit 1839 keine Kinder unter 10 Jahren mehr in Fabriken beschäftigt werden, ab 1891 wurde das Mindestalter auf 14 Jahre heraufgesetzt. Dies galt jedoch nicht für die Landwirtschaft und die damals sehr verbreitete Heimarbeit.

2. Vergleicht Abbildung 1 mit den Aussagen in Text 5.
3. Macht eine Spontanumfrage in der Klasse und stellt fest, wer schon gejobbt hat. Sprecht über die Gründe und die Unterschiede zur Kinderarbeit im 19. Jahrhundert.

[4] Aus einem Gesetzesvorschlag von 1837:

... dass kein Kind vor dem vollendeten neunten Jahre zur Arbeit in den Fabriken bestimmt werden solle ..., dass die Kinder vor ihrem Eintritt in eine Fabrik einen dreijährigen Schulbesuch nachweisen sollen ...

Gesetzentwurf des 5. Rheinischen Provinziallandtags an den Preußischen König

[5] Beobachtungen in einem englischen Bergwerk, um 1840:

In den Kohlen- und Eisenbergwerken arbeiten Kinder von 4, 5, 7 Jahren; die meisten sind indes über 8 Jahre alt. Sie werden gebraucht, um das losgebrochene Material von der Bruchstelle nach dem Pferdeweg oder dem Hauptschacht zu transportieren ... Der Transport der Kohlen und des Eisengesteins ist eine sehr harte Arbeit, ... oft über feuchten Lehm oder durch Wasser, oft steile Abhänge hinauf und durch Gänge, die zuweilen so eng sind, dass die Arbeiter auf Händen und Füßen kriechen müssen ..."

Zit. nach: Friedrich Engels, Die Lage der arbeitenden Klasse in England, aus: Sozialistische Klassiker in Nachdrucken, Hannover 1965

Was ihr noch tun könnt ...

- Euch über das Jugendarbeitsschutzgesetz (www.bma.bund.de) und über Kinderarbeit in der Dritten Welt (www.oneworldweb.de) informieren.

[6] Arbeiterwohnung in Berlin 1915. *Foto.*

4. Beschreibt Abbildung 6 und erläutert sie mithilfe von Text 7.

Frauen und Beruf

Weil die Löhne der Familienväter kaum zum Leben reichten, mussten auch die Frauen mitarbeiten. Viele machten Heimarbeit oder gingen in die Fabrik. Ohne die Chance einer Ausbildung wurden ihnen dort nur die am schlechtesten bezahlten Arbeitsplätze zugewiesen. Doch auch bei gleicher Arbeit war ihr Lohn im Schnitt gut ein Drittel niedriger als der Lohn für Männer.

Vor und nach ihrer Lohnarbeit musste die Arbeiterin ihren Haushalt versorgen. So dauerte ihr Arbeitstag oftmals 17 oder 18 Stunden. Die Kinder waren tagsüber unversorgt, sodass oft schon die Sechsjährigen auf die noch kleineren aufpassen mussten.

[7] Aussage einer Heimarbeiterin:

Kaum ist früh der Mann auf Arbeit, da wachen die Kinder auf und wollen angezogen sein, eine Flasche und zu essen haben … Dann setzt man sich hin und näht, denn es ist eilig zu liefern. Zwischendrein muss man wieder die Kinder baden usw. und wieder nähen, Geld verdienen … das Essen muss besorgt werden. Schnell wird etwas bereitet, das nicht viel Arbeit macht, denn man muss nähen …

Zit. nach: Else Sander, Lebenskunde, Leipzig 1922, S. 185

[8] Ein Dienstmädchen berichtet:

Ich bin die Anna und komme aus der Eifel. Mir geht es eigentlich gut, wenn nur nicht das Heimweh nach unserer großen Familie wär. Hier hab ich sogar eine eigene kleine Kammer unterm Dach. Im Winter ist die allerdings bitterkalt. Dann nehm ich mir einen heißen Ziegelstein mit ins Bett, der vorher auf dem Herd gelegen hat.

Morgens steh ich als Erste um fünf auf und mach die Öfen an. Den Tag über gibt es in dem großen Haushalt jede Menge Arbeit. Wenn ich nach dem Abendessen die Küche aufgeräumt und noch was Flickarbeit gemacht hab, fall ich um zehn Uhr todmüde ins Bett. Sonntags nachmittags hab ich Ausgang. Dann geh ich mit zwei anderen Mädchen aus unserem Dorf spazieren.

Autorentext

5. Schildert die Situation berufstätiger Frauen im 19. und beginnenden 20. Jahrhundert; stellt insbesondere Heim- und Fabrikarbeit gegenüber.

Wählt einen der folgenden Arbeitsaufträge aus:

- Schreibt den Lückentext in euer Heft und ergänzt ihn mit den unten stehenden Begriffen:
  In der neu entstandenen **...** gesellschaft gaben die **...** den Ton an. Die **...** spielten eine Mittlerrolle zwischen Fabrikherren und **....** . Die Arbeitsbedingungen waren **...** und der Lohn **....** . Vor allem die **...** verdienten kaum das Nötigste zum Leben. Heim **...** wurde noch schlechter bezahlt als **...** arbeit, doch blieb Frauen mit kleinen **...** nichts anderes übrig als beispielsweise **...** zu nähen.
  Arbeiter – Angestellte – Unternehmer – Industrie – niedrig – Frauen – Kindern – Wäsche – hart – Arbeit – Fabrik
- Entwerft einen Fragebogen und erfindet ein Interview mit den Eltern eines der Kinder aus Abbildung 2/3.

Die Soziale Frage

[1] Werkstatt im „Rauhen Haus“, gegründet 1833 von Johann Hinrich von Wichern. Obdachlosen Kindern wurde hier eine Berufsausbildung mit Unterkunft geboten. *Darstellung von 1845.*

1. Macht Vorschläge, wie Vertreter der Kirchen auf die Probleme der Industrialisierung hätten reagieren sollen.

Christliche Fürsorge

Schon seit dem Mittelalter hatte sich die Kirche um Bedürftige gekümmert. Auch im 19. Jahrhundert griffen die christlichen Kirchen die drängendsten Probleme auf. So errichtete Pastor Bodelschwingh Arbeiter- und Behindertenkolonien, wo Arbeitslose oder aus der normalen Arbeitswelt Ausgeschlossene eine neue Chance erhielten. Er sagte einmal, statt Almosen zu empfangen, solle ihnen hier die große Wohltat gewährt werden, selbst verdientes Brot zu essen.

Der Mainzer Bischof Ketteler forderte von den Unternehmern, die Arbeiter am Gewinn zu beteiligen sowie Frauen- und Kinderarbeit einzuschränken. Den Arbeitern riet er, Vereine zu gründen und gegenseitige Hilfe zu organisieren.

Besonders bekannt sind die „Kolpinghäuser“. Ihr Initiator Adolf Kolping hat sie als katholische Gesellenvereinshäuser gegründet. Hier konnten Handwerksgesellen wohnen und essen.

Papst Leo XIII. mahnte im Jahr 1891, der Staat müsse für Niedere und Hohe da sein und sich in „gebührender Weise“ dem Schutz der Arbeiter annehmen. Es sei unehrenhaft und unmenschlich, Menschen wie eine Ware zum eigenen Gewinn auszubeuten, und es sei ein großes Verbrechen, das um „Rache zum Himmel ruft“, wenn den Arbeitern der verdiente Lohn vorenthalten wird.

2. Beschreibt die Werkstätten in den Abbildungen 1 und 2. Vermutet, was jeweils hergestellt wird.
3. Fasst die kirchlichen Hilfsmaßnahmen zusammen und berichtet.

Wählt einen der folgenden Arbeitsaufträge aus:

- Schreibt über die kirchlichen Hilfsmaßnahmen einen Zeitungsbericht.
- Ein Reporter besucht die Werkstatt (Abb. 1). Notiert Stichworte für seinen Bericht im Rundfunk.

Was ihr noch tun könnt …

- Findet heraus, wo heute die Schwerpunkte kirchlicher Hilfen liegen.

[2] Werkstatt in der Bodelschwingh'schen Kolonie „Hoffnungsthal“. Außer mehreren Arbeiterheimen leitete Pastor Bodelschwingh das Dorf Bethel, wo Behinderte und Gefährdete noch heute Lebensmittelpunkt und Arbeitsmöglichkeiten finden. *Foto, 1905.*

Leistungssteigerung durch Zufriedenheit

Bereits zu Beginn des 19. Jahrhunderts hatte sich der britische Unternehmer und Sozialreformer Robert Owen (1771–1858) für eine Besserung der wirtschaftlichen und sozialen Lage der Arbeiter eingesetzt. Er ließ eine Mustersiedlung errichten, begrenzte den Arbeitstag auf 10 ½ Stunden und verbot die Arbeit von Kindern unter zehn Jahren. Er richtete eine Schule und Läden ein, in denen die Arbeiter fast zum Selbstkostenpreis einkaufen konnten. Seine Anordnungen waren aufsehenerregend, denn sie hatten zu einer Steigerung der Produktion geführt. So wurde später auch in Deutschland versucht, dieses Modell mit ähnlichen Maßnahmen umzusetzen. Als eine der Ersten im Rheinland richtete die Siegburger Kattunfabrik Rolffs im Jahr 1843 eine Kranken- und Invalidenversicherung ein. Andere Firmen forderten die Richtlinien dieser Versicherung an, um sie nachzuahmen, u. a. die Spinnerei Ermen & Engels im Bergischen Land, die dem Vater von Friedrich Engels gehörte.
1854 richtete die Kattunfabrik eine „Speiseanstalt“ und einen Konsumladen mit verbilligten Waren ein. 1865 gründete man für ledige Arbeiterinnen eine Näh- und Strickschule. Arbeitern mit weitem Heimweg baute man auf dem Fabrikgelände in Siegburg Schlafsäle mit Badestuben. Solange aber soziale Leistungen der Firmen noch freiwillig waren, bedeutete der Verlust des Arbeitsplatzes gleichzeitig den totalen Absturz in Armut und Elend.

[3] Betriebliche Leistungen der BASF, Ludwigshafen:

1866 Erste Werkswohnungen; Betreuung der Arbeiter durch einen Arzt in Ludwigshafen
1871 Pensionskasse für die Altersversorgung der Arbeiter
1875 Erste Krankenfürsorge
1884 Gründung einer Betriebskrankenkasse; Werksküche
1886 Unfallversicherung; Werksambulanz
1888 Altersversorgung für Angestellte
1893 Abteilung für Arbeitsschutz und Unfallverhütung; Badeanstalt für Familienangehörige
1894 Haushaltsschule für Arbeitertöchter
1897 Bau einer Turnhalle …

4. Macht für die Kattunfabrik Siegburg eine ähnliche Aufstellung wie für die BASF (Text 3).
5. Begründet die Einrichtung firmeneigener Läden (Abb. 6).
6. Stellt die Herren Marx und Engels kurz vor (Abb. 4, 5 und Text darunter) und vermutet, in welcher Weise sie politischen Einfluss genommen haben.

[4] Karl Marx (1818–1883).

[5] Friedrich Engels (1820–1895).

Marx und Engels prangern Missstände an

Karl Marx aus Trier und Friedrich Engels, dessen Vater eine Fabrik in Engelskirchen (NRW; heute Industriemuseum) besaß, prangerten die Missstände in der Arbeitswelt des frühen Industriezeitalters auf das Schärfste an. Sie hielten eine radikale Umwälzung der politischen und gesellschaftlichen Ordnung für nötig. Ihre revolutionären Schriften – z. B. das „Kommunistische Manifest“ – hatten großen Einfluss auf die gerade entstehenden Arbeiterparteien und auf die politische Entwicklung Europas im 20. Jahrhundert.

Wählt einen der folgenden Arbeitsaufträge aus:

- Ein junger Mann tritt 1897 in das Chemieunternehmen BASF ein. Er berichtet begeistert in einem Brief an die Eltern …
- Zwei Unternehmer sind gegensätzlicher Meinung zur Frage der Verbesserung von Arbeitsbedingungen; sammelt Argumente und spielt den Wortwechsel.

Was ihr noch tun könnt …

- Euch genauer über Karl Marx und Friedrich Engels sowie die Folgen ihrer Ideen informieren.

[6] Konsumladen der Siemens-Schuckert-Werke in Nürnberg. *Foto, 1908.*

Kampf um Verbesserungen

[1] Ein Streik bricht aus. *Gemälde von Robert Köhler, 1886.*

1. Beschreibt Abbildung 1.

Arbeitnehmer organisieren sich

Wegen der Kosten sperrten sich viele Unternehmer gegen Verbesserungen der Arbeitsbedingungen. Die Industriearbeiter erkannten, dass sie nur gemeinsam etwas erreichen konnten. In zahlreichen Streiks zeigten sie, wie ernst sie ihre Forderungen meinten. Streik jedoch bedeutet Lohnausfall. Die Arbeiter vereinigten sich daher zur gegenseitigen Unterstützung und Bekräftigung ihrer Forderungen zu Gewerkschaften. In England entstanden sie gegen große Widerstände seit 1824. In Deutschland gab es seit 1848 Gewerkschaften. Anfangs hatten sie mit vielen Schwierigkeiten zu kämpfen. Offiziell waren sie erst ab 1872 erlaubt. Um die Chancen der Arbeiterinnen und Arbeiter zu erhöhen, sorgten Gewerkschaften und Arbeitervereine für eine bessere Bildung ihrer Mitglieder. Auch die Handwerksgesellen litten unter ähnlich unbefriedigenden Arbeitsbedingungen und unter der Willkür ihrer Arbeitgeber. Sie gründeten Gesellenvereine mit dem Ziel, gemeinsam Verbesserungen zu erreichen.

2. Erläutert, welche Anliegen die Gewerkschaften hatten, und vermutet, gegen welche Schwierigkeiten sie kämpfen mussten.

Und was ist mit den Frauen?

Immer wieder hatten Frauen bewiesen, dass sie ebenso gut wie die Männer ihre Familien ernähren, einen Betrieb führen oder gar ein Königreich regieren konnten. Die meisten Arbeiterfamilien waren zudem dringend auf ihre Mitarbeit angewiesen. Trotzdem verweigerte man ihnen lange Zeit die Gleichstellung mit den Männern.

In Deutschland engagierten sich Frauen wie Clara Zetkin oder Helene Lange seit Beginn des 19. Jahrhunderts politisch. Sie gründeten Vereine und forderten die Gleichberechtigung.

[2] Zwei Meinungen zur Gleichberechtigung der Frauen.

Wir Arbeiterinnen wollen endlich gleiche Rechte und gleichen Lohn wie die Männer. Auch sollten unsere Arbeitsbedingungen erleichtert werden, z. B. für Schwangere und Mütter mit Kleinkindern. Natürlich sollten Frauen auch wählen oder sogar gewählt werden dürfen.

Ich möchte für meine Töchter eine genauso gute Schulbildung wie für den Sohn. Es wäre wichtig, dass auch Frauen sich einen angesehenen Beruf wählen können, damit sie nicht mehr von Männern abhängig sind. Auch fände ich es gut, wenn das öffentliche Leben ein bisschen mehr von Frauen beeinflusst wäre!

3. Wertet Abbildung 3 aus mithilfe der Beantwortung folgender Fragen:
   - Erklärt die Bedeutung der Begriffe „1. Mai" und „Festblatt".
   - Welche Personen/Figuren sind dargestellt? Was tun sie? Wie ist ihre Gestik und Mimik? Charakterisiert die Gesamtdarstellung mit einem Adjektiv.
   - Deutet die Hauptinschrift und sucht Erklärungen für die übrigen Forderungen.
4. Tauscht Erfahrungen zur Bedeutung des heutigen Feiertags 1. Mai aus.

Eine Partei für die Arbeiter

Allein das Verlangen nach Verbesserung der Arbeitsbedingungen erschien vielen nicht genug. Im Jahr 1863 gründete der Journalist Ferdinand Lassalle den Allgemeinen Deutschen Arbeiterverein mit dem vorrangigen Ziel, das allgemeine Wahlrecht für Arbeiter einzuführen. Sie sollten ihre Interessen in der Politik stärker vertreten können. Der Handwerksmeister August Bebel und der Journalist Wilhelm Liebknecht gründeten 1869 ebenfalls eine Arbeiterpartei.
Beide Parteien wollten die herrschende Staatsform nicht mit Gewalt beseitigen. Sie wollten einen demokratischen Staat verwirklichen und eine gerechtere Verteilung des Eigentums erreichen. 1875 schlossen sie sich zur Sozialistischen Arbeiterpartei Deutschlands zusammen. Ab 1891 nannte sie sich Sozialdemokratische Partei Deutschlands (SPD). Nach der Vereinigung stieg die Mitgliederzahl rasch an.
Im Gegensatz zu den Vorläufergründungen trat die SPD nun auch für das Frauenwahlrecht ein. Liebknecht sagte auf der Gründungsversammlung, dass sich eine Partei, die die Gleichheit auf ihr Banner schreibt, selber ins Gesicht schlägt, wenn sie der Hälfte der Menschheit die politischen Rechte verwehrt.

5. Erklärt die Wahl der Inschriften auf der Parteifahne (Abb. 4). Woher kennt ihr die Inschriften?
6. Formuliert die Forderungen des Erfurter Pro gramms (Text 5) mit euren eigenen Worten und erklärt ihre Bedeutung. Diskutiert, ob die Forderungen heute umgesetzt sind.

Wählt einen der folgenden Arbeitsaufträge aus:

- Versetzt euch in die Stimmung der Leute auf Abbildung 1 und entwerft Sprech- und Denkblasen.
- Formuliert Fragen an die beiden Frauen aus Abbildung 2: Wie kommen die unterschiedlichen Vorstellungen wohl zustande?

[3] Festblatt „Proletarier* aller Länder vereinigt Euch" zum 1. Mai. Texte auf den Fahnen: Hoch die Sozialdemokratie – Fort mit der Gesindeordnung – Hoch der 8-Stunden-Tag – Frauen organisiert Euch – Freiheit, Gleichheit, Brüderlichkeit. *Holzschnitt von Otto Marcus.*

[4] SPD-Parteifahne.

[5] Forderungen aus dem „Erfurter Programm" der SPD von 1891:

… 4. Abschaffung aller Gesetze, welche die freie Meinungsäußerung und das Recht der Vereinigung und Versammlung einschränken oder unterdrücken.
5. Abschaffung aller Gesetze, welche die Frau in öffentlicher und privatrechtlicher Beziehung gegenüber dem Manne benachteiligt.
6. Erklärung der Religion zur Privatsache. …
7. Weltlichkeit der Schule. Obligatorischer Besuch der öffentlichen Volksschulen. Unentgeltlichkeit des Unterrichts, der Lehrmittel und der Verpflegung …

Zit. nach: Dieter Dowe/Kurt Klotzbach (Hg.), Programmatische Dokumente der deutschen Sozialdemokratie. J. H. W Dietz Nachf., Bonn 1990, S. 186ff.

*

Proletarier
Im Römerreich Angehörige der rechtlosen Unterschicht (lat. proles), im 19. Jahrhundert Klasse der Lohnarbeiter. Proletarier besaßen keine Produktionsmittel und lebten vom Verkauf ihrer Arbeitskraft.

Reformen statt Revolution

[1] Werbeplakat für die Sozialversicherung, 1913.

1. Bearbeitet Plakat 1 und berücksichtigt besonders folgende Fragen: a) Wann wurde es gedruckt? b) An wen richtet es sich und wer ist wohl der Auftraggeber? c) Beschreibt die Wirkung der einzelnen Versicherungen, indem ihr euch konkrete Beispiele dazu ausdenkt.

Sozialgesetzgebung

Die deutsche Reichsregierung entwickelte als Gegengewicht zur Arbeiterbewegung unter ihrem Kanzler Otto von Bismarck ein neues Gesetzeswerk. Die Arbeiter sollten eine Absicherung gegen Krankheit, Unfälle und Arbeitsunfähigkeit durch Alter oder Invalidität erhalten. Ein weltweit einzigartiges Sozialversicherungssystem trat Schritt für Schritt in Kraft.
Hierdurch wollte der Staat beweisen, dass auch er sich um die Arbeiterschaft bemüht. Somit wäre eine besondere Arbeiterpartei im Grunde überflüssig. Bismarck selber meinte einmal dazu, wenn der Arbeiter keinen Grund mehr zur Klage hätte, wären der Sozialdemokratie die Wurzeln abgegraben.

[2] Entwicklung der Sozialversicherung.

1883 Kranken- und Unfallversicherung für Arbeiter
1889 Rentenversicherung für Arbeiter
1892 Krankenversicherung für Angestellte
1911 Rentenversicherung für Angestellte
1927 Arbeitslosenversicherung
1957 Lohnfortzahlung bei Krankheit
1995 Pflegeversicherung

2. Beschreibt und erklärt Abbildung 3 (Kritik woran?, wie dargestellt?).

Wählt einen der folgenden Arbeitsaufträge aus:

- Schreibt Rollenkarten und spielt folgende Szene: Bismarck macht seinem Kaiser die Notwendigkeit der Sozialgesetzgebung klar.
- Entwerft ein Werbeplakat für die heutige Kranken- und Rentenversicherung.

[3] Der prassende Altersrentner. *Farblithografie, 1891.*

Geschichte aktiv

Denkt auch daran, euer Portfolio zu führen:
- schöne Ergebnisse in Text und Bild
- Lernerfahrungen zum Thema „Industrialisierung"

1. Ausprobieren

- Kinderspiel „Reifentreiben": Besorgt euch einen festen Reifen (z. B. alte Felge von einem Fahrrad) und übt euch darin, ihn mit einem Stock über eine längere Strecke zu treiben. Richtet Wettbewerbe aus.
- Improvisiert ein Steckenpferd: An einem Stock von etwa 1 Meter Länge (variieren je nach Körpergröße) wird ein Pferdekopf aus fester Pappe oder Sperrholz (Umriss aussägen und anmalen) befestigt. Ein dicht darunter fest verschnürtes Querholz erhöht als Griff den Komfort. Veranstaltet ein Pferderennen!

2. Erkunden

- Industriedenkmäler (z. B. Route der Industriekultur entlang der Ruhr), Arbeitersiedlungen, ältere Betriebe am Wohn- oder Schulort besuchen und deren Geschichte recherchieren.
- Industriemuseen besuchen, z. B. das Rheinische Landesmuseum für Industrie- und Sozialgeschichte mit sechs Schauplätzen in NRW. Einen guten Überblick gibt die Internetseite www.museen.de.

3. Lesen

- Apel, R. et al.: **Die Ilseder Hütte: Arbeitswelten – 100 Jahre Industriegeschichte.** Sutton Verlag, 2004
- Bösch, Delia: **Ruhrgebiet – Entdeckungsreise – Industriekultur.** Klartext Verlag, 2007
- Custodis, P. G.: **Zeugnisse aus der Industriegeschichte.** Görres Verlag, 1998
- Ebert, B., Vogtmeier, M.: **Die Lippischen Wanderziegler.** Vogtmeier, 2005
- GEO Epoche: **Deutschland um 1900.** Gruner und Jahr, 2004
- GEO Epoche: **Die Industrielle Revolution.** Gruner und Jahr, 2008
- Großewinkelmann, J. et al.: **Gesenkschmiede Hendrichs: Solinger Industriegeschichte zwischen Handwerk und Fabrik.** Klartext Verlag, 1999
- Ogger, G.: **Die Gründerjahre. Als der Kapitalismus jung und verwegen war.** Droemer Knaur, 1995
- Weber-Kellermann, J.: **Frauenleben im 19. Jahrhundert.** C. H. Beck, 1998
- Wischermann, U.: **Frauenbewegungen und Öffentlichkeiten um 1900.** Ulrike Helmer Verlag, 2003

4. Filme ansehen

Ihr könnt euch bei den Bildstellen die folgenden Filme der FWU (Institut für Film und Bild) auf Video oder DVD besorgen:

- Bismarcks Sozialistengesetz und die Soziale Frage
- Industrialisierung im 19. Jahrhundert (Deutschland)
- Das Deutsche Kaiserreich – Staat und Gesellschaft
- Die industrielle Revolution in England
- Industrialisierung und Soziale Frage: Auftakt an der Ruhr

Das kann ich!

[1] Industriestadt in England, um 1880. *Lithografie.*

[2] Arbeiter und Unternehmer. *Gemälde von Stanislaw Lentz, 1895.*

[3] Arbeiterinnen im Bayer-Werk in Leverkusen: Klebesaal der Pharmaverpackungen, 1903. *Foto.*

[4] Kinder um 1900. *Foto.*

[5] Das Ehepaar Benz 1893. *Foto.*

[6] Notiert spontan ein paar Erläuterungen zu dreien der folgenden Themen:

- *Industrialisierung in Deutschland*
- *Massenproduktion*
- *Veränderungen im Ruhrgebiet*
- *Aus Dörfern werden Großstädte*
- *Arbeiter organisieren sich*
- *Frauen fordern Rechte*
- *Reformen oder Revolution*

Sachkompetenz

1. Zählt Veränderungen im Leben der Menschen durch die Industrialisierung auf.
2. Begründet, wieso ausgerechnet in England die Industrialisierung ihren Anfang nahm.
3. Die Eisenbahn war der „Motor" der Industrialisierung. Erläutert diese Aussage.
4. Beschreibt kurz, wie aus einer ländlichen Gegend an der Ruhr eines der größten Industriegebiete Europas wurde.
5. Erklärt den Wandel vom „Kohlenpott" zum Technologie- und Dienstleistungszentrum
6. Erläutert die Auswirkungen der Industrialisierung auf die Umwelt anhand von Beispielen (siehe auch Abb. 1).
7. Nennt Beispiele für Maßnahmen zur Verbesserung der Bedingungen für die arbeitende Bevölkerung.
8. Beschreibt den Alltag einer Industriearbeiterin im 19. Jahrhundert (siehe auch Abb. 3).
9. Notiert Stichworte: Was könnte euch ein Arbeiterkind und was das Kind eines Unternehmers (siehe Abb. 4) über seine Kindheit erzählen?
10. Bearbeitet Text 6.

Methodenkompetenz

11. Wertet Abbildung 3 nach den Arbeitsschritten auf S. 195 aus.
12. Skizziert wichtige Schritte bei der Erstellung eines Projekts.

Urteilskompetenz

13. Beurteilt die Arbeitsbedingungen in den Fabriken des 19. und frühen 20. Jahrhunderts.
14. Bewertet die Einrichtungen zur Arbeitserleichterung durch die Unternehmer.
15. Beurteilt die Interessen des Staates an der Einrichtung von Versorgungskassen (z. B. Renten-, Krankenversicherung).

Handlungskompetenz

16. Entwickelt ein Rollenspiel zu Abbildung 2.
17. Notiert Präsentationsformen, die sich für einen Aktionstag in der Schule eignen; bildet dazu Beispiele für das Thema Industrialisierung.
18. Entwerft den Text zu einem Werbeprospekt für das Fahrzeug auf Abbildung 5.

Imperialismus

Eine deutsche Handelsstation

Schon seit Tagen herrschten fieberhafte Aufregung und große Erwartungen in einer deutschen Handelsstation in Südwestafrika. Man hatte auf die Ankunft eines Schiffes aus der Heimat gewartet, dass jetzt in der Bucht vor Anker lag. Neben Tauschwaren, Vorräten und Munition würden auch Säcke mit Post angelandet werden. Endlich Nachrichten von den Lieben aus dem so weit entfernten Deutschland! Ein wenig wie am Ende der Welt fühlten sich die Kolonisatoren hier. Aber es gab eine große Aufgabe: Deutschland wollte mitreden unter den imperialistischen Mächten – und das ging nicht ohne Kolonien!

1. Beschreibt die Abbildungen in allen Einzelheiten.
2. Notiert, welche Gedanken die Menschen auf den Bildern bewegt haben könnten:
   a) die anlandenden Europäer,
   b) die einheimischen Afrikaner.

Deutsche Kolonisatoren gehen an Land.

Verladearbeiten am Strand.

Handelsstation.

Schauplatz Eine deutsche Handelsstation

[1] Träger bringen weiße Besucher in einer Sänfte. *Foto, um 1910.*

[2] Handelswaren: Zucker, Tabakblätter, Tee, Kaffee, Gewürze, Reis. *Fotos.*

[3] Eine Missionsschwester mit schwarzen Helferinnen. *Foto, um 1910.*

[4] Afrikanisches Kind mit europäischer Kleidung und Rosenkranz (= katholische Gebetskette) um den Hals. *Foto, um 1906.*

[5] Gefangene, die häufig zur Zwangsarbeit (Straßenbau) eingesetzt wurden. *Foto, 1905.*

[7] Deutsche Schutztruppen in Afrika. *Foto, um 1910.*

[6] Europäer genießen ihre Freizeit. *Foto, 1905.*

[8] Schmalspurbahn. *Foto, 1911.*

1. Stellt euch vor, ihr wäret vor 110 Jahren als Besucher in eine Handelsstation nach Afrika gekommen.
   a) Nehmt die Fotos der Doppelseite als ersten Eindruck an. Was seht ihr? Was sagen die Bilder aus?
   b) Erzählt eine Geschichte/schreibt einen Brief, in dem ihr eure Erlebnisse schildert. Ihr könntet wie folgt beginnen: *Wir waren gerade angekommen, da hörten wir aufgeregte Stimmen …*

Schicksalhafte Begegnung

Europäer und Afrikaner trafen in Handelsstationen, aber auch in Farmen und Missionsniederlassungen, aufeinander. Das war für beide Seiten eine Situation, die von vielen Missverständnissen geprägt war. Es gab unter den Europäern edelmütige Menschen. Diese dachten, sie würden das Beste für die Afrikaner tun, wenn sie den „Wilden" europäische Lebens- und Verhaltensweisen beibrächten. Andere waren bedenkenlose Geschäftemacher, die die Afrikaner verachteten. Sie behandelten sie oft unwürdig und grausam und versuchten sie zu betrügen.
Auch die afrikanischen Menschen verhielten sich unterschiedlich: Die einen bewunderten die Weißen, weil sie bis dahin in Afrika unbekannte Maschinen und Waffen mitbrachten, und glaubten an eine gute Zusammenarbeit – andere verhielten sich misstrauisch und wehrten sich von Anfang an gegen die weißen „Landdiebe" und Unterdrücker.

2. Beschreibt die unterschiedlichen Einschätzungen aufseiten der Europäer und Afrikaner.
3. Tauscht euer Vorwissen über Afrika aus: Was wisst ihr über die Kolonialzeit, was über das heutige Afrika?
4. Notiert Fragen, die euch näher interessieren, um sie im Unterricht, als Mini-Projekt oder als Beitrag für das Portfolio, zu klären.

Orientierung

Veränderungen der Weltkarte

Die Karten zeigen, wie sich die Einflussbereiche der europäischen Staaten und Amerikas in der Zeit zwischen 1830 und 1914 verändert haben. Beim Vergleich könnt ihr feststellen, wer seinen Einflussbereich verloren hat bzw. diesen vergrößern konnte.

1. Wertet die Karten mithilfe der Methode auf Seite 242 aus. Berücksichtigt zusätzlich die folgenden Fragen:
   a) Welche Erdteile sind betroffen?
   b) Welche Staaten besaßen die meisten Kolonien und wo lagen diese?
   c) Wie kann man die Entwicklung nach 1830 zusammenfassen?
2. Tauscht Informationen über Afrika und Asien aus: Was wisst ihr von den dort lebenden Völkern und ihrer Geschichte?

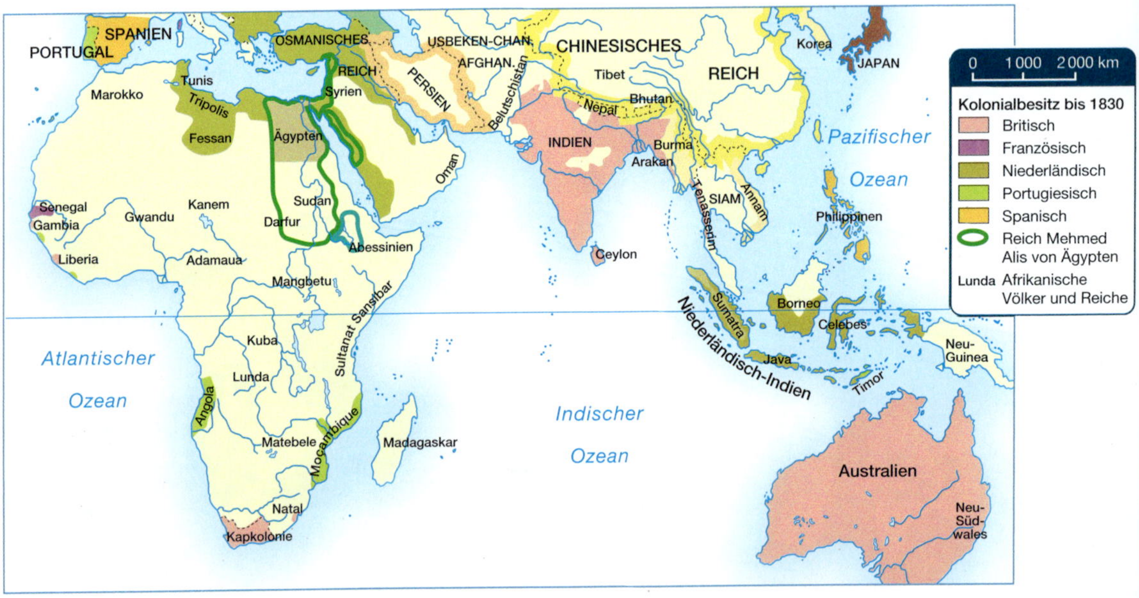

[1] Europäischer Kolonialbesitz in Afrika und Asien bis 1813.

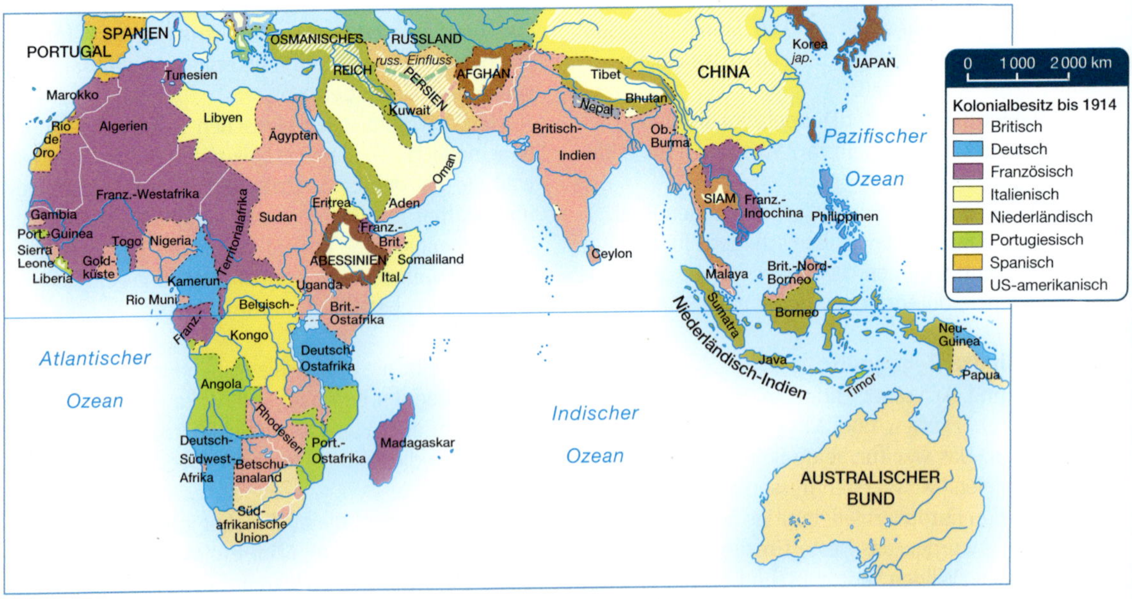

[2] Europäischer Kolonialbesitz in Afrika und Asien vor dem Ersten Weltkrieg (1914).

1600
Gründung der englischen „East India-Company" in London

1602
Gründung der niederländischen Vereinigten Ostindischen Companie

1682
Das Kurfürstentum Brandenburg (später Preußen) gründet Kolonien in Afrika (Küsten von Guinea, Mauretanien).

1871
Gründung des Deutschen Reichs

1881
Tunesien wird französische Kolonie, der Kongo Besitz des belgischen Königs.

1882
Ägypten wird britische Kolonie.

1884/85
Das Deutsche Reich erwirbt Kolonien (Afrika/Pazifik). Afrikakonferenz in Berlin

1898
Das Deutsche Reich rüstet seine Flotte auf.

1900
Fremdenfeindlicher Aufstand in China; Niederschlagung u. a. durch deutsche Truppen

1912/13
Krisen auf dem Balkan: Europäische Großmächte rüsten auf.

1914
Beginn des Ersten Weltkriegs

1945
Nach dem Zweiten Weltkrieg beginnt die „Entkolonialisierung"; ehemalige Kolonien werden unabhängig.

[3] Zeittafel Imperialismus.

Imperialismus

Immer wieder in der Geschichte wollten Staaten ihre Macht erweitern und sich in fremde Gebiete ausdehnen. Sie gründeten Kolonien und gliederten sich eroberte Gebiete als neue Provinzen an. Dies nennt man Imperialismus (lat. imperium = Herrschaft, Reich).

Im 18. und 19. Jahrhundert griffen europäische Staaten und die USA nach Überseegebieten in Afrika und Asien. Das brachte neben den Problemen für die eroberten Völker auch Spannungen zwischen den imperialistischen Staaten mit sich.

Wichtige Kompetenzen in diesem Kapitel

Sachkompetenz

- Das Großmachtstreben im 19. Jahrhundert erklären und dabei die wirtschaftlichen und politischen Entwicklungen berücksichtigen
- An einem Beispiel Motive und Auswirkungen der europäischen Kolonialpolitik erläutern

Methodenkompetenz

- Informationen beschaffen (Geschichtsbuch, Internet), auswerten und präsentieren

Urteilskompetenz

- Das Sendungsbewusstsein und den Nationalstolzgedanken der Großmächte zur Zeit des Imperialismus erörtern

Handlungskompetenz

- Rollenkarten erstellen mit Argumenten zu einer Diskussion zwischen einer Ärztin und einem General in einer Kolonie
- Anmerkungen über das Thema und den Verlauf des Lernerfolges für das Portfolio vorbereiten

Ausdehnung nach Übersee

[1] Postkarte der Zentrumspartei zur Wahl 1912.

Text auf der Rückseite:
Verzichtet Deutschland auf die Erweiterung seines Wirtschaftsgebietes, so heißt dies: Deutschland kann nicht nur als politisch maßgebendes Land abdanken, sondern es geht auch wirtschaftlich zurück, und damit ist die Lage der Arbeiter-Bevölkerung bedroht. … Das Zentrum tritt ein für eine solide Welt- und Kolonialpolitik, damit sich Deutschland eigenes Land für seinen Bevölkerungsüberschuss, neue Absatzgebiete und Bezugsquellen für Handel und Industrie erschließen kann.

Schon seit der Antike – und erst recht nach der Entdeckung Amerikas – hatten verschiedene Nationen versucht, sich in überseeischen Gebieten festzusetzen und Kolonien zu gründen. Es ging zunächst vornehmlich um Handelsinteressen. Das änderte sich in den letzten Jahrzehnten des 19. Jahrhunderts – um 1880 – dramatisch. Genau wie Spanier, Portugiesen, Niederländer, Briten und Franzosen wollten nun auch Russen, Amerikaner, Japaner, Belgier und Deutsche Kolonien besitzen – man fürchtete sonst, bei der Verteilung der Welt zu kurz zu kommen.
Nicht nur Vorteile für Handel und Wirtschaft des eigenen Landes lockten, Kolonien bereicherten angeblich auch das Ansehen der Nationen in der Welt. Wissenschaftler, Politiker, Militärs, Kirchenleute und Interessenvertreter von Handel und Industrie machten sich daran, Begründungen für die Vergrößerung des eigenen Herrschaftsbereichs zu formulieren. In Deutschland wurde die Kolonialpolitik bald zum Streitgegenstand der Parteien.

1. Deutet die Aussage der Postkarte (Abb. 1):
   a) Welche Länder schneiden sich ein Stück vom „Kuchen" ab? (Tipp: Die Figur mit Federbusch am Hut ist Italien.)
   b) Was geschieht mit dem dazu eilenden Deutschland? (Tipp: Die Sozialdemokraten sind mit den roten Ballonmützen dargestellt.)
2. Notiert, welche Begründungen für deutsche Kolonialpolitik von der Zentrumspartei genannt werden.
3. Entnehmt Text 2, wie der Führer der Sozialdemokratischen Partei (SPD) die Kolonialpolitik einschätzt.

[2] Rede des Abgeordneten Bebel vor dem Reichstag am 17. Februar 1894:
Meine Herren, was bedeutet denn aber in Wahrheit Ihre christliche Zivilisation in Afrika? … Äußerlich Christentum, innerlich und in Wahrheit Prügelstrafe, Weibermisshandlung, Schnapspest, Niedermetzelung mit Feuer und Schwert, mit Säbel und Flinte. Das ist Ihre Kultur. Es handelt sich um ganz gemeine materielle Interessen, ums Geschäftemachen und um nichts weiter!
Zit. nach: Hinz/Patemann/Meier (Hg.), Weiß auf Schwarz. 100 Jahre Einmischung in Afrika. Berlin 1984, S. 121

Der Wettlauf um Kolonien

Das Konkurrenzdenken unter den größeren Staaten bestimmte von nun an das politische Handeln. Durch Eroberung größerer Gebiete in Afrika und Asien sollte der eigene Einflussbereich ausgedehnt werden. Man wollte Zugangswege offen halten, und sich Vorteile in künftigen kriegerischen und wirtschaftlichen Auseinandersetzungen sichern.

Im Vergleich zum alten Kolonialismus hatte der neue „Imperialismus“ eine wesentliche Triebkraft in der Industrialisierung. Diese bewirkte eine dynamisch steigende Wirtschaftskraft, eine technische und militärische Überlegenheit der europäischen Staaten gegenüber den nicht industrialisierten Ländern.

Hier ist auch ein wichtiger Grund für die Überlegenheitsgefühle der industrialisierten Länder zu suchen, wo nun oft das Wort von der „Überlegenheit der weißen Rasse“ zu hören war.

4. Nennt praktische Beispiele, wie sich die industrielle Überlegenheit auswirken kann; denkt an Geräte, Maschinen, Waffen usw.
5. Übertragt das Schaubild 3 ins Heft und prüft, ob ihr alle Punkte verstanden habt.

Imperialismus

- Suche der Industrieunternehmen nach Absatzmärkten und Rohstoffen
- Kapitalanlage in kolonialen Unternehmen

- Militärische Machtinteressen und Sicherheitsüberlegungen führten zu Gebietseroberungen und zur Errichtung von Stützpunkten

- Behauptung von der Überlegenheit der „weißen Rasse“

- Kolonien als „Ventil“ für die schnell wachsende europäische Bevölkerung

- Innenpolitische Spannungen (z. B. soziale Probleme, politische Bewegungen) wurden als imperiale Politik nach „außen abgeleitet“

- Schwäche der außereuropäischen Länder verstärkt die Machtansprüche der Europäer

[3] Triebkräfte der imperialistischen Expansion.

[4] „Griff nach der Welt“ – französische Karikatur von Laurian, 1899. Auf dem Spruchband steht die französische Inschrift des englischen Hosenbandordens: „Ein Schuft, der Böses dabei denkt.“

[5] Militärische Überlegenheit: Deutsche Truppen bekämpfen den Stamm der Hereros, 1904. *Lithografie.*

Wählt einen der folgenden Arbeitsaufträge aus:

- Deutet die Karikatur 4:
  a) Welche Befürchtungen drückt sie aus?
  b) Inwiefern ist sie ein Beispiel für das erwähnte Konkurrenzdenken?

- In einem Wirtshaus sitzen diskutierende Arbeiter. Notiert einige Schlüsselsätze bzw. Aussprüche zum Thema: „Brauchen wir Kolonien?“ Denkt dabei an die unterschiedliche Einstellung der Parteien auf S. 214.

Die Aufteilung Afrikas

[1] Afrikakonferenz von 14 europäischen Staaten und den USA 1884/85 in Berlin. *Zeitungsillustration, 1884.*

[2] Deutsche und französische Kolonialbeamte legen die Grenze zwischen Französisch-Kongo und Nordkamerun fest. *Illustration, 1890.*

Verteilungsstreit in Afrika

Es blieb nicht aus, dass verschiedene Nationen Ansprüche auf dieselben Gebiete in Afrika erhoben, z. B. Belgien und Frankreich im Kongo, Portugal und Frankreich in Guinea, England und die Niederlande in Südafrika.

Russland und Japan wollten ihrerseits asiatische Gebiete unter ihre Kontrolle bringen. In dieser Situation versuchte der deutsche Reichskanzler Bismarck, auf der Internationalen Afrikakonferenz 1884/85 in Berlin einen Interessenausgleich zu schaffen.

Die Konferenz brachte unter anderem zwei Ergebnisse, die für die weitere Entwicklung sehr wichtig wurden:

a) Vereinfachte Inbesitznahme:

In Zukunft sollte es genügen, wenn ein Stück Land besetzt und dies den anderen Mächten mitgeteilt würde. Diese Bestimmung löste einen Wettlauf auf noch „freie" Teile überseeischer Länder aus.

b) Radikale Grenzziehung:

Bei der Einigung über strittige Gebiete zog man auf den Landkarten neue Grenzen „mit dem Lineal" – quer durch die Gebiete bestehender Volksgruppen.

Tausch und Verkauf von afrikanischen Gebieten

Wie mit einer Handelsware gingen die Kolonialmächte mit den Gebieten um, die sie sich angeeignet hatten. So ließ beispielsweise Deutschland den Franzosen in Marokko den Vortritt, dafür bekamen sie ein Stück vom Kongo, den sie „ihrem" Kamerun angliederten.

1. Sucht die erwähnten afrikanischen Gebiete auf der Karte S. 212 oder im Atlas.
2. Notiert:
   a) mögliche Auswirkungen der willkürlichen Grenzziehungen für die einheimische Bevölkerung.
   b) Vermutungen, aus welchen Gründen die entwickelten Staaten glaubten, so handeln zu dürfen.

Begründungen für die imperialistische Ausdehnung

In den Begründungen für imperialistisches Handeln wurden – und werden bis heute – höchst unterschiedliche Argumente verwandt.

3. Bearbeitet die Textquellen 3 – 6: Berücksichtigt dabei besonders, mit welchen Argumenten der imperialistische Zugriff begründet wird. Legt dazu eine Stichwortliste an, z. B. Lord Curzon: a) … b) … c) … usw.

[6] Die Umklammerung der Welt. Auf dem Gewand des Engels steht das Wort „Zivilisation", auf dem Flügel des Teufels „Fortschritt"; auf dem Leib der Schlange „Britisch-indisches Weltreich".
Italienische Karikatur, um 1890.

[3] Der englische Vizekönig in Indien, Lord Curzon (1899–1905), über englische Interessen in Indien:

Die Zentrallage Indiens, seine mächtigen Hilfsquellen ..., seine großen Handelshäfen, sein Vorrat an militärischer Kraft, die uns eine Armee liefert, die ... jeden Augenblick nach irgendeinem Punkte Asiens oder Afrikas geworfen werden kann – alles dies beweist unwiderleglich seinen überragenden Wert ... Unser Indien ist ein Hauptfeld für die Verwendung britischen Kapitals; denn es liefert uns im Überfluss das Rohmaterial für einen großen Teil unserer Industrie und bedeutende Mengen an Nahrungsmitteln; dass es den reichsten Markt für unsere Industrieerzeugnisse bildet, ist hinlänglich bekannt.

Zit. nach: Hagen Schulze/Ina Paul (Hg.), Europäische Geschichte. Quellen und Materialien. bsv, München 1994, S. 1077

[4] Der niederländische Generalgouverneur der Ostindischen Companie (= Handelsgesellschaft) Jan Pieterszoon Coen:

Der Handel auf den Molukken und den anderen Gewürzinseln soll der Companie gehören und kein anderes Land der Welt soll auch nur den geringsten Anteil daran haben.

Zit. nach: Karin Schneider-Ferber, Die Europäer kommen ins Pfefferland, in: Geschichte mit Pfiff 7/1997, S. 22

[5] Der französische Ministerpräsident Jules Ferry äußerte sich 1882:

Die Konkurrenz zwischen den europäischen Nachbarn wird immer heftiger im Streit um diese weit entfernten Absatzmärkte, diese Niederlassungen an den Toren zur Barbarei ... Die Bedürfnisse einer ständig wachsenden industriellen Produktion ..., die Suche nach unerschlossenen Märkten ..., die sichtbaren Fortschritte der europäischen Gesellschaft und der Friedensidee; all dies drängt die zivilisierten Nationen dazu, ihre alten Rivalitäten auf das ... Feld weit entfernter Unternehmungen zu verlagern.

Zit. nach: Wolfgang J. Mommsen, Imperialismus. Hoffmann & Campe, Hamburg 1977, S. 84 ff.

[7] Bernhard von Bülow, der deutsche Staatssekretär im Auswärtigen Amt, erklärte am 6. Dezember 1897 im Reichstag:

Die Zeiten, wo der Deutsche dem einen seiner Nachbarn die Erde überließ, dem anderen das Meer und sich selbst den Himmel reservierte ..., die Zeiten sind vorüber. Wir betrachten es als eine unserer vornehmsten Aufgaben, gerade in Ostasien die Interessen unserer Schifffahrer, unseres Handels und unserer Industrie zu fördern und zu pflegen. Wir müssen verlangen, dass der deutsche Missionar und der deutsche Unternehmer, die deutschen Waren, die deutsche Flagge und das deutsche Schiff in China so geachtet werden wie diejenigen anderer Mächte ... Mit einem Wort: Wir wollen niemanden in den Schatten stellen, aber wir verlangen auch unseren Platz an der Sonne.

Zit. nach: Mommsen, a. a. O., S. 130

Wählt einen der folgenden Arbeitsaufträge aus:

- Deutet die italienische Karikatur (Abb. 6). Nutzt dazu die methodischen Schritte auf S. 121.
- Entwerft den Antwortbrief eines betroffenen Häuptlings/Staatsmannes aus dem kolonialisierten Gebiet. Wie sieht er diese Argumente?

Europäer übernehmen die Herrschaft

Die europäischen Mächte einigten sich in Berlin (siehe S. 216), wie sie den afrikanischen Kontinent unter sich aufteilen wollten. Auf welche Weise sie dann Territorien dort in Besitz nahmen und wie sie „ihre" Herrschaft sicherten, könnt ihr an den folgenden Beispielen erarbeiten.

1. Beschreibt mit euren eigenen Worten, auf welche Weise in den Beispielen 1 bis 3 die Herrschaft gesichert wurde. Findet eine zusammenfassende Überschrift.
2. Nennt die Länder, die in den Beispielen die Herrschaftssicherung ausüben.
3. Beschreibt Abbildung 3 und schließt auf das Selbstverständnis von Carl Peters.

Beispiel 1:

[1] **Der deutsche Kaufmann Carl Peters berichtet:**
Nachdem der Sultan mit Alkohol und Kaffee „in die vergnüglichste Stimmung" gebracht wurde, kam es zum Vertragsabschluss.
Als dies geschehen war, wurden die Fahnen … gehisst, der Vertrag in deutschem Text … verlesen, ich hielt eine kurze Ansprache, wodurch ich die Besitzergreifung vornahm, die mit einem Hoch auf Seine Majestät, den deutschen Kaiser, endete, und drei Salven [Folge von Schüssen], von uns und den Dienern abgegeben, demonstrierten den Schwarzen …, was sie im Fall einer Kontraktbrüchigkeit zu erwarten hätten.
Carl Peters, Wie Deutsch-Ostafrika entstand, Leipzig (Voigtländer) 1912, S. 27 ff.

Beispiel 2:

Oft machten sich die Kolonialherren die Hände nicht selber schmutzig. Der einheimische Adel zahlte „Schutzgelder" oder Sondersteuern und trieb diese, zusammen mit den üblichen Abgaben für die eigene Hofhaltung, bei den Untergebenen ein. Dies führte zur doppelten Belastung bei den Bewohnern, die oft hungern mussten. So stützten sich z. B. die Briten in Indien auf die einheimischen Maharadschas, die Niederländer auf die javanischen Sultane, Deutsche und Franzosen auf afrikanische Stammesfürsten.

[2] Der deutsche Gouverneur von Kamerun, Jesko von Puttkamer. Von Puttkamer trat in Afrika als Herr über Leben und Tod der einheimischen Duala auf. Er ließ zu, dass willkürlich Dörfer und Vorräte verbrannt, Auspeitschungen und Hinrichtungen vorgenommen wurden. Weigerten sich die einheimischen Könige, zu einer Maßnahme ihre Zustimmung zu geben, wurden sie von Soldaten festgehalten. Man packte sie beim Unterarm und zwang ihre Unterschrift unter die entsprechenden Papiere. *Foto, ca. 1910.*

[3] Carl Peters unterwegs in einer Rikscha. *Foto, 1906.*

Beispiel 3:

Diese Form der Herrschaft behandelt die Überseeprovinzen wie Teile des Mutterlandes. Durch besondere Gesetze werden der einheimischen Bevölkerung aber weniger Rechte eingeräumt. Die Briten z. B. ließen Indien durch einen Vizekönig regieren, die englische Königin war in einer Person Königin von England und Kaiserin von Indien; Gouverneure übten im Auftrag der Zentrale die Herrschaft vor Ort aus. Frankreich gliederte Algerien in den französischen Staatsverband ein.

[4] Die Krönung des Sultans von Sumatra. *Foto, 1925.*

Die Folgen imperialistischer Politik

Folge 1:
Die europäischen Mächte behandeln die betroffenen Völker als unmündige „Untertanen“.

4. Interpretiert Karikatur 6 mithilfe der Methode „Karikaturen verstehen“ (vgl. S. 121).

Folge 2:
Die Konkurrenz zwischen den europäischen Kolonialmächten führt zu Konflikten. Nicht nur in den eroberten und besetzten Kolonien brodelte es zunehmend. Auch untereinander belauerten sich die europäischen Kolonialmächte eifersüchtig. Jede hatte Angst, übervorteilt zu werden.

5. Erklärt Folge 2 mithilfe der Karikatur 7.

Wählt einen der folgenden Arbeitsaufträge aus:

- Erklärt mithilfe des Schaubildes 5, wie sich imperialistische Herrschaft entwickelt.
- Versucht nachzuempfinden, was Imperialismus für die betroffenen Völker bedeutete. Entwerft dazu einen Text oder ein Spiel, in dem es um die Absicht fremder Mächte geht, euren Heimatort zu erobern. Versetzt euch in folgende Situation: *„Hilfe, unser Ort ist umstellt!“ An der Stadtgrenze lagert ein Heer mit modernsten Waffen. Ein General der Eroberungstruppen erklärt euch, dass ihr „Primitive“ seid, deren Bodenschätze und Arbeitskraft man nutzen wolle. Ab morgen früh … usw.*

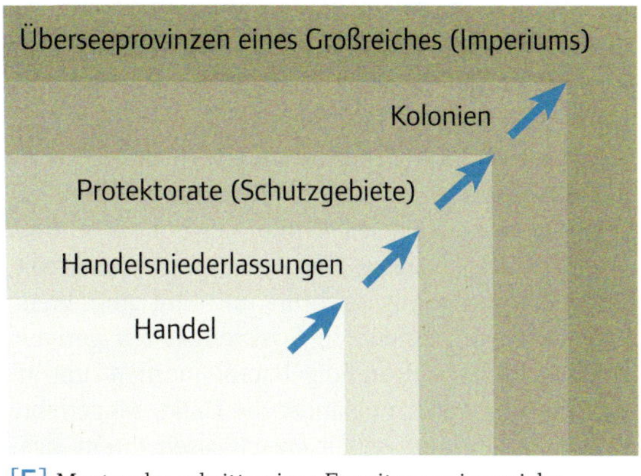

[5] Muster der schrittweisen Erweiterung imperialer Herrschaft. *Schaubild.*

[6] Ein kleiner „Ableger“ des Kongo geht aus der Hand Frankreichs in deutsche Obhut über. Im Marokko-Vertrag (1911) wurden Teile des „französischen“ Kongo dem „deutschen“ Kamerun angegliedert. *Karikatur, um 1911.*

[7] „Die hungrigen Großmächte vierteilen Marokko.“ *Karikatur von Morris aus der Zeitschrift „L'Assiette au Beurré“, 1903.*

Überlegenheit der weißen Kultur?

[1] „Frankreich wird Marokko Kultur, Wohlstand und Frieden bringen können.“ *Titelseite der Zeitschrift „Le Petit Journal“ vom 19. 11. 1911.*

Auf dieser Doppelseite findet ihr einige Hinweise, mit deren Hilfe ihr die Frage der Überschrift leichter beantworten könnt.

1. Beschreibt mithilfe der Methode „Bilder lesen“ (S. 240) das Selbstverständnis der Europäer gegenüber anderen Völkern in den Bildern 1 und 3.
2. Wertet die beiden Textquellen aus und stellt gegenüber, welche Eigenschaften den Europäern, welche den Einheimischen zugeschrieben werden.

[2] Der englische Politiker Cecil Rhodes schrieb 1877:

Ich behaupte, dass wir die erste Rasse in der Welt sind und es für die Menschheit umso besser ist, je größere Teile der Welt wir bewohnen … Da [Gott] sich die Englisch sprechende Rasse* offensichtlich zu seinem auserwählten Werkzeug geformt hat …, so will er daher eines gern von mir getan haben: nämlich so viel von der Karte Afrikas britisch-rot zu malen wie möglich.

J. Rhodes, hg. v. William T. Stead, The Last Will and Testament of Cecil, London, 1902, S. 58 ff.

*

Rasse/Rassismus

Der Begriff Rasse verweist darauf, dass es von einer Gattung (z. B. dem Menschen) verschiedene Arten gibt, die sich äußerlich unterscheiden. Der Rassismus vertritt die scheinbar biologisch begründete Auffassung, die eigene Rasse sei von Natur aus anderen überlegen.

[3] Die zivilisatorische Mission Europas. *Gemälde, 1876.*

[4] „Europa brachte Licht in die Dunkelheit …“. Ein Fotoband von 1995 stellte die europäische Überheblichkeit gegenüber den Kolonialvölkern dar:

Europa brachte den in Dunkelheit lebenden Heiden und Wilden das Licht des Christentums und der Zivilisation. Drew Gray vom „Daily Telegraph“ beschrieb die Hindus als „die schmutzigsten Menschen, die ich je sah“. „Das einzige Volk, das ein Recht auf Indien besitzt, sind die Briten“, schrieb ein aufgebrachter Korrespondent. „Die sogenannten Inder haben nicht das geringste Recht.“ H. M. Stanley … schrieb, der Kongo sei „eine mörderische Welt und wir spüren zum ersten Mal, dass wir die schmutzigen, vulgären Ghule hassen, die sie bewohnen“.
Der Fotograf John Thomson beschrieb die Chinesen als „aufsässige, verseuchte und dreckige Subjekte“ … Keine Rasse, so schien es, konnte sich mit der europäischen messen, wenn es um Genialität, harte Arbeit, Ehrlichkeit, Erfindungsreichtum und Mut ging. Wenn Abenteurer des Empire in Schwierigkeiten gerieten und von „blutrünstigen Eingeborenenhorden“ umzingelt waren, gaben sie einander die Hand, sangen ihre Nationalhymne und sahen entschlossen ihrem eigenen Tod ins Auge.

150 Years of Photo Journalism. The Hulton Getty Picture Collection, hg. v. Nick Yapp u. übers. von Birgit Herbst. Könemann, Köln 1995, S. 181

Alte Reiche und ihre Kulturleistungen

Nicht immer hatten die Europäer so geringschätzig über andere Völker gedacht. Im Laufe der Geschichte hatten sie ja wesentliche Anregungen von Kulturen des Ostens und Südens übernommen. Hier gab es Herrscherfamilien, die auf eine längere Tradition als europäische Adelsfamilien zurückblicken konnten, erlesene Architektur, wunderbare Kunstwerke, entwickelte Sprachen, elegante Moden und raffinierte Speisen.

[5] Chinesische Porzellanfigur. Die Chinesen gelten als Erfinder des Porzellans und des Papiers. *Tang-Dynastie, um 750 n. Chr.*

[6] Die Kriegsflotte des chinesischen Admirals Zheng He (1341–1433/35) mit 300 Schiffen und 28 000 Mann Besatzung war die gewaltigste Flotte der Zeit. *Illustration.*

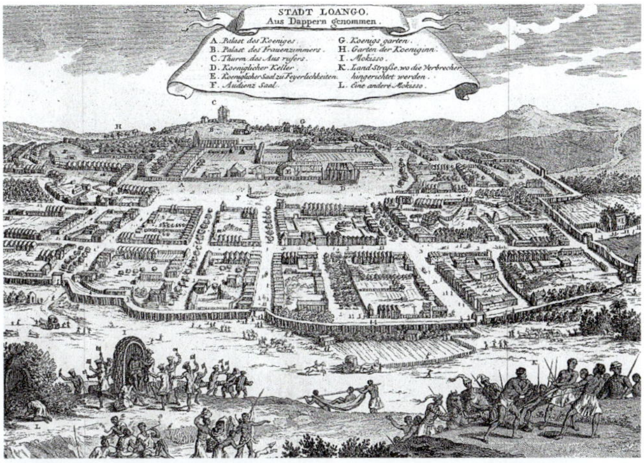

[7] Loango (Hauptstadt des afrikanischen Königreichs Lovango). *Stadtbild nach O. Dappert, 1668.*

[8] Teil der Tempelruinen des Khmer-Reiches in Angkor (Kambodscha). Der Tempelkomplex – einer der größten der Welt – bedeckte im 12. Jahrhundert ca. 80 km² mit mehr als 600 Tempeln und über 1 Mio. Einwohnern. Nur ein Teil ist bis heute ausgegraben. *Foto.*

3. Nennt Kulturleistungen, von denen ihr bereits wisst, dass die Europäer sie von anderen Völkern übernommen haben (z. B. aus der arabisch-islamischen Welt usw.).
4. Schaut euch die Beispiele afrikanischer und asiatischer Kunst und Kulturleistungen an. Stellt mithilfe des Atlasses oder eines Lexikons fest, wo sich die Herkunftsländer befinden.

Wählt einen der folgenden Arbeitsaufträge aus:

- Beurteilt die Einstellung der Europäer gegenüber nicht europäischen Völkern. Sind ihr Stolz und ihr Sendungsbewusstsein berechtigt?
- In vielen Fällen wurde die empfundene Überlegenheit an der Rasse der Menschen festgemacht. Notiert, welche Gefahren mit dieser Einstellung verbunden sind.

Was ihr noch tun könnt ...

- Sammelt aus Reisekatalogen weitere kulturelle Beispiele ehemaliger Kolonialländer und gestaltet damit zu dem Thema eine Wandzeitung.
- Informiert euch in Lexika, Büchern und im Internet über alte Kulturen in Afrika.

Mission

Ausbreitung des Christentums bei den „Heiden“

1. Führt ein Brainstorming zu den nachstehenden Begriffen durch und tauscht euer Vorwissen und eure Gedanken dazu aus: Heiden, Naturreligionen, Voodoo, Fetisch, Medizinmann, Animismus, Missionar.

[1] Die Mission als Kulturbringer. *Foto, 1915.*

2. Wertet Abbildung 1 und Text 2 aus und ermittelt, welche Einstellung zu Glaubensvorstellungen und Kultur der afrikanischen Menschen sichtbar wird.

[2] Weltanschaulicher Hintergrund der Mission im 19. Jahrhundert:

Die Missionare [waren] von der Einzigartigkeit der europäisch-christlichen Kultur überzeugt und kamen um die Jahrhundertwende mit den Kaufleuten und Kolonisatoren nach Afrika, um die Afrikaner zu bekehren … Sie wollten den „finsteren Aberglauben“ mit dem „Licht des Evangeliums“ besiegen.
Kolonialbeamte und Kaufleute kamen aus Ländern, die sie zivilisiert und kultiviert nannten. Sie waren am Profit oder an der Macht interessiert. Von diesem Standpunkt aus betrachteten sie die Gebiete Afrikas, die sich Europa angeeignet hatte und deren Menschen sie versklavt hatten …

Regina und Gerd Riepe, Gott war bei allen Menschen. Afrikanische Religionen. Missio, Aachen 1993, S. 9

Mission pro und kontra

Zwei Standpunkte stehen sich heute wie damals gegenüber:
a) Mission war und ist positiv:
Wenn man von der Richtigkeit seines Glaubens überzeugt ist, muss man auch andere Menschen an dieser Gnade teilhaben lassen; die Missionarinnen und Missionare waren selbstlose Idealisten, die viele Strapazen und Risiken auf sich nahmen, um Menschen zu unterrichten und ihnen (z. B. medizinisch) zu helfen.
b) Mission war und ist negativ:
Keine Glaubensrichtung darf sich über eine andere erheben; die Mission war – möglicherweise ohne dies zu wollen – Wegbereiter des Kolonialismus. Missionare waren oft die Ersten, die in spätere Kolonialgebiete vordrangen und so die „Tür öffneten“; westlichem Denken wurde und wird der Weg geebnet, was die Menschen ihrer Kultur entfremdet und zur Entwurzelung beiträgt.

[3] Missionar wird in einer Art Rikscha gefahren.
Foto, ca. 1898.

3. Vergleicht in der Klasse die Meinungen zu den obigen Standpunkten.
4. Vergleicht die Mission im 19. Jahrhundert mit der der Spanier in der Neuzeit (siehe S. 64–67).

Was ihr noch tun könnt …

- Findet heraus, inwiefern Missionsbestrebungen in der Vergangenheit von nordrhein-westfälischem Boden ausgingen (z. B. Barmer Baptisten, Weiße Väter, Steyler Missionare).
- Informiert euch über aktuelle Vorhaben der Missionen. Achtet dabei auf die Berücksichtigung aller großen Weltreligionen.

Methode Informationen präsentieren

Die folgenden sechs Wahlseiten beschäftigen sich mit der Rolle einiger Staaten im Zeitalter des Imperialismus. Ihr könnt die Ergebnisse eurer Selbstarbeit besser präsentieren, wenn ihr die folgenden Schritte berücksichtigt, die grundsätzlich für das Weitergeben von Informationen wichtig sind.

1. Schritt Thema vorbereiten Aufträge erteilen

Wenn ihr das Thema zu mehreren bearbeitet, solltet ihr Aufträge für die Gruppenmitglieder verteilen. Dazu gehören:

- Gruppensprecher: Er leitet die Arbeit der Gruppe.
- Protokollant: Er schreibt Stichworte mit, hält wichtige Punkte fest.
- „Zeitwächter". Er achtet auf die Arbeitszeit.
- Berichterstatter: Er stellt die Arbeitsergebnisse vor und leitet das Gespräch mit der Klasse.

2. Schritt Medien einsetzen

- Ein vervielfältigtes Gliederungs- und Ergebnisblatt hilft der Klasse, die Information zu überblicken.
- Auf einer Folie könnt ihr Stichworte zum Verlauf des Vortrags notieren.
- Ihr könnt eine Wandzeitung zum Thema gestalten, Musik- oder Filmbeiträge oder eine kurze Spielszene zum Thema vorführen (z. B. zwei Kolonialbeamte im Gespräch).

3. Schritt Vermittlung an Klasse planen

- Wer trägt vor? Einer allein oder alle, wobei jeder einen Teil übernimmt? Lest nicht einfach ab. Achtet darauf, frei nach Stichworten zu sprechen.
- Im Kurzunterricht mit Arbeitsaufträgen solltet ihr Erschließungsfragen an die Klasse stellen, z. B.: „Die niederländischen Kaufleute wollten unbedingt den Gewürzhandel in ihre Hand bringen. Was glaubt ihr, wie sie das machten?" Ihr könnt auch Arbeitsaufträge aus dem Geschichtsbuch verwenden.

4. Schritt Fragen und Anregungen zusammentragen

- Lasst Fragen zu und beantwortet sie. Wo das nicht möglich ist, notiert die Fragen, um später nachzuforschen
- Wertet euren Unterricht aus. Was war gut, was weniger gut?

[1] Vorbereitung des Themas und Aufteilung der Arbeit. *Foto.*

[2] Mögliche Medien für den Vortrag.

[3] Paul trägt seinen Vortrag frei vor. *Foto.*

Wahlseite Die Briten in Indien

Hier kommen wieder sechs Wahlseiten!

Wie ihr damit umgeht, könnt ihr auf S. 239 noch mal nachlesen.

[1] Indien als britische Kronkolonie, 1914.

1. Arbeitet die Informationen durch und berichtet der Klasse (beachtet dabei auch S. 223).

Ein großes Empire

Die Insellage ihres Landes hatte die Briten zur führenden Seefahrernation werden lassen. Auf jedem Kontinent hatten sie Ländereien. Riesige Gebiete wie Australien und Kanada, Indien und Südafrika gehörten zum britischen Empire (= engl. Imperium). Handelsniederlassungen und Stützpunkte – z. B. Hongkong, Malta, Gibraltar, Zypern, Singapur, Aden usw. – sicherten Einfluss und wirtschaftlichen Gewinn.
Die britische Kolonialgeschichte in Indien begann mit Kaufleuten, die mit Schiffen erschienen, um begehrte exotische Waren einzukaufen, z. B. Gewürze, Indigo-Farbstoffe, Jute, Seide, Baumwolle und Tee. Sie organisierten sich in der „East India Company“, die immer größeren Einfluss gewann. Die Company richtete befestigte „Faktoreien“ ein – Handelstreffpunkte für Händler aus dem Hinterland und gesicherte Warenlager für die erworbenen Handelsgüter.

Rohstoffe gegen Fertigwaren

Aus der indischen Kolonie wurden hauptsächlich Rohstoffe (wie Baumwolle) importiert. In England wurden mit modernen Maschinen Fertigwaren (Stoffe) hergestellt und in Indien verkauft. Damit konnten große Gewinne gemacht werden – aber die indischen Handwerker ruinierte diese Praxis. Ganze Gewerbezweige verödeten.

Der britische Staat übernimmt die Kolonie

Bald gab es Auseinandersetzungen mit Portugiesen, Holländern und Franzosen, die ebenfalls den Handel kontrollieren wollten. Darauf reagierte die Company, in dem sie einheimische Soldaten („Sepoys“) anstellte. Ebenso wurden Verträge mit den indischen Fürsten geschlossen („Maharadschas“ in Hindu-Gebieten, „Nababs“ in muslimischen Landesteilen).
Als immer wieder Aufstände die Kolonie erschütterten, griff das britische Militär direkt ein. Der britische Staat übernahm die Verwaltung. Am Ende wurde Königin Victoria sogar zur „Kaiserin von Indien“ (1876/77) erklärt.

Gandhis gewaltloser Widerstand

Gegen die militärische Härte setzte der energische Rechtsanwalt Mahatma Gandhi (1869 – 1948) eine

neue Form des Widerstands, den „zivilen Ungehorsam“: Inder sollten keine britischen Produkte mehr kaufen (Boykott), keine englischen Schulen besuchen, keine Salzsteuern bezahlen usw. Er selbst kleidete sich in selbst gewebte Tücher. Sein hartnäckiger, friedlicher Protest trug dazu bei, dass die britische Kolonialmacht schließlich einlenken musste.

Der Weg in Freiheit und Unabhängigkeit

Der Widerstand der Inder gegen die ungeliebte Kolonialherrschaft hatte schließlich Erfolg.
Am 15. August 1947 wurde Britisch-Indien unabhängig. Konflikte zwischen Moslems und Hindus führten aber zur Bildung zweier Staaten – Pakistan und Indien. Das Foto von 1947 zeigt

Lord Mountbatten (rechts), noch „Vizekönig von Indien“, der mit dem künftigen Staatspräsidenten Nehru (links) verhandelt.

WEBCODE: GR649044-224

Wahlseite Niederländer in Indonesien

1. Arbeitet die Informationen durch und berichtet der Klasse (beachtet dabei auch S. 223).

Händler schaffen eine Kolonie, „wo der Pfeffer wächst"

Kaufleute der holländischen See- und Hafenstädte waren immer schon im Fernhandel aktiv. Als sie mit Spaniern und Portugiesen in Konflikt gerieten, suchten sie sich Handelsstützpunkte in der Südsee, zum Beispiel im heutigen Indonesien. Der Handel mit Gewürzen, Edelsteinen und Metallen war sehr gewinnbringend. Holländische Auswanderer besiedelten auch den Süden Afrikas. Weniger bekannt ist, dass Niederländer die Stadt New York gründeten (damals: Neu Amsterdam) – das sie später aber an die Briten verloren.

Um allein den Handel mit Muskatnüssen auf den Banda-Inseln in Indonesien bestimmen zu können (Monopol), trat die Vereinigte Ostindische Kompanie (VOC), eine holländische Handelsgesellschaft, sehr gewalttätig auf. Die meisten Anwohner wurden getötet, nur wer mit den Holländern zusammenarbeitete, überlebte. Auf anderen Inseln ließen die Verwalter alle Gewürznelkenbäume ausreißen, die sie nicht selber kontrollieren konnten.

[1] Frauen in Java verarbeiten Gewürze. *Foto, um 1920.*

Um eine sichere Niederlassung anzulegen, machten die Eroberer die Hauptstadt Jayakarta zunächst dem Erdboden gleich. Anschließend wurde eine neue Stadt mit Kanälen, Lagerhäusern, Kasernen, einem Rathaus und einer Kirche angelegt – ganz nach dem Vorbild Amsterdams. Die Ansiedlung Batavia ist heute unter dem Namen Jakarta die Hauptstadt Indonesiens.

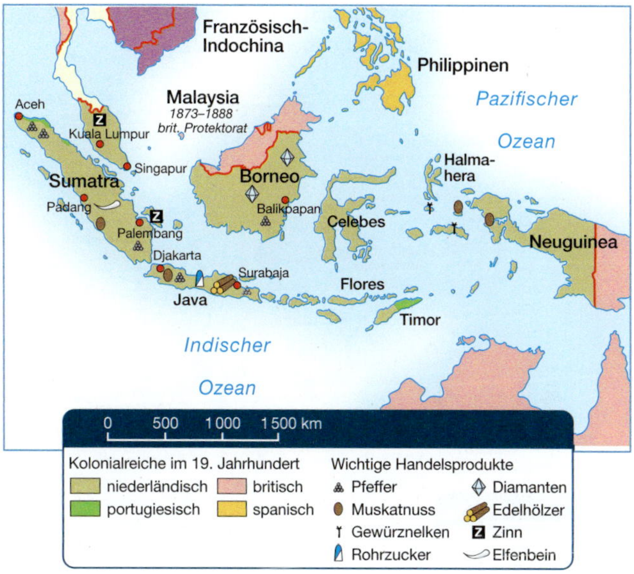

[2] Indonesien in der Kolonialzeit, 19. Jahrhundert.

Ausbeutung

Schon an Pfeffer, Muskat, Gewürznelken, Indigo (Farbpflanze) und Tropenhölzern hatte die Handelsgesellschaft viel Geld verdient. Weil sie sich außerdem weiteren großen Gewinn versprach, wurden Kaffee-, Tee-, Baumwoll-, Tabak- und Zuckerrohrpflanzen eingeführt. Für die Bauern waren dies neue Aufgaben, die sie zu bewältigen hatten. Auch mussten sie immer an zwei Herren Steuern zahlen: an den einheimischen Sultan und den Herren der Handelskompanie.

Nachdem der holländische Staat den Besitz der Kompanie übernommen hatte, wurde ganz Java in eine riesige Plantage verwandelt, auf der die einheimischen Bauern Zwangsarbeit leisten mussten.

Der Weg in Freiheit und Unabhängigkeit

1945 gelang es den Indonesiern, die Fremdherrschaft abzuschütteln. Der erste Präsident Indonesiens, Achmed Sukarno, erklärte am 17. August die Unabhängigkeit des Landes (Foto).

Der Vielvölkerstaat ist heute das viertgrößte Land der Welt.

Wahlseite Franzosen in Algerien

1. Arbeitet die Informationen durch und berichtet der Klasse (beachtet dabei auch S. 223).

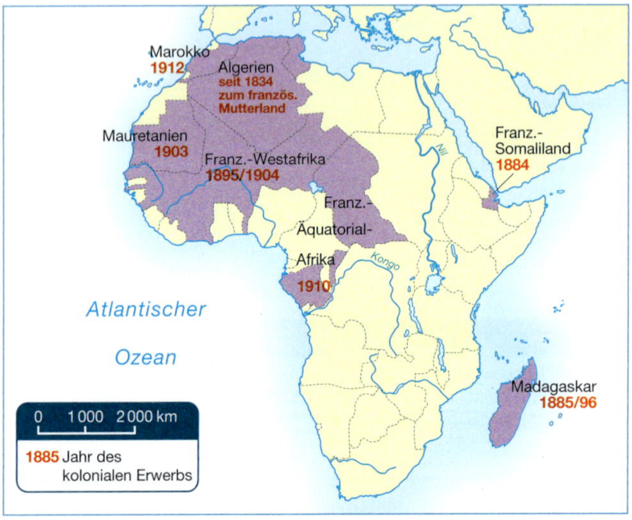

[1] Frankreichs Kolonialgebiete in Afrika, 1914.

Sorge um die Weltmachtstellung

Seit dem 17. Jahrhundert hatte Frankreich große Kolonialgebiete in Amerika (Teile des heutigen Kanadas und der USA), in Asien (Ostindien, Indochina) und weite Gebiete in Nord- und Westafrika. Allerdings gingen in Amerika und Asien viele Erwerbungen wieder verloren – Gewinner blieb in vielen Fällen Großbritannien.

Sorge um seine Weltmachtstellung trieb Frankreich dazu, sich seit 1830 vor allem in Nordafrika festzusetzen. Schließlich lag die afrikanische Mittelmeerküste der französischen Südküste direkt gegenüber. Auch die Sahara und Bereiche in West- und Zentralafrika wurden erobert. Zusammen mit Tunesien und Marokko bildete Algerien nun die Kolonie Französisch-Nordafrika (1906).

Landenteignungen und Vertreibungen

Französische Siedler kamen in Scharen ins Land, nachdem die Beherrschung des Landes von den Türken auf die Franzosen übergegangen war. Sie vertrieben die Algerier von den fruchtbarsten Ländereien und eigneten sich diese selbst an. Fast Dreiviertel des Landes ging an die Siedler. 1848 wurde Algerien zum Teilgebiet Frankreichs erklärt und in Departements gegliedert. Die Siedler waren nun als französische Bürger bevorzugt, die Einheimischen galten als Bürger zweiter Klasse.

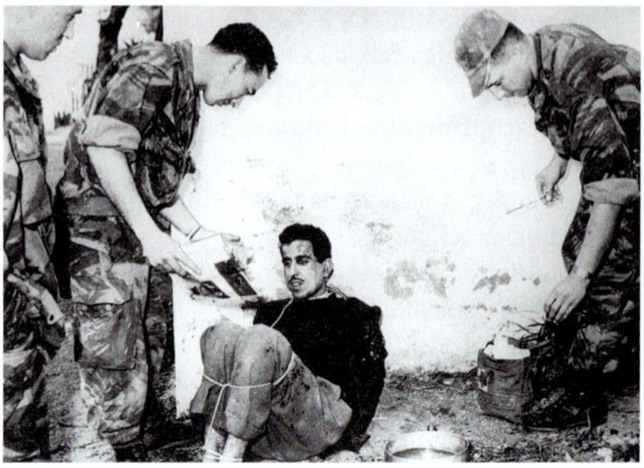

[2] Französische Militärs nehmen einen algerischen Aufständischen gefangen. *Foto 1957.*

Harte Auseinandersetzungen

Vom Beginn der französischen Besetzung an hatten die Algerier Widerstand geleistet. Der Kolonialkrieg wurde von beiden Seiten mit äußerster Härte geführt. Das französische Militär ließ gezielte Tötungen und schwere Folter zu. Die algerische Untergrundorganisation FLN antwortete mit Bombenattentaten und Überfällen. Schätzungen über die Zahl der Opfer gehen von Hunderttausenden von Toten aus.

Der Konflikt wird nach Frankreich getragen.

Mitte des 20. Jahrhunderts wurde die algerische Frage zu einem Problem für die Franzosen im Mutterland. Französische Generäle und die Organisation der französischen Siedler (OAS) putschten im April 1961 in Algier gegen die Pläne zur Aufgabe der Kolonie. Nur mit Mühe konnte Präsident Charles de Gaulle den Konflikt in den Griff bekommen.

Der Weg in Freiheit und Unabhängigkeit

Am 3. Juli 1962 feiern die Algerier ihre hart erkämpfte Unabhängigkeit (Foto), die im Vertrag von Evian anerkannt wurde. Erster Präsident wurde Ahmed Ben-Bella.

Wahlseite Deutsche in Südwestafrika

1. Arbeitet die Informationen durch und berichtet der Klasse (beachtet dabei auch S. 223).

„Platz an der Sonne"

Deutschland war erst Ende des 19. Jahrhunderts (1871) zu einem bedeutenden Nationalstaat geworden. Deshalb erschien es auch als letztes Land im Kreis der Kolonialmächte. Der Staatssekretär im Auswärtigen Amt, Bernhard von Bülow, forderte auch für Deutschland „einen Platz an der Sonne". Viel war vom „Kuchen" der zu verteilenden Kolonien (siehe S. 214) nicht mehr übrig. Neben einigen Erwerbungen in China und der Südsee konzentrierte sich die deutsche Politik auf Afrika. Deutsche Kaufleute hatten in Togo, Kamerun, Ostafrika und Südwestafrika Fuß gefasst. Oft war das auf der Grundlage von betrügerischen Verträgen geschehen.
In Afrika unterhielten die Rheinische Missionsgesellschaft aus (Wuppertal-)Barmen und die Mission der Grafschaft Mark eine Reihe von Missionsstationen. Ab 1884 erklärte das Deutsche Reich diese Gebiete offiziell zu „Schutzgebieten" und ließ sie von Gouverneuren verwalten. Der Traum von einem „größeren Deutschland" (Carl Peters) mit Besitzungen in Übersee schien sich zu erfüllen. Der Stolz vieler Deutscher auf die eigenen Kolonien war groß.
Wirtschaftlich gesehen war die Kolonialidee aber ein Fehlschlag. Zu weit waren die Transportwege, zu gering die Erträge, zu hoch die Kosten für die Verwaltung und die Stationierung von Militär.

Die Kolonien verursachen Probleme

Zwei große Probleme begleiteten die deutschen Kolonialanstrengungen:
1. Die Konkurrenz zu anderen Staaten verschlechterte die Stimmung in Europa. Besonders England fühlte sich durch die Aufrüstung der deutschen Schiffsflotte – die die Verbindung zu den Überseegebieten sichern sollte – gefährdet.
2. Die unterdrückten Völker, z. B. die Herero und die Nama in Südwestafrika, rebellierten gegen die deutsche Herrschaft. Mit großer Brutalität wurden diese Aufstände niedergeschlagen, Männer, Frauen und Kinder in die lebensfeindliche Wüste vertrieben, wo sie dem sicheren Tod ausgesetzt waren.

Die deutschen Kolonien bestanden nur wenige Jahrzehnte. Am Ende des Ersten Weltkriegs (1918) verlor Deutschland alle Kolonien. Sie wurden als Treuhandgebiete des Völkerbundes bzw. der Vereinten Nationen von anderen Kolonialmächten verwaltet.

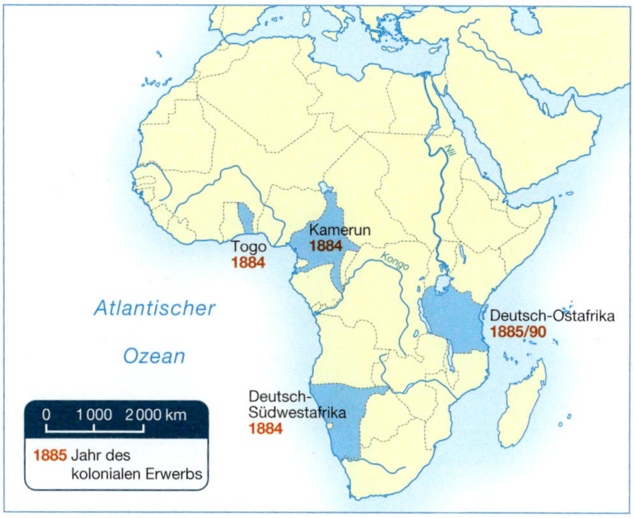

[1] Deutsche Kolonien in Afrika, 1914.

[2] Gefangene Herero in Ketten. *Foto ca. 1904/1909.*

Der Weg in Freiheit und Unabhängigkeit

Nach dem Zweiten Weltkrieg werden die Staaten Tansania, Togo, Ghana, Kamerun und Namibia unabhängig. In Afrika beginnt eine neue Epoche. Das Foto zeigt Julius Nyerere, den ersten Präsidenten Tansanias, am Tag der Unabhängigkeit (9. Dezember 1961).

Wahlseite Russland sucht neue Gebiete

[1] Das russische Imperium, 1905.

1. Arbeitet die Informationen durch und berichtet der Klasse (beachtet dabei auch S. 223).

Ausdehnung und „Russifizierung"

Anders als die anderen imperialistischen Staaten war Russland an Gebieten in Übersee weniger interessiert. Rund um das russische Kernland gab es riesige Weiten (z. B. in Sibirien), die für eine Besiedlung und wirtschaftliche Nutzung verfügbar waren. So kam es zunächst zu keiner Konkurrenz mit anderen europäischen Großmächten. Dies änderte sich, als Russland weiter nach Süden vorstieß und Gebiete im Kaukasus, in Nordpersien und der Mongolei beanspruchte. Jetzt waren nicht nur das Osmanische Reich, Japan und Großbritannien alarmiert – auch die betroffenen Völker wehrten sich gegen die „Russifizierung", d. h. gegen den Versuch Russlands, die russische Sprache und Kultur zwangsweise zu verordnen.

Die Suche nach eisfreien Häfen

Die Großmächte zur Zeit des Imperialismus legten großen Wert auf eine Flotte, deren Schiffe das ganze Jahr für mögliche Kriegseinsätze zur Verfügung stehen sollte. Russland hatte aber kaum eisfreie Häfen. Beim Versuch, solche Häfen für sich zu erobern (z. B. auf der Krim am Schwarzen Meer und den Kurilen), kam es zu heftigen Konflikten mit dem Osmanischen Reich und Japan. Aber auch Großbritannien fühlte sich bedroht, weil die russische Ausdehnung den Weg zu den britischen Kolonien blockieren konnte. Im erbittert geführten Krimkrieg (1853–1856) zwischen Russland auf der einen und dem Osmanischen Reich, Frankreich und Großbritannien auf der anderen Seite verloren 165 000 Soldaten ihr Leben.

Kaukasische Völker wehren sich

Gegen die russische Vorherrschaft wehrten sich Völker wie z. B. die im Kaukasus beheimateten Georgier, Abchasen, Tschetschenen und Inguschen. Der Widerstand begann schon in der Zarenzeit und hält zum Teil bis heute an. Unabhängigkeitskämpfer verüben Anschläge, die vom russischen Militär mit brutalen Vergeltungsmaßnahmen beantwortet werden.

Der Weg in Freiheit und Unabhängigkeit
Georgier feiern am 9. April 1991 ihre Unabhängigkeit von der damaligen Sowjetunion (Foto).

Wahlseite Die USA wird Kolonialmacht

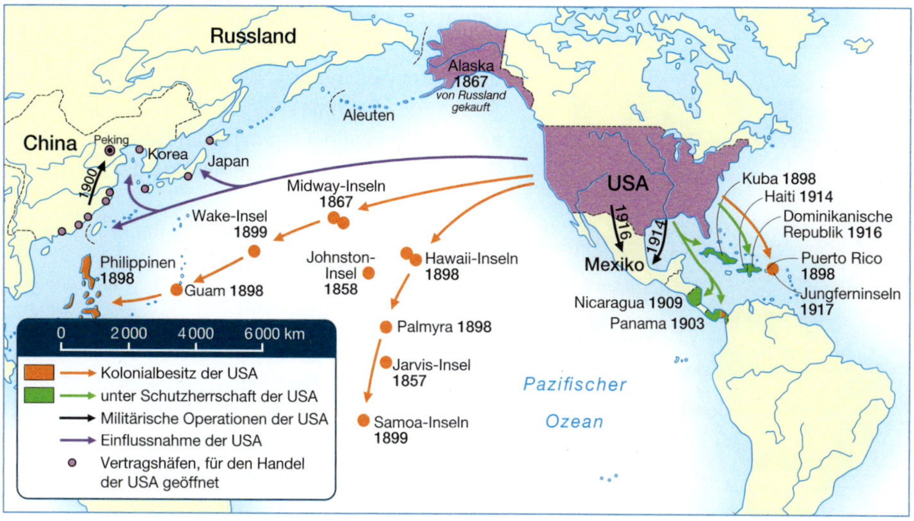

[1] Ausweitung des amerikanischen Einflusses bis 1917.

1. Arbeitet die Informationen durch und berichtet der Klasse (beachtet dabei auch S. 223).

Die Vereinigten Staaten von Amerika bilden einen Sonderfall: Die europäischen Siedler in dem ursprünglich englischen, französischen und spanischen Kolonialgebiet erkämpften von den Mutterländern ihre Unabhängigkeit. Kolonisierung geschah zunächst in den eigenen weiten Landgebieten des nordamerikanischen Kontinents. Die Siedlungsgrenzen wurden immer weiter von den ersten Kolonien der Ostküste (siehe S. 115) nach Westen verschoben, die einheimischen Indianer verdrängt: Dabei wurden Millionen von ihnen getötet, starben an eingeschleppten Krankheiten oder wurden vertrieben und ihrer Kultur beraubt.

Absatzmärkte und Stützpunkte

Nach dem Ende des Bürgerkrieges zwischen den Nord- und Südstaaten der USA (1865) kam es zu einer rasanten Entwicklung in Landwirtschaft und Industrie. Eisenbahnprojekte halfen, das Land zu erschließen. Große Hoffnungen setzten die USA auf die Bereiche: „farming“ (Landwirtschaft), „mining“ (Bergbau) und „limbing“ (Holzwirtschaft).
Nach und nach geriet ganz Lateinamerika unter US-amerikanischen Einfluss. Kuba und Puerto Rico lagen praktisch vor der amerikanischen Haustür. Besonders die Gegend um den Panamakanal weckte amerikanisches Interesse. Einzelne Länder wehrten sich gegen den mächtigen Nachbarn (z. B. Kuba, Venezuela u. a.) – andere arbeiteten mit den Vereinigten Staaten zusammen (z. B. Dominikanische Republik). Aus militärischen Gründen suchten die USA zusätzliche Stützpunkte im Pazifik, zum Beispiel auf den Philippinen (Kolonialgebiet Spaniens), in Hawaii und Guam.

Sendungsbewusstsein

Ursprünglich sahen es die Amerikaner als ihre offenkundige Bestimmung („Manifest Destiny“) oder Pflicht an, den gesamten Kontinent zu besiedeln. Die Wildnis würde dadurch in eine Zivilisation umgewandelt. Diese Haltung eines besonderen Sendungsbewusstseins hält sich bis auf den heutigen Tag. Viele Amerikaner meinen, sie müssten die Demokratie in der gesamten Welt verbreiten, zur Not auch mit kriegerischen Mitteln. Kritiker glauben, dass es dabei oft eher um handfeste politische und wirtschaftliche Interessen geht.

Der Weg in Freiheit und Unabhängigkeit

Kuba befreite sich 1898 erst vom Einfluss Spaniens, dann mit der Revolution 1956 bis 1959 von Diktator Batista und dem Einfluss der USA. Noch heute leidet das sozialistische Land – das selbst allerdings die Freiheitsrechte seiner Bürger verletzt – unter dem Boykott der USA.

Das Foto zeigt die Führer der Revolution Fidel Castro (links) und Ernesto Che Guevarra (rechts).

Rechtfertigung des Imperialismus

[1] Der deutsche Kaiser Wilhelm II. im Kreis der „Kolonialvölker“. *Zeitschriftenbild, 1913.*

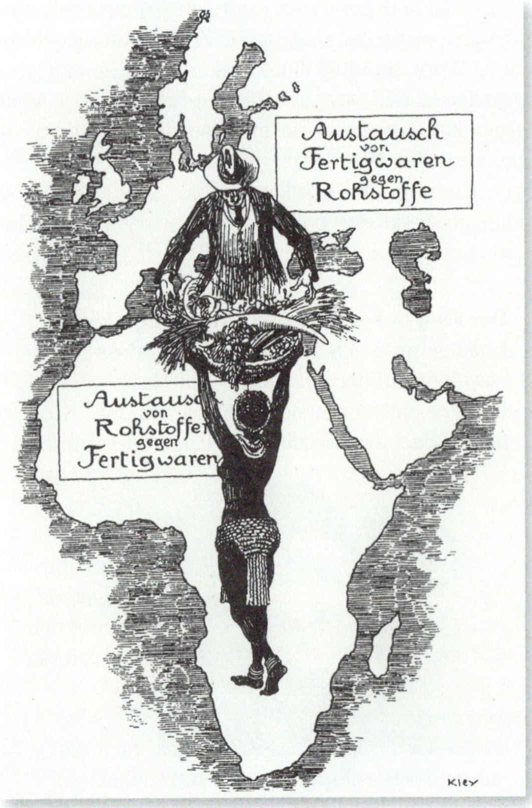

[2] Mutterland und Kolonien. *Plakat, 1928.*

Nationalstolz und Sendungsbewusstsein

1. Betrachtet Abbildung 1. Wie verhalten sich (nach Ansicht des Zeichners) die Völker in den deutschen Kolonien gegenüber ihrem neuen Herrscher (Kaiser Wilhelm II.)? Beschreibt die Haltung der einzelnen Personen.
2. Vermutet, woher die Europäer das Recht nahmen, über andere Völker zu herrschen.

Es gibt Menschen, die sich den Bewohnern weniger entwickelter Länder überlegen fühlen. Wissenschaftliche Fortschritte, größere Wirtschaftskraft und wirksamere Waffen gelten als Beweis für diese Überlegenheit. Zu wenig wird darüber nachgedacht, ob andere Völker nicht glücklicher leben ohne den „Segen“ der europäischen Lebensweise.
Das war erst recht im 19. Jahrhundert so, als Stolz auf eigene neue Entwicklungen die Eroberer erfüllte. Aus dieser Einstellung leiteten Politiker, Generäle und Kaufleute, aber auch Frauen und Männer in Deutschland und Europa das Recht ab, fremde Völker zu unterwerfen.

3. Notiert die Argumente, die in dem Brief (Text 3) erwähnt werden, und diskutiert in der Klasse darüber, ob die Schreiberin Recht hat oder nicht.

[3] Aus einem Brief einer Kaffeeplantagen-Besitzerin an ihre Mutter in Deutschland (1913):

… zu den Vorhaltungen manch ahnungsloser Zeitgenossen kann ich nur sagen: Unsere Truppen bringen Recht und Ordnung in das Land, wir Farmer holen aus ungenutztem Boden gute Erträge, unsere Missionsschwestern lehren die schwarzen Kinder den rechten Glauben und unsere Ärzte tun alles, um die bösartigen Tropenkrankheiten auszurotten. Ich weiß nicht, wie man dagegen einen Einwand machen kann …

4. Betrachtet das Plakat und beurteilt die Darstellung über die Zusammenarbeit von Mutterland und Kolonien.

[4] Soldaten der deutschen Schutztruppen mit afrikanischen Gefangenen. *Foto, 1905.*

Afrikanische Kritik

[5] Daniel Kariko, Herero-Chief von 1890 bis 1896, sagte über die weißen Händler:

Die Händler kamen des Weges und boten Waren an. Wenn wir sagten, dass wir kein Vieh entbehren können, da die Rinderpest viel Vieh vernichtet hatte, sagten sie, sie würden uns Kredit geben. Wenn wir ablehnten, Waren zu kaufen, auch auf Kredit, geschah es oft, dass der Händler einfach die Waren ablud und daließ. Er sagte, wir könnten bezahlen, wann wir wollten. Er kam jedoch nach wenigen Wochen wieder und forderte Geld oder stattdessen Vieh. Er suchte sich dann die besten Rinder aus. Häufig wurde das Vieh irgendeines Mannes genommen, um damit anderer Leute Schulden einzutreiben. Wenn wir Einspruch erhoben und uns zu wehren versuchten, wurde die Polizei geholt, die mit Prügel und Erschießungen drohte.

Daniel Kariko, zit. nach: Helgard Patemann (Hg.), Lernbuch Namibia. Ein Lese- und Arbeitsbuch, Wuppertal 1985, S. 104

5. Tragt die Kritikpunkte, die in den Texten und Abbildungen dieser Seite deutlich werden, in einer Stichwortliste zusammen und vergleicht mit den Argumenten für die Kolonialisierung auf der linken Seite.

[6] Der farbige Schriftsteller Aimé Césaire kritisierte (1968) den Kolonialismus:

Ich spreche aber von Gesellschaften, die um sich selbst gebracht worden sind, von zertretenen Kulturen, von beschlagnahmtem Land, von ermordeten Religionen, von vernichteter Kunst. Ich spreche von Tausenden hingeopferter Menschen, … vom Raubbau an Erzeugnissen und Grundstoffen …

[7] Auftreten deutscher Kolonialsoldaten in Neuguinea, 1911. *Karikatur.*

[8] Gedicht des Namibiers Shivute Shanumbundu (1982), Auszug:

Bevor die Weißen kamen,
Lebte mein Volk in Glück und Frieden. …
Die Weißen zerstörten das Glück und
Brachten Krieg.
Mein Volk kämpfte und kämpft bis heute.
Es opfert sein Blut
Für Glück und Frieden, die es hatte,
Bevor die Weißen kamen.

Text 6 u. 8 zit. nach: Manfred D. Hinz, Helgard Patemann, Armin Meier (Hg.), Weiß auf Schwarz. 100 Jahre Einmischung in Afrika. Berlin 1984, S. 9

Wählt einen der folgenden Arbeitsaufträge aus:

- „Der Imperialismus“ sitzt auf der Anklagebank. Notiert belastende und entlastende Argumente für eine Gerichtsverhandlung.
- Nehmt Stellung zu den Zeilen des Gedichts (Text 8). Überlegt, ob es wahrscheinlich ist, dass „bevor die Weißen kamen“ nur „Glück und Frieden“ herrschten. Welche innerafrikanischen Konflikte sind denkbar?

Ehemalige Kolonien heute

Viele ehemalige Kolonialstaaten leiden heute unter Hunger, Armut, Krieg, Ausbeutung und Zerstörung der Umwelt. Diese Doppelseite will Material liefern zur Diskussion der Frage: Wer trägt die „Schuld" an der schwierigen Situation heute?

Die Schuld wird bei den Kolonialmächten gesucht

[1] „Wir fordern Wiedergutmachung des Unrechts, das unseren Vätern angetan wurde!" Der Herero-Chief Riruako meinte 2001:

Eine Entschuldigung ohne Entschädigung ist bedeutungslos. Ich habe vor einem Gericht in Washington ein Verfahren angestrengt – einmal für Besitztümer, die meinem Volk gestohlen wurden, zum anderen wegen des Völkermords …

Recherchen zufolge wären wir heute ein Volk von zwei Millionen Menschen, stattdessen sind wir heute ein Volk von 400 000 bis 550 000. Die deutsche Regierung hat damals Verbrechen gegen die Menschheit begangen, denn sie töteten drei Viertel der Herero und ihre Rinder, machten sie zu Sklaven auf ihrem eigenen Land – das ist die Zerstörung einer ganzen Gesellschaft, einer ganzen Kultur.

Zit. nach: „Die Welt", 3. 9. 2001

Eine auf ca. 4 Milliarden Dollar bezifferte Entschädigungsforderung wurde von der deutschen Regierung abgelehnt. Sie fand sich aber zu Entwicklungshilfe-Leistungen bereit.

[2] Der Herero-Chief Kuaima Riruako mit dem deutschen Botschafter Wolfgang Massing. *Foto, 2004.*

[3] Heidemarie Wiczorek-Zeul, Bundesentwicklungsministerin von 1998 bis 2009, mit Vertretern der Herero neben einem Bild des Herero-Chiefs Samuel Maharero. *Foto, 2004.*

„Ich bitte Sie … um Vergebung unserer Schuld"

Im Sommer 2004 reiste die Bundesentwicklungsministerin als erstes deutsches Regierungsmitglied zu einer Gedenkveranstaltung für die Opfer der Schlacht am Waterberg (August 1904). Damals waren die Freiheitskämpfer der Herero von den deutschen Kolonialtruppen vernichtend geschlagen worden. Sie sagte unter anderem:

[4] Bitte um Vergebung:

Vor hundert Jahren wurden die Unterdrücker – verblendet vom kolonialen Wahn – im deutschen Namen zu Sendboten von Gewalt, Diskriminierung, Rassismus und Vernichtung.

Die damaligen Gräueltaten waren das, was heute als Völkermord bezeichnet würde – für den ein General von Throta heutzutage vor Gericht gebracht und verurteilt würde. Wir Deutschen bekennen uns zu unserer … Verantwortung … Ich bitte Sie im Sinne des gemeinsamen Vaterunsers um Vergebung unserer Schuld. Ohne bewusste Erinnerung, ohne tiefe Trauer kann es keine Versöhnung geben …

Zit. nach: Begleitmaterial zur Ausstellung Namibia-Deutschland, Deutsches Historisches Museum, Berlin 2004, S. 15

Die Vertreter der Herero nahmen diese Entschuldigung an und versicherten, gemeinsam den Weg zur Versöhnung beschreiten zu wollen.

[5] Nahrungsmittelhilfe im Sudan. *Foto.*

Anregungen zur Diskussion

1. Was gehen uns Taten unserer Ururgroßeltern an? Sind wir heute noch verantwortlich?
2. Auch andere Weltmächte haben in der Zeit des Kolonialismus fremde Völker ausgebeutet und unterdrückt. Ist das eine Entschuldigung für Deutschland?

Die Probleme werden den Afrikanern angelastet

In Afrika selbst – aber auch weltweit – mehren sich Stimmen, die den Afrikanern eine Mitschuld an der gegenwärtigen Lage geben.
Korrupte (= bestechliche) und schlechte Politiker, undemokratische Staatsorganisation, Vergeudung von öffentlichen Geldern für Waffenkäufe und persönliche Bereicherung sowie Stammesfeindschaften würden immer mehr einfachen Menschen Tod und Elend bringen. Spannungen zwischen einzelnen Volksgruppen würden von manchen afrikanischen Führern absichtlich geschürt, um den Zugriff auf wertvolle Rohstoffe zu bekommen (Gold, Diamanten, Öl usw.).
Hinzu kommen Abhängigkeit und Gewöhnung an Hilfslieferungen und -zahlungen aus dem Ausland. Dadurch würden eigene Anstrengungen anscheinend überflüssig.

Wählt einen der folgenden Arbeitsaufträge aus:

- Schreibt einen kurzen Text, in dem ihr festhaltet, welche Schwierigkeiten durch die Kolonialzeit verursacht sind – und welche durch die aktuelle Politik von Afrikanern entstehen.
- Fasst in Stichworten zusammen, wie die Afrika-Experten Riepe (Text 6) die Situation einschätzen.

[6] Die Afrika-Experten Regina und Gerd Riepe wohnen in Haan/NRW. Sie haben beide lange in Kamerun gelebt und andere afrikanische Länder bereist. Sie sehen das Problem wie folgt:

Welche Voraussetzungen bestehen?
Man muss jedenfalls bedenken:
- dass die Kolonialzeit Strukturen (= Ordnungen, innerer Aufbau) hinterlassen hat, die heute noch nachwirken. Zum Beispiel gab es in den afrikanischen Kolonien kaum Industrie, keine technische Ausbildung, nur wenige Universitäten. Als die neuen Staaten vor 50 Jahren ihre Unabhängigkeit erkämpft hatten, bekamen sie kaum Starthilfen.
- dass es den Weltmarkt gibt, auf dem die Industrienationen die Spielregeln bestimmen, denn die sogenannten Entwicklungsländer haben hier keine Macht.

Wie können Entwicklungsländer am besten gefördert werden bzw. was ist schädlich für ihre Entwicklung?
Ihre Entwicklung müssen die Menschen selbst bewirken. Bei so vielen verschiedenen Ländern, Kulturen, Bodenverhältnissen, Klimazonen kann es kein allgemein gültiges Rezept geben. Doch das heißt nicht, dass wir uns raushalten sollen. Unfair niedrige Rohstoffpreise, Handelssperren für Waren aus Entwicklungsländern, die Unterstützung von raffgierigen Diktatoren, die nur überleben können, wenn sie von den Industrienationen gedeckt werden, sind Beispiele dafür, dass die Menschen in Afrika alleine nur wenig erreichen können.

Wie können Schülerinnen und Schüler zu einer guten Entwicklung beitragen?
- Aktionen von Gruppen wie „Amnesty International", „Brot für die Welt", „Misereor" unterstützen.
- Gruppen in der sogenannten Dritten Welt unterstützen, indem man ihre Produkte kauft („Transfair", „Gepa").
- Die öffentliche Meinung hier bei uns durch Gespräche, Infostände und Aktionen in der Schule beeinflussen. Wer weiß denn schon um die Zusammenhänge in Afrika, Asien und Lateinamerika?
- Politiker und international tätige Unternehmer – gibt es in fast jeder Stadt – „unter Druck" setzen, indem man sie immer wieder nach ihrem Einsatz für eine gerechte Welt fragt. Nur wenn sie den Eindruck haben, dass Kunden und Wähler das Thema wichtig finden, werden sie es in ihrer Arbeit ernst nehmen.

Interview mit dem Verfasser

Geschichte aktiv

Denkt auch daran, euer Portfolio zu führen:
- schöne Ergebnisse in Text und Bild
- Lernerfahrungen zum Thema „Imperialismus“

Hilfsorganisationen unterstützen

Stellt Kontakte beispielsweise zu folgenden Organisationen her und informiert euch über Aktionen, die unterstützt werden können:
- Misereor, Brot für die Welt, Terre des Hommes
- Bundesministerium für wirtschaftliche Zusammenarbeit und Entwicklung, Berlin
- VENRO (Verband für Entwicklungspolitik deutscher Nichtregierungsorganisationen)

Projekte und Untersuchungen

Zum Beispiel zu folgenden Themen (wenn möglich auch in Kooperation mit den Fächern Erdkunde, Politik, Religion und Kunst):
- Kindersoldaten/Kinderarbeiter
- Ethno-Look
- Kinderrechte/Mädchenrechte
- Genitalverstümmelung bei Mädchen
- Aids
- Religionen der Welt und ihre Mission
- Frauen als Forschungsreisende im 19. Jahrhundert
- Tourismus und seine Folgen
- „Kolonialwaren“ und „Südfrüchte“ – wie kommen diese Produkte in unsere Supermärkte und welche Gewinne erzielen die Produzenten in Übersee (Blumen und Spargel aus Ecuador, Tomaten aus Marokko, Tee aus Indien, Kaffee aus Äthiopien, Kakao aus der Elfenbeinküste usw.)?

Internetrecherche

Zum Beispiel zu folgenden Themen:
- „Tontinen“ – die Sparkasse der Freunde und Familien
- „Wahrheitskommissionen“ arbeiten Unrecht auf
- aktuelle Fragen der Entwicklungspolitik auf www.epo.de
- Gemeinschaftsunternehmen („Joint-venture“-Abkommen) zwischen europäischen und afrikanischen Unternehmen
- Befriedungsaktionen und Militäreinsätze von UNO, NATO und der OAS (Organisation Afrikanischer Staaten)

Fotoausstellung veranstalten

Fertigt zu aktuellen Problemen ehemaliger Kolonialstaaten und Fragen der Entwicklungspolitik eine Fotoausstellung an. Ihr könnt dafür Bilder aus dem Internet herunterladen, vergrößern und ausdrucken. Bildunterschriften nicht vergessen!

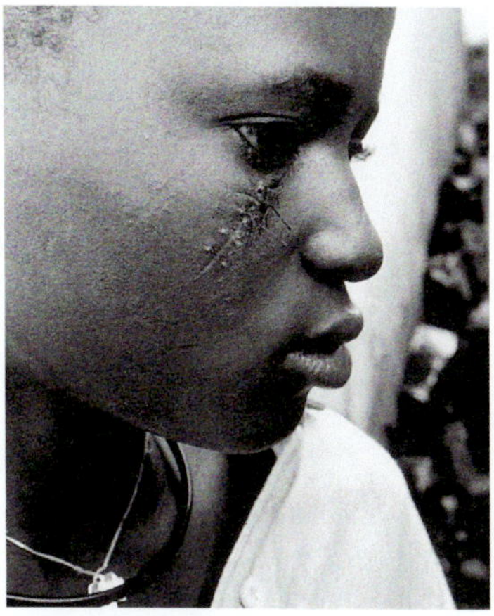

[1] Zehnjähriger Kriegswaise aus Ruanda. *Foto.*

[2] Ein Kind im Slum in Abidjan (Elfenbeinküste). *Foto.*

[3] Eine Herero-Frau mit traditionellem Kopfputz (Namibia). *Foto.*

Karikaturen zum Thema Imperialismus sammeln, erklären, ausstellen

Ihr findet Karikaturen, indem ihr Stichworte aus dem Kapitel in ein Suchprogramm eingebt und den Button „Bilder" anklickt.

[4] „So kolonialisiert der Engländer." *Karikatur von Th. Th. Heine in der Zeitschrift „Simplicissimus", 1905.*

[5] Der deutsche Reichskanzler Bismarck bei der Kongokonferenz in Berlin (1884/85).

[6] Die USA sind mit Kanonenbooten vor Kuba. Im Bild vor der Geschützmündung der gewählte Präsident Menocal. *Karikatur 1921.*

Das kann ich!

Reisen auf koloniale Art, Togo.
Foto, 1885.

Wegebaukolonne in Deutsch-Ostafrika (heute Tansania). Männer und Frauen in Ketten gefesselt, mit Transportkörben für Erde, Hacken und Schaufeln; einheimischer Aufseher mit Stock; deutscher Aufsichtsbeamter auf weißem Reittier.
Foto, um 1900.

Körperstrafe an einem Einheimischen, durch den Kolonialherrn angeordnet.
Foto, 1907.

[1] Bildfolge: Kolonialer Alltag.

Arzt/Ärztin

General

[2] Beispiel für Rollenkarten.

[3] Der englische Historiker James Joll (1918–1994) vertrat 1973 die folgende Auffassung:

Keine einzige der bekannten Imperialismustheorien vermag alle Fälle imperialistischer Expansion zu erklären, und allein mit wirtschaftlichen Faktoren lässt sich kein Beispiel ausreichend verständlich machen ... In der imperialistischen Expansion lassen sich neben den ökonomischen Motiven eine ganze Reihe anderer Motive nachweisen. Der Drang nach wissenschaftlichen Entdeckungen und der Erforschung unbekannter Länder trug zur Erschließung Afrikas bei. Der Wunsch christlicher Missionare, die Heiden zu bekehren, führte zur Errichtung von Stützpunkten ... Alle diese Motive vermischen sich miteinander und auch mit weniger ehrenwerten Motiven ...
Handel, missionarische Tätigkeit und wissenschaftliche Erforschung waren untrennbar miteinander verquickt.

Zit. nach: Peter Alter, Der Imperialismus. Klett, Stuttgart 1989, S. 102f.

Sachkompetenz

1. Erklärt mit eigenen Worten, warum es im 19./20. Jahrhundert zu einem starken Konkurrenzverhältnis unter den großen Staaten Europas, Asiens und Amerikas kam.
2. Nennt die Gründe für die imperialistischen Anstrengungen großer Staaten, indem ihr zu jedem Stichwort ein Beispiel gebt: politische – militärische – wirtschaftliche – weltanschauliche/religiöse Gründe.
3. Erarbeitet aus Text 3 eine Erklärung für die „imperialistische Expansion".
4. Nennt Auswirkungen des imperialistischen Zugriffs auf die einheimischen Bevölkerungen.

Methodenkompetenz

5. Nennt einige wichtige Punkte für die gelungene Bearbeitung und Präsentation von Informationen.

Urteilskompetenz

6. Beurteilt die Auswirkungen von Nationalstolz und Sendungsbewusstsein der Kolonialmächte.
7. Betrachtet die Bildfolge von Abbildung 1 über den Alltag in den Kolonien. Beurteilt den Umgang der Kolonialherren mit der einheimischen Bevölkerung.

Handlungskompetenz

8. Entwerft zwei Rollenkarten mit Argumenten für eine Diskussion zwischen einer Ärztin und einem General in einer Kolonie um 1900 (Abb. 2).
9. Beurteilt euren Lernweg in diesem Kapitel: Was ist euch leicht gefallen, was schien schwierig, was habt ihr noch nicht verstanden? Fügt das Ergebnis in euer Portfolio ein.

Methoden

Übersicht über die im Anhang erläuterten Methoden

Eine Geschichtsmappe führen

Für euer neues Fach Geschichte solltet ihr auch eine Mappe führen. Ihr könnt daraus ein selbst gefertigtes Geschichtsbuch werden lassen. Das kann euch helfen, wenn ihr später einmal etwas nachschlagen müsst.
Ihr stellt beim Führen der Mappe aber auch sofort fest, wenn ihr etwas nicht so genau verstanden habt. Dann könnt ihr es gleich genauer nachprüfen. Und ihr lernt dabei, wie man Informationen übersichtlich anordnen und verständlich weitergeben kann.
So könnt ihr dabei vorgehen.

- Auf ein Deckblatt schreibt ihr am besten folgende Angaben: Fach, Name, Klasse. Oft ist auch noch Platz für eine Zeichnung, die zum Fach passt.
- Zeichnungen solltet ihr besser mit Buntstiften, nicht mit Filzstiften anfertigen, damit die Farbe nicht durchschlägt.
- Tabellen sollten mit Lineal gezeichnet werden. Schreibt zu jedem Eintrag ein Datum. Es steht oben rechts.
- Am besten lasst ihr je 2 cm Rand an jeder Seite. Jeder Eintrag bekommt eine Überschrift. Ihr könnt sie unterstreichen oder farbig hervorheben.
- Die einzelnen Blätter bekommen Seitenzahlen. Das Inhaltsverzeichnis sollte keine Seitenzahlen bekommen. Es kann ja sein, dass im Laufe des Schuljahres mehrere Seiten daraus werden.

[1] Das Deckblatt einer Geschichtsmappe.

Ein Portfolio anlegen

Ein Portfolio ist so etwas wie eine Mischung aus „Schatzkästchen“ und Lerntagebuch. Hier könnt ihr eure schönsten Arbeiten eines ganzen (oder halben) Jahres sammeln und eure Erfahrungen beim Lernen und Arbeiten notieren.

1. Schritt Sammeln und selbst bewerten

- Seht eure Arbeiten durch und legt die schönsten beiseite (Sammelmappe).
- Legt zu jeder Arbeit ein Blatt und erklärt:
  - ☐ Wie seid ihr auf die Idee gekommen?
  - ☐ Gab es Schwierigkeiten bei der Durchführung?
  - ☐ Was findet ihr gut? Was könnte noch verbessert werden?

2. Schritt Lernerfahrungen beschreiben

- Wenn ein Kapitel im Buch zu Ende geht, habt ihr ganz sicher eine Menge neuer Informationen erhalten. Auch bestimmte Arbeitsweisen (Methoden) sind hinzugekommen. Auf der Seite „Das kann ich!“ konntet ihr überprüfen, wie sicher ihr mit geschichtlichen Informationen umgehen könnt.
- Nun sollt ihr eure Erfahrungen festhalten und eure „Lerngeschichte“ notieren. Dazu geben euch die folgenden Fragen eine Anregung; ihr könnt auf jede einzelne Frage kurz antworten oder auch einen zusammenhängenden Text schreiben:
  - ☐ Was hat mich am meisten interessiert? Was hat mich weniger interessiert?
  - ☐ Was habe ich neu gelernt?
  - ☐ Wie hat das Lernen geklappt? (Was war besonders schwierig, was war leicht?)
  - ☐ Wie zufrieden bin ich mit: „Das kann ich!“
  - ☐ Welche Hilfen hätte ich noch benötigt?
  - ☐ Welche Frage(n) habe ich noch?
  - ☐ Was werde ich demnächst anders machen?
- Schreibt die Ergebnisse sauber auf ein eigenes Blatt. Überschrift: „Wie meine Arbeit mit dem Kapitel (Thema einsetzen) verlaufen ist.“

3. Schritt Sortieren

- Sortiert jeweils am Ende eines Kapitels die neuen Seiten, tragt sie ins Inhaltsverzeichnis ein und legt sie in euer Portfolio. Fertig!

[1] Ein Portfolio.

Arbeiten mit den Wahlseiten

In jedem Kapitel findet ihr sechs sogenannte „Wahlseiten“. Sie sollen von euch selbstständig bearbeitet werden – allein, mit Partner oder gruppenweise. Aber zunächst ohne Hilfe einer Lehrperson.
Bei der Arbeit mit den Wahlseiten könntet ihr so vorgehen:

1. Schritt Thema auswählen

- Blättert die Seiten kurz durch und überlegt, welche Einzelseite euch am meisten interessiert. Wählt diese aus.

2. Schritt Allein oder mit anderen arbeiten?

- Entscheidet, ob ihr in Gruppen- oder Partnerarbeit zusammenarbeiten wollt oder euch lieber alleine mit der Seite beschäftigt.

3. Schritt Wichtigste Punkte herausarbeiten

- Betrachtet die Bilder und lest die Texte. Lasst euch von den Arbeitsvorschlägen anregen.
- Klärt offene Fragen, notiert die wichtigsten Inhaltspunkte.
- Notiert einen „Merksatz“ für die Klasse.
- Entscheidet, wie ihr der Klasse die Bilder zeigen wollt. (Hinweis auf die Seite, auf der das Bild steht; eigene Zeichnungen; Folien für den Overhead-Projektor usw.).

4. Schritt Ergebnisse vorstellen

- Entscheidet euch, wie ihr der Klasse eure Ergebnisse präsentieren wollt:
  - ☐ als kleinen Vortrag (Dauer 3–5 Minuten)
  - ☐ als erfundene Zeitungsreportage
  - ☐ als kurzes Theater- oder Rollenspiel
  - ☐ als Wandzeitung usw.

Methoden

In einer Bibliothek recherchieren

Wenn euch eine Frage besonders interessiert und ihr findet keine Hinweise im Geschichtsbuch darüber, müsst ihr euch die Informationen selbst beschaffen. Dazu gibt es viele Vorgehensweisen. Eine besonders wichtige Informationsbeschaffung ist die Suche in einer Bibliothek.
Und so könnt ihr vorgehen:

1. Schritt Thema eingrenzen

- Macht euch klar, was genau ihr wissen wollt und notiert einige Stichpunkte.

2. Schritt Anlaufstelle suchen

- Erkundigt euch nach Büchereien in der Nähe und stellt die Öffnungszeiten und Ausleihbedingungen fest.

3. Schritt Katalog befragen

- Alle vorhandenen Bücher sind in Verzeichnissen festgehalten. In kleineren Bibliotheken oft noch auf Karteikarten, in größeren im Computer. Blättert die alphabetisch geordneten Karteikarten durch bzw. gebt euer Stichwort ein. Als Ergebnis erhaltet ihr eine Signatur (= Ziffern und/oder Buchstaben). Notiert sie und geht zu den Bücherregalen.

4. Schritt Buch ausleihen

- Hinweistafeln an den Regalen zeigen den Weg zu eurer Signatur. Ihr könnt das Buch entnehmen und nachsehen, ob es Informationen zu eurem Thema enthält. Vielleicht stehen weitere brauchbare Bücher daneben. Ist das gesuchte Buch ausgeliehen, könnt ihr es bei der Aufsicht vorbestellen.

5. Schritt Thema auswerten

- Macht schon beim Lesen Notizen oder Fotokopien einzelner Seiten, schreibt den Namen des Autors und den Titel des Buches dazu.
  Denkt an die Rückgabe!

Bilder „lesen“

Folgende Schritte werden euch helfen, unterschiedlichen Bildern wichtige Informationen zu entnehmen.

1. Schritt Bild betrachten

- Wie wirkt das Bild als Ganzes auf mich?
- Welche Einzelheiten sprechen mich besonders an, was finde ich interessant, schön, hässlich, abstoßend usw.?

2. Schritt Bild beschreiben

- Welche „Daten“ des Bildes sind bekannt: Name des Künstlers, Bildtitel, Entstehungszeit?
- Was ist dargestellt: Personen, Kleidung, Gegenstände?
- Wie ist es dargestellt?
  - Wie sind die Personen oder Gegenstände angeordnet?
  - Ist die Darstellung naturgetreu oder nicht?
  - Stehen bestimmte Farben im Vordergrund?
- Gibt es einen Mittelpunkt, auf den das Auge des Betrachters gelenkt wird? Sind Vorder- und Hintergrund erkennbar?

3. Schritt Bild deuten

- Warum hat der Künstler diese Darstellung gewählt?
- Zu welchem Zweck wurde das Bild geschaffen?
- Was verstehe ich nicht?
- Welche offenen Fragen ergeben sich aus dem Bild?
- Wo finde ich weitere Informationen?

[1] 1 Bauernmahlzeit. *Gemälde von Louis Le Nain, 17. Jh.*

Fotos als Geschichtsquelle

Mithilfe der folgenden Arbeitsschritte könnt ihr Fotos als Geschichtsquellen untersuchen. Zumeist stehen nicht alle Informationen zum einzelnen Bild zur Verfügung. Dennoch werden euch wenige Angaben – zusammen mit der Prüfung des Motivs und der Bildaussage – reichen, um festzustellen, wie „objektiv" das Objektiv ist.

1. Schritt Bedingungen klären

- Wer hat fotografiert (Fotograf/Fotokünstler, Amateur/Privatperson; in wessen Auftrag)?
- Wann wurde die Fotografie gemacht (Datum, Tages-/Jahreszeit, Anlass)?
- Wo wurde fotografiert (Innenraum: Atelier oder „normales" Umfeld; Außenaufnahme)?
- Wie wurde fotografiert (Blickwinkel: Augenhöhe, von unten/oben; Tele- oder Weitwinkelaufnahme)?
- Natürliches oder künstliches Licht? Sind Bearbeitungen erkennbar oder zu vermuten (Fotomontage, Retusche, Kolorierung)?

2. Schritt Motiv beschreiben

- Was ist dargestellt (Personen, Gegenstände/Gebäude, Landschaft)?
- Ist ein Thema erkennbar?
- Welche Bildteile sind vorhanden und wie sind sie aufeinander bezogen (z. B. Personengruppen, Personen und Gegenstände/Gebäude …; im Vorder-/Hintergrund, im Mittelfeld …)?
- Welche Einzelheiten sind für meine Fragestellung wichtig (z. B. Gebäude oder Fahrzeuge im Hintergrund, Kleidung, Frisuren …)?

3. Schritt Bildaussage deuten

- Welche Gesamtaussage macht das Bild?
- Wie genau informiert es über die eigene Fragestellung?
- Wird die Aussage durch Vergleich mit anderen Abbildungen bestätigt, ergänzt oder widerlegt?
- Welche Zusatzinformationen sind nötig?
- Welche Absicht ist erkennbar?
- Was soll gezeigt, was verborgen werden?

Karikaturen deuten

Karikaturen sind Zeichnungen, die sich kritisch mit einem Sachverhalt auseinandersetzen. Es gibt sie schon seit dem 16. Jahrhundert, aber erst im 18. Jahrhundert kamen sie richtig in Mode.
Die folgenden Arbeitsschritte können euch helfen, eine Karikatur zu deuten.

1. Schritt Beobachten

- Betrachtet die Karikatur so genau wie möglich und notiert euren ersten Eindruck.

2. Schritt Beschreiben

- Beschreibt so genau wie möglich, was abgebildet ist (Personen, Tiere, Gegenstände) und wie es abgebildet ist (z. B. Mimik, Gestik). Was geschieht? Wird eine Handlung deutlich? Welche Texte gehören zum Bild?

3. Schritt Deuten

- Welche Bedeutung haben die abgebildeten Personen, Tiere oder Gegenstände? Welche Bedeutung hat die Handlung?

4. Schritt Einordnen

- Auf welche Situation oder Ereignisse beziehen sich die Aussagen der Karikatur?

5. Schritt Werten

- Welche Position bezieht die Karikatur zum Thema? Wie seht ihr das Problem?

[1] Der dritte Stand trägt die Lasten. *Karikatur, 18. Jh.*

Methoden

Arbeiten mit Karten

Geschichtskarten sind Spezialkarten. Sie zeigen Forschungsergebnisse und informieren über Ereignisse, Abläufe und Veränderungen in bestimmten Gebieten zu einem festen Zeitpunkt oder in angegebenen Zeiträumen.
Beim Lesen und Verstehen von Geschichtskarten helfen die folgenden Schritte:

1. Schritt Grundinformationen sammeln

- Thema, Zeitraum, Entwicklung oder Ereignis im Titel der Karte feststellen.
- Dargestelltes Gebiet bestimmen.

2. Schritt Detailinformationen erschließen

- Bedeutung der Farben und Symbole aus der Legende einprägen.

3. Schritt Auswerten

- Aussagen zu einzelnen Punkten machen.
- Gesamtaussage der Karte mit eigenen Worten formulieren und festhalten.
- Offene Fragen festhalten.

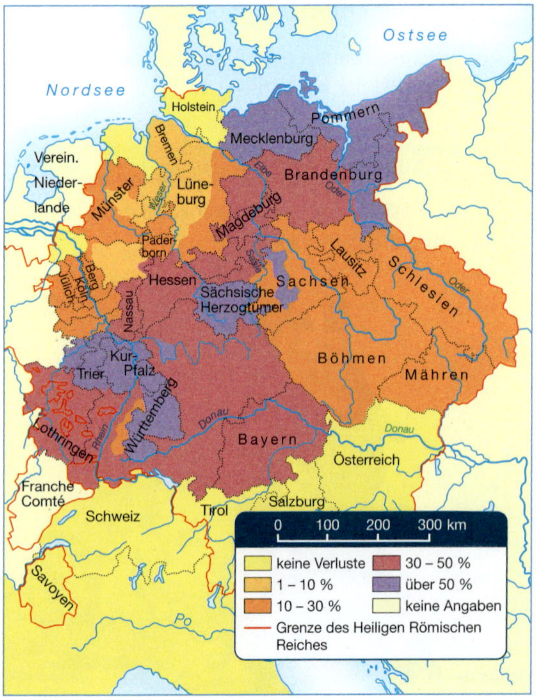

[1] Bevölkerungsverluste im Dreißigjährigen Krieg.

Schaubilder auswerten

Wenn es um die Erklärung zeitlicher Abläufe oder schwieriger Zusammenhänge geht, dann hilft oft eine Zeichnung bzw. ein Schaubild weiter.
Bei der Auswertung helfen euch folgende Schritte:

1. Schritt Thema

- Klären, um was es inhaltlich geht.
- Herausfinden, ob zeitlicher Ablauf oder „Momentaufnahme" einer Sache den Zeitrahmen oder genauen Zeitpunkt bestimmen.

2. Schritt Darstellungsform

- Wurden Stichworte, Zahlen oder Bildsymbole, z. B. in Textfeldern, verwendet?
- Beginn/Einstieg, Richtung/Reihenfolge, Endpunkt suchen.
- Zusammenhänge finden (z. B. Pfeile als Hilfe).
- Sind Ergänzung durch Zeichnungen/Fotos einzubeziehen?

3. Schritt Interpretation

- Ablauf und Aussage des Schaubilds mit eigenen Worten wiedergeben.
- Zusammenhang mit zugehörigem Text/Buchseite herstellen.

4. Schritt Bewertung

- War die Darstellung verständlich a) für dich, b) für die Klasse?
- Waren Zusatzinformationen nötig?

Textquellen erschließen

Textquellen sind Schriftstücke (Bücher, Zeitungen, Briefe, Flugblätter usw.), die aus der Vergangenheit erhalten sind. Oft sind sie schwer zu verstehen, weil wir den Text heute lesen, ohne die Umstände seiner Entstehung miterlebt zu haben. Die folgenden Schritte helfen euch, Textquellen zu erschließen.

1. Schritt Fragen zu Verfasser und Veröffentlichung

- Welche Informationen haben wir über den Verfasser?
- Wurde der Text sofort aufgeschrieben oder erst Jahre später?
- Wann wurde der Text erstmals veröffentlicht und wo (Erscheinungsjahr und -ort)?

2. Schritt Adressaten des Zeitzeugenberichts

- Wurde der Bericht für private Zwecke geschrieben oder war von Anfang an eine Veröffentlichung geplant?
- An wen richtet sich der Text (Privatperson, Amtsperson/Autorität, bestimmte Zielgruppe, Allgemeinheit …)?

3. Schritt Fragen zum Text

- Wovon wird berichtet? (Wer? Wo? Wann? Was? Wie? Warum?)
- Welche unbekannten Wörter müsst ihr im Fremdwörterlexikon nachschlagen?
- Wie kann man den Bericht gliedern?
- Welche Widersprüche, einseitige Beurteilungen oder Übertreibungen könnten die Eintragungen enthalten?
- Wie lassen sich die Widersprüche erklären? Vergleicht mit anderen Texten.

4. Schritt Auswertung/Interpretation

- Welche Absichten verfolgte der Verfasser mit seinem Bericht?

Textquellen vergleichen

Das kommt – auch in der Geschichte – häufig vor: Zwei Menschen schreiben über die gleiche Sache ganz unterschiedliche Dinge. Deshalb sollte man schriftliche Quellen sehr vorsichtig und kritisch betrachten, damit man keine falschen Schlüsse daraus zieht.
Wie ihr mit solchen Texten umgehen bzw. sie vergleichen könnt, erfahrt ihr in den folgenden Schritten.

1. Schritt Jede Quelle einzeln erschließen

- Jede Quelle einzeln für sich erschließen mit der Methode siehe S. 117 bzw. S. 212.

2. Schritt Autoren überprüfen

- Mit welchem zeitlichen Abstand zum Geschehen schreiben die Autoren? Waren die Autoren Augenzeugen?
- Ist eine Wertung zu erkennen?

3. Schritt Inhalte vergleichen

- Bestätigt der erste Quellentext den zweiten oder widersprechen sie einander? Wo liegen die Unterschiede?
- Wie sind Widersprüche erklärbar? Aus wessen Perspektive oder Interessenlage berichten die einzelnen Quellen? Welche Gründe könnten die Verfasser der Texte gehabt haben, einen Sachverhalt anders darzustellen?

4. Schritt Weitere Informationen sammeln

- Um die Aussagen der Texte zu überprüfen bzw. Fragen zu klären, müsst ihr vielleicht weitere Quellen oder wissenschaftliche Informationen (z. B. Lexika, Sachbücher) heranziehen.

5. Schritt Ergebnisse formulieren

- Tragt die Einzelbefunde zusammen, deutet die Ergebnisse und begründet euer eigenes Urteil.

Methoden

Politische Dichtung verstehen

Die Werke von Schriftstellern enthalten häufig politische Aussagen über gesellschaftliche Zustände, die Politik der Regierenden oder Verstöße gegen Menschenrechte. Dadurch kam es immer wieder zu Konflikten zwischen den Künstlern und den Herrschenden.
Um politische Dichtung zu verstehen, helfen die folgenden Arbeitsschritte.

1. Schritt Text in den geschichtlichen Zusammenhang einordnen

- Welche Hinweise zum Leben des Dichters sind wichtig?
- In welcher Zeit ist das Werk entstanden? Welche politischen und gesellschaftlichen Zustände waren damals vorherrschend?

2. Schritt Textinhalt erschließen

- Welche Wörter sind unbekannt und müssen nachgeschlagen werden?
- In welche Sinneinheiten ist der Text gegliedert?
- Welche allgemeinen Probleme werden angesprochen?
- Welche Einzelheiten sind wichtig?
- Welche geschichtlichen Hintergründe sind zum Verständnis des Textes wichtig?

3. Schritt Politische Ziele und Absichten klären

- Wer sind die Adressaten/Leser des Textes?
- Gegen wen richten sich einzelne Aussagen?
- Mit welchen sprachlichen Mitteln wendet sich der Autor gegen seine Gegner? (z. B. Schimpfwörter, Ironie)?
- Welche Wirkung soll erzielt werden?

4. Schritt Text kritisch bewerten

- Ist die im Text geübte Kritik berechtigt?
- Sind die sprachlichen Mittel verständlich und geeignet, die beabsichtigte Wirkung zu erzielen?

Zum eigenen Urteil finden

Bei der Beurteilung eines historischen Sachverhalts unterscheiden wir das Sachurteil, das mithilfe von Fakten überprüfbar ist, und das Werturteil, das auch persönliche Wertmaßstäbe berücksichtigt.
Die folgenden Schritte helfen dir, ein eigenes begründetes Urteil zu finden:

1. Schritt Informationen sammeln

- Mehrere Schilderungen derselben Sache zusammentragen: verschiedene Personen fragen oder unterschiedliche Texte lesen.
- Bei schwierigeren Zusammenhängen sich „schlau" machen und sich zusätzlich über das Thema, die Zeit, die damaligen Sitten usw. informieren (Lexikon, Internet ...).

2. Schritt Glaubwürdigkeit und Absicht prüfen

- Kann man der Person vertrauen, die die Mitteilung macht?
- Stammt der Text z. B. aus einer seriösen Zeitung, einem Fachbuch oder von Fachleuten?
- Soll ein bestimmter Zweck mit der Aussage erfüllt werden?

3. Schritt Eigene Position einbringen

- Wie hätte ich mich in der Situation verhalten?
- Welche Fragen hätte ich noch dazu?
- Welches Ziel, welche Absicht wäre mir bei der Sache wichtig?

4. Schritt Abwägen

- Welche Sichtweise scheint einleuchtend?
- Was spricht für, was gegen eine bestimmte Position?

5. Schritt Urteil begründen

- a) beim Sachurteil: Du hast zum selben Ereignis unterschiedliches Material gesichtet und verglichen, um selbst, aber auch für andere überprüfbar zu erkennen: Das ist damals passiert.
  b) beim Werturteil: Du hast außerdem die damals herrschenden Lebensumstände und moralischen Vorstellungen sowie deine eigenen Wertmaßstäbe berücksichtigt und kannst sagen: So hätte es sein bzw. nicht sein sollen.

Hypothesen bilden und prüfen

Jeder von euch hat schon Hypothesen (= Vermutungen) gebildet, wenn er sich eine Frage gestellt und Vermutungen zur Lösung bedacht hat. Dann folgte die genauere Information oder der Vergleich mit der wirklichen Entwicklung – und so ergab sich eine zuverlässige Antwort.
Auch in der Wissenschaft wird versucht, mit sogenannten Arbeitshypothesen hinter die Lösung einer Frage oder eines Problems zu kommen. Naturwissenschaftler überprüfen ihre Hypothesen mit Experimenten. Wird eine gültige Antwort gefunden, kann die Forschung gesicherter weitergehen.
Wie ihr im Geschichtsunterricht Hypothesen bildet und überprüft dabei helfen euch folgende Schritte:

1. Schritt Historische Frage formulieren

- Stellt selbstständig eine Frage; zu Beginn ist aber auch eine im Geschichtsbuch formulierte Frage möglich.

2. Schritt Hypothese bilden
Vermutung äußern

- Eine mögliche Lösung oder Entwicklung ausdenken und vorschlagen (die mögliche historische Entwicklung vorausdenken).

3. Schritt Überprüfung

- Überprüfungsmöglichkeiten für die Vermutungen suchen.

4. Schritt Antwort finden

- Die Vermutungen mit der tatsächlichen geschichtlichen Entwicklung vergleichen.

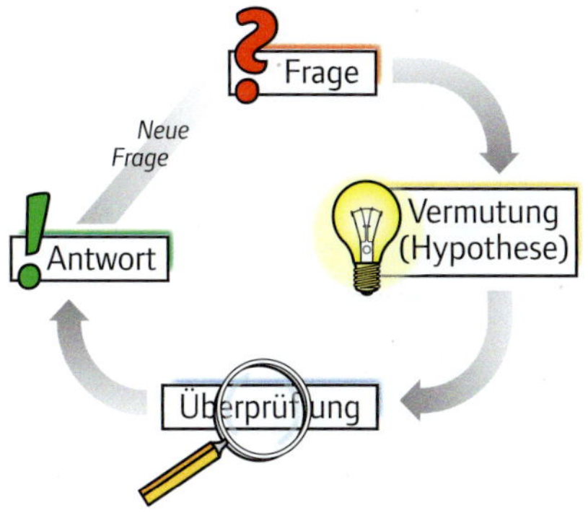

[1] Ablauf: Hypothese bilden und prüfen.

Eine Mindmap erstellen

Es ist oft schwer, eine Vielzahl eigener Notizen zu überblicken oder Ordnung in die verschiedenen Einzelheiten eines Themas zu bringen. Da ist eine Mindmap („Gedanken-Landkarte“) sehr hilfreich. Sie kann dazu beitragen:

- Ideen zu einem Thema zu sammeln (Stoffsammlung)
- Gedanken zu ordnen (Gliederung),
- Zusammenhänge zu zeigen (Verknüpfungen),
- neue Ideen und Begriffe zu finden (Unterpunkte, Gegensätze, Beispiele).

Und so könnt ihr vorgehen:

1. Schritt Oberbegriff finden

- Oberbegriff des Themas, das ihr bearbeiten wollt, festlegen und in die Mitte eurer Mindmap stellen.

2. Schritt Hauptäste einfügen

- Die wichtigsten Unterpunkte zu eurem Thema als „Hauptäste“ (wie bei einem Baum) einzeichnen.

3. Schritt Zweige anbringen

- Kleinere „Zweige“ zur Aufzählung der Teilbereiche anbringen.

4. Schritt Mindmap gestalten

- Mit Farben oder einfügten Bildern die Übersicht interessanter bzw. übersichtlicher gestalten.

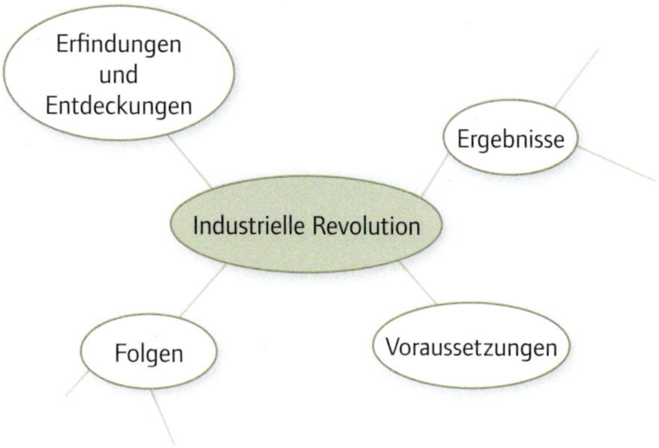

Ein Rollenspiel durchführen

Ein Rollenspiel soll euch helfen, die Situationen und Probleme von Menschen besser zu verstehen, die vor langer Zeit gelebt haben. Versucht euch – so gut es geht – in die Lage der damaligen Menschen zu versetzen. Ob dieser Versuch auch geschichtlich stimmt, besprecht ihr anschließend im Unterricht. Wichtige Hilfen für euer Rollenspiel sind die Situationskarte und die Rollenkarten.
So könnt ihr vorgehen:

1. Schritt Rollen- und Situationskarten

- Ziel des Spiels bestimmen:
  - nur eine Situation darstellen?
  - eine Lösung finden?
- Verständnisschwierigkeiten klären.
- Sollen die Kartenvorschläge leicht abgeändert werden?

2. Schritt Rollen verteilen, Spiel vorbereiten

- Rollen können blind verlost oder offen gewählt werden.
- Das Mitspielen ist immer freiwillig.
- Jungen und Mädchen spielen auch Rollen des anderen Geschlechts.
- Die Spieler besprechen sich kurz und planen den Verlauf.

3. Schritt Spielen und beobachten

- Beim Spiel muss die Rolle deutlich werden (z. B.: Ich bin Urk, Hüter des Feuers).
- Die Beobachter merken sich:
  - Welche Argumente wurden genannt?
  - Wie entwickelte sich die Handlung?

4. Schritt Auswerten und besprechen

- Die Spieler äußern sich als Erste:
  - Wie haben sie sich gefühlt?
  - Ist das Spiel so verlaufen, wie sie sich das vorgestellt hatten?
- Einzelkritik an „schauspielerischen Fähigkeiten" unterbleibt.
- Abschließendes Gespräch:
  - Welche Probleme wurden deutlich?
  - Welche offenen Fragen müssen noch geklärt werden?

Bauwerke erkunden

Bei der Erkundung von Bauwerken, z. B. Bet- und Gotteshäusern, helfen euch folgende Schritte:

1. Schritt Erste Eindrücke beschreiben

- Haltet erste Eindrücke als Bericht, Zeichnung oder Foto fest. Bedenkt: Lage, Raumwirkung innen und außen, Fenster, Ausstattung (Altäre, Figuren, Mobiliar, Malereien, Teppiche usw.).

2. Schritt Informationen sammeln

- Informiert euch über die Baugeschichte (bei Geistlichen, im Büro, in der Bibliothek): Baubeginn, Vorbilder, Besonderheiten, Finanzierung; wer sorgt heute für den Unterhalt? Gab es Kriegsschäden? usw.

3. Schritt Das Bauwerk und einzelne Teile erklären

- Erklärt Bauteile, Figuren und Symbole
  - Welche Bedeutung haben sie?
  - Weshalb wurden sie hergestellt?
  - Was wollten die Baumeister oder Künstler ausdrücken?
- Sucht Informationen dazu in der Bibliothek, im Internet oder informiert euch vor Ort.

4. Schritt Eigene Meinung ausdrücken

- Was gefällt euch ganz besonders?
- Was beeindruckt weniger?
- Was versteht ihr nicht, sodass noch weitere Informationen nötig sind?

[1] Synagoge in Essen. *Foto.*

Ein Projekt durchführen

Projektarbeit bedeutet, ein selbst gewähltes Thema oder einen Projektauftrag genau zu planen und zielgerichtet und selbstverantwortlich aufzubereiten und zu dokumentieren.

1. Schritt Planung

- Einigung auf Thema, Zielsetzung, mögliche Schwerpunkte, Einteilung der Arbeitsgruppen, Spielleitung, den Arbeitszeitraum sowie auf einen geeigneten Rahmen für die Präsentation.
- Realisierungsmöglichkeiten erkunden: Arbeitsmöglichkeiten, Anlaufstellen, Interviewpartner ausfindig machen, Genehmigungen einholen, Unterstützung (evtl. Geldgeber) finden.
- Gliederung bzw. Ablaufplan, verbindliche Regeln und Zeitrahmen erstellen.

2. Schritt Durchführung

- Inhalte recherchieren und Material beschaffen:
  a) in Archiven, Bibliotheken oder im Internet,
  b) Interviews führen (dazu evtl. Fragebogen entwickeln),
  c) Leihgaben erbitten oder Duplikate bzw. Modelle selber herstellen,
  d) Experten einladen.
- Zwischenstopps einlegen und Schwierigkeiten sowie weitere Schritte besprechen.
- Gesammeltes Material sichten, auswerten und Einzelergebnisse zusammen stellen.
- Präsentation vorbereiten:
  a) Ausstellung (Stellwände und Vitrinen besorgen, Wandleisten anbringen ...),
  b) Powerpoint- oder Internetpräsentation zusammenstellen,
  c) Vortrag (Epidiaskop oder OHP besorgen),
  d) Wandzeitung, Broschüre oder Flyer (Papier und Kopiermöglichkeit organisieren ...).

3. Schritt Präsentation

- Materialien nach Ablaufplan zusammenstellen
- bei Ausstellungen an Besucherbetreuung und Begleit-/Erschließungsmaterial denken

4. Schritt Auswertung

- Bisherige Arbeit beurteilen und bewerten: Was lief gut? Was sollte beim nächsten Mal anders werden?

Ein Referat halten

Referate sind interessant und gut zu verstehen, wenn sie lebendig vorgetragen werden, einen logischen Aufbau haben und der Vortrag durch Medien (Bilder, Karten, Tabellen, Grafiken usw.) unterstützt wird.

1. Schritt Voraussetzungen klären

- Welches Ziel soll das Referat haben?
- Für wen wird präsentiert?
- Welche Informationen sollen dargestellt werden?
- Welche Medien sollen eingesetzt werden?
- Wie viel Zeit steht zur Verfügung?

2. Schritt Informationen sammeln und ordnen

- Material sammeln (Schulbuch, Sachbücher, Lexika, Internet).
- Informationen ordnen und auswerten.

3. Schritt Referat formulieren

- Referat sinnvoll gliedern:
  Einleitung – Hauptteil – Schluss.
- Texte formulieren (kurze, leicht verständliche Sätze schreiben).
- Vortrag visualisieren: Bilder, Grafiken, Statistiken, Karten aufbereiten.
- Welche technischen Geräte (z. B. Tafel, Overheadprojektor, Beamer) werden benötigt?

4. Schritt Präsentation

- „Sprech"-Kärtchen mit Gliederungspunkten zu Hilfe nehmen.
- Referat möglichst ruhig und frei vortragen, Blickkontakt zu den Zuhörern halten.
- Gelegenheit zu Fragen und zur Diskussion geben Rückmeldungen zum Referat erfragen.

Methoden

Eine Wandzeitung erstellen

Um ein Spezialthema anschaulich darzustellen, könnt ihr eine Wandzeitung gestalten. Vorab muss klar sein: Eine Wandzeitung schaut der Betrachter im Stehen oder mal eben so im Vorbeigehen an. Also: Wenige und überschaubare Texte, dazu einige möglichst großformatige Abbildungen und das Ganze übersichtlich ordnen.
In folgender Reihenfolge könnt ihr vorgehen:

1. Schritt Informationen auswählen

- Was ist wichtig, was kann weggelassen werden?
- Was soll als Text, was im Bild, Schaubild oder in einer Tabelle dargestellt werden?

2. Schritt Gestaltung

- Wie soll die Schrift aussehen (Druck- oder Schreibschrift, Größe, Farbe)?
- Welche Bilder sind geeignet und wie werden sie angeordnet?
- Welche Zeichnungen, Tabellen oder Schaubilder sollen angefertigt werden und an welchen Platz sollen sie kommen?

3. Schritt Material

- Welches Material wird benötigt (Tapete, Pappe, Transparentpapier, Stifte, Kleber, Heftzwecken, Stecknadeln, Scheren, Lineal usw.)?
- Wer besorgt es?

4. Schritt Arbeit verteilen und durchführen

- Wer möchte Texte schreiben, Bilder ausschneiden und beschriften, Zeichnungen, Tabellen anfertigen usw.?
- Sprecht euch untereinander ab.
- Wichtiger Hinweis: Bilder, Texte usw. nicht sofort festkleben, sondern erst alles lose auflegen!

5. Schritt Präsentation

- Wandzeitung aufhängen und den anderen Gruppen vorstellen (präsentieren).

Informationen präsentieren

Ihr könnt Informationen, die ihr euch erarbeitet habt, besser präsentieren, wenn ihr die folgenden Schritte berücksichtigt:

1. Schritt Thema vorbereiten Aufträge erteilen

Wenn ihr das Thema zu mehreren bearbeitet, solltet ihr Aufträge für die Gruppenmitglieder verteilen. Dazu gehören:

- Gruppensprecher: Er leitet die Arbeit der Gruppe.
- Protokollant: Er schreibt Stichworte mit, hält wichtige Punkte fest.
- „Zeitwächter“. Er achtet auf die Arbeitszeit.
- Berichterstatter: Er stellt die Arbeitsergebnisse vor und leitet das Gespräch mit der Klasse.

2. Schritt Medien einsetzen

- Ein vervielfältigtes Gliederungs- und Ergebnisblatt hilft der Klasse, die Information zu überblicken.
- Auf einer Folie könnt ihr Stichworte zum Verlauf des Vortrags notieren.
- Ihr könnt eine Wandzeitung zum Thema gestalten, Musik- oder Videobeiträge oder eine kurze Spielszene zum Thema vorführen (z. B. zwei Kolonialbeamte im Gespräch).

3. Schritt Vermittlung an Klasse planen

- Wer trägt vor? Einer allein oder alle, wobei jeder einen Teil übernimmt? Lest nicht einfach ab. Achtet darauf, frei nach Stichworten zu sprechen.
- Im Kurzunterricht mit Arbeitsaufträgen solltet ihr Erschließungsfragen an die Klasse stellen, z. B.: „Die niederländischen Kaufleute wollten unbedingt den Gewürzhandel in ihre Hand bringen. Was glaubt ihr, wie sie das machten?“ Ihr könnt auch Arbeitsaufträge aus dem Geschichtsbuch verwenden.

4. Schritt Fragen und Anregungen zusammentragen

- Lasst Fragen zu und beantwortet sie. Wo das nicht möglich ist, notiert die Fragen, um später nachzuforschen
- Wertet euren Unterricht aus. Was war gut, was weniger gut?

Jugendbuchtipps

Religionen

- Becker, A./Niggemeyer E.: Meine Religion – deine Religion. Beltz, Weinheim 2002
- Hess, Robert: Die Geschichte der Juden. Ravensburger, Ravensburg 2006
- Hohlbein, Wolfgang: Das Siegel. Heyne, München 1997
- Rechlin, Eva: Die Nacht der Zugvögel. Loewe, Bindlach 1990
- Moktefti, Mokhtar: So lebten sie in den ersten Jahrhunderten des Islam. Tessloff, Nürnberg 1999

Neue Welten – neue Horizonte

- Baumann, Hans: Der Sohn des Kolumbus. Loewe, Bindlach 1996
- Dörzapf, Anke: Die wunderbaren Reisen des Marco Polo. Gerstenberg, Hildesheim 2010
- Gallmetzer, Ivo: Atlas der Entdeckungen. National Geographic, Hamburg 2011
- Merino, José Maria: Das Gold der Träume. Thienemann, Stuttgart 1993

Reformation und Bauernkrieg

- Bentele, Günther: Wolfsjahre. Carlsen, München 2007
- Haß, Ulrike: Teufelstanz. Rowohlt, Hamburg 2002.
- Mai, Manfred/Hafermaas, Gabriele: Nichts als die Freiheit. dtv junior, München 2004
- Ott, Inge: Verrat. Feinde und Freunde um Wallenstein. Freies Geistesleben, Stuttgart 2002

Französische Revolution

- Coppens, Bernard: Napoleon. Union-Spectrum, München 1999.
- Dirks, Kerstin: Die Sturmjahre der Lilie. K&C Buchoase, Solingen 2002
- Dumas, Alexandre: Die drei Musketiere. dtv, München 2002
- Everwyn, Klas E.: Für fremde Kaiser und kein Vaterland. Oetinger, Hamburg 2001
- Hamann, Brigitte: Ein Herz und viele Kronen. Ueberreuter Verlag, Wien 2002
- Lewin, Waltraud: Die letzte Rose des Sommers. cbt, München 2008
- Ott, Inge: Im Schatten des Adlers. Freies Geistesleben, Stuttgart 1997
- Pietri, Annie: Die Orangenbäume von Versailles. Bloomsbury, Berlin 2007
- Rauprich, Nina: Wenzel oder der Weg in die Freiheit. Bertelsmann, München 2001
- Thamer, Hans-Ulrich: Die Französische Revolution. Freiheit, Gleichheit, Brüderlichkeit. Gerstenberg, Hildesheim 2007
- Trease, Geoffrey: Der Donner von Valmy. Fischer TB, Frankfurt/M. 2002

Um Einheit und Freiheit

- Hetmann, Frederik: Georg Büchner lief zweimal von Gießen nach Offenbach und zurück. Beltz, Weinheim 1993
- Reiche, Dietlof: Zeit der Freiheit. Die Angst des Engelwirts vor den Preußen, Baden 1849. Beltz, Weinheim 2003
- Ross, Carlo: Nur Gedanken sind frei. Arena, Würzburg 1992
- Sakowski, Helmut: Die Schwäne von Klevenow. Aufbau Verlag, Berlin 2006
- Wölfel, Ursula: Jacob unterwegs oder das Kartoffelbergwerk. cbt, München 2004

Industrielle Revolution

- Beyerlein, Gabriele: In Berlin vielleicht … Thienemann Verlag, Stuttgart 2005
- Coupry, Partrice/Hoffmann, Ginette: Zur Zeit der ersten Fabriken. Union-Spectrum, München 1999
- Dickens, Charles: David Copperfield. Ueberreuter, Wien 2002
- Lewin, Waltraud: Luise, Hinterhof Nord. Ein Haus in Berlin, 1890. Ravensburger, Ravensburg 2007
- Pelgrom, Els: Umsonst geht nur die Sonne auf. dtv, München 1990

Imperialismus

- Adams, Simon: Der Erste Weltkrieg. Gerstenberg, Hildesheim 2002
- Frank, Rudolf: Der Junge, der seinen Geburtstag vergaß. Ein Roman gegen den Krieg. Beltz, Weinheim 2001
- Morpugo, Michael/Francois Place: Schicksalsgefährten. Carlsen, Hamburg 2004
- Mwangi, Meja: Kariuki und sein weißer Freund. Eine Erzählung aus Kenia. Lamuv, Göttingen 2008
- Seufert, Karl Rolf: Aufbruch am Heiligen Fluss. Ghandis Kampf für Indiens Freiheit. Arena, Würzburg 1994

Judentum, Christentum und Islam im Mittelalter

Der Alltag der Menschen im Mittelalter war stark religiös geprägt. Geburt und Sterben, Feste und Feiern, Architektur und Kunst – das gesamte Bild der Welt, alles wurde vor einem religiösen Hintergrund gesehen.

Die drei großen **Buchreligionen** beriefen sich auf den gemeinsamen Stammvater **Abraham**. Während die **Juden** ihren Glauben im Wesentlichen unverändert beibehielten (auch als ihr Volk in alle Winde zerstreut wurde), beriefen sich die **Christen** auf Jesus von Nazareth, der im Gegensatz zum jüdischen Herkommen eine neue Religionsgemeinschaft und ein Neues Testament (niedergeschrieben in der **Bibel**) begründet habe. Sechs Jahrhunderte später formte der Prophet Mohammed den **Islam**, dessen heiliges Buch der **Koran** wurde.

Die drei großen Religionen – Judentum, Christentum, Islam – gerieten oft in eine erbitterte, harte Konkurrenz. Statt die gemeinsamen Wurzeln zu betonen, herrschte ein **Alleingültigkeitsanspruch** der jeweils eigenen Religion. Andersgläubige wurden als „Ungläubige" angesehen und häufig verfolgt. Der Höhepunkt solcher Auseinandersetzungen waren im Mittelalter die **Kreuzzüge**. Tod und Leid wurden im Namen Gottes hingenommen.

Nur in ganz seltenen Fällen lebten die Religionen in Frieden miteinander. Im spanischen Cordoba – das mehrere Jahrhunderte von Muslimen beherrscht wurde – konnte die Minderheit von Juden und Christen einigermaßen friedlich leben. Ein Beispiel für **Toleranz**, dass auch heute eher selten ist.

Neue Welten – neue Horizonte: Das Zeitalter der Entdeckungen

Das 15. Jahrhundert war eine Zeit zahlreicher Entdeckungen und **Erfindungen**. Weil man sich auf Werte der Antike zurückbesann, heißt die Epoche, die den **Übergang vom Mittelalter zur Neuzeit** darstellt, **Renaissance**. In den Mittelpunkt des Denkens rückte der Mensch. Diese geistige Grundhaltung bezeichnete man als Humanismus. Eine der wichtigsten Erfindungen dieser Zeit war die des **Buchdrucks** durch Johannes Gutenberg. Erfunden wurden auch ein seetüchtiger Kompass, die mechanische Uhr, der Jakobsstab und hochseetaugliche Schiffe. Sie waren die Voraussetzungen für die **Entdeckung Amerikas** durch **Christoph Kolumbus** im Jahr **1492**.

In Mittel- und Südamerika gab es einige **indianische Hochkulturen**, z. B. bei den **Azteken** in Mexiko. Diese Hochkulturen wurden zu Beginn des 16. Jahrhunderts von den Spaniern auf ihrer Suche nach Gold und Reichtümern zerstört. Bemühungen, die **Unterdrückung und Ausbeutung der Indianer** zu beseitigen, hatten zunächst nur geringen Erfolg. Zwischen 1550 und 1800 wurden vermutlich weit über 30 Millionen Menschen aus Afrika in die **Sklaverei** nach Amerika verschleppt.

Dem Beispiel Spaniens und Portugals folgten bald noch weitere europäische Staaten wie Frankreich, die Niederlande und England. Der „**Dreieckshandel**" brachte den europäischen Staaten hohe Gewinne. Schon bald hielt auch die europäische Lebensweise Einzug in die **Kolonien** – die „Neue Welt" wurde europäisch.

Reformation, Bauernkrieg und Dreißigjähriger Krieg

Die christliche Kirche wurde in Europa vornehmlich von der **Katholischen Kirche** repräsentiert. (Nur die Ostkirche war abweichend davon orthodox geprägt.) Oberhaupt der Kirche war der **Papst** in Rom. Durch Verstrickung in allerlei politische Streitigkeiten und finanzielle Geschäfte verweltlichte die Kirche. Der **Klerus** (Kardinäle, Bischöfe und Priester) verlor immer stärker seine Funktion als religiöses Vorbild. Dies kritisierte der deutsche Mönch **Martin Luther**. Es gelang der Kirche nicht, ihn und seine Kritik zum Schweigen zu bringen. Die **Reformation** fand zahlreiche Anhänger und verbreitete sich schließlich in ganz Europa. Die gespaltene Christenheit wurde nun auch noch in politische Auseinandersetzungen gezogen.

Die Revolte der Bauern gegen ihre Unterdrücker weitete sich zum blutigen **Bauernkrieg** aus.

In die zunächst religiösen Konflikte zwischen der katholischen **Liga** und der protestantischen **Union** in Deutschland mischten sich Nachbarstaaten ein, die eigene politische Interessen verfolgten. Es kam zum **Dreißigjährigen Krieg**, an dem auch Frankreich, Schweden, die Niederlande, Dänemark und die spanischen Habsburger beteiligt waren.

Als der **Westfälische Friede** (1648) das Morden beendete, war Deutschland völlig am Boden. Das Kaisertum war stark geschwächt, die Landesfürsten (Territorialherrschaften) gingen gestärkt aus dem Konflikt hervor.

Die Französische Revolution

Der französische König Ludwig XIV. (1643–1715) beseitigte die Mitspracherechte der Stände (Adel, Geistlichkeit, Bürgertum) und regierte unumschränkt. Er fühlte sich durch **Gottes Gnade** in sein Amt berufen. Er allein konnte Gesetze erlassen, er leitete die Regie-

rung, war oberster Richter und Heerführer. Alle anderen Menschen sah der König als seine **Untertanen** an. Diese unumschränkte Regierungsform wird als **Absolutismus** bezeichnet. Äußeres Zeichen seiner Macht war das riesige Schloss von **Versailles**. Während der König mit seinem Hofstaat ein Leben in Luxus führte, lebten die meisten Menschen in Armut. Die teure Hofhaltung und zahlreiche Kriege stürzten das Land in immer größere Schulden. Die Kritik am Absolutismus wurde größer und äußerte sich vor allem in den Schriften einer Bewegung, die die menschliche Vernunft in den Vordergrund stellte: die **Aufklärung**.
Zur gleichen Zeit erklärten die amerikanischen Siedler der Neuenglandstaaten ihre **Unabhängigkeit** vom englischen König. In der Unabhängigkeitserklärung vom 4. Juli 1776 werden Gleichheit, Freiheit und das Streben nach Glück als unveräußerliche **Menschenrechte** bezeichnet.
Im Jahr 1789 sah sich der amtierende König Ludwig XVI. von Frankreich nicht mehr in der Lage, die Staatsausgaben aufzubringen. Erstmals seit über 150 Jahren berief er nun die Vertreter der drei Stände ein, um sich höhere Steuern bewilligen zu lassen. Die Vertreter des Bürger- und Bauernstandes erklärten sich zur **Nationalversammlung**. Am **14. Juli 1789** erstürmte das Volk das Pariser Staatsgefängnis, die **Bastille**. Dieser Sieg über den Absolutismus wird bis heute als Beginn der Französischen Revolution gefeiert. Unter diesem Eindruck wurden nun auch in Frankreich die Menschenrechte verkündet. Durch die Verfassung von 1791 wurden die Rechte des Königs eingeschränkt. Nach seiner misslungenen Flucht aus Frankreich wurde **Ludwig XVI.** am 21. Januar **1793 hingerichtet**. Jetzt war Frankreich eine **Republik**.
Von außen sah sich die Republik von feindlichen Monarchien bedroht. Eine Welle nationaler Begeisterung setzte ein. Frankreich erklärte den absolutistisch regierten Nachbarn den **Krieg**. In dieser Situation riss die kleine radikale Gruppe der **Jakobiner** die Macht an sich. Wer in den Verdacht geriet, etwas gegen die Revolution unternehmen zu wollen, wurde auf der **Guillotine** hingerichtet. Die allgemeine Unsicherheit weckte bei vielen Franzosen den Wunsch nach einem starken Mann. Diese Chance nutzte **Napoleon**, der sich als erfolgreicher Militärführer einen Namen gemacht hatte. Er erklärte die Revolution für beendet und brachte die Staatsmacht unter seine Kontrolle. Aber die Freiheit der Person, die Gleichheit vor dem Gesetz und das Recht auf Eigentum blieben bestehen. 1804 krönte sich Napoleon selbst zum **Kaiser**. In zahlreichen Kriegen eroberte er weite Teile Europas. Auch Deutschland wurde besetzt und umgestaltet. In Preußen war die militärische Niederlage gegen Frankreich der Ausgangspunkt für **Reformen**: Die Leibeigenschaft der Bauern wurde abgeschafft, das Bildungswesen in Volksschulen, Gymnasien und Universitäten wurde verbessert, jeder sollte frei ein Gewerbe betreiben dürfen; auch die Juden wurden zu freien, gleichberechtigten Staatsbürgern erklärt. Nach der Niederlage Napoleons im **Russlandfeldzug (1812)** schlossen sich seine Gegner – vor allem Preußen, England und Russland – zusammen und brachten ihm in der **Völkerschlacht bei Leipzig** (1813) eine entscheidende Niederlage bei. Nur kurzfristig konnte Napoleon an die Macht zurückkehren. Nach seiner endgültigen Niederlage in der Schlacht von **Waterloo** (1815) wurde er auf die Insel St. Helena verbannt.

Einheit und Freiheit

Die Beschlüsse des **Wiener Kongresses** 1815 waren für viele Menschen in Deutschland enttäuschend. Ihr Wunsch nach nationaler Einheit und politischer Mitbestimmung wurde nicht erfüllt. Studenten forderten auf dem **Wartburgfest 1817 Einheit und Freiheit**. Von den Fürsten wurden sie dafür verfolgt und häufig zu harten Gefängnisstrafen verurteilt. Schließlich wurden die deutschen Burschenschaften verboten, die Universitäten mit einem Netz von Spitzeln überzogen und einer strengen Pressezensur unterworfen. Manche Menschen zogen sich aus Resignation ins Privatleben zurück und wollten nichts mehr von der Politik wissen (**Biedermeier**). Andere aber begehrten weiterhin auf. Anlässlich des **Hambacher Festes 1832** versammelten sich 30000 Demonstranten beim Hambacher Schloss. Es war die erste politische Massenveranstaltung Deutschlands.
Die Unzufriedenheit mit den politischen Verhältnissen in fast allen Ländern führte schließlich **1848** zu **Revolutionen**. In Deutschland traten noch im Frühjahr 1848 alle Regierungen zurück. Es kam im ganzen Land zu **allgemeinen und geheimen Wahlen** für die **Nationalversammlung**, die in Frankfurt am Main tagte. Sie erarbeitete die erste gemeinsame deutsche Verfassung. Dem preußischen König Friedrich Wilhelm IV. wurde die Kaiserkrone angeboten, die dieser jedoch ablehnte. Damit war die Arbeit der Nationalversammlung gescheitert. Neue Aufstände im Jahr 1849 wurden durch die Fürsten mit Waffengewalt niedergeschlagen.
In Preußen wurde der konservative Landadlige **Otto von Bismarck** (1815–1898) im Jahr 1862 Ministerpräsident. Er wollte die Monarchie erhalten und ein

einiges Deutschland mit „Eisen und Blut“ schaffen. Durch drei **Kriege gegen Dänemark, Österreich und Frankreich** gelang es Preußen, die Einheit Deutschlands herzustellen. Am **18. Januar 1871** wurde Wilhelm I. von Preußen im Spiegelsaal von Versailles zum **deutschen Kaiser** ausgerufen. Die Verfassung des neuen Reiches festigte die Herrschaft des Kaisers. Aber die Forderungen nach mehr **Freiheit, Gleichheit und politischer Mitsprache** blieben unerfüllt.

Industrielle Revolution

Die Industrialisierung begann im 18. Jahrhundert in **England**. Technische Erfindungen wie z.B. Spinnmaschinen führten zu einem radikalen Wandel in der **Textilindustrie**: Wenige Menschen konnten mithilfe der neuen Maschinen jetzt schnell, preiswert und in großen Mengen Waren produzieren. Durch die Erfindung der **Dampfmaschine** und der **Lokomotiven** konnten die Güter in kurzer Zeit überallhin befördert werden. Die erste deutsche **Eisenbahn** fuhr 1835 von Nürnberg nach Fürth.

Mit der fortschreitenden Industrialisierung verlor die alte ständische Ordnung immer mehr an Bedeutung. An die Stelle des „Geburtsadels“ trat der „Geldadel“. Dazu gehörten vor allem die **Unternehmer**, die in ihren **Fabriken** oft mehrere tausend Menschen beschäftigten. Eine angesehene Stellung in der **Gesellschaft** besaßen auch die **Angestellten**, also Ingenieure, Buchhalter usw. Für die **Arbeiter** wurde die Bezeichnung „**Proletarier**“ gebräuchlich. Ihre Arbeits- und Lebensbedingungen waren äußerst schlecht. Die Hoffnung auf Arbeit, Freiheit und Wohlstand veranlasste zwischen 1815 und 1930 etwa sechs Millionen Deutsche, nach Amerika auszuwandern.

Angesichts des **Elends**, in dem Arbeiter, ihre Frauen und Kinder leben mussten, fühlten sich die **Kirchen** (Wichern, Kolping u.a.) und **verantwortungsbewusste Unternehmer** (Borsig, Krupp u.a.) dazu aufgerufen, **Verbesserungen** durchzuführen. Für eine **revolutionäre Lösung** der **Sozialen Frage** setzten sich dagegen **Marx** und **Engels** ein, die 1848 das „**Kommunistische Manifest**“ veröffentlichten. Mit der Durchführung von **Streiks**, der Gründung von **Gewerkschaften** und schließlich von **Arbeiterparteien** durch Lassalle sowie Bebel und Liebknecht konnten die Arbeiter ihre Situation schrittweise verbessern und auch das **Wahlrecht** erkämpfen.

Imperialismus

Ende des 19. Jahrhunderts versuchten vor allem die europäischen **Industrienationen,** die Welt unter sich aufzuteilen. Diese Politik, Weltreiche zu errichten, nennt man **Imperialismus**. Es war der Versuch, die wirtschaftlichen Folgen der Industrialisierung zu bewältigen: Die stark beschleunigte Industrieproduktion verlangte nach mehr **Rohstoffen** und größeren **Absatzmärkten**. Hinzu kam außerdem noch die Überzeugung vieler Europäer, dass es nicht nur ihr Recht, sondern auch ihre Pflicht sei, die Welt zu regieren.

Besonders deutlich wird diese Politik am Beispiel des **afrikanischen Kontinents**, der von den europäischen Mächten förmlich aufgeteilt wurde. Auch Deutschland errichtete in Afrika **Kolonien**, z.B. **Deutsch-Südwestafrika** (heute Namibia). Der **Rassismus** der Europäer kam nicht nur in den herabsetzenden Bezeichnungen für die einheimische Bevölkerung zum Ausdruck, sondern zeigte sich vor allem auch in ihrer Behandlung. Man glaubte, über diese Menschen wie über Eigentum verfügen zu können, und schätzte ihre Lebensformen gering ein. Die ungerechte, oft willkürliche Behandlung der Bevölkerung durch die **Kolonialherren** führte in vielen Kolonien zu **Aufständen**, die durch Truppen niedergeschlagen wurden, so auch in Deutsch-Südwestafrika, als deutsche Truppen gegen die aufständischen **Hereros** mit größter Brutalität vorgingen.

Register

Bildnachweis

Titelbild: Mauritius-Images – S. 4: Wdh. S. 9/10 (l.); Wdh. S. 42/43 (r.) – S. 5: Wdh. S. 72/73 (l.); Wdh. S. 106/107 (r.) – S. 6: Wdh. S. 144/145 (l.); Wdh. S. 174/175 (r.) – S. 7: Wdh. S. 208/209 (l.) – S. 12: picture-alliance/akg-images/Tristan Lafranchis (1) – S. 14: Getty-Images (Bavaria) (u. l.); KNA Bonn (o. r.); The Nahum Goldmann Museum of the Jewish diaspora, Tel Aviv (u. r.) – S. 15: Photo Didaktika Kfar Saba (o.); Archiv für Kunst und Geschichte (u.) – S. 16: KNA Bonn (r. o., r. M., r. u. l.); picture-alliance/dpa (r. u. M.); picture-alliance/ITAR-TASS ädpa (r. u. r.) – S. 17: Archiv für Kunst und Geschichte (l.); picture-alliance/dpa (o. r.); Polfer, Michael, Ettelbrück/Luxemburg (r. M.); Nationalmuseum, Stockholm (r. u.) – S. 18: picture-alliance/dpa (u. l.); picture-alliance/ZB (o. r.) – S. 19: GEP Frankfurt am Main; Focus Hamburg (r.) – S. 20: Archiv für Kunst und Geschichte (2) – S. 21: Hessische Landesbibliothek (4); Gidal-Bildarchiv im Steinheim-Museum Salomon Ludwig für deutsch-jüdische Geschichte (5, 6) – S. 22: picture-alliance/akg-images (1) – S. 23: Archiv für Kunst und Geschichte (3); Süddeutsche Zeitung Photo (4) – S. 24: Brokemper, Peter, Köln (1); picture-alliance/akg-images/Erich Lessing (3) – S. 25: Zwölfer, Elisabeth und Norbert, Freiburg (4); Archiv für Kunst und Geschichte (5) – S. 26: aus: Corbishley, Mike „Das Mittelalter“, Karl Müller Verlag 1993 (3) – S. 27: picture-alliance/ZB/euroluftbild.de (r.) – S. 28: picture-alliance/dpa (1); Topkapi Saray Museum, Istanbul (2) – S. 29: Stierlin, Henri, Genf (4) – S. 30: AFP Berlin (2) – S. 31: picture-alliance/dpa (3, 4) – S. 33: Ullsteinbild/imagebroker.net/Karl F. Schöfmann (3); Bernhard Heinloth, Geschichte 2, Ausgabe B, Ullstein Buch, Berlin 1986, S. 31 (4); Enne Buur (5); picture-alliance/Presse-Bild-Poss (6); Schnütgen Museum, Köln (7); picture-alliance/IMAGNO/Franz Hubmann (8); aus „Maria zur Wiese – 100 Jahre Bauvollendung“, 1892/Repro nach Centralblatt der Bauverwaltung, 1882 (9) – S. 34: picture-alliance/maxppp (2) – S. 36: aus: „Was ist was? – Die Kreuzzüge“, Tessloff 1993 (1) – S. 37: picture-alliance/dpa (4); Stiftung Weltethos Tübingen (5) – S. 39: picture-alliance/Ralph Goldmann (1); Enne Buur (2); Tim Schredder, Wikipedia/Jüdischer Friedhof a. d. Strangriede (3); Wirtz, Peter, Dormagen (4) – S. 40: picture-alliance (3) – S. 41: picture-alliance/Roman von Götz (5); Wdh. S. 22 (6) – S. 44: Edition Helga Lengenfelder, München (l. Sp. 2); Germanisches Nationalmuseum, Nürnberg (r. Sp. 2) – S. 45: Edition Helga Lengenfelder, München (l. Sp. 2); Verlagsarchiv (l. Sp. 6/r. Sp. 3, 4, 6) – S. 46: DK Images, London (2) – S. 47: picture-alliance/akg-images (2); Wdh. S. 53 (5) – S. 48: Mauritius-Images (age/Javier Delgado) (1) – S. 49: Archiv für Kunst und Geschichte (2, 3, 4); aus: Leonardo da Vinci, „Erfindungen“ (5) – S. 50: Die Zeit der Renaissance, Bibliographisches Institut Mannheim (1) – S. 51: picture-alliance/Artcolor (3); Mary Evans Picture Library, London (4); Archiv für Kunst und Geschichte (5) – S. 52: Archiv für Kunst und Geschichte (2) – S. 53: Archiv für Kunst und Geschichte (3) – S. 54: aus: Christian Scholz, „Columbus in Bildern und Dokumenten“, Herder, Freiburg, 1994, S. 44 (1) – S. 55: Cinetext Frankfurt am Main (5) – S. 56: Archiv für Kunst und Geschichte (1); DK Images, London (3) – S. 57: Infozentrum Schokolade, Leverkusen (6); Harding Picture, Robert, London (7); Archiv für Kunst und Geschichte (8) – S. 58: DK Images, London (1) – S. 59: Corbis Düsseldorf, Stefano Bianchetti (3) – S. 64: aus: Michael Johnston: „Die Entdeckerzeitung“, kbv Luzern 1999, S. 16 (1) – S. 65: Janicke, Volkmar E., München (3) – S. 66: Bildarchiv Preußischer Kulturbesitz (1) – S. 67: Mauritius-Images/UpperCut (6) – S. 68: picture-alliance/dpa (1); Verlagsarchiv (2, 4), picture-alliance/dpa (3) – S. 69: Tessloff Verlag, Nürnberg (o.); Komplett-Media GmbH, Grünwald (u.) – S. 70: Archiv für Kunst und Geschichte (2); José Maldo- nados, Mexiko (2) – S. 72/73: picture-alliance/akg-images (Kapitelbild) – S. 74: Wdh. (Ausschnitte) S. 72/73 (l. o., r. o., r. u.) – S. 75: Wdh. (Ausschnitte) S. 72/73 (o., u.) – S. 76: Castor Film, Oberwesel (1) – S. 78: Hänsel, Ingrid, Wien/Privatbesitz (1); Archiv für Kunst und Geschichte, Berlin (2 l.); Scala Antella, Florenz (2 r.) – S. 79: picture-alliance/Mary Evans Picture Library (4); Müller, Karl-Heinz, Gleichen (5) – S. 80: picture-alliance/© MP/Leemage (1) – S. 82: picture-alliance/akg-images (1); Herbert Gutschera/Jörg Thierfelder (Hrsg.), Brennpunkte der Kirchengeschichte. Schöningh, Paderborn 1976, S. 147 (2) – S. 83: Rijksmuseum Stichting, Amsterdam (3) – S. 84: picture-alliance/akg-images (1); akg-images (2) – S. 86: picture-alliance/dpa (l. o.); picture-alliance/Bildarchiv Monheim (l. u.); picture-alliance/epd (r. o.); picture-alliance/Rainer Hackenberg (r. u.) – S. 88: Archiv für Kunst und Geschichte (1); picture-alliance/akg-images (3) – S. 90: picture-alliance/maxppp (1); picture-alliance/dpa (2) – S. 91: Bildarchiv Preußischer Kulturbesitz/Kupferstichkabinett, SMB/Jörg P. Anders (1); Archiv für Kunst und Geschichte (2) – S. 92: picture-alliance/akg-images (1); Archiv für Kunst und Geschichte (2) – S. 93: picture-alliance/akg-images (1, 3) – S. 94: picture-alliance/imagestate/HIP (1); picture-alliance/akg-images (2); picture-alliance/dpa (3) – S. 95: IMAGNO/Lois Lammerhuber (1); picture-alliance/Bildarchiv Monheim (2) – S. 96: Archiv für Kunst und Geschichte (1) – S. 97: Bildarchiv Preußischer Kulturbesitz (A, B); Archiv für Kunst und Geschichte (C, D) – S. 98: Archiv für Kunst und Geschichte (1) – S. 99: Bildarchiv Preußischer Kulturbesitz (1) – S. 100: Archiv für Kunst und Geschichte (1); Presse- und Informationsamt der Stadt Osnabrück (2) – S. 101: Gothaer Kultur- und Fremdenverkehrsbetrieb/Schlossmuseum (3) – S. 104: Wdh. S. 78 (1); Wdh. S. 79 (2); Wdh. S. 80 (3) – S. 105: Westfälisches Amt für Denkmalpflege/Foto: A. Brückner (4) – S. 106: Owen Franken/Corbis Düsseldorf (l.) – S. 106/107: Archiv für Kunst und Geschichte (Kapitelbild) – S. 108: © Gianni Dagli Orti/Corbis Düsseldorf (1) – S. 109: Bildarchiv Preußischer Kulturbesitz (4, 5); Ullsteinbild/Granger Collection (7) – S. 110: Bildarchiv Preußischer Kulturbesitz (1); Bridgeman/Giraudon (2, 6); Archiv für Kunst und Geschichte (3, 5); Bibliothèque nationale de France, Paris (4); picture-alliance (7) – S. 111: picture-alliance/akg-images (u.) – S. 112: Archiv für Kunst und Geschichte (1) – S. 113: Archiv für Kunst und Geschichte (2, 3) – S. 114: US-Informationsdienst, Bonn (1); Bildarchiv Steffens, Mainz/Giraudon (3) – S. 115: Verlagsarchiv (4); Archiv für Kunst und Geschichte (5, 6) – S. 116: Archiv für Kunst und Geschichte (1); Bridgeman/Giraudon (3) – S. 117: Bibliothèque nationale de France, Paris (u.) – S. 118: Bildarchiv Steffens, Mainz/Giraudon (1) – S. 119: Bildarchiv Steffens, Mainz/Giraudon (2); Mary Evens Picture Library, London (3) – S. 121: Mairie de Paris (1); Bibliothèque nationale de France, Paris (2) – S. 122: Bildarchiv Preußischer Kulturbesitz (1); KNA Frankfurt (3) – S. 123: Interfoto/Sammlung Rauch (5); picture-alliance/Photoshot (6); Amnesty International (r.o.); picture-alliance/dpa (8) – S. 124: Archiv für Kunst und Geschichte (1, 2) – S. 125: Archiv für Kunst und Geschichte (6) – S. 126: Archiv für Kunst und Geschichte (1) – S. 127: Bibliothèque nationale de France, Paris (2) – S. 128: picture-alliance/maxppp (1); picture-alliance/akg-images (2); Archiv für Kunst und Geschichte (3) – S. 129: Musée Lambinet, Versailles (6); Cinetext Frankfurt am Main (8, 9) – S. 130: picture-alliance (1); Archiv für Kunst und Geschichte (2) – S. 131: Archiv für Kunst und Geschichte/Erich Lessing (2, 3) – S. 132: Mairie de Paris (1); Bildarchiv Preußischer Kulturbesitz (2) – S. 133: Bildarchiv Preußischer Kulturbesitz (1) – S. 134: Archiv für Kunst und Geschichte (1) – S. 135: Archiv für Kunst und Geschichte (2); picture-alliance/akg-images (3) – S. 136: picture-alliance/akg-images (1); Archiv für Kunst und Geschichte (2) – S. 138: Zeitaufnahme 2, Westermann, Braunschweig (1) – S. 140: Bildarchiv Preußischer Kulturbesitz (1); picture-alliance/akg-images (2, 3) – S. 141: Archiv für Kunst und Geschichte (1); Verlag Freies Geistesleben & Urachhaus GmbH, Stuttgart (2) – S. 142: Wdh. S. 106/107 – S. 143: Archiv für Kunst und Geschichte (4) –

S. 144/145: picture-alliance (Kapitelbild) – S. 145: Archiv für Kunst und Geschichte (o.) – S. 146: Bildarchiv Preußischer Kulturbesitz (1); Kaupp, Peter (3) – S. 147: Bildarchiv Preußischer Kulturbesitz (4) – S. 150: Archiv für Kunst und Geschichte (1) – S. 151: Historisches Museum der Pfalz, Speyer (4); Ullsteinbild/Archiv Gerstenberg (6) – S. 152: picture-alliance/Mary Evans Library (1); Archiv für Kunst und Geschichte (2) – S. 153: picture-alliance/akg-images (4) – S. 154: Archiv für Kunst und Geschichte (1, 2) – S. 155: Archiv für Kunst und Geschichte (3, 4) – S. 156: Archiv für Kunst und Geschichte – S. 157: picture-alliance/akg-images (o.); Beltz, Weinheim (M.); Reuß, Gerda, Nürnberg (u.) – S. 158: Bildarchiv Preußischer Kulturbesitz (1); picture-alliance/dpa (4) – S. 159: Ullsteinbild (1); Archiv für Kunst und Geschichte 83) – S. 160: Bildarchiv Preußischer Kulturbesitz (1); Kölnisches Stadtmuseum, Köln (2) – S. 161: Aretz, Gerd, Wuppertal (1); picture-alliance/akg-images (2) – S. 162: Bildarchiv Preußischer Kulturbesitz (1, 2) – S. 163: Ullsteinbild, (1); Deutsches Museum München (3) – S. 164: Archiv für Kunst und Geschichte (1) – S. 165: Ullsteinbild/Gerstenberg (3) – S. 166: Historisches Museum, Frankfurt am Main (1) – S. 167: Bildarchiv Preußischer Kulturbesitz (4, 6, 7) – S. 168: Archiv für Kunst und Geschichte (1); Bildarchiv Preußischer Kulturbesitz (3, 4) – S. 169: Archiv für Kunst und Geschichte (5); Les Musees de la phille, Strasbourg (6); Verlag Diesterweg (7) – S. 170: Archiv für Kunst und Geschichte (1) – S. 172: Archiv für Kunst und Geschichte (2) – S. 173: Wdh. S. 152 – S. 174/175: Bildarchiv Preußischer Kulturbesitz (Kapitelbild) – S. 176: Bildarchiv Preußischer Kulturbesitz (1); BASF Unternehmensarchiv (2) – S. 177: Foto: Siegwerk (3); BASF Unternehmensarchiv (4); picture-alliance/akg-images (5) – S. 179: Deutsches Museum München (1); Germanisches Nationalmuseum Nürnberg (2); Siemens AG, München (4); Wdh. S. 207 (5) – S. 180: aus: G. M. Kirn, „Lithographien aus dem Biedermeier“, ein Bildkalender für das Jahr 1964 (1); Bildarchiv Preußischer Kulturbesitz (3); Archiv für Kunst und Geschichte (4) – S. 181: aus Akos Paulinyi, Ulrich Troitzsch „Propyläen Technik Geschichte“, S. 49 (5); Westfälisches Freilichtmuseum Hagen (6, 8); Stiftung Stadtmuseum Berlin/Christel Lehmann (7) – S. 182: picture-alliance/akg-images (1); DHM Berlin, Bildarchiv (2); Deutsches Museum München (3); Landschaftsverband Rheinland, Rhein, Industriemuseum, Euskirchen/Georg Helmes (4) – S. 183: National Portrait Gallery, London (5); Deutsches Museum München (6) – S. 184: Bildarchiv Preußischer Kulturbesitz (2) – S. 185: Deutsches Museum München(4); DB Museum im Verkehrsmuseum, Nürnberg (5) – S. 186: Siegwerk Druckfarben AG, Unternehmenskommunikation/Archiv, Siegburg (1) – S. 187: Köster, Elisabeth, Bonn (2); picture-alliance/dpa (3) – S. 189: Deutsches Bergbaumuseum Bochum (3); E. O. Hoppé/Corbis Düsseldorf (4); Historisches Krupp Archiv, Essen (5) – S. 190: picture-alliance/akg-images (1); Stadtarchiv Bochum (2); Ullsteinbild (3); picture-alliance/akg-images (4) – S. 191: Stadtarchiv Bochum (2, 3); Stadtarchiv und Stadthistorische Bibliothek Bonn (4) – S. 192: Köster, Elisabeth, Bonn (1); Ruhrkohle AG, Essen (3); Der Spiegel, Hamburg (4) – S. 193: Manfred Vollmer, Essen (1); Stiftung Zeche Zollverein Essen/Manfred Vollmer (2); CentrO Management GmbH, Oberhausen (3); Interfoto München/Imagebroker (5) – S. 194: Westfälisches Industriemuseum, Zentrale, Dortmund/Fotoarchiv (1); Westfälisches Industriemuseum, Das Textilmuseum, Bocholt (2, 3) – S. 195: Westfälisches Industriemuseum, Das Textilmuseum, Bocholt (4); Archiv für Kunst und Geschichte (5) – S. 196: DB Museum im Verkehrsmuseum, Nürnberg (1); Zentralarchiv RWE Rheinbraun, Köln (2); Bildarchiv Preußischer Kulturbesitz (4) – S. 197: Stadtarchiv Ludwigshafen/Rh. (5); picture-alliance/Helga Lade (6); Ullsteinbild (7) – S. 198: Archiv für Kunst und Geschichte (1, 2, 3) – S. 199: Archiv für Kunst und Geschichte (6); Bildarchiv Preußischer Kulturbesitz (8) – S. 200: Bildarchiv Preußischer Kulturbesitz (1); Archiv der Hoffnungstaler Anstalten, Lobetal (2) – S. 201: Archiv für Kunst und Geschichte (4, 5); Siemens AG, Unternehmenskommunikation, München (6) – S. 202: Bildarchiv Preußischer Kulturbesitz (1); Köster, Elisabeth, Bonn (2r., 2l.) – S. 203: Dokumentenkabinett Vlotho/A. Dolezalek (3); Archiv der Sozialen Demokratie der Friedrich-Ebert-Stiftung, Bonn (4) – S. 204: Archiv der Sozialen Demokratie der Friedrich-Ebert-Stiftung, Bonn (1); Bildarchiv Preußischer Kulturbesitz (3) – S. 205: Claus-Peter Gross: Verliebt... verlobt... verheiratet unter Adlers Fittichen, Verlag Willmuth Arenhövel, Berlin 1996 (o.); Interfoto München/TV-yesterday (M.) – S. 206: Interfoto München/Sammlung Rauch (1); Bildarchiv Preußischer Kulturbesitz (2); Ullsteinbild/Bayer AG (3) – S. 207: Claus-Peter Gross: Verliebt... verlobt... verheiratet unter Adlers Fittichen, Verlag Willmuth Arenhövel, Berlin 1996 (4); Deutsches Museum München (5) – S. 208/209: picture-alliance/akg-images (Kapitelbild) – S. 209: Ullsteinbild/Haeckel Archiv (l.); picture-alliance/KPA/Mauthe, Markus (r.) – S. 210: Sammlung Riepe (1); picture-alliance/OKAPIA (2, l. o. + u. M.); picture-alliance/chromorange (2: o. M. + r.); picture-alliance/Helga Lade (2: u. l.), picture-alliance/dpa (2: u. r.) – S. 211: Archiv für Kunst und Geschichte (5); Ullsteinbild/uhlenhut (6); Sammlung Riepe (7); Ullsteinbild (8) – S. 214: Bildarchiv Preußischer Kulturbesitz (1) – S. 215: Ullsteinbild/Archiv Gerstenberg (4) – S. 216: Bildarchiv Preußischer Kulturbesitz (1); Bildarchiv Steffens, Mainz/Archives Charmet (2) – S. 217: Bildarchiv Steffens, Mainz/Bridgeman Art Library/Archives Charmet (3) – S. 218: Bildarchiv Preußischer Kulturbesitz (2, 3); Süddeutsche Zeitung Photo (4) – S. 219: Charmet, J. L., Paris/Kharbine-Tapabor, Paris (6); Bildarchiv Steffens, Mainz/Bridgeman Art Library/Archives Charmet (7) – S. 220: Bibliothèque nationale, Paris (1); aus: J. G. Woods, „The uncivilized races“ – S. 221: INTERFOTO München/V & A Images (5); picture-alliance/dieKleinert.de (6); Sammlung Riepe (7); Janicke, Volkmar E., München (8) – S. 222: Transglobe Hamburg, Roger-Viollet (1, 2) – S. 223: Wirtz, Peter, Dormagen (1, 3) – S. 224: picture-alliance (r. M.); picture-alliance/dpa (u.) – S. 225: Transglobe Hamburg, Roger-Viollet (1); Süddeutsche Zeitung Photo (u. r.) – S. 226: picture-alliance/dpa (2, u.) – S. 227: Süddeutsche Zeitung Photo (u.) – S. 228: picture-alliance/maxppp (u.) – S. 229: picture-alliance/United Archives/DEA (u.) – S. 230: Bildarchiv Preußischer Kulturbesitz (1, 2) – S. 231: Archiv für Kunst und Geschichte (4, 7) – S. 232: picture-alliance/dpa (2, 3) – S. 233: Rainer Unkel/Vario-press (5) – S. 234: Verlagsarchiv (o.); Mauritius-Images, Rynio (M.); picture-alliance/Kai-Uwe Wärner (u.) – S. 235: picture-alliance/dpa (1); picture-alliance/Photoshot (2); picture-alliance/dpa (3); Deutsches Historisches Museum, Berlin (4); picture-alliance/akg-images (5) – S. 236: Bildarchiv Preußischer Kulturbesitz (1 o.); aus: „Die deutschen Kolonien“, Weltbild Verlag (1 M.); Ullsteinbild (1 u.) – S. 238: Wdh. S. 49 (u.) – S. 230: Seifert, Michael, Hannover (u.) – S. 240: Archiv für Kunst und Geschichte (1) – S. 241: Bildarchiv Preußischer Kulturbesitz (1) – S. 246: picture-alliance/Arco Images GmbH (1) Zeichnungen, Grafiken, Karten: Thomas Binder, Magdeburg; Klaus Becker, Oberursel, Elisabeth Galas, Bad Breisig

Nicht in allen Fällen war es uns möglich, den Rechteinhaber der Abbildungen ausfindig zu machen. Berechtigte Ansprüche werden selbstverständlich im Rahmen der üblichen Vereinbarungen abgegolten.

Aufteilung der Welt im Ze
Alaska
bis 1867 russ.
Kanada
1867 brit. Dominion
Labrador
strittig
Grönland
dän.
Island
dän.
GROSS-
BRITANNIEN
London
Paris
FRANK-
REICH
DEUTSCH.
REICH
PORTUGAL
SPANIEN
Rom
NORWEGEN
SCHWEDEN
Neufundland
1855 Selbstregierung
St. Pierre frz.
Miquelon frz.
Montreal
VEREINIGTE
STAATEN
Chicago
San Francisco
New York
Washington
MEXIKO
Mexiko
Hawaii-In.
1898 V.St.
Azoren
port.
Madeira
port.
Gibraltar
brit.
Marokko
1912 Prot.
Alger.
1830/47
Tunesien
1881
Kanarische In.
span.
Rio de Oro
1884/1912
1900/09
Bermuda-In.
brit.
ATLANTISCHER
OZEAN
Bahama-In.
brit.
KUBA
1898
Jamaica
brit.
Brit.-Honduras
HONDURAS
1838
H.
DR.
Pto.Rico
1898 V.St.
St.Thomas
dän.
Guadeloupe frz.
Martinique frz.
Curaçao
ndl.
Tobago brit.
Trinidad brit.
1838 GUATEMALA
1838 EL SALVADOR
1838 NICARAGUA
1838 COSTA RICA
PANAMA
1903
(1914)
Panamakanal
VENEZUELA
1830
KOLUMBIEN
Guayana
Brit.
Ndl.
Frz.
ECUADOR
1830
PERU
BRASILIEN
BOLIVIEN
PARAGUAY
Rio de Janeiro
URUGUAY
Buenos Aires
CHILE
ARGENTINIEN
1881/95
Kapverdische In.
port.
Dakar
Gambia
Port.-Guinea
1884/86
Sierra Leone
LIBERIA
1847
Franz.-Westafrika
1895/1904 vereinigt
Togo
Goldküste
1884
Nigeria
1861/1903
Kamerun
1884
Fernando Póo
span.
Rio Muni
1843/85
PAZIFISCHER
OZEAN
Galápagos-In.
1832 ecuad.
Fernando-Noronha-In.
bras.
Ascension
brit.
St. Helena
brit.
Walfischbai
1878 brit.
OZEAN
Kapstadt
Oster-I.
1888 chil.
Juan-Fernández-In.
chil.
Tristan da Cunha
brit.
Gough-I.
1874 brit.
Falkland-In.
1833 brit.
Süd-Georgien
1909 brit.
Bas. = Basutoland
D. = Dänemark
G. = Griechenland
H. = Haiti
M. = Montenegro
N. = Niederlande
O. = Oranje-Freistaat
S. = Schweiz
Sw. = Swasiland
Tr. = Transvaal
A. = Albanien
B. = Belgien
BU. = Bulgarien
DR. = Dominikanische Republik
R. = Rumänien
SE. = Serbien
Belgischer Besitz (belg.)
Britischer Besitz (brit.)
Britische Dominions (seit 1907/11)
Britische Schutzstaaten in Arabien
Dänischer Besitz (dän.)
Deutscher Besitz (dt.)
Französischer Besitz (frz.)
Italienischer Besitz (ital.)
Japanischer Besitz (jap.)